하이브리드시대의 문학

하이브리드시대의 문학

"Cross the Border—Close the Gap"

김 성 곤

서울대학교출판문화원

Literature in the Age of Hybrid Cultures

"Cross the Border—Close the Gap"

Seong-Kon Kim

Seoul National University Press

1960년대에 이미 '경계해체시대'와 '하이브리드시대'의 도래를
예견했던 레슬리 피들러에게 이 책을 헌정함.

This book is dedicated to Leslie A. Fiedler, who announced the advent of a borderless world and an age of hybrid culture in the 1960s.

책머리에

지금 우리는 모든 것의 경계가 무너지고 각기 다른 것이 서로 뒤섞이는 '크로스오버'시대, 또는 '하이브리드'시대에 살고 있다. 과연 이제는 미국뿐 아니라 많은 나라들이 인종과 문화 사이의 경계가 무너진 다인종/다문화 사회로 진입했으며, 유럽은 유럽연합(EU)을 통해 아예 국가 간의 경계를 해체하고 화폐마저 단일화했다. 경계해체와 이종혼합은 더 강하고 더 바람직한 새로운 '하이브리드 변종'을 탄생시켰으며, 그러한 현상은 지금 정치, 사회, 문화, 문학 전반에 걸쳐 전 세계적으로 광범위하게 일어나고 있다. 예컨대 흑백혼혈인 오바마의 미국 대통령 당선, 전기와 가솔린의 혼합차인 하이브리드 카의 부상, 다양한 혼합예술의 탄생, 그리고 하이퍼 픽션이나 비주얼 노블의 등장 같은 것은 그러한 변화가 초래한 대표적인 경우일 것이다. 텔레비전과 인터넷의 확산은 고급문화와 대중문화 사이의 구분을 모호하게 만들었고, 본격문학과 판타지/SF/추리소설의 혼합은 주류문학과 서브장르문학 사이의 경계를 무너뜨렸다. 이제 이분법적 구분을 타파하고 순혈주의를 배격하는 본격적인 '트랜스시대'와 '퓨전시대'가 시작된 것이다.

타계한 비평가 레슬리 피들러는 이미 1969년에 발표한 「경계를 넘고, 간극을 좁히며(Cross the Border—Close the Gap)」라는 글에서 그러한 시대의 도래를 예견했다. 시대의 변화를 예리하게 감지한 이 기념비적 글을 통해 모든 것의 경계가 소멸하고 이질적 요소가 혼합하는 '경계해체시대'와 '혼합문화시대'를 선언한 피들러는 이 글을 『플레이보이』지에 기고함으로써 스스로 고급문화와 대중문화 사이의 경계를 해체했다. 피들러는 또 「양극을 피하는 중간(The Middle against Both Ends)」이라는 글에서 고급 문학과 통속문학 사이의 가교를 놓을 '중간문학(middlebrow literature)'을 주창했으며, 「새로운 변종(The New Mutants)」이라는 글에서는 새롭게 등장한 하이브리드 문화의 가능성을 탐색했다.

또 다른 비평가 에드워드 사이드도 『문화와 제국주의』라는 저서에서 "이 세상 그 어느 문화도 단일하거나 순수할 수는 없다. 모든 문화는 혼혈이고, 놀랄 만큼 변별적이며 다양하고 다층적이다"라고 말함으로써, 문화의 경계해체를 인정했다. 사이드는 같은 책에서, 이 세상에는 제국주의로 인해 수많은 "겹치는 영역과 공통의 역사"가 존재한다고 하며, 동서양의 문화와 역사는 늘 경계를 넘나들며 뒤섞여왔음을 지적했다. 문화비평가나 음악가들도 그러한 시대적 변화를 이끌었는데, 예컨대 20세기 후반에 앤디 워홀은 순수예술과 팝 아트 사이의 경계를 무너뜨렸으며, 존 케이지는 진지한 음악공연과 행위예술 사이의 구분을 와해시켰다.

경계해체는 비단 문화나 문학, 예술에서만 일어나는 현상은 아니다. 과학에서도 기계와 인간의 이상적 합일과 크로스오버를 시도하는 '트랜스휴머니즘'이 생겨났고, 국제사회에서도 국가와 국가 사이의 관습적인 경계를 해체하는 트랜스내셔널리즘이 부상했다. 트랜스휴머니즘은 수명연장과 육체능력의 업그레이드를 위해 인간이 기계의 도움을 받는 것을 긍정적으로 바라봄으로써 인간과 기계 사이의 이분법적 구분과 서열을 해체했다. 아이작 아시모프가 『바이센테니얼 맨』에서 시사하듯이, 이제 우리는 학습능력과 감정을 가진 선하고 인간적인 로봇과, 배우기를 거부하는 냉혹하고 비인간적인 인간 중 과연 누가 더 인간적이고 누가 더 기계적인가를 고민해야만 하는 시대를 살고 있다.

트랜스휴머니즘이 인간과 기계의 이상적 결합 가능성을 탐색한다면, 트랜스내셔널리즘은 하나의 국가에만 속한 개인의 정체성을 확대해 국경을 넘나드는 통문화적 존재로 보는 새로운 사조이다. 예컨대 재미 한

인교포작가들은 그동안 미국에만 소속되고 미국에만 충성을 바쳐야 하는 미국작가로 분류되었다. 그러나 트랜스내셔널리즘에 따르면, 이제 교포작가들은 한국과 미국, 또는 동양과 서양의 경계를 넘나드는 '두 세계에 속한 작가'들이 되었다. 에드워드 사이드는 "두 세계에 다 속한다는 것은 그만큼 그 두 세계를 더 잘 이해할 수 있다는 것을 의미한다."고 함으로써, 경계해체와 하이브리드 문화를 긍정적으로 보았다.

국경을 초월하는 크로스오버 현상에 가장 큰 공헌을 한 것 중 하나는 단연 정보혁명과 세계화(globalization)였다. 즉 전 세계를 하나로 연결해준 컴퓨터 '인터넷'과, 인공위성을 통해 각 나라로 퍼져나가는 '위성텔레비전,' 그리고 지구를 하나의 마을로 만들어준 '세계화'가 바로 경계해체와 퓨전문화를 가능하게 해준 직접적 요인이었다는 것이다. 예컨대 인터넷은 전 세계를 실시간으로 연결해주었고, 컴퓨터는 원본과 복사본, 문자와 화상, 문자와 음향 사이의 구분뿐 아니라, 프로와 아마추어, 순수예술과 대중예술, 현실과 가상현실 사이의 경계도 폐지했다. 하이퍼 픽션이나 비주얼 노블은 문자와 동영상과 음향을 혼합하는 새로운 문학 장르를 창조했으며, 수백 개나 되는 다국적 인공위성 채널은 서로 다른 문화 간의 경계를 허물었다. '트랜스내셔널 미디어 연구'는 바로 그와 같은 위성 TV 시대의 문제점을 다각도로 성찰하는 새로운 학문분야로 부상했다.

'세계화' 역시 국경을 허물고 세계를 하나로 연결하는 중요한 현상이라고 할 수 있다. 흔히 세계화는 곧 미국화이며, 따라서 세계화는 전 세계를 미국화하려는 미국의 음모라고 생각하기 쉽지만, 하버드대학 케네디 스쿨의 조셉 나이 교수는 모든 나라가 국경을 초월해 서로 뒤섞이고 연결되는 '정보화'와 '세계화' 현상 때문에 미국이 오히려 초강대국의 힘을 잃어가고 있다며, 그런 단순한 생각에 제동을 건다. 미국이 아무리 강력한 국가라고 해도, 이제는 다른 나라들과 상부상조하지 않고서는 아무것도 할 수 없게 되었다는 것이다.

물론 경계가 사라지고, 문을 열어놓으며, 서로 뒤섞이는 것에는 부작용도 따른다. 예컨대 사이버 세계에서는 바이러스에 노출되기 쉽고, 현실세계에서는 마약과 테러와 범죄가 자유롭게 국경을 넘나든다. 나이 교수는 "2001년 미국에서는 국가를 초월하는 테러조직이 일본정부가 진주만에서 했던 것보다 더 많은 미국인을 살해했다. 새나 비행기 여행자들이 옮기는 전염병은 1, 2차 세계대전을 합친 것보다 더 많은 사람을 죽일 수 있다. 지금 세계에서는 마약, 전염병, 테러리즘 등 모든 것이 국경을 뚫고 오간다."라고 지적한다.

그럼에도 불구하고 앞으로 세계는 가르시아 칸클리니의 주장대로, 순혈주의 시대가 종언을 고하고 모든 것이 경계를 넘어 뒤섞이는 '하이브리드시대'가 될 것이다. 미국은 이미 그 자체가 다문화/다인종 사회인 하나의 거대한 하이브리드 국가이며, 다른 나라들도—심지어는 외국인 국내거주 110만 명 시대를 맞고 있는 한국까지도—모두 점차 다문화국가가 되어간다. 그런데도, 우리는 아직도 순혈주의에서 벗어나지 못한 채, '혼혈'이나 '혼성'이라는 긍정적인 뜻인 '하이브리드'를 '잡종'이라는 부정적 용어로 번역한다.

과학자들은 서로 다른 유전인자가 만나서 생성되는 하이브리드는 아름답고 총명하며 강인한 반면, 순혈주의는 기형이나 열성 유전인자를 확대 생산한다고 말한다. 경계해체 역시 새로운 것들과의 융합과 혼합을 통해 원래보다 훨씬 더 강인하고 더 우수한 우성인자를 산출해내게 될 것이다. 앞으로 새로운 주류로 자리 잡게 될 혼합문화와 혼합예술은 새로운 개념과 새로운 가치를 창출하며 우리를 새로운 인식의 세계로 데려갈 것이다. 경계해체와 크로스오버, 또는 퓨전과 하이브리드는 이제 부인할 수 없는 범세계적 현상으로 자리 잡았다. 이 책은 바로 그러한 시대적 변화를 최근 문학작품과 문화현상을 통해 읽어내고, 우리가 나아갈 길을 탐색해보기 위해 씌어졌다.

시대의 변화를 감지하고 거기 적극 대처해 새로운 문화를 창출하는 것은 모든 지식인, 특히 외국문학자의 사명이다. 그렇다면 이 하이브리드시대에 외국문학자는 경계를 넘어 다른 영역을 탐색하고 다른 문화와의 융합을 시도하며, 그 결과로 나타나는 하이브리드 문화의 장점과 가능성을 부단히 성찰해야만 할 것이다. 미래의 문화는 다양한 문화가 혼합된 '하이브리드 문화'일 것이고, 미래의 예술 또한 자신의 경계를 넘어 또 다른 세계를 탐색한 예술가들이 만들어낸 '하이브리드 예술'일 것이기 때문이다.

2009년 9월

김성곤

차 례

제 3 부 '하이브리드시대'에 다시 읽는 문학작품

제4부 과거와 현재, 전통과 혁신의 조화

제1부

경계를 넘어서: '트랜스'시대의 문학

1. 경계해체시대 또는 '트랜스'시대의 문학

사라져가는 경계들과 겹치는 영역들

문단과 학계에서 절대적인 위치를 차지하고 있던 신비평과 모더니즘이 쇠퇴하고 포스트구조주의와 포스트모더니즘이 등장하기 시작한 1960년대 이후, 영미문학을 다시 바라보고 재해석하려는 수많은 문예사조들이 등장해 영문학 연구를 발흥시켰다. 예컨대 페미니즘, 포스트식민주의, 문화연구, 신역사주의, 다문화주의, 민족연구 등이 그 대표적인 경우인데, 그와 같은 사조들은 모두 사물을 이분법적으로 나눈 다음, 둘 중 하나에만 특권을 부여했던 모더니즘적 사고가 만들어놓은 고정된 경계선을 해체하기 시작했다. 그 결과, 그동안 주변부로 밀려나 특권을 박탈당했던 '소외된 문화'가 새롭게 조명되기 시작했고, 두 영역의 경계를 넘나드는 새로운 '퓨전문화'와 '트랜스문화'가 생겨나게 되었다. 그러자 최근에는 경계가 모호해진 시대를 대표하는 새로운 문예이론들이 등장하게 되었다. 예컨대 트랜스내셔널리즘, 트랜스휴머니즘, 트랜스내셔널 미디어 문화연구, 트랜슬레이션 연구 등은 모두 경계를 허물고 관통하며 넘나드는 '트랜스'시대에 부합하는 새로운 이론들이다.

'트랜스'라는 이름이 붙은 그러한 이론들은 종래의 고정된 관점에서 벗어나 영미문학 텍스트들을 새롭게 해석하는 시각을 제공해주었다. 예컨대 트랜스내셔널리즘은 해외교포작가들로 하여금 조국과 호스트 국가 중 하나만을 택해야 한다는 강박관념에서 벗어나 두 세계를 넘나들고 포용할 수 있게 해주었다. 그러한 인식의 변화에 따라 그동안 이산민족의 서러움을 나타내던 '디아스포라'도 이제는 새로운 땅에서의 새로운 가능성과 시작을 의미하게 되었다. 자신을 스스로 망명 작가라고 불렀던 에드워드 사이드는 '아웃사이더'는 "결코 슬프거나 박탈당한 것을 의미하지는 않는다"고 말한다. 두 세계에 속하는 것이 한 문화에만 속해 있고 한 나라에만 충성을 바치는 것보다 오히려 더 큰 축복이 될 수 있다는 것이다. 그래서 트랜스내셔널리즘 시대에는 국민/국가의 개념이 급속도로 사라져가고 국가 간의 경계도 해체되는데, 그 대표적인 경우가 바로 국경과 화폐를 통합한 유럽연합이다. 오늘날 유럽인들은 자신의 나라에만 속해 있는 것이 아니라, 유럽이라는 보다 더 큰 개념에 속해 있다는 다중 정체성 의식을 갖고 있다. 한편 문화번역의 중요성을 강조하며 등장한 트랜슬레이션 연구는 두 나라의 문화가 조우하고 옮겨지는 과정에서 일어나는 문화적 충돌과 혼합 문제를 성찰하고 있다.

트랜스내셔널리즘이 두 나라 사이의 경계를 허물었다면, 트랜스휴머니즘은 기계와 목가적 꿈 사이에서 갈등하던 작가들과 독자들로 하여금 그 두 가지가 조화된 '정원 속의 기계'를 추구하도록 허용해주었다. 즉 트랜스휴머니즘 시대에 인간은 기계를 인간의 한계를 극복하고 초월하게 해주는 '인간의 확장'으로 보게 된 것이다. 인간은 이미 심장 박동기를 달거나 인공장기를 이식해 살고 있다. 그렇다면 굳이 인간과 기계가 서로를 적대시할 필요는 없다는 것이다. <터미네이터 2>, <유니버설 솔저>, <로보캅> 같은 영화들은 바로 그러한 인식에서 인간과 기계의 이상적 합일을 그려낸 영화들이다. <터미네이터>에서는 심지어 기계가 인간을 위해서 자살하는 장면이 나오고, <바이센테니얼 맨>에서는 인간이 되기 위해 인간의 장기를 이식해 결국은 늙어죽는 로봇이 등장한다. 그런 면에서 <바이센테니얼 맨>에서 인간의 장기를 가진 로봇 앤드류와 인공장기를 이식한 인간(소청심사위원장)의 대화는 대단히 상징적이다.

위원장: "네가 아무리 인간과 닮았다고 해도 너는 인공적 존재일 뿐이야."
앤드류: "하지만 인공장기를 이식한 수많은 사람들은 그럼 무엇인가요? 위원장님도 인공신장을 이식하셨지요. 그렇다면 어떤 면에서는 위원장님도 인공적이지 않나요?"
위원장: "부분적으로는 그렇지."
앤드류: "그렇다면 저도 부분적으로는 인간입니다."

트랜스휴머니즘이 인간과 기계의 크로스오버를 다루고 있다면, 트랜스내셔널 미디어 문화연구는 위성채널처럼 국가의 경계를 넘나드는 문화미디어의 비판적 수용문제를 다루고 있다. 오늘날 우리는 안방에 앉아서 CNN, BBC, NHK를 시청하며, <프리즌 브레이크>나 <CSI>나 <로스트> 같은 텔레비전 드라마를 세계인들과 동시에 관람하고 있다. 그러는 동안 우리 문화는 부단히 경계를 넘어 외국문화와 조우하고 혼합한다. 사람들은 문화의 미국화를 우려한다. 그러나 덴마크 학자인 마이클 스코브맨드와 킴 크리스천 슈뢰더는 자신들이 편집한 『미디어문화』에서, 전 세계의 미국화에 대한 우려는 기우이자 지나친 과장일 뿐, 문화가 국경을 넘으면 자국문화와 외국문화가 뒤섞이면서 오히려 바람직한 하이브리드 문화가 생성된다고 말한다. 더욱이 '공진화(co-evolution)' 이론에 의하면, 두 문화가 조우할 때 자국문화는 사라지는 것이 아니라, 외래문화와 혼합해 같이 진화하는 것으로 되어 있다.

경계의 소멸과 새로운 혼합문화의 등장은 문학에서도 다양한 형태로 나타났다. 예컨대 소설과 만화의 경계가 해체되면서 그래픽 노블이 생겨났고, 소설과 컴퓨터 그래픽이 상호경계를 넘나들면서 비주얼 노블이 탄생했으며, 소설과 사운드와 인터넷이 결합하면서 테크노픽션이 등장했다. 지금은 또 순수소설과 서브장르 소설 사이의 경계도 급속도로 해체되고 있다. 과연 요즘에는 순수문학작품들도 판타지나 추리소설 기법을 광범위하게 차용하고 있으며, 판타지나 추리 소설들도 소위 본격문학 작품들과 어깨를 나란히 하고 있다. 최근에는 또 허구와 사실의 경계를 넘나드는 소위 '팩션'도 재조명되어 각광받고 있다. 요즘에는 고급문학과 대중문학의 경계도 모호해졌다. 예컨대 움베르토 에코의 『장미의 이름』이나 오르한 파묵의 『내 이름은 빨강』, 또는 매슈 펄의 『단테 클럽』이나 댄 브라운의 『천사와 악마』 같은 소설들은 모두 수준 높은 소설이면서도 추리소설 기법을 차용해 대중문학적 요소를 갖고 있는 소설이다. 반대로 대중작가로 알려진 스티븐 킹은 『쇼생크 탈출』, 『그린 마일』, 『돌로레스 클레이본』, 『미저리』 같은 상당히 수준 높은 순수소설을 쓰고 있다. 이제는 주류와 비주류, 순수와 비순수, 또는 고급문화와 대중문화 사이의 경계가 모호해진 것이다. 예전에는 독자들이 서브장르 소설을 열등한 것으로 폄하했지만, 이제는 많은 사람들이 문학이란 게임이고 수수께끼이며, 환상적이고 SF적이라는 데 공감하고 있어서 자연스럽게 문학의 경계해체가 이루어지고 있다.

그러므로 최근 문학에서 일어나고 있는 그러한 변화들을 포착하고, 새롭게 등장한 문예이론들을 성찰하며, 변화된 시각으로 문학작품들을 다시 읽어보려는 시도는 분명 중요하고 가치 있는 일일 것이다. 예컨대 '트랜스'시대의 대표적인 문예이론들을 점검하고, 관습적인 경계를 초월하고 있는 새로운 문학 장르들을 성찰하며, 고정관념에서 벗어난 참신한 시각으로 주요 문학작품들을 새롭게 해석해보려는 시도는 곧 시대의 변화를 인지하고 새로운 시대정신을 올바르게 읽어내는 작업이 될 것이다.

최근 영문학 연구에 어떤 변화가 일어나고 있으며, 그러한 변화에 어떻게 대처해야 할는지에 대해 진지한 관심을 갖고 성찰하는 것은 결코 시류에 영합하는 것이 아니라, 미로에서 길 잃은 시대에 출구를 알려주고 바다에서 표류하는 선원들에게 항로를 알려주는 안내 성좌의 소명을 다하는 것이다. 모든 것이 변하고, 사물의 경계가 급속도로 소멸해가고 있는 이 시대, 그리고 새로운 하이브리드 문화가 등장하고 있는 이 시대에 인문학자는 새로운 미래문화의 모습을 예시해주고 바른 길로 독자를 데려가는 지적 길잡이의 역할을 해야만 할 것이다.

2. '중간문학(middlebrow literature)'의 시대적 필요성과 새로운 가능성

중류문화/중간문학의 등장

문화계에서 '중간/중류(middlebrow)'라는 용어를 맨 처음 사용한 것은 1925년 『펀치(*Punch*)』라는 영국의 풍자잡지였다. '중간/중류'라는 용어는 곧 '문화' 앞에 붙어 고급문화를 선호했던 영국작가 버지니아 울프나 미국비평가 드와이트 맥도널드에 의해 신랄한 비판을 받았으며, 고급문화를 숭상하던 모더니스트 작가들과 신비평가들, 그리고 대중문화를 폄하했던 아도르노나 호르크하이머 같은 프랑크푸르트학파들로부터도 지속적인 비난을 받았다. 울프는 예술을 내재적인 가치나 미나 존엄성으로 판단하는 고급문화와는 달리, 중간/중류 문화는 경박하고 얄팍하며 돈과 명성과 권력만을 추구하는 것이라고 비판했다. 한편, '미드 컬트'라는 용어를 사용한 맥도널드는 특정 그룹을 대상으로 하는 상류문화나 하류문화와는 달리 중류문화는 일반대중을 즐겁게 해서 돈을 버는 상업적인 측면이 강하다고 비판했다. 중간/중류 문화가 고급문화를 저속화시킨다고 보았던 그는 진정한 문화를 창출하는 것은 오직 아방가르드 고급문화뿐이라고 주장했다. 울프나 맥도널드는 둘 다 중류문화가 서로 다른 차원에 존재하는 예술과 인생을 분리하지 않고 그 둘을 뒤섞는 잘못을 범하고 있다고 보았다.

그러나 아이러니컬하게도 울프는 자신이 비판하던 중간/중류 문화에 속하는 『뉴욕 헤럴드 트리뷴 북 섹션』에 글을 썼으며, 그녀 자신의 작품들도 페미니즘적 측면에서 누구나 쉽게 접근할 수 있다는 점에서 중간/중류 문학의 특성을 갖고 있다는 평을 받는다. 맥도널드 역시 헤밍웨이의 『노인과 바다』나 손톤 와일더의 『우리 마을』 같은 것들은 대중성에 호소한 대표적인 미드 컬트라고 분류했는데, 사실 그 두 작품은 많이 팔려서 그렇지, 고급문학에 속하는 작품들이라는 것이 정설이다. 그렇다면 "베스트셀러가 되었다고 해서 무조건 중간/중류 문학인가" 하는 문제가 대두된다. 사실 작가들은 누구나 자신의 작품이 베스트셀러가 되기를 원하며, 그것은 순수문학/고급문학 작가들도 예외는 아니기 때문이다. 비평가 레슬리 피들러는 모더니즘 시대에도 작가들은 모더니즘의 신념을 배반하고, 많은 독자들이 읽는 대중매체에 작품을 발표했다고 지적한다. 예컨대 헤밍웨이는 가장 대중적인 잡지 중 하나였던 『라이프』지에 소설을 썼고, 포크너 역시 대중지였던 『새터데이 이브닝 포스트』지에 자신의 대표작 중 하나인 『곰』을 발표했다. 또 피츠제럴드는 아예 할리우드에서 살면서 영화 스크립트를 썼으며, 『미스 론리 하트』나 『메뚜기의 날』 같은 나사니엘 웨스트의 후기작들 역시 대표적인 중류문학에 속한다. 이와 같은 사실은, 심지어 고급문화가 추앙받던 모더니즘 시대에도 고급문화와 중급문화, 그리고 순수소설과 대중소설의 구분은 다분히 임의적이었다는 것을 잘 드러내주고 있다.

'중류문학 또는 중간문학(middlebrow literature)'이라는 용어를 맨 처음 사용한 사람은 작고한 미국의 문학 평론가 레슬리 피들러였다. 1960년대 초 '소설의 죽음' 선언으로도 유명한 피들러는 "내가 선언했던 소설의 죽음은 소설장르의 죽음이 아니라, 난해하고 귀족적인 예술소설의 죽음을 의미한 것이었다"고 밝혔다. 즉 '소설의 죽음' 선언을 통해 피들러는 고급문화와 순수문학을 주창했던 모더니즘시대의 종언을 고하고, 대중문화와 중간문학을 인정하고 포용하는 포스트모더니즘 시대의 도래를 선언한 것이었다. 적절하게도 『플레이보이』지에 기고했던 자신의 대표 평론 「경계를 넘고 간극을 좁히며」에서 피들러는 '중간문학'에 대해 다음과 같이 말하고 있다.

> 그것은 세대 간의 간극은 물론, 계층 간의 간극도 메우는 행위이다. '교양인', 즉 어떤 사회의 소수 그룹층 — 대학교육을 받은 사람들을 위한 예술과, '비교양인' 즉 취미가 우아하지 못하고 구텐베르크식 책읽기 기술이 부족한 소외된 다수를 위한 또 다른 형태의 하류예술이 존재한다는 생각이야말로 이 대중산업사회(이 점에 있어서는 자본주의나 사회주의나 공산주의나 아무런 차이가 없다)에 아직도 계층적으로 이루어진 사회에서나 존재하는 해로운 구분이 아직도 버티고 있다는 것을 의미한다.
>
> (Fiedler, 1972, p. 78)

> 이제 전통적인 소설은 죽어버렸다. 죽어가고 있는 것이 아니라 죽어버린 것이다. 수년 전까지만 해도 진단이고 예측이었던 것이 이제는 사실이 된 것이다. …… 우리는 이제 전혀 다른 시대, 즉 계시록적이며 반이성적이고 공공연하게 낭만적이며 감상적인 시대에 접어들었다. …… 따라서 문학비평도 살아남으려면, 그리고 유용해지고 성장하고 현실과 유관해지려면, 이제는 크로체나 리비스, 엘리엇이나 아우어바흐 등이 제시한 방향과 본질적으로 달라지지 않으면 안 된다. 하지만 아무리 미묘하고 세련되었다고 해도 그것이 마르크스주의 같은 것을 의미하는 것은 아니다. 마르크스주의자들은 합리성과 정치적 사실의 우위를 철저하게 신봉하기 때문에 본질적으로 신화와 열정, 감상과 환상의 시대에 적대적일 수밖에 없다.
>
> (Fiedler, 1972, pp. 63, 65)

그렇다면 피들러는 어떠한 시대적 상황에서 난해한 고급문학과 예술소설의 죽음과 중간문학의 도래를 선언하게 되었는가? 1960년대 초 미국사회는 코페르니쿠스적 변화를 겪게 되는데, 그 촉매역할을 한 것은 컬러텔레비전의 보급이었다. 각 가정마다 텔레비전이 보급되면서 그동안 상류층의 전유물이었던 정보와, 그 정보가 수반하는 교양이 대중들 사이에도 확산되어 대중들의 수준이 높아졌고 지식인들도 대중의 일원으로 흡수되는 본격적인 대중문화의 시대가 열리게 된 것이다(그러한 변화는 후에 인터넷의 확산으로 더욱 심화되었다). 그와 동시에 그동안 지식과 정보와 교양의 원천이었던 문학작품은 이제 그 독자들을 새로운 문화매체인 텔레비전이 제공하는 엔터테인먼트에 빼앗기게 되었다. 텔레비전 드라마들은 이제 마치 과거에 문학작품이 그랬던 것처럼 리얼리티를 창조해 내었고, 시청자들에게 감동과 카타르시스를 주었으며, 현실과 세상을 가르쳐주게끔 되었다. 즉 종래에는 시나 소설이 하던 일을 이제는 전자매체인 텔레비전이 맡아 수행하게 된 것이다. 이렇게 활자매체에서 전자매체로 패러다임이 변함에 따라서 문학은—특히 스토리와 내러티브로 이루어지는 소설은—이제 전례 없는 위기에 처하게 되었다. 그러한 상황에서 문학이 텔레비전과 경쟁해서 우위를 차지하고 독자들을 다시 문학으로 데려오려면 문학은 이제 달라져야만 했다.

피들러가 난해한 모더니즘 고급예술/예술소설의 죽음을 선언하며, 중간문학의 도래를 천명한 것은 바로 그와 같은 상황에서였다. 그는 이제 토머스 만의 『마의 산』이나 카프카의 『심판』, 또는 조이스의 『피네건의 경야』 같은 예술소설들은 대학의 문학 강의실을 제외하고는 더 이상 읽히지 않게 되었음을 지적하며, 작가들끼리만 돌려 읽는 그러한 난해한 소설들보다는 대중들에게 감동과 변화와 깨우침을 주는 새로운 형태의 '중간문학'이 시작되어야 한다고 주창했다. 피들러는 소설은 시나 비극과는 달리, 원래 태동할 때부터 귀족장르가 아닌 대중장르였으며, 예술소설이 아닌 중간소설의 특성을 지니고 있었기 때문에, 시를 흉내낸 일종의 탈선이었던 모더니즘 소설들과는 달리, 이제 소설은 스스로의 본령인 '중간문학'으로 돌아가야만 한다고 주장했다.

피들러가 대표적인 중간문학으로 언급한 작품들로는 메리 셸리의 『프랑켄슈타인』, 브람 스토커의 『드라큘라』, 로버트 루이스 스티븐슨의 『지킬박사와 하이드씨』, H. G. 웰스의 『타임머신』, J. R. R. 톨킨의 『반지의 제왕』, 윌리엄 골딩의 『파리대왕』, 그리고 스토우 부인의 『탐 아저씨의 오두막』, 에드거 라이스 버러스의 『타잔』, 프랭크 바움의 『오즈의 마법사』, 마거릿 미첼의 『바람과 함께 사라지다』, 하퍼 리의 『앵무새 죽이기』, J. D. 샐린저의 『호밀밭의 파수꾼』, 잭 케로액의 『노상에서』, 켄 키지의 『뻐꾸기 둥지를 날아간 새』, 그리고 토머스 버거의 『리틀 빅 맨』 등이 있다. 만일 피들러가 아직도 살아있다면 아마도 틀림없이 댄 브라운의 『다빈치 코드』나 『천사와 악마』, 매슈 펄의 『단테 클럽』이나 『포의 그림자』, 마이클 크라이튼의 『넥스트』나 『공포의 제국』 같은 작품들도 중간문학의 작품목록에 추가했을 것이다. 그리고 영국작가 프레드릭 포사이트의 『어벤저』나 로버트 해리스의 『아크엔젤』, 필립 풀먼의 『황금 나침반』 3부작도 언급했을 것이다.

피들러는 조이스의 『피네건의 경야』를 읽고 감동을 받아 삶의 변화를 겪었다고 하는 사람은 없지만, 『앵무새 죽이기』를 읽고 인생의 변화를 겪었다고 고백하는 사람들은 많이 있다며, 그렇다면 그 둘 중 과연 어떤 소설이 더 가치 있고 더 훌륭한 것인지 반문한다. 그리고 『피네건의 경야』는 정전으로 취급하고, 『앵무새 죽이기』는 대중소설로 폄하하는 고급 문화/문학의 수호자들을 시대착오적인 사람들이라고 비판한다. 피들러는 엄숙한 정전주의자들도 사실은 밤에 커튼을 내리고 몰래 중간문학을 읽으며, 인기 텔레비전 드라마를 시청하고, 어두운 극장에 앉아 영화를 본다고 지적한다. 실제로 미국에서는 피들러 같은 비평가들의 노력과 시대의 변화로 인해 이미 오래전에 고급문학과 중간문학 사이의 명확한 구분이 사라졌다.

그런 맥락에서 피들러는 중간문학의 범주에 판타지, SF, 추리소설, 공포소설도 포함시키고 있다. 그는 『양극을 피하는 중간』이나 『아방가르드 문학의 죽음』, 또는 『소설의 죽음이란 무엇이었는가』 같은 글들에서 서브장르라고 불리는 그러한 소설들의 새로운 가능성에 주목한다. 그러한 서브장르 소설에는 우리의 상상력을 자극하는 환상이나 원형적 신화, 또 다른 리얼리티와 미래에 대한 비전, 그리고 이성적 논리를 초월하는 현상에 대한 인정과 인지 같은 것이 들어 있어서 독자들에게 감동을 주고, 인식의 변화를 가져다주기 때문이다.

> 분명히 서부소설, SF, 포르노그라피 같은 대중문학에는 정치적/메타정치적 · 신화적 의미가 함축되어 있다. 인디언 영역으로의 여행, 우주로의 도피, 환상세계로의 황홀한 이동 — 이 모든 것들은 전통적으로, 어떤 초월적인 목적 또는 비전의 순간을 향한 여행 또는 순례에 오르게 된다.
>
> (Fiedler, 1972, p. 80)

피들러는 판타지, SF, 추리소설, 공포소설, 연애소설에 내재해 있는 사회정치적 비판 및 문명 비판적 요소에 주목하며, 수준 높은 판타지나 SF, 또는 추리소설이나 공포소설은 훌륭한 중간문학이 될 수 있다고 말한다. 피들러가 「소설의 죽음과 소생(The Death and Rebirth of the Novel)」이라는 글에서, 스티븐 킹의 호러 소설들을 높이 평가하고, 로버트 하인라인의 『이상한 나라의 나그네』나 커트 보네것의 『제5도살장』 같은 SF를 대표적인 중간문학으로 인정하는 이유도 바로 거기에 있다. 피들러는 심지어 블라디미르 나보코프의 『롤리타』도 다분히 대중적인 중간소설이라고 말한다. 피들러의 판단기준에 의하면, 에릭 시걸의 『러브 스토리』 또한 전형적인 중간소설에 속한다고 할 수 있을 것이다. 이 연애소설에서 시걸은 여주인공 제니의 사랑과 죽음을 통해 1960년대 미국사회가 겪었던 진보주의와 보수주의의 갈등과 충돌을 잘 그려내고 있으며, 그 과정에서 심도 있는 사회비판을 성취하고 있기 때문이다.

중간문학의 문제와 전망

중간문학이 수반하는 한 가지 문제는 저속하거나 수준 낮은 통속소설들이 중간소설의 탈을 쓰고 베스트셀러가 되어 부상할 수도 있다는 점이다. 그것을 골라내고 잡아내는 것은 비평가와 독자들의 책무일 텐데, 불행히도 우리의 경우에는 독자들의 분별력이 아직 낮고 비평가들의 책무의식이 아직 약해서인지, 질 낮은 통속소설들이 중간소설 행세를 하고, 아무런 제동 없이 바로 베스트셀러가 되는 경우가 많다. 그렇기 때문에 국내에서는 중간문학이 제대로 대접받지 못하고 통속문학으로 오인되어 비난받는 일이 벌어진다.

말초적인 자극이나 오락만 추구한다든지, 왜곡된 애국심과 시대착오적인 극단적 민족주의를 조장하는 소설들, 또는 읽고 나서 재미 외에 남는 것이 없는 소설들은 통속문학에 속한다고 볼 수 있다. 그러나 진정한 중간문학은 재미있으면서도 감동적이고, 세계적인 관심사를 다룬 무거운 주제로 독자들에게 깨우침과 깨달음, 그리고 인식의 확장을 제공해준다. 한국문학의 경우에는, 제1회 '대한민국 뉴웨이브 문학상'을 수상한 유광수의 『진시황 프로젝트』나 제23회 '오늘의 작가상' 수상작가 우광훈의 『베르메르 vs. 베르메르』 같은 작품들이 대표적인 중간문학에 속하는 작품들이라고 할 수 있다. 두 작품은 굳이 순수문학을 표방하지 않는 재미있는 역사추리소설이면서도, 동시에 오늘날 세계작가들의 공통관심사—즉 '절대적 진리에 대한 회의,' '감추어진 또 다른 진리의 탐색,' '진실과 허위의 구분 문제,' 그리고 '글로벌 마인드와 민족주의'—를 주제로 삼아 강력한 사회비판과 문명비판을 성취하고 있기 때문이다.

우리는 지금 귀족문화나 고급문학이 사라져가고, 중간문화와 중간문학이 지배문화가 되어버린 대중문화시대에 살고 있다. 그리고 그것은 곧 앞으로는 문화나 문학이 소수의 선택된 엘리트들이 아닌, 다수의 대중/독자들을 대상으로 하는 중간문화/중간문학의 형태를 띠게 되리라는 것을 의미한다. 죽어가던 문학은 중간문학을 통해 다시 살아나게 될 것이고, 전자매체와의 경쟁에서도 살아남게 될 것이며, 다매체시대에도 흥성하게 될 것이다. 앞으로 중간문학은 피들러가 말한 대로, '양극을 피하는 중간'이자, '경계를 넘고 간극을 좁히는' 역할을 수행하게 될 것이다. 왜냐하면 지금 우리는 난해하고 고답적인 예술소설이 죽어버린 시대, 그리고 문자매체인 소설이 전자매체와 영상매체와 경쟁하고 화해해야만 하는 시대에 살고 있기 때문이다. 피들러는 시대의 변화를 모르거나 외면한 채, 아직도 고급예술과 고급문학만을 추구하는 사람들을 "신이 사라진 시대에도 여전히 시골의 낡은 교회에 나가 관습적으로 예배를 드리는 사람"들에 비유하고 있다. 이제는 우리도 중간문학의 시대가 도래했다는 사실을 인정하고, 중간소설에서 문학의 미래를 이끌어갈 새로운 가능성을 찾아야만 할 것이다. 귀족계급이 사라지고 모두가 중류층이 되어버린 이 대중문화와 비순수의 시대에, 언제까지나 사라진 고급문화와 순수문학에 대한 향수에 젖어 있을 수만은 없기 때문이다.

3. 포스트휴머니즘/트랜스휴머니즘 문학

포스트휴머니즘/트랜스휴머니즘

인문학에서 포스트휴머니즘(posthumanism)은 인간을 모든 것의 중심에 두었던 르네상스 휴머니즘을 비판하며 등장한 최신 문예사조이다. 그러므로 포스트휴머니즘은 인간을 특별한 존재가 아니라 대자연을 이루는 여러 존재 중 하나로 보며, 완벽한 존재가 아니라 부단한 향상을 추구해야만 하는 불완전한 존재로 본다. 전통적인 휴머니즘에서 인간은 이성과 사고를 소유한 만물의 영장으로서 다른 피조물에 대한 지배권과 특권을 가질 수 있다고 보았다. 그러나 포스트휴머니즘은 대자연에 대한 인간의 특권을 인정하지 않는다. 그런 면에서, 포스트휴머니즘은 문학의 특권을 인정하지 않고, 문학작품을 문화를 구성하는 여러 매체 중 하나로 취급해 영화나 만화 텍스트와 나란히 위치시킨 문화연구(cultural studies)와도 맥을 같이한다.

인간을 만물의 지배자가 아닌, 대자연을 이루는 여러 구성원의 하나로 보는 포스트휴머니즘의 겸허한 시각은 자연스럽게 생태주의와 맞물리게 되었으며, 뛰어난 생태주의 문학작품들을 산출하게 되었다. 예컨대 리처드 브라우티건의 『미국의 송어낚시』나 장 마르크 오베르의 『대나무』 같은 것들은 모두 포스트휴머니즘에 촉수를 들이대고 있는 대표적인 포스트휴먼 생태소설들이라고 할 수 있는데, 이런 소설에서 인간은 더 이상 자연이나 생태계를 파괴할 권리가 없고, 목가적 꿈을 추구하는 결핍된 존재이자 대자연의 일부일 뿐이다. 또 인간 생태계를 파괴하는 가장 대표적인 것이 전쟁이기 때문에, 최근에 발표되는 반전소설들 역시 포스트휴머니즘과 긴밀한 연관을 갖는다.

한편, 인간을 향상이 필요한 불완전한 존재로 보는 시각은 포스트휴머니즘을 필연적으로 유전공학 테크놀로지와 연관시킨다. 예컨대 포스트휴머니즘은 인간의 지능이나 수명연장이나 신체적 능력 향상을 위한 테크놀로지의 가능성에 주목해, 인간과 기계의 이상적 조화를 꿈꾼다. 미국 M.I.T. 대학 교수였던 리오 마르크스는 『정원 속의 기계(*The Machine in the Garden*)』라는 책에서, 어차피 기계를 무시하고 살 수는 없기 때문에 인간은 테크놀로지를 포용하는 목가적 꿈을 추구해야 한다면서, 그것을

'복합적 목가주의(complex pastoralism)'라고 불렀다. 그에 의하면 잔디밭을 아름답게 가꾸기 위해서는 잔디 깎는 기계가 필수적이며, 비록 정원 속의 기계가 부자연스러워 보이기는 해도 기계와 목가적 꿈은 상호보완적 역할을 하고 있다. 문제는 테크놀로지의 남용과 오용이지, 테크놀로지 그 자체는 아니라는 것이다.

바로 그런 맥락에서 포스트휴머니즘은 '트랜스휴머니즘'이라고도 불린다. 인간이 스스로의 경계를 초월해 자신의 지능이나 기억력, 또는 신체적 능력을 테크놀로지를 통해 확장할 수 있다고 생각하기 때문이다. 포스트휴머니스트들 중 인문학자들은 테크놀로지의 오용을 경계하며, 트랜스휴머니즘에 대해 비판적인 시각을 갖고 있는 경우도 있다. 그러나 인간은 신성하지만, 기계는 저급하고 비인간적이며, 그 둘 사이에는 분명한 경계가 있어 결코 서로 넘나들 수 없다는 생각은 이제 낡은 사고방식으로 전락하고 말았다. 모든 것 사이의 경계가 불분명해지고 소멸해가는 이 시대에 인간과 기계 사이의 경계도 이제는 더 이상 예전처럼 확연하지 않게 되었기 때문이다. 그리고 이제는 사람들이 그 둘 사이의 합일 가능성에 주목하게 되었기 때문이다.

우리는 흔히 심장박동이 약한 사람들이 가슴에 삽입해 넣고 다니는 심장박동기(페이스 메이커)는 당연한 것으로 생각하면서도, 우리의 두뇌에 컴퓨터를 삽입한다는 것은 있을 수 없는 일이라고 쉽게 거부반응을 보인다. 그러나 신체의 병을 치료하거나, 능력을 업그레이드하기 위해 시도하는 인간의 몸과 컴퓨터의 인터페이스에 우리가 거부반응을 보일 필요는 조금도 없다는 것이 트랜스휴머니스트들의 주장이다. 사실 요즘은 브레인 사이언스와 뉴로 사이언스와 인공지능 테크놀로지가 매우 발달해서, 인체와 컴퓨터의 인터페이스가 상당부분 가능해졌으며, 그 분야의 기술은 앞으로도 더욱 발전해나갈 것이기 때문에, 포스트휴머니즘의 그러한 주장은 상당한 설득력을 갖고 다가온다.

컴퓨터의 지능은 원래 5세 정도 어린이의 지능이었으나, 현재 슈퍼컴퓨터의 지능은 이미 성인의 지능에 육박해 있으며, 불과 몇 년 후면 일반 컴퓨터들의 지능도 그만큼 높아지리라는 것이 정설이다. 그렇게 되면 이제 인간은 더 이상 컴퓨터를 무시하기 어려울 것이고, 삶의 파트너로 받아들여야 할는지도 모른다. 사실 이미 지금도 컴퓨터는 우리의 삶에서 무시할 수 없는 존재로 자리 잡고 있다. 더구나 지능이 높아진 컴퓨터가 만일 자신에게 해를 끼치려 한다고 생각하는 인간들에 대항해 자체방어 시스템을 가동한다면? 그리고 만일 컴퓨터가 인간의 감정까지도 갖게 된다면? 그렇다면 인간은 더 이상 기계를 무시하거나 배제할 수 없고, 더불어 살아야만 하는 존재로 받아들여야만 할 것이다.

최근 많은 학자들과 비평가들이 포스트휴머니즘 시대의 도래를 선언했다. 예컨대 포스트모더니즘 문학이론가인 이허브 하산은, "포스트휴머니즘 시대의 도래에 따라, 이제 휴머니즘 시대는 종말을 고하게 될 것이다."라고 말했으며, 스티브 니컬러스는 '포스트휴먼 메니페스토'를 선언했고, 로버트 페퍼렐은 『포스트휴먼 컨디션』을 출간했다. 이어 캐서린 헤일스는 『우리는 어떻게 포스트휴먼이 되었는가?』라는 설득력 있고 시의적절한 책을 썼고, 다나 해러웨이는 인간과 사이보그 사이의 경계를 성찰한 『사이보그 메니페스토』를 발표했다.

포스트휴머니즘 작품들

포스트휴머니즘은 그 특성상 생태주의 소설 및 SF와 긴밀하게 연결되기 때문에, 아무래도 그 두 장르에서 좋은 작품들을 많이 산출해내고 있다. 때로는 생태주의 소설과 SF가 혼합된 포스트휴머니즘 소설들도 등장했는데, 윌리엄 깁슨의 『뉴로맨서』나 『듄』의 작가 브라이언 허버트와 케빈 앤더슨의 『기계 십자군』 같은 것들이 거기 속한다. 이런 소설들은 대개 생태계가 파괴된 디스토피아적 상황을 SF기법으로 그려내는 것이 특징이다. 예컨대 사이버스페이스라는 개념을 창출한 깁슨은『뉴로맨서』에서 컴퓨터와 폭력이 지배하는 미래세계에서 사이버스페이스에 접속해 기업의 정보를 훔치는 일종의 산업스파이를 주인공으로 하는 뛰어난 미래 예시적 포스트휴먼 소설을 써냈다. 또 어슐러 르귄의『유배행성』이나『환영의 도시』,『로캐넌의 세계』같은 작품들, 그리고 로이스 맥마스터 부졸드의『마일즈의 전쟁』같은 작품들도 크게는 포스트휴머니즘 계열의 작품이라는 평을 받고 있다.

포스트휴머니즘에 속하는 일군의 작가들은 인간의 기억이나 신체의 기능을 확장하기 위한 테크놀로지의 오용과 남용의 위험성을 다룬 뛰어난 소설들을 써냈다. 예컨대 포스트휴머니즘의 원조로 평가되는 토머스 핀천은『브이를 찾아서』라는 소설에서, 말을 할 줄 아는 두 명의 인조인간들을 등장시켜 인간의 무생물화를 초래한 인류문명을 신랄하게 비판하고 있다.

> 쇼크는 놀랄 만한 마네킹이었다. 그것은 슈라우드처럼 만들어졌지만, 살은 거품 비닐, 피부는 비닐 플라스티솔, 머리는 가발, 눈은 성형용 플라스틱, 그리고 치아는 존경받는 미국인들의 19%가 하고 있는 틀니로 되어 있었다. 가슴에는 혈액 저장소가 있고, 중앙에는 혈액펌프가 있었으며, 복부에는 니켈 카드뮴 건전지로 된 동력 공급원이 있었다. …… 그는 경비실로 돌아가다가 슈라우드 앞에서 멈춰 섰다.
>
> "아니, 이게 뭐지?" 그가 말했다.
>
> "너보다는 나은 존재야."
>
> "이럴 수가!"
>
> "너나 이럴 수가! 해라. 나와 쇼크는 너 같은 인간들이 언젠가는 되고 말 그런 존재야."
>
> (Pynchon, 1961, p. 266)

핀천은 또 『제49호 품목의 경매』라는 소설에서도 요요다인(영화 <터미네이터 2>에 등장하는 '사이버다인'은 핀천의 '요요다인'에서 이름을 빌려왔다고 알려져 있음)이라는 우주항공회사에 대한 묘사를 통해 인간 생태계가 파괴된 비인간적인 현대의 풍경을 비판하고 있다.

> 요요다인에서 어찌된 셈인지 에디파는 길을 잃었다. 어느 순간, 그녀는 우주 캡슐 모형을 보고 있었으나, 다음 순간 형광등 불빛이 쏟아지는 거대한 사무실의 웅얼거림 속에 홀로 남아있었다. 어디를 보나 흰색 아니면 푸른색을 띤 남자들의 셔츠, 서류, 제도판 같은 것들뿐이었다. 그녀가 생각해낼 수 있는 것은 색안경을 쓴 채, 이 모든 빛을 가리고 자신을 구해줄 누군가를 기다리는 것뿐이었다. 그러나 아무도 그녀를 바라보지 않았다. ……
>
> (Pynchon, 1966, p. 84)

> 에디파는 색안경 너머로 머리를 움직이지 않고 조심스럽게 주위를 살펴보았다. 아무도 그녀에게 주의를 기울이지 않고 있었다. 에어컨은 웅하고 신음하고 있었으며, IBM 타자기는 타닥거리고 있었고, 회전의자는 삐걱거리고 있었다. 두툼한 참고 자료 지침들을 서랍 속에 집어넣는 탕탕하는 소리, 바스락거리는 청사진들이 접히고 또 접히는 소리, 그 위로는 길고도 고요한 형광등이 밝게 빛나고 있었다. '요요다인'의 모든 것은 정상이었다. 다만 수천의 다른 사람들 중, 오직 단 하나 선택되어진 에디파가 스스로 광기의 현존 속으로 걸어 들어가야만 하는 바로 이 자리만 빼면.
>
> (Pynchon, 1966, pp. 86-87)

SF 작가 중 단연 돋보이는 포스트휴머니즘 계열의 작가는 필립 딕(Philip Dick)이다. 그는 『유사인간은 전기 양을 꿈꾸는가?』라는 소설에서 인간보다 더 인간적인 인조인간들을 제시해, 인간과 테크놀로지 사이의 경계를 해체하는 포스트휴머니즘적 비전을 제시하고 있다. 독자들로 하여금 인간과 기계 사이에서 도덕적 갈등을 겪게 해주는 이 소설에서 필립 딕은 사실 기계보다 인간이 훨씬 더 잔인하고 이기적이며 비인간적일 수도 있다는 점을 예리하게 지적한다. 이 소설에서 인간은 우주에 식민지를 건설하고 거기에서 부리기 위해 레플리칸(복제품)이라 불리는 인간과 똑같은 인조인간을 만든다. 그러나 자신들의 수명이 짧아 곧 죽게 된다는 것을 알게 된 소수의 레플리칸들이 수명을 연장하려고 자신의 창조자를 찾아서 식민지 행성을 탈출해 지구로 돌아온다. 주인공은 바로 그 레플리칸들을 색출해 사살하는 추적자로서, 추적 과정에서 점차 인간의 잔인성과 탐욕, 그리고 레플리칸들의 순수성을 깨닫게 된다.

필립 딕은 이후 『우리는 그대를 위해 기억할 수 있다』와 『마이너리티 리포트』라는 두 편의 훌륭한 포스트휴먼 소설을 썼다. '토탈 리콜'이라는 제목으로 영화화된 전자는 컴퓨터를 통해 여행을 떠나는 '가상여행'과 인간의 '기억이식' 문제를 통해, 사실과 허구의 구분이 모호해진 이 시대의 문제점과 테크놀로지의 오용에 대해 강력한 비판을 가하고 있다. 한편, 『마이너리티 리포트』는 미래를 내다보는 예지자들의 제보를 통해, 범인이 범행을 저지르기 전에 미리 체포함으로써 범죄가 없어진 완벽한 미래사회를 그리고 있다. 그러나 그 완벽한 사회는 사실 인간생태계가 파괴된 비인간적인 사회였으며, 마이너리티 리포트가 무시되는 사회, 그리고 불확실한 예지자들의 비전과 불안정한 인간의 확신에 근거한 사회였다.

필립 딕이 1950년대 쓴 작품인 『임파스터(*Imposter*)』는 2079년의 미래사회를 그리고 있다. 정부 부서에서 일하고 있는 과학자 스펜서 올햄 박사는 어느 날 갑자기 자신이 지구를 정복하려는 외계인이 보낸 복제인간이라는 누명을 쓰고 도망자가 된다. 너무나 억울한 그는 병원의사인 아내 마야를 통해 자신의 결백을 밝히려고 백방으로 노력한다. 그러나 작품의 마지막에 놀라운 사실이 드러난다. 사실은 스펜서뿐 아니라 그의 아내까지도 외계인이 보낸 복제 스파이였던 것이다. 가공할 만한 사실은 스펜서나 그의 아내도 자신들이 복제인간 스파이였다는 사실을 전혀 모르고 있었다는 점이다. 진짜 스펜서와 마야는 이미 살해되었는데도 말이다. 필립 딕은 인간과 테크놀로지 사이의 제반문제들을 복합적으로 성찰하고 있는 뛰어난 작가이다.

또 한 사람의 주목할 만한 포스트휴머니즘 계열의 작가는 『쥬라기 공원』의 저자 마이클 크라이튼이다. 『쥬라기 공원』에서 이미 테크놀로지의 오용, 상업주의와 물질주의, 인간의 오만과 탐욕, 자연생태계 파괴의 위험, 그리고 유토피아와 디스토피아 문제를 다루었던 크라이튼은 최근 소설 『넥스트』에서는 유전자 조작과 인간 줄기세포 배아복제 문제를 정면으로 다루고 있다. 황우석 박사를 실명으로 거론하고 있는 이 소설에서 크라이튼은 연구비 수주나 돈을 벌기 위해서는 거짓말이나 윤리규정 위반이나 인간의 존엄성 파괴도 개의치 않는 현대과학자들의 몰지각한 행태를 신랄하게 고발하고 있다. 이 소설에는 인간의 유전자를 이식해 태어난 말하는 침팬지와 앵무새가 등장하는데, 크라이튼은 인간의 확장이라는 것이 단순히 인간과 동물의 유전인자를 섞어 제3의 변종을 만들어내는 것에 그쳐서는 안 된다고 시사한다. 이 소설에서도 그렇지만, 사람들은 본능적으로 그러한 변종들을 놀리거나, 증오하거나, 지배하려고 하기 때문이다.

반면, 트랜스휴머니즘의 관점에서 인간과 기계의 합일 가능성을 추구한 작품들도 많이 산출되었다. 그런 작품들은 특히 많이 영화화되었는데, 1970년대 텔레비전 드라마였던 <육백만 불의 사나이>, <특수공작원 소머스>(최근에 <바이오닉 우먼 소머스>라는 제목으로 리바이벌되었다), 또는 <로보캅> 시리즈 같은 영화들은 모두 인간과 기계의 이상적인 조화를 추구했던 작품들이다. 그러다가 <터미네이터 2>에서는 드디어 인간의 피부와 근육으로 만들어진 사이보그가 등장한다. 이 사이보그는 자신에게 맡겨진 아이를 보호해주고 같이 놀아주는 완벽한 아버지이자 충실한 보디가드로서 이 영화에서 가장 이상적인 남성상으로 등장한다. 뿐만 아니라, 그는 비록 기계인간이지만, 인간의 감정을 배우게 되고, 결국 인간을 위해 자신을 희생해 자살을 감행하는 숭고한 행동을 보여주기도 한다. 여주인공 새라는 자신의 아들 존을 돌봐주고 놀아주는 이러한 사이보그를 바라보며 다음과 같이 독백한다.

> 존과 기계를 바라보면서 나는 갑자기 모든 것이 분명해지는 것을 느꼈다. 기계는 결코 멈추지도 않고, 존의 곁을 떠나지도 않을 것이다. 그는 존을 다치게 하지도, 소리 지르지도, 상처 입히지도 않을 것이고, 바빠서 놀아줄 수 없다고도 하지 않을 것이다. 그는 언제나 존과 함께 있을 것이며, 존을 위해 죽기까지 할 것이다. 그렇다면 이 기계만이 존의 아빠가 될 자격이 있을 것이다. 이 미친 세상에 오직 그것만이 제대로 된 선택이 될 것이다.

그러나 위 작품들은 모두 이 세상에는 인간과 기계의 바람직하지 않은 결합도 있다는 사실을 인정한다. 예컨대 <로보캅 3>에서는 사악한 기계인간인 일본 악당 사무라이가 등장하며, <터미네이터 2>에는 악의 화신인 T-1000이라는 최첨단 사이보그가 나타나 선한 사이보그와 필사적인 사투를 벌인다.

비슷한 주제의 영화로 <솔저>, <유니버설 솔저>, <유니버설 솔저 2> 등도 주목할 만하다. <솔저>는 유전자 조작으로 강해진 병사들에게 밀려나 폐기처분되지만, 결국 인간이 기계보다 더 낫다는 것을 증명하는 용감한 전사의 이야기이고, <유니버설 솔저>는 전장에서 죽은 병사들을 최첨단 테크놀로지를 이용해 되살려 막강한 전사로 만드는 이야기다. 이 영화들에도 인간과 기계의 이상적 합일과 부정적 부조화가 공존한다. 결국 최후의 선택은 우리들의 몫으로 남겨진다. 테크놀로지는 어떻게 이용하느냐에 따라 인간에게 이로울 수도 있고, 해로울 수도 있기 때문이다.

최근 등장하고 있는, 특수능력을 가진 변종인간들을 다룬 소설이나 영화 또한 포스트휴머니즘의 관심사로부터 비롯된 것들이다. 예컨대 우주로 나갔다가 우주폭풍의 방사능에 노출된 후, 초능력을 갖게 된 각기 다른 4인조의 이야기를 다룬 영화 <판타스틱 4>나, 역시 초능력을 가진 변종들이 모여 정의를 실현하는 텔레비전 드라마 <뮤턴트>는 그 대표적인 예라고 할 수 있다.

그중에서도 가장 널리 알려진 것은 <엑스맨> 시리즈일 것이다. 만화가 원작인 이 영화에도 역시 선한 변종들과 악한 변종들이 등장해 대결을 벌인다. 우리와 다른 '타자'를 차별하고 제외하고 통제하려는 인간의 편견을 고발한 이 뛰어난 작품에서 악한 변종들의 리더 매그니토가 아우슈비츠 수용소에서 나치들에게 부모를 잃은 고아 출신 유대인이라는 사실은 대단히 상징적이다. 우선 그러한 설정은, 나치들이 가졌던 인종적 편견이 또 다른 형태로 아직도 계속되고 있다는 것을 의미하고 있다. 그래서 매그니토는 마치 나치들이 그랬던 것처럼 미국 내 비정상 변종들을 등록시켜 통제하는 법안을 통과시키려는 상원의원에 대항해 투쟁한다. 그러나 매그니토는 또한 어린 시절의 원한을 잊지 못하고 지배문화에 대해 파괴적인 복수를 시도한다는 점에서 바람직하지 못하다. 그에 비해 선한 변종들의 리더인 엑자비에는 정상인들과 화해하고 타협하려 한다는 점에서 훨씬 더 바람직한 인물이다. 그러나 그는 그 덕분에 정상인들뿐 아니라, 자신들과 이념을 달리하는 매그니토 변종 패거리들과도 싸워야만 한다.

포스트휴머니즘은 또 <바이센테니얼 맨>이나 <AI>의 경우에서처럼, 인간이 되고 싶어하는 로봇이나 인공지능 문제, 또는 <아일랜드>에서처럼 자신의 진정한 정체성이 무엇인지 고뇌하는 장기이식용으로 생산된 인간들(그들은 죄수처럼 갇혀 살며, 이름 대신 숫자가 들어간 코드네임으로 불린다)의 문제들도 다룬다. 국내에서도 동아사이언스 주최 제1회 SF 문학상 대상 수상작인 『레디메이드 보살』은 흥미 있는 포스트휴머니즘 소설이라고 할 수 있다. 이 작품은, 절에 배정되어 늘 마당을 쓸던 로봇이 날마다 불경을 경청하다가, 어느 날 득도하고 성불하여 인간들을 가르치게 된다는 내용이다.

포스트휴머니즘은 또 '몸 담론(body discourse)'과도 긴밀하게 관련되어 있다. 정신을 중요시했던 모더니즘 시대 이래로 몸은 단순히 영혼을 담는 용기로만 여겨져 왔지만, 최근 들어 몸에 대한 새로운 의미발견과 가치부여가 시도되면서 몸의 중요성이 부각되기 시작했는데, 포스트휴머니즘은 바로 그 '몸의 확장'에 비상한 관심을 갖고 있기 때문이다.

인간과 기계의 조화, 또는 인간과 테크놀로지의 합일은 이미 문학의 주요 관심사로 부상하고 있고, 테크놀로지의 눈부신 발전에 따라 앞으로도 계속될 것이다. 우리는 지금 테크놀로지가 우리의 삶과 밀접한 관계를 맺게 된 시대, 그래서 심지어는 문학이나 인문학조차도 테크놀로지를 외면할 수 없는 포스트휴먼 시대에 살고 있다. 테크놀로지는 사용방법에 따라 인류에게 축복이 될 수도 있고 재앙이 될 수도 있으며, 인간의 무한한 확장이 될 수도 있고 인간을 괴물로 만들 수도 있다. 그렇다면 작가들도 이제는 그 문제를 고민하고, 다양한 시각으로 성찰하며, 그 결과를 글로 써내야만 할 것이다. 그것이 바로 포스트휴먼 시대가 요청하는 작가들의 사명일 것이다.

4. 트랜스내셔널리즘 문학

트랜스내셔널리즘이란 무엇인가?

최근 트랜스내셔널리즘(Transnationalism) 문학이 세계문단의 관심사로 부상하고 있다. '트랜스내셔널리즘'이라는 용어는 원래 20세기 초, 각기 다른 문화들 사이의 관계를 새로운 시각으로 보자는 취지에서 랜돌프 본이 만든 용어였다. 그러나 현재는 국가의 경계가 동일한 민족으로 이루어진다는 '국민국가(nation/state)'의 개념이 급속도로 와해되어가면서, 또 다른 나라로의 이민과 해외이주가 급증하면서, 그리고 디지털 위성텔레비전으로 각국의 문화가 안방으로 들어오면서, 필연적으로 생성되고 있는 '경계해체시대'를 이해하고 설명하는 용어로 사용되고 있다.

과연 오늘날, 전통적인 의미에서의 국가 간의 경계는 급속도로 사라져가고 있다. 국경을 없애고 화폐까지도 공유하고 있는 유럽연합이 그 좋은 예지만, 지금은 국가와 국가 사이의 경계가 예전처럼 분명하지 않은 시대가 되었다. 더욱이 50개의 독립된 자치주를 갖고 있는 다인종 다문화 사회인 미국의 경우, 국민국가의 경계는 이미 오래전에 해체된 상태라고 할 수 있다. 한국인들은 아직도 단일민족이라는 사실에 대단한 자부심을 갖고(사실 단일민족이라는 증거도 불충분하지만), 영토의식과 국경의식이 그 어느 나라보다도 강한 민족으로 알려져 있다. 그러나 지금은 단일민족이 전혀 자랑이 되지 않는 다인종·다문화 시대가 되었다. 일부 유럽의 좌파 지식인들은 그러한 범세계적인 현상을 전 세계의 미국화 음모라고 비판하기도 하는데, 유럽의 과거 영광을 그리워하고 미국의 막강한 영향력을 싫어하는 반미주의자들의 논리인 경우가 많다. 비록 다문화주의가 다인종 사회인 미국에서 시작되었다고는 해도, 그것이 전

세계로 확대된 것은 다른 많은 나라들에도 해당되는 사조이기 때문이다. 사실 소수인종이 없는 나라가 지구상에 과연 얼마나 있으며, 또 각기 다른 민족이나 종교로 인해 서로 싸우고 증오하고 죽이는 나라들이 이 세상에는 얼마나 많은가?

오늘날, 세계의 글로벌화에 따라 급증하고 있는 이민들과 단기 이주 노동자들, 그리고 다국적 기업의 확산과 과학기술의 국제공조 또한 급속도로 국경에 대한 종래의 관념을 해체하고 있다. 북간도로 이주해간 우리 동포나 사할린 동포들이 그 좋은 예이지만, 원래 이민은 제국주의 시대의 산물이었다. 많은 사람들이 제국주의 정책에 의해 강제로 또는 제국주의가 싫어 자의로 타지에서 살게 되었기 때문이다. 그 후에는 빈곤과 독재 같은 자국의 척박한 풍토에 대한 불만이 이민의 또 다른 이유가 되었다. 미국으로 떠난 한국이민들도 그랬지만, 많은 사람들은 보다 나은 삶이나 교육을 위해, 또는 군사독재가 싫어 해외로 이민을 떠났다. 그런 이민들은 물론 지금도 있겠지만, 그래도 세계가 지구촌이 된 요즘은 해외이민이나 해외거주가 보다 더 자연스럽게 이루어지는 시대가 되었다. 즉 지금은 굳이 자국을 부인하지 않고도 이민을 떠날 수 있게 되었다는 것이다. 예전에는 한번 조국을 떠나면, 고국과의 유대가 단절되고, 호스트 국가에 대한 전면 충성을 요구받았다. 그러나 지금은 이민들이 두 나라 모두와 긴밀한 연관을 갖고 살고 있으며, 떠나보낸 나라나 받아들인 나라 역시 그것을 당연하게 생각하는 시대가 되었다. 그러므로 이제 이민들은 두 개의 국가, 두 개의 공간, 그리고 두 개의 문화를 동시에 갖게 된 것이다. 국가 간의 관습적인 경계가 소멸되기 시작한 것도 바로 그런 이유 때문이었다.

또한 아무런 제재 없이 우리의 안방으로 침투해 들어오고 있는 세계 각국의 채널과 프로그램도 문화적 국경을 해체하는 데 일익을 담당하고 있다. 사람들은 이제 날마다 자연스럽게 다양한 타 문화와 접하게 되고,

문화적 경계를 초월하는 삶을 살게 되었다. 즉 집에서는 그런 삶을 살면서 밖에 나가서는 민족주의를 부르짖는 일이 시대착오적인 것으로 치부되는 시대가 된 것이다. 민족주의 색채가 워낙 강한 한국을 제외한 대부분의 나라에서 민족주의가 사라진 것도 바로 그런 맥락에서였다. 예컨대 토머스 핀천은 소설 『브이를 찾아서』에서 인간 생태계를 파괴하는 두 가지 나쁜 것으로 서구 제국주의와 제3세계의 민족주의를 동시에 지목하고 있다.

현대적 의미의 트랜스내셔널리즘은 바로 그와 같은 상황에서 움트기 시작했다. 흔히 인터내셔널리즘과 트랜스내셔널리즘을 혼동하는 경우가 있는데, 전자는 국가 간의 협력을 의미하며, 트랜스내셔널리즘은 사람들 사이의 글로벌 협력을 의미한다. 예컨대 유엔이나 국제조약 같은 것들은 인터내셔널리즘에 속하고, '국경없는 의사회'나 '그린피스'나 'NGO' 같은 것들은 트랜스내셔널리즘에 속한다. 그런 의미에서 트랜스내셔널리즘은 코스모폴리타니즘과도 긴밀하게 연관된다.

트랜스내셔널리즘 문학이란 무엇인가?

그렇다면 트랜스내셔널리즘 문학이란 무엇인가? 우선 이민문학과 디아스포라 문학이 트랜스내셔널리즘 문학에 속한다. 이민자들이나 국외거주자들은 국경을 초월해 두 나라 사이에 위치해 있으며, 두 나라의 문화를 모두 포용하고 있기 때문이다. 캐나다 요크 대학의 R. 체란 교수는 두 용어의 차이점을 논하면서 디아스포라는 강제 해외이주의 경우이고, 트랜스내셔널리즘은 자발적 이민의 경우라고 말한다. 그래서 그는 디아스포라는 '떠남'의 조건이고, 트랜스내셔널리즘은 '삶'의 조건이라고 말하고 있다. 물론 가난 때문에 이민을 떠나는 사람의 경우, 그것이 과연 (상황에 의해) 강제 이주인지, 아니면 자발적 이주인지 논란의 여지가 있기 때문에, 위 두 가지 요소를 다 갖고 있는 이민들도 있다는 사실을 인정해야만 할 것이다.

예전에 이민들은 '홈랜드'와 '호스트랜드' 두 나라 중 하나를 선택해야만 했고, 두 문화 중 하나를 택해야만 했다. 그러므로 이민문학은 그동안 두 세계 사이에서 고뇌하는 이민자의 모습—예컨대 과연 어느 쪽에 충성할 것인가, 그리고 어느 한쪽을 택했을 때, 다른 쪽에서 무슨 문제가 발생하는가—을 집중적으로 조명하고 성찰해왔다. 그러나 트랜스내셔널리즘적 시각으로 보면, 그런 것은 내셔널리즘적인 관심사에 속한다. 이제는 트랜스내셔널리즘적 시각으로 인해 이민자들이 단 하나의 정체성만 가능했던 예전과는 달리 다중 정체성을 가질 수 있게 되었기 때문이다. 예컨대 미국으로 이민 간 한국인은 미국인이면서 한국인일 수도 있고 서구인이면서 동양인일 수도 있다는 것이다.

교포문학 또는 이민문학은 그런 면에서 트랜스내셔널리즘 문학에 속한다고 볼 수 있다. 물론 미국에서 영어로 발표된 1.5세대 교포문학—차학경의 『딕테』나 이창래의 『네이티브 스피커』, 또는 이민진의 『백만장자를 위한 공짜 음식』—은 기본적으로는 모두 미국문학이다. 또한 혼혈 작가들의 작품들—예컨대 노라 옥자 켈러의 『종군위안부』나 하인즈 인수 펭클의 『나의 유령 형님의 기억』—도 모두 미국문학이며, 그들은 모두 미국작가들이다. 그럼에도 불구하고, 그들의 작품에는 강렬한 트랜스내셔널리즘적 요소가 들어있기 때문에, 전통적이고 관습적인 의미에서의 미국문학으로만 간주할 수는 없다는 것이 트랜스내셔널리즘 문학의 시각이자 입장이다.

그렇다면 한국문단도 이제는 교포문학을 한국문학의 한 지류로 인정하고 받아들일 필요가 있을 것이다. 그러면 한국문학의 지평이 크게 확대될 것이고, 교포문학을 통해 한국문학을 세계에 알릴 수 있는 기회도 갖게 될 것이다. 한국계 미국작가들의 작품이 요즘 미국문단에서 매우 진지하고 중요하게 다루어지고 있기 때문에, 미국 독자들의 관심이 궁극적으로는 한국문학으로까지 확산될 수도 있기 때문이다. 동시에 교포작가들 역시 한국문학에 관심을 갖고, 그것을 자신의 문학세계와 어떻게 연결시킬 수 있을 것인가를 탐색해보는 것도 좋을 것이다. 그렇게 함으로써 교포작가들은 자신들의 문학세계를 보다 더 풍요롭게 만들 수도 있을 것이다. 사실 아시아계 이민자로서 미국사회에서의 소외의식이나, 두 문화 사이에서의 방황 같은 소재는 트랜스내셔널리즘 시대를 맞아 머지않아 고갈될 것이고, 그렇게 되면 교포작가들은 새로운 소재를 발굴하고 개발해야 하는 상황을 맞게 될 것이다.

흥미있는 것은, 최근 국내에서 발표되는 소설들 중에도 국경을 초월하는 트랜스내셔널리즘적인 작품들이 부쩍 늘었다는 사실이다. 이는 한국문학도 이제 한국이라는 국경을 벗어나, 세계무대로 나아가고 있다는 것을 의미한다. 예컨대 제23회 '오늘의 작가상' 수상자 우광훈의 『베르메르 vs. 베르메르』의 화자는 한국인이지만 작품의 무대와 주인공은 네덜란드와 네덜란드인이며, 제1회 '대한민국 뉴웨이브 문학상' 수상작가인 유광수의 『진시황 프로젝트』 역시 중국과 일본과 한국을 무대로 삼국인이 다 등장한다. 또 조완선의 「외규장각 도서의 비밀」도 파리를 무대로 하고 있으며, 함정임도 유럽 속의 한국인에 대한 소설을 많이 썼다. 요즘 작가들 중에는 배경도 외국일 뿐 아니라 등장인물들까지 외국인인 경우도 많다.

현재 세계에는 약 1억 7,500만 명이 타국에 이주해 살고 있으며, 해외 한국교포만 약 700만 명, 국내 거주 외국인이 100만 명, 그리고 한 해 약 8,000명의 베트남 여성이 한국남성과의 결혼을 위해 입국하고 있다. 그들이 이루는 혼혈문화는 이제 무시할 수 없는 현상이 되었고, 세계는 이제 타 인종, 타 민족, 타 문화와 더불어 살아가는 다문화사회가 되었다. 이처럼, 자신이 태어나지 않은 나라에서 살고 있는 사람들의 사회적 공간과 지리적 공간의 의미, 그들의 다중정체성, 그리고 그들의 방황과 고뇌를 성찰하는 것이 바로 트랜스내셔널리즘의 특성이다.

교포작가 이민진의 『백만장자를 위한 공짜 음식』은 두 문화 사이에서 방황하고 고뇌하는 주인공을 다룬 전형적인 아시아계 미국소설이기도 하지만, 동시에 대표적인 트랜스내셔널리즘 소설로도 읽을 수 있는 작품이다. 이 소설은 미국으로 이민 와서 오로지 경제적 성공과 신분상승을 꿈꾸는 한국계 아버지와, 미국식 사고에 익숙해져 아버지의 기대를 저버리고 반발하는 딸 케이시의 갈등과 충돌로 시작되고 있다. 그러므로 이 소설의 주요 주제는 두 문화와 두 가치관의 충돌이라고 할 수 있다. 아버지는 아직도 한국의 유교적·가부장적 태도를 버리지 못하고 있고, 딸은 한국적인 것을 부정하고 완전한 미국인이 되려고 하며, 또 될 수 있다고 믿는다.

그러나 물론 미국사회에서 아시아계 이민자가 완벽한 미국인이 되기는 어렵다. 우선, 동북 아시아인들은 외모가 서구적인 중동사람들과는 달리 미국인과 확연히 달라서 미국사회에 스며들어가기가 어렵기 때문이다. 동양인에 대한 보이지 않는 편견 또한 완전한 미국인이 되는 데 장애요인으로 작용한다. 예컨대 동양인들은 용감하지 못하고 과감히 나서서 자기 발언을 하지 못한다는 것, 또 자신만만하거나 의젓하지 못하다는 점 등은 백인 미국인들이 동아시아인에 대해 으레 갖는 편견이다. 케이시도 점차 그러한 사실을 깨닫게 되지만, 그래도 그녀는 미국사회에 동화되기 위해 노력한다.

이 소설의 주인공은 모자를 좋아해서, 직접 만들기도 한다. 그래서 이 소설의 광고카피에는 접시 위의 모자가 등장하기도 한다. 접시는 음식을 담는 실용적인 그릇이고, 모자는 품위의 상징이다. 작가 이민진은 2008년 10월 27일 『조선일보』에서 소설가 권지예와의 대담에서 이 작품의 제목에 대해 이렇게 밝히고 있다. "내 의도는 이민문학의 한계를 넘어 삶의 다양한 존재방식을 성찰하는 데 있었다. 실은 소설 제목에서도 그런 의도를 담았다. 백만장자들은 공짜가 필요 없는데도 그들에게는 많은 공짜 혜택이 주어진다. 그 공짜 혜택들은 부자들의 '품위(grace)'를 증명하는 사회적 방식이다. 내 소설은 부자가 되기를 포기한 케이시에게도 그녀만의 미덕과 '품위'들이 있음을 주목했다." 그렇다면, 케이시는 한국인 아버지가 바라는 대로 돈을 많이 벌면서 사는 속물적인 삶보다는, 자신이 선택한 품위 있고 가치 있는 삶을 선택한 여성처럼 보인다.

이창래의 『제스처 라이프』 또한 트랜스내셔널리즘적 시각으로 읽을 수 있는 작품이다. 이 작품의 주인공 프랭크 구로하타는 현재 미국에 이주해 살고 있는 노인이다. 은퇴를 앞두고 그는 자신의 인생이 한갓 제스처에 불과했다는 사실을 깨닫게 된다. 어린 시절, 일본인의 가정에 입양된 그는 내내 천왕폐하에게 충성하는 일본인 행세를 했고, 미국으로 이주해온 다음부터는 충실한 미국인이 되기 위해서만 최선을 다했기 때문이다. 그는 진정한 일본인으로 받아들여지기 위해 자신이 한국인이라는 사실을 감추었고, 진정한 미국인으로 받아들여지기 위해 자기 집 잔디밭을 열심히 가꾸고, 백인여성과 결혼한다. 그 두 가지는 미국사회에 받아들여질 수 있는 중요한 요건이기 때문이다. 그는 또 일본군 장교 시절에는 군의관이 아니면서 군의관 행세를 했고, 미국에 온 후로는 의사가 아니면서 의사 행세를 했다. 물론 자신이 그런 것이 아니라, 주위에서 그렇게 불러준 것이기는 하지만, 그래도 그는 굳이 그 오류를 정정하지 않고 살아왔다. 그러다가 인생의 황혼기에 이르러서야 그는 비로소 그동안 자신의 삶이 진실성이 전혀 없는 제스처에 불과했다는 사실을 깨닫게 된다. 한국인, 일본인, 미국인으로서 다중 정체성을 가진 구로하타는, 그 세 가지를 조화시키지 못하고 그 사이에 낀 채 방황하다가 한번도 진실한 삶을 살지 못한 사람이 되고 만 것이다. 자신의 삶을 마감하고 정리하는 노년에 이르러서야, 그는 비로소 그러한 사실을 깨닫는다.

그리고 그러한 깨달음을 통해 구로하타는 생의 마지막 순간에 자신의 진정한 정체성을 되찾게 된다.

『옐로』의 작가 단 리는 이민진이나 이창래보다 더 트랜스내셔널리즘에 근접해 있는 이민3세 작가이다. 그의 주인공들은 정도는 약하지만, 그래도 역시 두 세계 사이에서 방황하는 사람들이다. 예컨대 『외로운 밤 주막』의 외로운 주인공 애니 영은 완전한 미국인이 되기를 원한 나머지 머리를 금발로 염색하고, 카우보이 복장에 카우보이 말투를 흉내 내며 카우보이 바에서 술을 마시다가 백인 미국인에게 "야후"(『걸리버 여행기』에 나오는 야만 종족) 같다고 비웃음을 당한다. 미국문화에서 카우보이는 외로운 방랑자의 상징이기도 하지만, 미국의 신화, 그것도 남성위주의 거친 서부의 신화를 상징하는 아이콘인데, 아시아인 그것도 아시아계 여성이 카우보이의 흉내를 냈으니 웃음거리가 될 수밖에 없는 것이다. 애니는 자신의 본질을 버리고 미국에 무조건 동화되려고 했다는 점에서 트랜스내셔널리즘의 비판 대상이 된다. 단 리의 남성주인공들은 한국계 아내를 견디지 못하고 백인여성과 결혼하거나, 아니면 백인여성과의 결혼에 장해요인들이 많아 한국계 아내를 얻기도 한다. 또 백인여성과 결혼한 주인공들은 혼혈아의 장래가 불안해 대체로 아이를 갖지 않으려고 하는데, 이들은 모두 두 세계 사이의 경계를 넘지 못하고, 한 나라, 한 문화에만 매달려 있는 사람들로서, 작가의 비판대상이 된다.

트랜스내셔널리즘은 요즘 또 국경을 넘나드는 미디어를 연구하는 트랜스내셔널 미디어 문화연구로도 확대되고 있다. 트랜스내셔널 미디어 문화연구는 각 나라의 미디어와 문화가 서로 어떠한 영향을 주고받는가를 연구하는 최신 문예사조다. 예컨대 트랜스내셔널 미디어 문화연구가들은 할리우드 영화, 미국 텔레비전 드라마 등이 다른 나라에 어떤 영향을 끼치는가를 연구하고 탐색하는데, 그 과정에서 맹목적인 반미주의는 경계하고 있다. 예컨대 그들은 유럽이 걱정하는 미국 텔레비전의 유럽 장악은 전혀 근거 없는 기우라고 말한다. 그래서 그들은 타 문화에 대한 무조건적인 적대감보다는, 타 문화에 대한 이해와 포용이 중요하다고 말한다. 그들은 또 문화제국주의를 경계하는 사람들을 향해, 문화제국주의나 문화적 정체성 같은 용어는 사실 제대로 검증받지 않은 것들이라고 지적하면서, 그런 성급한 판단은 문화적 정체성을 하나의 고정된 것으로 보기 때문에 일어난다고 비판한다. 즉 문화적 정체성은 복합적이고 다층적이기 때문에, 두 문화의 융합과정을 살펴보아야지, 무조건 타 문화를 비난만 해서는 안 된다는 것이다. 예컨대 문화제국주의 연구자들은 디즈니 애니메이션 <도널드 덕>이 탐욕스러운 오리 아저씨 스크루지를 등장시켜 미국의 자본주의 이데올로기를 전 세계에 전파한다고 비난한다. 그러나 트랜스내셔널 미디어 문화연구가들은 스크루지가 사실은 자본주의의 나쁜 점을 비판하고 있는 인물일 수도 있다는 점을 지적한다. 또 맥도널드 햄버거를 먹는 것이 꼭 세계를 지배하려는 미국의 제국주의 이념을 받아들이는 것을 의미하지 않을 수도 있으며, 디즈니랜드에 가는 것이 꼭 자본주의 이데올로기에 동참하는 것이 아닐 수도 있다고 지적한다.

트랜스내셔널리즘은 바로 그와 같은 문화적 접촉과 상호작용을 비판적으로 그러나 동시에 긍정적으로 연구해보자는 새로운 문예사조이다. 지금 우리는 급속도로 국가 간의 국경이 사라져가고 있는 '트랜스내셔널' 시대에 살고 있기 때문이다. 그래서 트랜스내셔널리즘은 간혹 글로벌리즘과 같은 의미로 사용되기도 한다. 좌파학자들은 글로벌리즘 역시 미국 문화제국주의의 음모라고 비판하지만, 그러나 다른 시각으로 보면 글로벌리즘은 도시와 시골, 선진국과 후진국, 강대국과 약소국 사이의 차이를 없애고 서로 활발하게 교류해 상호협조를 이끌어내자는 것이라고도 할 수 있다. 그것은 문학의 경우도 마찬가지여서, 이제는 우리 문학도 국경을 초월해 세계로 뻗어나갈 때가 되었으며, 교포문학 또한 트랜스내셔널리즘적 시각에서 새롭게 해석되고 평가받아야만 할 때가 되었다. 트랜스내셔널리즘 문학이 미래를 예시하는 새로운 문예사조로 부상하고 있는 것도 바로 그런 맥락에서이다.

5. 문화연구와 미국의 소수인종문학 연구

문화연구의 최근 동향: 문화번역 연구, 트랜스문화 연구, 미국문화 연구

영국 버밍엄 대학의 현대문화연구소에서 시작된 문화연구(cultural studies)는 초기에는 문학연구에서 문화연구로의 지평 확대, 대중문화와 대중문학 텍스트의 포용, 그리고 아카데미와 커뮤니티의 조화 추구에 치중하면서 시작되었다. 문화연구 때문에 고급문화와 순수문화(또는 고급문학과 순수문학) 사이의 경계가 해체되고, 문학이 영화나 인터넷 게임이나 팝뮤직이나 만화 같은 타 매체와 나란히 "문화"를 이루는 하나의 텍스트로 축소된 것도 바로 그 시점이었고, SF나 판타지나 추리소설 장르가 부상하고 대중문화·대중소설이 귀족문화·고급문학과 어깨를 나란히 하게 된 것도 바로 그 시절이었다. 또 신성하게 여겨졌던 서구의 정전들이 도전받고, 비서구의 비정전 텍스트들이 대거 주류로 편입되며 부상한 것도 바로 그때였다.

이후, 문화연구는 영국의 개방대학들(open universities)에 설치된 대중문화 강좌나 텔레비전 및 영화강좌들을 통해 확산되면서, 점차 문화 속에 감추어진 이데올로기 찾아내기, 문화의 생산과 수용과 배급에 개입하는 지배문화의 대중 조종과 세뇌 고발 같은 미디어문화의 정치성 성찰로 그 관심사가 확대되었다. 영화 텍스트를 통한 당대의 문화읽기, 영화나 텔레비전 드라마 속의 이데올로기 찾아내기, 그리고 문화를 이데올로기로 보는 태도 등은 모두 이 시절의 소산이었다. 문화연구자들은 이제 디즈니랜드에 가는 것도 자본주의 음모의 세뇌이고, 맥도널드 햄버거를 먹는 것도 미국문화의 세계 지배 음모에 동참하는 것이라는 논리를 펴게 되었다. 그들은 또 텔레비전이나 영화도 자국의 문화를 파괴하려는 강대국의 이데올로기 전파 수단으로 파악했으며, 모든 것을 문화제국주의의 논리로 설명하려 했다. 이는 문화연구가 원래 영국의 좌파학자들에 의해 시작되었다는 점을 감안하면 당연하고도 필연적인 결과라고 할 수 있을 것이다.

그러나 최근 문화연구는 "문화번역 연구(cultural translation studies)"와 "트랜스문화 연구(transcultural studies)", "번역 미디어 연구(translational media studies)" 그리고 "소수인종문화 연구(minority cultural studies)"로 그 주안점을 옮겨가고 있는 것처럼 보인다. 사실 이 네 가지는 오늘날 국민국가(nation/state)의 개념과 경계가 사라져가면서 생긴 서로 상통하는 개념으로서, 국가・민족・문화 사이의 칸막이가 무너져가는 시대의 문화현상을 성찰하고 연구하는 새로운 방법론이라고 할 수 있을 것이다. 위 네 가지 연구가 함축하고 있는 개념은 학문에 적용되면서 트랜스학제간 연구(trans-disciplinary studies)를 활성화시켰는데, 이는 과거의 학제간연구(interdisciplinary studies)나 다학제간연구(multidisciplinary studies)를 한 단계 더 업그레이드시킨 것이라고 할 수 있다. 문화연구는 또 포스트모더니즘, 포스트식민주의, 다문화주의 등과 맞물리면서, 학문과 사물에 대한 비교문화적 접근과 해석을 활성화시켰다('트랜스'라는 용어를 국내에서는 '횡단'이라고 번역하고 있는데, 이는 '트랜스'라는 의미를 명확하게 전달하는 데 다소 문제가 있는 듯하다).

'문화번역'이란, 그동안 자신들의 경계선 안에서만 생활해온 사람들이 문화적 경계를 넘어, 서로의 언어, 사고방식, 행동양식, 가치관 등에 숨어 있는 문화적 의미를 전달하고 교류하는 것을 의미한다. 그러므로 문화번역은 단순히 한 언어를 다른 언어로 번역하는 것뿐 아니라, 모든 문화 텍스트들과 문화양식들을 통한 "문화적 소통"을 의미한다. 물론 문화번역자는 자신의 문화적 중력에서 자유로울 수 없고, 타 문화에 대한 동경과 저항, 또는 오해와 오독으로부터도 완전히 자유로울 수는 없다. 문화번역 속에 다양한 형태의 문화적 헤게모니와 문화 권력의 메커니즘이 존재하고 있기 때문이다. 문화번역이 문화 속에 숨어 있는 그러한 요소들을 밝혀내는 역할을 하기 때문에 오늘날 "번역자(translator)"는 더 이상 "반역자(traitor)"가 아니라, "중개자(mediator)"의 위치로 격상되었다.

문학 텍스트는 문화번역의 훌륭한 텍스트이자 좋은 예를 제공해주기 때문에, 영문과에서 문화번역 연구는 문학연구와 교육의 지평을 크게 확대시켜주는 흥미 있고도 새로운 문예사조로 받아들여지고 있다. 또 문화번역 연구는 페미니즘이나 포스트식민주의 이론과도 맥을 같이하고 있어서, 영문학 연구에 중요한 방법론을 제공해주고 있다. 문화번역을 통해 우리의 학문 후속세대를 타 문화에 대한 이해가 깊고 두 겹의 시각을 가진 글로벌 시대의 진정한 인재로 양성할 수도 있기 때문에, 오늘날 문화번역에 대한 연구와 실천은 대단히 중요하다는 평가를 받고 있다.

그러나 문화번역 연구에는 문제점도 있다. 예컨대 일부 문화연구가들은 문화번역 이론을 펼치면서 모든 것을 정치 이데올로기화하는 경향이 있다. 물론 그러한 비판적 태도가 필요하기는 하지만, 정도가 너무 지나칠 경우에는 바람직하지 못한 측면도 있다. 예컨대 과연 모든 것을 제국주의 지배자와 식민지인의 관계로만 보는 것이 타당한지, 번역작업 자체를 일종의 권력행위로만 보는 것이 올바른 것인지, 또 문화 자체를 이데올로기로만 보는 것이 과연 설득력 있는지 하는 식의 의문이 생길 수도 있기 때문이다. 그럼에도 불구하고, 문화번역은 사물을 바라보는 데에 전보다 훨씬 더 복합적인 시각을 제공해주었고, 자연스럽게 지배문화와 소수문화 사이의 경계해체와 교류에 공헌하게 되었으며, 두 문화 사이를 중재하는 중개자의 역할을 수행하게 되었다.

"트랜스문화 연구" 또한 각 집단이나 문화권 사이의 경계를 초월해 서로 넘나드는 문화를 연구하다 보니, 자연스럽게 지배문화와 소수문화, 중심과 주변, 또는 백인 중심 서구문명과 유색인 중심 비서구문화 사이의 문화적 이입과 교류, 그리고 문화적 통합과 충돌의 문제를 다루게 되었다. 특히 "트랜스미디어 문화 연구"는 위성방송과 케이블 TV를 통해 국경을 넘어 우리들의 안방으로 날마다 스며들어오고 있는 세계 각국의 문화가 어떻게 우리를 글로벌 시대의 세계인으로 만들고 있고, 어떠한 인식의 변화를 초래하고 있으며, 또 우리 문화에 어떤 영향을 끼치고 있는가를 연구하고 있다는 점에서 중요한 의미를 갖는다. 또한 '문화번역'처럼 '트랜스문화 연구'도 소수인종 문학이 주류문학과 접촉하는 과정에서 피차에 인코딩(encoding)되어 있는 상대방의 문화적 특성들을 얼마나 잘 해석(decoding)할 수 있는가를 탐색하고 천착한다. 그리고 물론 그 과정에 필연적으로 개입하는 권력과 이데올로기의 문제도 탐색하게 된다. 그래서 문화연구, 그중에서도 문화번역과 트랜스문화 연구는 특히 소수인종 문학 연구에 새로운 시각을 제공해준다. 지배문화와 주변문화의 관습적인 경계가 해체됨에 따라, 예전처럼 단순한 제국주의·식민지 구도에서 바라보는 일방적 시각이 아닌, 보다 더 복합적인 시각으로 그 둘의 관계를 바라볼 수 있게 되었기 때문이다.

미국학(American Studies) 역시 최근에는 미국문화연구(American Cultural Studies)로 주 관심이 옮겨가고 있다. 즉 미국이라는 나라를 문화연구적 시각으로 연구해 보자는 것이다. 그래서 미국문화학(연구)에서는 "테크놀로지와 미디어", "청년문화·반문화", "여성문화", "미국의 경계해체"

등 기존의 미국학에서는 별로 다루지 않았던 문화적 분야들을 많이 다루고 있다. 미국문화연구는 또 인종문제나 종교문제, 서부나 남부문제, 또는 도시와 프런티어 같은 전통적인 주제도 문화연구와 연결시켜 다루고 있어서, 전보다 훨씬 더 포괄적인 시각으로 미국을 연구하는 데 도움을 준다.

미국학의 근원을 찾아 시대를 거슬러 올라가노라면, 문학과 역사를 통해 미국을 해석하고 정의하려 했던 버논 패링턴의 퓰리처상 수상작인 『미국사상의 주류(*Main Currents in American Thought*)』(1927)와 조우하게 된다. 패링턴의 이 기념비적 저서는 최초의 미국학 연구서로 평가되고 있지만, 학자로서 본격적으로 미국학의 기틀을 세운 사람들은 헨리 내쉬 스미스와 R. W. B. 루이스와 리오 마르크스였다. 그들은 각각 『버진 랜드』와 『아메리칸 아담』과 『정원 속의 기계』에서 '신화적 존재로서의 미국'의 이미지에 천착했지만, 신대륙을 처녀지나 에덴동산으로 그리고 신대륙에 정착한 유럽인들을 개척자나 아담으로 보는 시각은, 그것이 미국을 설명하는 적절하고도 좋은 상징이었음에도 불구하고 다분히 미국의 예외주의를 옹호하는 백인 위주의 해석이라는 비판을 받았다. 즉 만일 아메리카 대륙이 처녀지이고 유럽 정착자들이 아담이라면, 유럽인들의 미국건설은 합리화되는 반면, 아메리카 원주민들의 권리는 사라진다는 것이다. 또 한 가지 이유는, 그러한 신화적 접근이 유럽에서 건너온 백인들이 원주민들이나 흑인 노예들에게 져야 할 윤리적 · 정치적 · 역사적 책임을 회피하고 넘어갈 수 있는 구실을 제공해준다는 것이었다. 비판자들에 의하면, 신화는 언제나 이데올로기를 만들어낸 후, 그것을 합리화하기 때문에, 신화적 이데올로기는 재조명되고 철저히 검증되어야만 한다.

미국학의 그와 같은 전통적 접근방법은 1960년대 이후 등장한, 진보적인 미국학 연구자들에 의해 신랄한 비판의 대상이 되었다. 1960년 이후, 미국학 연구자들은 아메리카를 신화적 존재로서보다는 역사적 실체로 보고, 백인주류문화에 의해 주변부로 밀려난 소수인종 문화들—예컨대 원주민계, 히스패닉계, 아시아계 문화들—에 대한 재조명 작업에 착수했다. 그들은 미국 백인주류문화의 책임을 강조했고, 소수인종 문화를 옹호했으며, 미국사회의 소외계층에 주목했다. 미국학을 공부하는 학생들은 미국 내 소수인종 커뮤니티와 원주민 보호구역과 형무소(사회에서 격리된 소수인종들의 특성과 상태를 연구하기 위해)를 찾아가 케이스 스터디를 했으며, 남아메리카와 아시아에까지 가서 현장연구를 하기도 했다.

그러다가 1990년대 들어서 문화연구가 대두됨에 따라 미국학연구에도 획기적인 변화가 시작되었다. 문화적 시각과 문화연구적 접근법이 차용되면서, 소수인종 문학과 문화 또한 미국학의 주요 관심사로 부상하게 되었다. 예컨대, 아프리카계 미국문학과 문화, 라틴계 미국문학과 문화, 그리고 아시아계 미국문학과 문화의 특색과, 백인 미국문화와의 관계 등은 민족연구(ethnic studies), 다문화주의(multiculturalism), 그리고 포스트식민주의(postcolonialism)와 맞물려, 오늘날 미국문화연구가 즐겨 다루는 분야로 부상하게 되었다. 그리고 그 과정에서 지배문화와 주변부 문화의 조우가 만들어내는 복합적이고 역동적인 측면이 새로운 연구대상으로 부상하게 되었다. 그 결과, 지금은 순수문화보다 혼합문화가 더 각광받고, 지배문화보다 주변부 문화가 더 각광받는 시대가 되었다.

미국의 소수인종문학

지난 수십 년 동안 미국의 소수인종작가들은 두 문화 사이에 서서 '문화번역가'의 임무를 다각도로 수행해오고 있으며, 그들의 작품 또한 중요하고도 훌륭한 '트랜스문화 텍스트'로서 크게 부상해왔다. 현재 미국에서 활동하고 있는 한국계 소설가들은 크게 세 부류로 나눌 수 있다. 첫째는 『딕테(*Dictée*)』의 작가 테레사 차학경(Theresa Hak Kyung Cha)이나 『네이티브 스피커(*Native Speaker*)』 및 『제스처 라이프(*A Gesture Life*)』의 이창래 (Chang-rae Lee)처럼 어렸을 때 미국으로 이주한 후, 미국사회에 정착하면서 겪는 디아스포라적 경험과 문제점들을 주제로 작품을 쓰는 작가들이다. 예컨대 요절한 작가 차학경은 이민자가 미국사회에서 느끼는 심리적 억압과 상실감과 언어장벽을, 모국어를 빼앗긴 일본 식민지시대 한국인의 상태에 절묘하게 비교한 포스트모던·포스트식민주의적 소설 『딕테』를 발표해 비평가들의 극찬을 받았다. 또한 프린스턴 대학 교수 이창래는 진정한 미국인, 즉 네이티브 스피커가 되려고 부단히 노력하지만, 또 한편으로는 자신의 원래 뿌리인 한국적인 것으로부터도 자유롭지 못한 이민 1.5세대들의 고뇌를 담은 소설 『네이티브 스피커』를 써서 독자들의 비상한 관심을 끌었다. 이어 이창래는 자신의 근본과 뿌리를 부인하고, 평생을 모범적인 일본인과 미국인이 되기 위해 살아온 한국인 주인공의 삶이 결국은 제스처에 불과했다는 깨달음을 다룬 『제스처 라이프』를 발표했다. 그러므로 차학경과 이창래에게는 두 나라, 두 문화 사이에서 한국계 미국인 주인공이 느끼는 갈등과 정체성 위기와 충성심 문제가 중요한 주제가 된다.

둘째는 『종군 위안부(*Comfort Women*)』의 작가 노라 옥자 켈러(Nora Okja Keller)나 『나의 유령 형님의 기억』의 작가 하인즈 인수 펭클(Heinz Insu Fenkle)처럼 한국에서 태어나 미국으로 건너간 혼혈작가들이다. 서울에서 독일인 아버지와 한국인 어머니 사이에 태어나 하와이로 건너간 노라 옥자 켈러는 한국적인 상황에서 벌어지는 어머니와 딸의 관계를 통해 여성의 억압과 침묵과 소외에 대해 천착해왔다. 하인즈 인수 펭클 역시 한국의 미군기지에서 태어나 성장한 혼혈아를 주인공으로 해서 정복자인 미국과 피정복자 한국, 혼혈을 받아들이지 않는 한국사회, 그리고 동양을 무시하는 독일계 미국인 아버지와 한국인 어머니 사이에서 고뇌하는 혼혈아의 모호한 위치를 성찰한다. 이처럼 혼혈작가들에게 "혼혈"

은 그 어느 곳에도 속할 수 없는 "회색지대"의 상징으로 제시된다.

셋째는 『옐로(Yellow)』의 작가 단 리(Don Lee) 같은 이민 3세대 작가들이다. 이들은 이미 미국화되어 있고 미국사회에 깊숙이 들어가 있지만, 아시아인으로서 느끼는 간헐적인 외로움이나 소외의식, 또는 미국사회가 제공해주는 안락함에 마비되어 살아가며 자신의 고립된 울타리를 벗어나지 못하는 아시아계 미국인들의 삶을 주제로 하는 뛰어난 소설들을 쓰고 있다. 그러므로 이들의 관심사는 모국에 대한 향수나, 미국사회로의 동화문제, 두 나라 사이에서 느끼는 갈등·충성심 문제라기보다는, 이미 미국인으로서 살고 있는 사람들이 겪는 심리적 갈등이나 사회적 문제일 때가 많다. 그래서 단 리는, 한 인터넷 인터뷰에서 "내 소설은 인종문제를 빼도, 여전히 소설이 된다"라는 유명한 말을 한 적이 있다.

여기에서는 첫 번째 경우와 세 번째 경우를 중심으로, 한국계 미국문학의 주인공들이 미국사회에서 지배문화와 피지배문화 사이, 또는 다른 소수인종들끼리의 역동적 관계를 어떻게 서로 다르게 인식하고 성찰하며 대응하고 있는지를 탐색해보려고 한다.

이창래의 『네이티브 스피커』는 어렸을 때 미국으로 이민 와서 미국인이 되고 싶어하지만, 끝내 미국인이 되지 못하는 헨리 박의 "영원한 이방인"의 삶을 묘사하고 있다. 어린 시절 미국으로 건너온 헨리는 미국여자와 결혼하고 미국인으로 살고 있지만, 자신의 미국적 사고와 아버지의 한국적 사고방식 사이에서 갈등과 충돌을 경험한다. 한국가정에서의 교육은 헨리로 하여금 감정을 감추고, 모든 것을 외우는, 말수가 적은 사람으로 성장하게 만드는데, 이는 그를 이상적인 스파이로 만든다. 스파이가 된 헨리는 또 다른 한국계 이민 정치가 존 강을 조사하면서, 비로소 자신의 진정한 정체성에 대해 생각하게 되고, 비록 스스로를 미국인이라고 생각하지만, 자신은 결코 진정한 네이티브 스피커가 되지 못할 수도 있다는 사실을 깨닫게 된다. 비록 미국인이지만, 미국사회에서 그의 모습은 드러나지 않고 보이지 않는다는 점에서, 그의 직업인 '스파이'는 그의 정체성을 묘사하는 훌륭한 메타포라고 할 수 있다. 그래서 『보그』지는 헨리를 랠프 앨리슨의 주인공인 "보이지 않는 사람(Invisible Man)"에 비유했는데, 그 이유는 동양인을 전형화해서 보는 백인들의 시각 때문에 헨리의 진정한 모습이 보이지 않기 때문이다. 또 다른 의미에서 헨리는 리처드 라이트의 『미국의 아들(*Native Son*)』과도 비교된다. 라이트의 주인공 비거 토머스 또한 헨리처럼 미국 토박이면서도 백인사회에서는 소외된 외래인 취급을 받기 때문이다.

이창래는 두 번째 소설 『제스처 라이프』에서 자신의 진정한 정체성을 숨긴 채, 평생 일본인과 미국인 행세를 하며 살아온 한국인 주인공을 통해, 문화의 중심으로 들어가고 싶어하는 주변인의 심리를 치밀하게 탐구해 묘사하고 있다. 일본가정에 입양된 한국계 일본인 구로하타는 일본 황군에 충성하는 장교가 되고 싶은 나머지, 자신의 뿌리를 숨긴 채 정신대의 참상도 외면한다. 전쟁이 끝나고 미국으로 이민 간 그는 이번에는 프랭클린으로서 충실한 모범적 미국인이 되어 미국사회에 받아들여지기 위해 최선의 노력을 다한다. 그러나 그는 과연 그 두 지배문화에 받아들여진 것일까? 또 지배문화에 받아들여지기 위해 그는 자신의 뿌리와 진정한 정체성을 포기하지는 않았는가? 노년에 자신의 인생을 되돌아본 구로하타는 자신의 삶이 결국 진실성 없는 제스처에 불과했다는 것을 깨닫게 된다. 그는 일본군대에서 군의관이 아닌 단기훈련 의무장교로 복무했으며, 미국에서도 의사가 아닌 의료기기상이었을 뿐이다. 그럼에도 그는 평생 "닥"이라고 불렸고, 의사행세를 해왔다. 그러나 진짜 의사가 아닌 그가 어떻게 인간의 상처를 치료할 수 있었겠는가?

이창래의 문학세계에서 주인공들은 언제나 두 세계 사이에서 고뇌하고 방황한다. 각각 이민 1.5세대와 1세대인 헨리와 구로하타의 딜레마는, 그들이 지배문화와 주변문화 중 어느 한 가지만을 선택할 수는 없다는 데 있다. 그들의 충성심이 필연적으로 그 두 세계 사이에서 갈등을 일으키며 나누어지기 때문이다. 그것은 사실 모든 이민 1.5세대 작가들의 공통점이기도 하다.

『백만장자를 위한 공짜 식사』로 최근 미국문단에 부상하고 있는 이민진(Min Jin Lee) 또한 첫 번째 부류에 속하는 작가다. 일곱 살 되던 해인 1976년 미국으로 이민을 떠난 그녀는 어린 시절, 뉴욕 퀸스의 방 한 칸짜리 낡은 아파트에서 다섯 식구가 사는 극빈생활을 경험했다. 후에 예일 대학과 조지타운 대학 로스쿨을 졸업하고 변호사로 일하다가 그만두고 소설을 쓰기 시작한 그녀는 버지니아 공대 총기난사 사건이 터지면서 미국사회의 비상한 관심을 끌게 되었다. 그녀가 네 번째 쓴 소설이자 첫 출간 소설인 『백만장자를 위한 공짜 식사』가 바로 그와 같은 참상을 빚어낸 한국 이민자의 가정과 문화적 배경을 다루고 있기 때문이었다.

『백만장자를 위한 공짜 식사』의 주인공 케이시 한은 명문 프린스턴 대학을 졸업했으며, 역시 아이비리그인 컬럼비아 대학 로스쿨로부터 입학허가서를 받아 장차 변호사로서 부와 명성을 누리게끔 되어 있다. 그러나 그녀는 미래가 보장된 그 화려한 길을 포기하고, 대학을 졸업한 후 곧바로 집으로 돌아온다. 멋진 모자를 좋아하는 케이시는 "성공과 명예를 선택해야만 한다는 강박관념을 가지고 있었다"라고 작가는 말한다. 그녀는 "맨해튼에서 세탁소를 운영하는 부모님의 고달픈 삶 그 너머에 있는 무언가 더 환하고 근사한 삶을 살 수 있기를 소망했던 것이다." 그러나 그녀는 귀족적인 대화나 골프나 사교클럽 같은 것에 과도하게 집착하는 프린스턴의 귀족주의적 속물들에게 실망하고, 자신에 대한 가족들의 과도한 기대에 부담스러워하며, 자기가 하고 싶은 일을 하면서 사는 것의 가치와 중요성을 깨닫게 된다. 그런 의미에서 케이시는 자신이 다니던 명문 예비고교의 속물들에게 진저리치고 뛰쳐나와 맨해튼을 방랑하는 반항아 홀든 콜필드(J. D. 샐린저의 『호밀밭의 파수꾼』의 주인공)를 연상시킨다.

그러나 퀸스의 가난한 동네에서 날마다 맨해튼에 나가 세탁소 일을 하며 자식들의 뒷바라지를 해온 케이시의 아버지 조셉은 딸의 그러한 행동을 이해하지 못하고 분노한다. 한인부모들은 자녀의 성공을 곧 자신들의 성공으로 생각하고, 자녀가 아메리칸 드림을 성취하고 미국 상류사회로 진출하는 것을 곧 자신들의 아메리칸 드림의 성취로 생각하기 때문이다. 자녀의 교육과 출세를 위해 자신들의 삶을 희생해왔다고 생각하는 한인부모들이 자녀의 실패를 용납하지 못하는 것은 당연한 일이다. 자녀의 실패는 곧 자신들의 실패를 의미하기 때문이다. 그러나 미국식 사고방식에서 그러한 것은 "권위주의적이고 가부장적인 답답한 유교적 사고"일 뿐이다. 그러한 상황에서 한국적 사고방식을 갖고 있는 부모와 미국식 사고방식에 젖어 있는 자녀들 사이의 갈등과 충돌은 필연적이다.

이민 가정에서 대부분의 한인부모들은 자녀들이 변호사나 의사가 되기를 원한다. 그 두 직업이 미국사회에서 사회적 신분과 부를 보장해준다고 생각하기 때문이다. 그들은 자신들이 타향에서 받은 설움과 한을 풀 수 있는 가장 확실하고 빠른 지름길이 바로 자녀들이 법조인이나 의사가 되는 것이라고 믿는다. 『백만장자를 위한 공짜 식사』에서도 한인부모들은 주인공 큰딸 케이시를 변호사로, 그리고 둘째딸 티나를 의사로 만들려고 한다. 그러나 미국식 사고를 가진 자녀들이 언제나 부모의 그런 희망에 따라주는 것은 아니다. 예컨대 동생 티나는 부모의 기대에 부응해 의대에 진학하고 한국남자와 결혼하지만, 언니 케이시는 부모의 기대와 강요에 반항해, 법대 진학을 포기하고 백인을 포함한 수많은 남자친구들과 섹스를 하거나 동거한다. 미국사회에서는 부모가 성인자녀들의 삶에 간섭하지 못하게 되어 있다. 그런데도 한인 가정에서는 부모의 기대나 간섭이 여전히 심한데, 그렇게 되면 자녀들이 버지니아 공대 총기난사 사건의 범인처럼 왜곡된 성격을 가진 사회의 부적응자로 성장하기 쉽다. 전문가들은, 그가 공부를 잘하지 못해 부모들의 기대에 부응하지 못했다는 자책감, 누나처럼 아이비리그 대학에 가지 못했다는 자괴감 등이 극심한 열등감을 불러왔고, 열등감은 곧 사회에 대한 분노와 복수심으로 표출되었다고 지적한다.

화가 난 아버지는 딸 케이시를 구타하고, 케이시는 집을 뛰쳐나와 방랑하기 시작한다. 이 소설은 바로 가출한 케이시가 미국사회에서 자기 자리를 찾아가는 과정을 추적하면서 시작된다. 그녀가 뉴욕을 방랑하면서 만나 관계를 맺는 수많은 미국인들과 미주 한인들, 그들에 대한 애정과 실망, 그리고 그러한 과정에서 이루어지는 진정한 자아탐구 등이 이 소설의 근간을 이루고 있다. 예컨대 모든 면에서 모범생인 어린 시절 친구 엘라, 그녀의 아버지이자 의사인 심 박사, 오직 부와 출세를 위한 야망에 불타 불륜까지 저지르는 엘라의 첫 남편 테드, 케이시를 좋아하지만 도박에 빠지는 은우, 뉴욕에서 비즈니스로 성공한 사빈느와 아이작 등은 모두 각기 다른 방식으로 케이시의 눈을 뜨게 해주는 휴먼텍스트들이다.

케이시의 미국사회 동화가 그리 순탄치만은 않을 것이라는 예감은, 그녀의 백인 남자친구 제이 커리의 배신에서부터 시작된다. 집을 나온 후 처음 찾아갔던 제이의 방에서 케이시는 자신의 남자친구가 두 명의 백인여자와 그룹섹스를 하고 있는 광경을 목도하고 실망한다. 한국가정을 뛰쳐나온 후 맨 먼저 위로를 얻고 의지하려 했던 미국가정의 상징 제이의 행태는 미국사회에서 케이시의 위치가 얼마나 어설프고 위태로운가를 은유적으로 잘 보여주고 있다. 어쩌면 케이시는 앞으로도 부단히 그런 문제들과 대면하고 씨름해나가야만 할 것이다. 가족과의 단절, 그리고 가장 믿었던 미국인 애인의 배신은 앞으로 케이시가 주위사람들과 조우하면서 겪게 될 여러 가지 실망을 예시해주고 있다. 예컨대 가족과의 단절이 한국식 인간관계의 어려움의 은유라고 한다면, 백인애인과의 단교는 미국식 인간관계의 어려움을 상징한다. 아시아계 이민 여성인 케이시의 심각한 문제 중 하나는, 미국사회에서 바로 그 두 문제를 다 대면하고 해결하며 살아가야 한다는 것이다. 케이시와 제이는 여전히 서로를 좋아하기는 하지만, 결국 제이는 나중에 일본계 여자인 게이코와 결혼한다.

백만장자는 모든 이민자들의 꿈이다. 케이시는 아버지로 대표되는 낡은 구세계의 도덕과 굴레로부터는 벗어났지만, 변호사의 길을 포기하고도 과연 미국사회에서 부자가 될 수 있을는지는 알 수가 없다. 컬럼비아 대학 로스쿨 전학을 거부하던 그녀는 나중에 뉴욕 대학의 스턴 경영대학원에 들어가는데, 아이러니컬하게도 경영대학원 또한 부를 밝히는 한인 부모들이 자녀들을 보내고 싶어하는 곳이다. 케이시는 또 월스트리트의 한 회사에서 임시직원으로 일하면서, 아마도 정식직원이 되는 데 도움이 될지도 모른다는 이유에서인지, 별로 좋아하지도 않는 휴와 성관계를 가짐으로써 자기를 좋아하는 은우를 실망시키기도 한다. 그녀는 또 나중에야 부모들이 그리도 높이 평가하던 아이비리그 졸업장의 중요성을 깨닫게 된다. 그렇다면, 그녀의 가출과 방랑은 과연 성공적이었는가? 또 그녀는 과연 백인 주류미국사회에 받아들여진 것인가?

『백만장자를 위한 공짜 식사』는 이민 1.5세대가 필연적으로 경험하는 한미 양국 문화와 가치관의 충돌, 두 세계 사이에서 느끼는 갈등과 고뇌, 그리고 두 나라를 향한 충성심과 배신의 문제를 심층적으로 탐색하면서, 바로 그와 같은 의문들을 제기하고 있다. 그러나 이창래가 자신의 『네이티브 스피커』나 『제스처 라이프』나 최근작 『얼로프트』에서 부단히 암시하고 있듯이, 그것은 결코 단순한 문제가 아니다. 왜냐하면, 케이시가 당면하고 씨름하고 고뇌하는 그러한 문제들은 사실 아시아계 이민자라면 누구나 숙명처럼 짊어지고 가야만 하는 끝내지 못할 숙제 같은 것이기 때문이다.

테레사 차학경은 11살 때 미국으로 이민 가서 갑자기 자신의 언어를 잃어버린 작가이다. 그녀는 소설 『딕테』에서 자신의 그러한 상황을 '딕테이션'에 비유한다. 『아메리칸 헤리티지 사전』은 '딕테이션'을 "1. 다른 사람에게 받아 적으라고 불러주는 것, 2. 권위주의적인 명령"이라고 풀이하고 있다. 그렇다면 차학경에게 영어는 강제로 받아써야만 하는 언어이자, 복종해야 할 명령이 되는 것이다. 그러므로 이민여성 차학경의 위치는 마치 모국어를 빼앗기고 일본어를 써야만 했던 일본 식민지 시대의 한국인과도 같다. 미국에서 그녀가 할 수 있는 일이라고는, 조용히 앉아 불러주는 대로 쓰는 것뿐이다. 그리고 그녀가 쓰는 모든 것은 민은경 교수의 지적대로, 그것을 불러준 지배문화의 검열과 교정, 그리고 승인과 점수부여의 과정을 거쳐야만 한다.

그러나 그녀는 지배문화의 권위에 저항한다. 그녀는 받아써야만 하는 지면의 여백에 모국어를 써넣고, 태극기와 유관순의 그림을 그려 넣으며, 써서는 안 되는 것들을 임의로 써 넣는다. 불러줬던 사람은 읽을 수 없도록 인코딩되어 있는 그 메시지를 해독하는 사람은 물론 독자들이다. 그녀는 지워야만 하는 모국어를 마치 암호처럼 텍스트의 여백에 써넣음으로써, 지배문화에 저항하며 자신의 정체성 지우기를 거부한다. 그리고 수많은 언어들과 사진들과 그림들과 외국문자들을 텍스트에 삽입함으로써, 그녀는 『딕테』를 '받아쓰기'가 아닌 오리지널 텍스트 즉 롤랑 바르트가 말하는 '쓸 수 있는 텍스트(writerly text)'로 변형시키는 데 성공한다.

이민 3세대인 단 리는 1세대 작가들과는 전혀 다른 미국문학을 산출해 주목을 받았다. 이미 미국사회에 동화된 그의 주인공들은 이민 1세대 작가들이 즐겨 쓰는 디아스포라 의식이나 고국에 대한 향수, 문화적 충돌과 갈등, 또는 두 세계 사이에서 나누어지는 충성심 같은 것에는 별 관심이 없다. 자신들의 아버지들 역시 이미 미국화된 미국인들이기 때문에, 그들에게는 아버지와의 문화적 갈등이나 가치관의 충돌도 없다. 그들에게 있어서 조부모의 문화인 동양문화는 아득히 머나먼 곳의 이야기일 뿐이다. 이창래의 주인공들과는 달리, 그들은 이미 오래전에 미국인이 되었고, '네이티브 스피커'가 되었다(혹은 그렇다고 생각한다).

그럼에도 불구하고 단 리의 주인공들은 자신들이 아시아계 미국인이라는 사실을 완전히 망각하지는 않는다. 간혹 외모가 다르기 때문에 겪는 에피소드도 있고, 아시아인이라는 이유로 미국 백인사회의 보이지 않는 편견을 경험하는 일도 있기 때문이다. 그것은 사실 모든 비서구 이민자들이 백인 위주의 미국사회에서 공통적으로 겪는 숙명적 문제이기도 하다. 예컨대 단편 「도모 아리카토(Domo Arigato)」에서 단 리는 인종간의 결혼을 소재로 해서 일부 백인들의 편견을 드러내어 보여주고 있다. 스탠포드 대학을 졸업하고 UCLA 의대에 진학할 예정인 주인공 유진은 역시 UCLA의 비교문학 박사과정에 들어가게 된 백인 여자친구 니키와 일본에 가서 여름을 보내기로 한다. 마침 일본에는 CIA 요원인 니키의 아버지와 어머니가 살고 있기 때문이었다. 2주를 같이 지내는 동안, 유진은 니키의 아버지 브래디 켈리어 씨가 동양에 대한 편견을 갖고 있다는 사실을 발견하고 실망한다. 예컨대 브래디는 한국인은 모두 재일교포 김희로(당시 한국인에 대한 차별 철폐를 외치며 인질극을 벌였던 재일한국인)처럼 테러리스트라고 농담하거나, 일본인들을 믿을 수 없는 표리부동한 사람들이라고 매도해 유진을 경악케 한다. 유진은 니키의 어머니 역시 비록 훨씬 더 세련된 표현을 사용하기는 하지만, 여전히 동양인에 대한 편견을 갖고 있다는 사실을 깨닫게 된다. 그녀는 유진에게, "그 애는 당신하고 헤어지려는 것 같아요. 다만 용기가 없어서 그러지 못하고 있나 봐요."라고 말함으로써, 자기 딸과 유진을 교묘하게 갈라놓으려 한다. 그녀는 또 이렇게 말한다. "캘리포니아에 돌아가면 니키를 잊으세요. 세상의 끝 같겠지만, 아니랍니다. …… 비슷한 부류끼리 어울려야

쉽답니다. 아시겠어요? 날 믿어요. 언젠가는 내가 이런 말 해준 것을 고마워하게 될 거예요."(Lee, 2001, p. 193) 그 일 이후, 니키와 헤어진 유진은 흑인병사와 한국인 어머니 사이에 태어난 혼혈인 자넷과 결혼한다. 그리고 이렇게 말한다 —"아마도 켈리어 부부의 말이 맞는지도 몰라. 비슷한 사람들끼리 살아야 쉬운 것인지도 몰라. 가슴을 찢어놓은 사람을 용서하기 어렵듯이, 인종과 나라들 사이의 증오심도 어쩌면 극복하기 어려운 것인지도 몰라."(Lee, 2001, p. 195)

인종적 편견에 대한 보다 더 복합적인 문제는 「진실 서약(Dire Voir)」에서도 계속된다. 주인공 행크 권 로는 공선 변호사로서 중국인 범법자의 변호를 맡게 되는데, 그 중국인 코카인 중독자는 이름과 외모만 보고 행크를 중국인으로 생각한다. 행크의 미국인 아내 말리는 "당신이 아시아계이기 때문에 그 중국인 케이스를 맡긴 거라고 생각하지 않아?"라고 묻는다. 미국의 로펌에서도 한국인 변호사들은 주로 한국 또는 한국이민 관련 업무 처리를 위해 고용된다. 그렇다면 그것은 인종적 배려일까, 아니면 인종적 편견일까? 이 단편은 바로 그러한 근본적인 질문을 던지고 있다. 「도모 아리가토」에서 유진은 비슷한 인종들끼리 결혼하는 것이 더 낫다고 생각해 혼혈 한국계 여자와 결혼한다. 그러나 「진실 서약」에서 행크는 한국계 여자인 앨리슨과 결혼했으나 맞지 않아 이혼하고, 지금은 백인여자 말리와 결혼해 살고 있다. 그러나 그는 혼혈 아이를 갖는 것을 두려워한다. 주위의 인종적 편견으로부터 그 아이를 지켜줄 자신이 없기 때문이다.

그러나 단 리의 주 관심은 백인들의 인종적 편견이라기보다는, 미국 내 아시아계 이민들의 애환과 방랑, 그리고 편견과 강박관념이라고 할 수 있다. 타이틀 스토리이자 중편소설 「옐로」의 주인공 대니의 아버지는 원래 서울대학교 철학과 조교수였으나 미국에 와서는 시청 경리과 직원으로 일해야 했고, 어머니는 유명한 라디오 아나운서였으나 미국에서는 파트타임으로 일하는 꽃가게 점원으로 전락했다. 본국에서의 지위나 지적 능력이 아무런 의미가 없고, 영어실력이 없으면 막노동밖에 할 일이 없는 미국사회에서 아시아계 이민들은 좌절하기 마련이다. 그래서 많은 한인들은 야채상이나 세탁소로부터 시작해, 주유소 주인이나 부동산업자가 되고, 이윽고 체인점이나 조그만 사업체를 경영하면서 경제적 성공의 사다리를 올라가게 된다. 그래서 자녀들만큼은 변호사나 의사, 또는 엔지니어나 전문경영인이 되어 사회적 신분과 부를 한꺼번에 얻기를 바라는 것이다.

대니는 유라시안 같은 외모와 큰 키로 백인사회에 쉽게 동화된다. 어렸을 때, 아버지가 동양인이라는 이유로 술 취한 하층계급 백인에게 모욕을 당하는 것을 목격한 대니는 자신은 꼭 미국사회에서 성공해 아버지처럼 되지 않아야겠다고 다짐한다. 그래서 집에서 동생들이 한국말을 할 때에도 그는 영어로만 말했으며, 가족들이 한식을 먹을 때에도 자기는 양식만 먹을 정도로 철저하게 미국인이 되고 싶어했다. 그러던 어느 날 백인 애인 제니와 캠퍼스를 걸어가다가, 대니는 동양인 남학생들과 마주치게 된다.

> 어느 날 오후, 캠퍼스를 걷다가 남자 아시아 학생들을 지나치게 되었다. 그중 하나가 바로 코밑에서 "바나나"라고 말했다.
>
> "그게 무슨 말이지?" 하고 그들이 못 들을 만큼 멀어지자 제니가 물었다.
>
> 그는 입을 굳게 닫았다.
>
> "그게 무슨 뜻이냐니까." 제니가 다시 물었다.
>
> "겉은 노랗고 속은 하얗다는 뜻이야." 그가 그녀에게 말했다.
>
> "그거 멋진 말이네. 바나나라고! 그럼 '오리오' 쿠키도 같은 뜻이겠네? 나는 그 말이 — 조심스럽게 표현해서 — 무슨 장부의 복식기장 거래 같은 것인 줄 알았어."
>
> (Lee, 2001, p. 226)

여기서 단 리는 서양인들의 편견에 비해 결코 뒤지지 않는 동양인들의 인종적 편견에 대해서도 예리한 비판을 가하고 있다. 이 작품의 초반부에 단 리는 "일본인들은 한국인들을 거칠다고 생각하고, 한국인들은 일본인들이 인정머리 없다고 생각하며, 중국인들은 그 중간쯤 위치해 있다"고 말한다.(Lee, 2001, p. 198) 그는 또 베트남 전쟁으로 인해 아시아인들의 이미지가 폄하되고, 대학사회에서도 아시아 학생들의 이미지가 좋지 않게 형성되어 있다는 것을 깨닫고, 그런 이미지를 혐오하고 거기서 벗어나고 싶어한다.

> 기계공학을 전공하면서 그는 대학이 두 개의 전선으로 나뉘어 있다는 것을 발견하게 되었다. 캠퍼스 북쪽에는 미술과 인문학 관련 학과들이 있었고, 남쪽에는 아시아 학생들로 가득 찬 과학 학과들이 있었다. UCLA의 과학전공 학생들의 전형적 이미지는 두꺼운 렌즈의 안경, 허리띠에 찬 계산기, 그리고 방수 바지였다. 그들은 공부만 아는 답답이에 괴짜였고, 대니가 보기에 아시아 학생들은 그런 비난을 받을 만했다. 그네들은 자기네들끼리만 어울렸고 편협했으며, 구제불능일 정도로 보수적이었다. 그는 변절해 영문과로 전과했다.
> (Lee, 2001, p. 221)

그리고 영문과에서 대니는 여자친구 제니를 만난다. 제니의 가족들을 만나기 전까지는 대니의 선택이 현명한 것처럼 보였다. 제니의 할머니가 갑자기 "자네, 베트남에서 왔나?"라고 물었기 때문이다. 당시 베트남, 라오스, 캄보디아 등지에서 보트피플들이 몰려오고 있다는 뉴스를 들은 할머니가 미국에서 태어난 대니를 동남아시아 난민으로 착각한 것이었다. 제니의 할머니에게 아시아인은 다 똑같이 가난한 난민이자, 불쌍한 보트피플일 뿐이다. 그래서 제니가 깔깔 웃으면서, "이 사람은 태어나서 지금까지 죽 캘리포니아에서 살았어요"라고 말해주어도, 잠시 후 와인 잔을 들고 가족들이 환영 건배를 할 때, 할머니는 또다시 대니에게 "웰컴

투 아메리카!"라고 한다. 그리고 잠시 후에는, "그런데 자네는 바다에서 몇 달 동안 못 먹은 얼굴은 아니네"라고 말한다. 심지어는 제니의 부모들조차, 대니가 제니의 호기심 대상이자 수집품일 뿐, 결코 결혼 상대자는 아닌 것으로 생각한다. 결국 대니는 제니와 헤어지고, 한국계 여자인 레이철과 결혼한다.

대학 졸업 후, 대니는 보스턴에 있는 회사에 취직한다. 백인 중심의 보스턴은 원래 계급차별이 있는 곳인데다가, 당시 인도차이나 이민들이 급속도로 늘어나자 인종적 적대감까지 생겨나 백인과 똑같은 완전한 미국인 되고 싶어하는 대니의 심기를 불편하게 한다. 그중에는 자기는 안 그런 척하면서, 실제로는 편견을 갖고 있는 사람들도 있었다. 예컨대 자선 만찬에서 만난 매기 하트만이라는 여자는, 뉴욕의 한인들을 칭찬하면서, "한국시장에서 내놓는 야채들은 잘 재배한 것이지요. 오랫동안 공들인 것들이고, 상점들도 깨끗하고 깔끔해요. 송씨가 없었다면 내가 어떻게 살았을까? 당신네 한국인들은 세상에서 가장 열심히 일하는 민족이에요"라고 말한다. 그리고 그녀는 또 "난 한국인들을 존경한답니다. 특히 자녀들을 위해 한국인들이 쏟는 정성은 기가 막히지요. 송씨 아들은 뉴욕 대학에 다니고, 딸은 코넬대학에 다닌대요. 그 아이들은 언제나 공부만 한대요."(Lee, 2001, p. 248) 이러한 말은 대개 우월감을 갖고 있는 상황에서 입에 발린 칭찬을 하는 사람의 입에서 나오기 마련이다.

직장에서 대니는 이사 자리를 놓고 백인동료 케빈과 경쟁을 하게 된다. 대니는 물론 백인인 케빈이 승진할 것이라고 지레 짐작하고 좌절하며, 케빈에게 적대감을 드러낸다. 그러나 회사에서 승진시킨 사람은 케빈이 아니라 대니였고, 오히려 좌절한 케빈이 심리치료를 위해 정신병원에 입원하게 된다. 이 에피소드를 통해 단 리는, 교포문학사상 전례가 없는 과감하고도 절실한 주제를 제시한다. 즉 아시아계 이민자는 미국에서 태어나 완벽한 영어를 구사하고 고등교육을 받는다 해도 완전한 미국인이 되기는 어려울지도 모르지만, 그러나 많은 경우 아시아인들은 실제 미국사회의 인종적 편견의 피해자라기보다는, '나는 인종적 편견의 피해자'라고 생각하는 강박관념의 피해자일 수도 있다는 것이다. 그것은 중요한 깨달음이다. 그런 면에서 단 리는 용기 있는 작가이자, 통찰력 있는 지식인이라고 할 수 있다.

물론 백인들 중에는 편견을 갖고 있는 사람들이 많을 것이다. 그러나 그렇지 않은 사람들이 더 많은 것이 사실이다. 마찬가지로 아시아인들은 백인들이면 누구나 인종적 편견을 갖고 있으며, 자기가 그 피해자라고 생각하기 쉽다. 그러나 그러한 근거 없는 강박관념은 많은 불필요한 오해를 불러일으키게 된다. 자신의 작품들에서 단 리는 바로 그러한 점을 지적함으로써, 종래의 단순구도인 지배문화/피지배문화의 이분법적 구분의 경계를 해체하고, 보다 더 복합적인 시각으로 두 세계를 바라보도록 해주었다는 점에서 중요한 작가라고 할 수 있다. 그런 의미에서 단 리는 에드워드 사이드가 말하는, "두 문화 사이의 진정한 중개자"의 역할을 훌륭하게 수행하고 있다.

비단 단 리뿐 아니라, 이창래나 이민진이나 테레사 차학경 같은 미국 내 다른 한국계 작가들도 각기 다른 인식과 방식으로 자신들이 속해 있는 두 문화 사이의 갈등과 충돌, 또는 조우와 조화를 해석해내고 그려내는 데 성공함으로써, 문화연구의 최근 관심사인 트랜스문화 연구와 문화번역에 크게 공헌하고 있다. 트랜스문화 연구와 문화번역이 각기 다른 문화들 사이의 조우와 조화, 그리고 중재와 혼합을 성찰하고 수행하는 것이라면, 소수인종문학이야말로 바로 그 기능을 성실하게 담당하고 있다고 볼 수 있을 것이다. 물론 그러한 작업의 과정과 결과와 특성은 작가에 따라 각기 다를 수밖에 없다. 그럼에도 불구하고, 우리는 그들의 다양한 시각과 접근을 통해 궁극적으로는 통합적인 시각과 비전을 얻을 수 있을 것이다. 미국의 소수인종문학은 앞으로도 문화연구와 손잡고,

백인 위주의 지배문화와 소수인종의 주변부 문화의 문화적 접촉과 교류, 그리고 갈등과 충돌을 통해 에드워드 사이드가 말하는 진정한 "문화적 합병(cultural consolidation)"을 성취해나가게 될 것이다.

6. 레슬리 피들러: 순수문학과 대중문학의 경계를 초월한 비평가

미국의 저명한 문학비평가이자 문화비평가인 레슬리 피들러(1917-2003)는 1960년에 출간한『미국소설에 나타난 사랑과 죽음(*Love and Death in the American Novel*)』이라는 탁월한 비평서로 미국문단뿐만 아니라 세계문단의 주목을 받으며 등장해, 이후 미국 진보주의 사상의 전초병이 되었다. 위 책에서 피들러는, 수많은 미국소설들을 분석하면서 거기에 언제나 백인남성 주인공과 유색인 동반자의 우정이 중요한 주제로 부각되고 있음을 지적한다. 그는 미국에서는 인종 간의 사랑 문제야말로 남녀 간의 사랑보다 훨씬 더 절실하기 때문에, 미국작가들이 현실에서는 불가능한 그와 같은 꿈을 상상의 세계 속에서나마 그려보려 한 것이라고 말한다. 그는 더 나아가 1982년에 쓴『문학이란 무엇이었는가?(*What Was Literature?*)』라는 책에서는, 그와 같은 패턴이 미국의 순수문학뿐만 아니라, 대중문학이나 영화나 텔레비전 드라마에서도 부단히 나타나고 있다고 지적해서 많은 사람들의 공감을 샀다.

피들러 교수는 백인 지배문화에 대항해서 소수인종 문화를, 보수주의에 대항해서 진보주의를, 그리고 서구 제국주의에 대항해서 동양의 가치를 옹호했던 용기 있는 미국 지식인이었다. 그는 또 언어를 중요시하는 프랑스의 사변적인 구조주의 비평이론에 반대해, 문학의 역사적 · 사회적 의미의 중요성을 강조하면서, "문학이란 단순히 페이지 위의 언어나 텍스트로 축소될 수 있는 것이 아니라, 한 나라 한 시대의 역사적・사회적 산물이다"라는 유명한 말을 했다. 최근 미국문단과 학계에서 '다시 피들러로 돌아가자(Back to Fiedler)'라는 운동이 벌어지고 있는 것도 바로 그러한 맥락에서라고 생각된다. 피들러는 미국에서 가장 영향력 있는 10인의 비평가 중 제1위로 선정되었으며, 제2차 세계대전 이후 가장 중요한 비평가 중 한사람으로 평가받고 있다.

제2차 세계대전 중 미 해군 통역장교로 일본과 중국에서 근무한 피들러는 스스로를 '동양과 서양을 연결하는 통역관'이라고 불렀으며, 자신의 비평이론을 자신의 인생에 그대로 실천해 자녀들을 아프리카 흑인, 멕시코계 인디언, 그리고 일본인과 결혼시켰다. 하버드, 프린스턴, 예일, 소르본느, 하이델베르크, 볼로냐, 서섹스 대학 객원교수를 역임한 피들러 교수는 버펄로 소재 뉴욕 주립대학의 새뮤얼 클레멘스 석좌교수(Samuel Clemens Professor) 및 SUNY 석학교수(SUNY Distinguished Professor)로 재직하면서 문화비평가로서 한 시대를 풍미하다가 2003년에 타계했다.

피들러는 「양극을 피하는 중간(The Middle against Both Ends)」과 「경계를 넘고, 간극을 좁히며(Cross the Border—Close the Gap)」라는 두 글에서 순수문학(순수문화)과 대중문학(대중문화) 사이의 경계해체를 선언한 비평가로 유명하다. 그는 난해한 모더니즘 소설을 비판하며 이제 그런 난해한 순수소설은 아무도 읽지 않는다며 예술소설의 죽음과 대중문화시대의 도래를 선언했다. 그리고 그 과정에서 그는 소위 중간문학(middlebrow literature)의 중요성을 주창했다. 그가 중간문학이라고 부른 것은, 『앵무새 죽이기』나 『바람과 함께 사라지다』 같은 난해하지 않으면서도 독자에게 감동을 주는 소설들이다. 대중문학과 대중문화에 대한 그의 옹호는 궁극적으로 백인 중심의 미국사회에서 소수인종에 대한 관심과 옹호로 이어졌다.

레슬리 피들러는, "만일 우리 집에 불이 나서 단 한 권의 책만을 갖고 나갈 수 있다면 나는 서슴없이 『허클베리 핀의 모험』을 집어 들겠다"라고 말한 적이 있다. 그것은 곧 그 소설이 미국인으로서의 자신의 인식과 인생을 뒤바꾸어놓은 소중한 책이라는 것을 의미한다. 사실 피들러 이론의 근저를 탐색하다 보면, 우리는 언제나 『허클베리 핀의 모험』과 조우하게 된다. 그는 30세 때 쓴 「헉 핀이여, 다시 뗏목으로 돌아와다오!」라는 글에서, "백인 주인공과 유색인 동반자의 모험"이라는 미국소설의 원형적 패턴을 찾아내어 학계를 놀라게 했다.

피들러의 『미국소설에 나타난 사랑과 죽음』은 '감동'을 주는 책이다. 독자들은 한 권의 비평서가 소설보다도 더 감동적이고 더 재미있을 수도 있다는 사실을, 그리고 한 권의 책이 한 사람의 인생을 바꾸어놓을 수도 있다는 사실을 이 책을 통해 깨닫게 된다. 피들러는 신비평가들의 도식적이고도 과학적인 문학비평을, 처음으로 피와 살을 가진 유연하고 살아있는 문화비평으로 바꾸어놓은 이 시대의 희귀한 문예비평가였다. 그리고 그의 그러한 작업은 '문학비평'이라는 장르를 소설만큼이나 문학적 상상력을 필요로 하는 '창작'의 차원으로까지 끌어올렸다. 그가 자신의 비평서의 제목에 당시로서는 혁명적이었던 '사랑과 죽음'이라는 말을 당당히 집어넣은 것도 사실은 '비평은 곧 또 하나의 창작행위'라는 평소 그의 신념 때문이었다.

『미국소설에 나타난 사랑과 죽음』에서 피들러가 한 작업은 한국의 비평서들처럼 특정 작가론의 모음이 아니라, 19세기부터 시작해 현대에 이르기까지, 매 시대를 대표하는 대표작들의 분석을 통해 미국문학을 관통하고 있는 미국인들의 '원형적 심리'와 '문화적 특성'을 추적하는 것이었다. 그는 모든 위대한 미국소설들에 공통적으로 나타나고 있는 한 흥미로운 패턴을 발견했는데, 그것은 곧 '문명세계를 떠나 광야에서 방랑하는 백인 주인공들과 그들이 그곳에서 만난 유색인들과의 우정'이었다.

피들러의 작품 분석은 미국 본격 단편소설의 효시로 알려져 있는 워싱턴 어빙(Washington Irving)의 『립 밴 윙클(*Rip Van Winkle*)』로부터 시작해, 쿠퍼(James Fenimore Cooper)의 『모히칸 족의 마지막 후예(*The Last of the Mohicans*)』, 포(Edgar Allan Poe)의 『아서 고든 핌의 모험(*The Narrative of Arthur Godon Pym of Nantucket*)』, 멜빌(Herman Melville)의 『모비 딕(*Moby-Dick*)』, 그리고 트웨인의 『허클베리 핀의 모험(*Adventures of Huckleberry Finn*)』으로 이어진다. 과연 미국인들의 원형적인 모습의 상징인 립 밴 윙클은 문명세계와 여자들의 세계에 적응하지 못하고 개 한 마리를 데리고 캐츠킬 산으로 들어간다. 대자연의 산속에서 그는 여자의 잔소리가 없는 평온하고 고요한 남성들의 천국을 발견한다. 그리고 거기에서 그는 유색인은 아니지만, 영국인들에게 뉴욕과 해상권을 빼앗기고 소외되어온 네덜란드인 선원들을 만난다. 립 밴 윙클은 그들로부터 술을 얻어 마신다. 이상한 것은, 그러는 동안에도 그들이 내내 아무런 말도 하지 않는다는 점이다. 말은 남성들을 괴롭히는 여성들의 전유물이다. 남성들의 세계에서는 말이 필요 없다. 오직 우정을 돈독히 할 '술'이 필요할 뿐이다. 립 밴 윙클은 술에 취해서 산속에 누워 잠을 잔다. 이윽고 잠에서 깨어난 그는 그동안 20년이란 세월이 흘러가 버렸다는 사실을 발견한다. 그동안 그를 지배하던 그의 아내는 죽고, 미국을 지배하던 영국 역시 사라진다.

피들러는 이와 같은 원형적 패턴이 미국소설에 부단히 나타나고 있다는 사실에 주목한다. 예컨대 집을 떠나 대평원 속에서 나누는 내티 범포와 인디언 칭카치국의 우정(쿠퍼의 『모히칸 족의 마지막 후예』), 남극으로의 항해 중 맺어지는 아서 고든 핌과 인디언 혼혈 더크 피터스와의 우정(포우의 『아서 고든 핌의 모험』), 항구와 포경선과 광활한 바다 위에서 돈독해지는 이스마엘과 남태평양인 퀴퀙의 우정(멜빌의 『모비 딕』), 그리고 미시시피강의 뗏목 위에서 맺어지는 허크와 흑인 도망노예 짐의 우정(트웨인의 『허클베리 핀의 모험』), 피들러는 이와 같은 것들이 모두 아메리카를 이루고 있는 백인과 유색인종들 간의 화해를 꿈꾸는 미국인들의 원형적 심리의 무의식적 표출이라고 말한다. 그리고 바로 그와 같은 문제에 대한 절박감으로 인해, 미국소설에는 남녀 간의 사랑보다는 남성들 간의 사랑을 그린 소설들이 많다고 말한다. 1948년에 『파르티잔 리뷰』지에 발표되어 미국문단과 학계에 커다란 논란을 일으켰던 「헉 핀이여, 다시 뗏목으로 돌아와다오!」라는 글에서 피들러는 다음과 같이 말하고 있다.

> 세계의 위대한 소설들에서 우리는 언제나 이성 간의 사랑을 쉽게 찾아볼 수 있다. 그러나 미국문학에서 우리는 그러한 소설들 속의 플라토닉 러브, 간통, 유혹, 강간, 혹은 기다란 희롱에 익숙해진 감정의 세계를 떠나, 끝없는 강줄기를 따라 떠내려가는 뗏목 위에 불가능한 도피를 위해 나란히 누워있는 어느 탈주노예와 순진한 소년을 만나게 되며, 또한 불가능한 탐구를 위한 항해를 떠나기 직전, 갈색피부 작살잡이의 문신 새긴 팔에 안겨 잠을 깨는 한 유랑선원을 만나게 된다.
>
> (Fiedler, 1971, p. 145)

> 신성한 자연—이것이야말로 바로 남성들의 신성한 결혼에 필요불가결한 배경이다. 서로 팔짱을 끼고 항해를 떠나는 이스마엘과 퀴퀙, 평화스러운 미시시피 강을 따라 헤엄치는 허크와 짐—여기에서 바로 홀로 방황하고 싶어하는 미국의 꿈을 이루고, 미국의 병을 고칠 수 있는 물결의 움직임이 있는 것이다. 흠 없는 신부로서의 흑인이라는 관념은 바다로의 도피, 또는 바다로 통하는 거대한 강으로의 도망이라는 신화와 섞여진다. 물의 광대함은 사랑을 요구하는 고독의 의미를 밝혀준다. 또 물의 이상함은 인습을 부정하고 모든 형태의 사랑을 가능하게 해준다. 『돛대 앞에서의 2년』, 『모비 딕』, 그리고 『허클베리 핀의 모험』에서 우리는 언제나 '물'을 발견한다. 그리고 바로 그 물이 소설의 배경이 되고 있음을 본다. 쿠퍼의 소설에서는 같은 의미의 다른 상징(즉 처녀림)이 제시된다. 처녀림을 꿈꾸었던 쿠퍼가 역시 세계 최초의 해양소설을 썼다는 것이 결코 단순한 우연의 일치가 아니었다는 것을 기억하는 것은 가치 있는 일일 것이다.
>
> (Fiedler, 1971, p. 148)

피들러의 이러한 예리한 혜안은 비단 문학작품에만 국한되지 않고, 「블론디(Blondie)」 같은 만화나, <흑과 백(The Defiant Ones)>, <뻐꾸기 둥지를 날아간 새(One Flew over the Cuckoo's Nest)>, <스타 트랙(Star Trek)> 같은 텔레비전 드라마나 영화로까지 확대됨으로써, 그와 같은 미국인들의 원형적 꿈이 지금도 면면히 계속되고 있음을 보여주고 있다.

물론 피들러는 미국인들의 그와 같은 꿈이, 현실 속에서는 불가능하고 다만 상상 속에서만 추구되고 이루어지는 깨지기 쉬운 낭만적인 '꿈'에 불과하다는 사실을 잘 알고 있다. "그럼에도 불구하고 꿈은 계속되어야만 한다"라고 피들러는 말한다. 바로 그것이 작가들의 사명이자, 비평가들의 책무이기 때문이다. 그리고 바로 그 시점에서 작가들과 비평가들, 그리고 창작과 비평은 하나로 합일된다.

피들러는 그와 같은 작업을 위해 융의 심리분석이론과 마르크스주의 이론에 의존하고 있다. 그는 전자로부터는 의식/무의식, 아니마/섀도우, 그리고 원형이론을, 그리고 후자로부터는 소외계층과의 화해와 보다 더 나은 세계 추구 이론을 빌려오고 있다. 그러나 그는 그 두 이론의 한계를 극복하기 위해 스스로를 '반 융적인 융 학자(anti-Jungian Jungian)', 그리고 '반 마르크스주의적 마르크스주의자(anti-Marxist Marxist)'라고 부르고 있다.

『미국소설에 나타난 사랑과 죽음』을 쓰게 된 동기를 피들러는, 자신이 "다섯 살과 일곱 살 먹은 두 아들에게 『허클베리 핀의 모험』을 읽어주다가 갑자기 깨달은 바 있어서"라고 말하고 있다. 그것 또한 비평이라는 것이 사실은 우리의 삶과 얼마나 가깝게 밀착되어 있는가를 잘 보여주는 한 좋은 예가 된다. 그는 또 『미국소설에 나타난 사랑과 죽음』을 헌정한 은사 윌리엄 엘러리 레너드(William Ellery Leonard)를 기억하며, "그는 내게 문학이란 학교와 도서관에서 배우는 것 이상이라는 것을 내게 처음으로 가르쳐준 스승이다"라고 말하고 있다. 피들러는 문학비평이란 곧 "우리의 삶이 가장 외로울 때의 기록이자, 도덕적 고뇌이며, 지적 모험이다"라고 말한다.

『미국소설에 나타난 사랑과 죽음』은 원래 1960년에 스타인 앤드 데이(Stein and Day) 출판사에서 출간되어 커다란 반향을 일으키며 영어, 프랑스어, 독일어, 스페인어, 이탈리아어, 러시아어, 네덜란드어 등 세계 각국어로 번역되었으며, 동양에서도 아랍어, 인도어, 중국어, 그리고 일본어로도 이미 번역되었다. 이와 같은 책이 유독 한국에서만 아직도 번역이 되지 않고 있다는 것은 정말 부끄럽고도 안타까운 일이 아닐 수 없다. 이 책은 1992년에 미국 뉴욕의 반탐 · 더블데이 · 델 출판사(Bantam, Doubleday, Dell Publishing Co.)의 '앵커북(Anchor Book)'으로 재출간되어 미국 문단과 학계에 '다시 피들러로 돌아가자!(Back to Fiedler!)'라는 운동을 일으키고 있다. 미국의 그러한 최근 움직임은, 우리의 현실이나 삶과는 심각하게 괴리되어 있으며 역사적 · 사회적 '컨텍스트'는 무시한 채, 문학비평을 단지 '텍스트 속의 관념적 언어'로만 축소시켜온 현학적이고 유럽지향적인 상아탑 이론들에 대한 피들러의 준엄한 책망을 잘 반영해주고 있다고 볼 수 있다.

7. 에드워드 사이드: 국민/국가의 경계를 넘은 비평가

2003년에 우리는 위대한 문학 이론가 둘을 잃었다. 1월에는 레슬리 피들러가, 그리고 10월에는 에드워드 사이드(1935-2003)가 우리 곁을 떠났다. 두 사람은 자신의 삶과 문학 비평을 일치시켰던 20세기 최고의 문학 이론가들이자, 동양과 서양이라는 두 세계 사이에서 방황하고 고뇌했던 진정한 경계인들이었다. 이미 1960년대에 전자 매체에 밀려난 '소설의 죽음'을 선언하면서 '새로운 변종 문화'의 도래를 예언했던 피들러는 모더니즘의 파산을 선고했던 포스트모더니즘의 선구자로 평가받고 있다. 그는 「양극을 피하는 중간」과 「경계를 넘고, 간극을 좁히며」라는 글을 통해 극단적 이념들이 대립하는 시대에 문학이 지향해야 할 목표가 무엇인가를 제시해준 큰 그릇의 비평가였다. 백인과 유색인, 또는 서양과 동양의 경계선상에 존재하는 유대계 미국인이었던 피들러는 자신의 문학 이론을 통해 평생 백인과 소수 인종 사이의 화해와 공존을 추구했으며, 동시에 그 어느 곳에도 속하지 않는 진정한 경계인의 모습을 보여주었다. 또한 귀족 문화를 옹호하는 예술지상주의자들에 반대해 '중간문학'을 주창했고, "문학 비평은 우리들의 삶에 대한 이야기이기에 소설처럼 즐겁고 재미있어야만 한다"는 유명한 말을 남겼다. 그는 전립선암과 파킨슨병으로 87세에 세상을 떠났다.

반면, 지난 10여 년간 백혈병으로 투병하다가 67세의 나이에 타계한 사이드는, "문학 비평을 우리의 현실이나 역사적 삶과 결코 분리되지 않는 것, 따라서 세속적이고 고통스러운 것"이라고 보았던 문학 이론가였다. 조국과 고향을 빼앗기고 어린 나이에 이미 망명 생활을 시작했던 사이드에게 문학 비평 행위는 곧 비극적인 자신의 개인사와 그것을 배태시킨 세계 근대사에 대한 지적·문학적 성찰을 의미했다. 그 역시 피들러처럼, 삶과 현실과 괴리된 현학적·이론적 문학 비평은 허위이자 위선이며, 별 의미 없는 것으로 보았다.

팔레스타인계 미국인으로서 평생을 두 세계 사이의 망명객으로 살았던 진정한 '변경인'이었던 사이드는 집에서는 아랍어를 쓰면서도 대학에서는 영어로 강의했고, 자신은 기독교도(성공회 신자)이면서 이슬람의 옹호자였으며, 팔레스타인 망명 국회(PNC) 의원이었으면서도 PLO 지도자 야세르 아라파트(Yasir Arafat)가 정도를 걷지 않는다고 생각하자 그와 결별했다. 또한 그는 탁월한 문학 이론가이자 팔레스타인의 대변자였으며, 뛰어난 피아니스트이면서 동시에 미국의 외교 정책을 비판하는 지적

테러리스트였고〔유대계 미국인들이 만드는 저널인 『코멘터리(*Commentary*)』지는 사이드를 '테러(공포) 교수(Professor of Terror)'라고 불렀다〕 이스라엘과 적대 관계에 있으면서도 뉴욕의 유대계 병원인 마운트 사이나이 병원에 입원해 백혈병 치료를 받았다.

"이스라엘의 비판자인 내가 환자가 되어 유대인들의 치료를 받는다는 것은 참으로 아이러니컬하면서도 대단히 상징적이지요." 지난 1995년 서울대학교 초청으로 서울을 방문한 사이드는 웃으면서 그렇게 말했다. 아마도 바로 그러한 맥락에서 사이드는 마르크스주의자가 되는 것을 거부하고, 단지 좌파 지식인(Intellectual Left)으로 남기를 원했는지도 모른다. 미국의 마르크스주의 비평가인 프레드릭 제머슨(Fredric Jameson; 국내에서는 '제임슨'으로 통용되고 있으나, 원래는 '제머슨'으로 발음된다)이나 영국의 마르크스주의 비평가인 테리 이글턴(Terry Eagleton)은 사이드가 마르크스주의 비평가가 아닌 점을 내내 아쉬워했다. 만일 사이드처럼 영향력 있는 이론가가 합류해준다면 마르크스주의 비평은 그 어느 때보다도 더 막강한 목소리를 갖게 될 것이기 때문이었다. 그러나 사이드는 끝내 마르크스주의자가 되기를 거부했다. 그럼에도 불구하고, 사이드는 서구의 우파 지식인들이 그 어느 마르크스주의자보다도 더 두려워했던 강력한 좌파 지식인이었다.

1978년 사이드가 『오리엔탈리즘』이라는 탁월한 저서를 출간했을 때, 미국 신문들은 그를 '스스로 선택한 망명객(self-appointed exile)'이라고 불렀다. 그가 미국인으로서의 안락한 삶 대신 조국을 잃어버리고 유랑하는 팔레스타인 사람들의 고통을 잊지 않고 스스로 서방 세계에 그들을 옹호하는 대변자 역할을 맡았기 때문이었다. 그로 인해 그는 최근 타계한 아라파트의 두터운 신임을 받기는 했지만, 유대계 미국인들의 비난과 미국 정부의 주요 감시 대상이 되어 평생을 망명객으로 살았다. "난 뉴욕이 좋아. 뉴욕은 미국과 유럽 사이에 존재하는 망명객의 도시니까 말이야"라고 그는 내게 말하곤 했다. "나에게는 돌아갈 고향도, 조국도 없다"고 말하던 그가 이제 비로소 오랜 망명 생활을 마치고 영원한 안식을 취하기 위해 이 세상을 떠나갔다. 그러나 그는 어디로 돌아간 것일까? 그리고 그의 오랜 망명 생활은 드디어 끝이 난 것일까?

사이드에 관련된 일화들

내가 사이드를 처음 만난 것은 1982년 뉴욕에 있는 컬럼비아 대학에서였다. 당시 40대의 젊은 교수 에드워드 사이드는 명저 『시작』(1975)과 『오리엔탈리즘』을 출간해 이미 세계적인 석학으로 인정받고 있었으며, 컬럼비아 대학의 '석좌 교수(Parr Professor of English and Comparative Literature)'직에 올라 있었다. 그리고 얼마 후에는 컬럼비아 대학 최고 명예인 '유니버시티 석좌 교수(University Professor)'로 임명되어 총장 버금가는 대우를 받았다.

사이드가 컬럼비아 대학의 간판 교수로 부상하면서, 학기 초만 되면 해밀턴 홀에 있는 그의 연구실 앞 복도는 사이드의 강의를 듣고 싶어 모여든 학생들로 넘쳐났다. 15명 정원인 그의 대학원 세미나에는 늘 50여 명의 학생들이 몰렸고, 15명의 정예 요원에 선발되기 위해서는 모두 사이드와의 인터뷰를 거쳐야만 했다. 인터뷰에서 사이드는 학생의 사전 지식과 수학 능력을 테스트한 뒤, 그 다음날 자신의 연구실 문에 합격자 명단을 공고했다. 때문에 합격자 발표가 나붙는 날은 학생들의 희비가 엇갈리는 날이었다. 나 역시 인터뷰를 한 다음날이면 언제나 두근거리는 가슴을 안고 그의 연구실로 갔는데, 고맙게도 컬럼비아에 체류하는 동안 그는 계속해서 나를 합격자 명단에 넣어주었다. 그때는 사이드에게 인정받았다는 생각에 그저 기쁘기만 했는데, 돌이켜보면 내가 인터뷰에서 미국 학생들보다 뛰어나서라기보다는, 아마도 내가 유일한 동양인이었고 또 지도교수로서의 애정이나 사명감 때문이 아니었나 생각된다.

한번은 강의 첫 시간에 학생 수를 세어보니 15명이 아니라 16명이 앉아 있었다. '초대받지 않은 손님'은 곧 자수했지만, 자기는 꼭 사이드의 강의를 들어야만 한다고 고집을 피웠다. 그러나 사이드의 입에서는 "Get Out!(나가!)"이나 "I want you to leave.(나가기를 바란다.)"라는 말 대신, "You are here against my wish.(학생이 여기 앉아있는 것은 내 뜻에 반하는 거야.)"라는 멋진 수사적 표현이 나왔다. 불청객은 요지부동이었다. 그러자 사이드는 다시 "This is a new experience to me.(이런 일은 처음이야.)"라고 점잖게 말하며 수업을 시작했다. 동양인답게 정이 많았던 사이드는 그 학생을 쫓아내지 않았고, 그 학생은 그날 그렇게도 원하던 수업을 들었다.

1983년 컬럼비아 대학 영문과는 『독자 반응 비평(*Reader-Response Criticism*)』의 편자이자 페미니즘 분야에서도 왕성한 활동을 보여주고 있는 존스 홉킨스 대학의 제인 탐킨스(Jane Tompkins)를 1년간 객원 교수로 초청했는데, 뜻밖에도 그녀의 부군이자 독자 반응 비평 이론의 창시자인 스탠리 피시(Stanley Fish)가 따라왔다. 컬럼비아 대학은 뜻밖에 '빅 피시(대어)'를 낚았다고 좋아하며, 스탠리 피시에게 특별 강연과 정규 수업을 맡겼다. 나 역시 피시가 와 있는 동안 그가 담당한 밀턴 강의를 들었다.

학기 중에 사이드는 강연 초청을 받아 유럽에 자주 다녀왔다. 워낙 저명인사인 터라 유럽에서 사이드의 인기는 대단했고, 수천 명의 청중이 몰려들어 강연장은 언제나 만원이었다. 덕분에 휴강이 잦은 편이었지만, 강의 내용은 언제나 충실했고 훌륭했다. 사이드는 늘 '엄격한 훈련(rigorous training)'의 중요성을 강조했는데, 특히 문학 비평 분야에서는 그것이 필수라고 말하며 강도 높은 지적 훈련을 시켰다. 아마도 그런 맥락에서겠지만, 사이드는 잡다한 대중문화나 대중문학보다는 수준 높은 전통문학을 좋아했으며, 학자의 바람직한 조건으로 외국어 능력과 문헌학(philology)적 접근법을 강조했다. 그래서 그는 자신이 주임교수를 맡고 있던 비교문학 프로그램에 지원하는 어문학과 학생들에게 3개 외국어 시험의 합격과,

텍스트보다는 컨텍스트를 중시하는 태도를 요구했다. 그의 탁월한 운영 방식 때문에 당시 컬럼비아 대학 비교문학 프로그램은 비교문학 부문 평가에서 미국 대학 1위를 차지하고 있었다.

아랍어와 영어가 모국어이고, 독일어와 이탈리아어는 거의 모국어 수준이며, 프랑스어와 스페인어, 그리고 라틴어와 희랍어에 능통했던 사이드는 수업 시간에 아도르노의 저서 『신음악의 철학(*Philosophy of New Music*)』의 독일어본과 영어본을 비교하면서 오역들을 잡아내기도 했으며, 이탈리아어로 단테(Dante)를 강연하기도 했다. 한번은 옆자리의 이탈리아 학생에게 사이드의 이탈리아어가 어느 정도 수준이냐고 물은 적이 있는데, 이탈리아 사람과 구분이 안 될 정도로 유창하다고 대답하는 것이었다.

그런 어느 날 저녁, 컬럼비아 대학에서 스탠리 피시의 특별 강연이 열렸다. 엘리베이터에서 만난 사이드가 연구실에 들렀다 좀 늦게 갈 테니 강연장 뒤쪽에 자기 자리를 하나 잡아달라고 내게 부탁하면서, "사람들의 눈에 띄고 싶지 않아서 말이야"라고 말했다. 그때 나는 피시의 강연을 녹음하기 위해 맨 앞자리에 앉아있어야만 했고, 거기서 녹음기 작동을 시험하는 데 열중하다가 그만 사이드의 부탁을 깜빡 잊고 말았다. 강연 시작하기 5분 전에야 그 생각이 나서 허겁지겁 둘러보니 강연장은 이미 만원이었다. 다행히도 좌측에 딱 한 자리가 남아 있어 얼른 그 자리를 맡았다가 사이드가 들어오자 내주었다. 그날 스탠리 피시는, "오늘 이 자리에 에드워드 사이드가 내 '레프트 사이드'에 앉아 있어서 자꾸만 신경이 쓰입니다"라는 말로 강연을 시작해 청중을 웃겼다. 사이드는 그만큼 강력한 좌파 지식인이었고, 그런 의미에서 그날 나는 그에게 어울리는 자리를 잡아준 셈이 되었다.

프린스턴 대학에서 학부 생활을 할 때, 당시 독일에서 탈출해 프린스턴에 와 있던 아도르노와 함께 피아노를 배운 사이드는 연주 솜씨가 전문 음악가 수준이어서 뉴욕에서 두 번이나 연주회를 열었는데, 그때마다 장내는 초만원이었다. "사람들은 내가 피아노를 잘 쳐서가 아니라, 테러리스트가 피아노를 연주하는 것이 신기해서 보러 왔을 거야"라고 그는 말했지만, 그러나 그건 겸손의 말이고 사실 음악에 대한 그의 재능은 놀랄 만한 것이었다. 음악에 대한 그의 남다른 관심은 후에 음악과 현실 세계의 역동적 관계에 대한 저서 『음악적 형상화(*Musical Elaborations*)』(1991)로 집약되었다.

사이드는 1995년 서울대학교 초청으로 한국을 방문해 서울대 문화관에서 강연을 했다. 그때 나는 1,200명이 들어가는 문화관 대강당에서 행사를 했다가 청중이 없으면 큰 망신이겠다 싶어 600석의 중강당을 빌렸는데, 사이드의 국내 인기를 과소평가한 커다란 실수였다. 그날 실내는 입추의 여지 없이 가득 찼고, 많은 사람들이 서서 강연을 들었으며, 더 많은 수가 밖에서 듣거나 발길을 되돌려야만 했기 때문이다. 사이드의 강연은 그야말로 힘차고 역동적이었다. '문명의 충돌인가, 정의(定義)의 충돌인가?(Clash of Civilizations or Clash of Definitions?)'라는 제목의 강연에서 사이드는 동서 문명의 충돌을 예견한 새뮤얼 헌팅턴(Samuel Huntington)을 비판하며, 동서 문명의 동등한 공존과 화해를 주창했다. 사이드의 비전투적 전략에 불만을 품은 듯, 운동권 측에서는 동서의 공존보다는 서양에 대한 투쟁이 더 중요하지 않느냐는 질문을 던졌다. 그때 사이드는 "나는 당신들과는 달리 돌아갈 조국도 없는 사람입니다. 그럼에도 나는 동서 문명의 평화적 공존을 바라지 충돌을 원하지는 않습니다"라고 대답해 그들을 부끄럽게 했다. 사이드는 서구의 제국주의도 물론 반성해야 하지만, 한국인들이 중국의 제국주의에 대해서는 왜 침묵하고 있느냐고 묻기도 했다.

강연이 끝나고 숙소인 신라호텔에 돌아간 사이드는 호텔 정문에 붙은 헌팅턴 초청 강연 포스터를 보고 크게 실망하면서, "왜 한국인들이 헌팅턴을 불러서 강연을 듣는지 이해하기 어렵다"고 안타까워했다. 사이드가 보기에 백인 중심 서구 문명의 옹호자이자 보수 우파인 헌팅턴이 한국에서 환영받을 이유가 전혀 없을 뿐만 아니라, 헌팅턴에게 한국은 미국 문명을 위협하는 유교 문화권 국가들 중 하나이기 때문이었다. 당시 헌팅턴은 국내 상공인 단체가 불렀는데, 하필 정반대 입장인 사이드와 같은 시기에 초청하게 되어 사려 깊지 못한 행위처럼 비치고 말았다.

대부분의 위대한 인물들이 그랬듯이, 사이드 역시 아이처럼 순진한 데가 있고 부인에게 심리적으로 많이 의존하는 경향이 있었다. 1996년 뉴욕에 갔을 때, 사이드가 자기 집에서 아침 식사를 같이 하자고 부른 적이 있었다. 다음날 아침, 컬럼비아 대학 옆 리버사이드 가에 있는 그의 아파트에 들어섰을 때 사이드는 마침 전날 병원에서 정기 항암 치료를 받고 그 후유증으로 어지럽다며 침대에 누워 있었다. 그는 나를 보더니 침대에서 일어나 걸어 나오려다가 어지럽다며 다시 침대로 되돌아갔다. 그런데 걱정하는 나와는 달리 부인의 표정에는 별다른 동요가 없었다. 내가 “저렇게 심해서 어떡하지요?” 하자, 부인 매리엄 코르타스(Mariam Cortas) 여사는 “저러다가 조금만 지나면 금방 좋아져. 아이 같아서 내가 옆에 있으면 엄살이 더 심해”라고 대답하는 것이었다.

사이드의 이론과 사상

사이드는 조국과 고향을 잃고 끝없는 망명길에 올랐던 어린 시절에 대한 추억이 곧 자신의 문학 세계를 형성했다고 말한다. 예루살렘에서 태어나 이스라엘 건국으로 집과 고향과 조국을 잃고 카이로로, 카이로에서 레바논으로, 다시 레바논에서 미국으로 옮겨오면서 사이드는 스스로를 망명객이라 불렀고, 평생을 정신적 망명객으로 살았다. 그에게 라이오넬 트릴링(Lionel Trilling) 문학상과 컬럼비아 대학 석좌 교수직을 가져다 준 역저 『시작』은 바로 망명객의 부단하고 새로운 ‘시작(beginnings)’을 문학 이론화한 것이다. 그로부터 3년 뒤에 출간되어 세계를 놀라게 한 명저 『오리엔탈리즘』에서도 그는, "어린 시절 두 개의 식민지에서 자라난 동양인으로서의 자각심이 이 책을 쓰게 해주었다. 팔레스타인과 이집트에서 내가 받은 교육은 서구 교육이었지만, 어린 시절의 그러한 깨달음은 결코 사라지지 않았다"라고 적고 있다.

그렇기 때문에 사이드의 문학 세계는 소외되고 박탈당한 사람들에 대한 인식과 옹호로 시작된다. 그의 문학 이론이 늘 동양인들과 식민지인들, 또는 소수 인종들과 제3세계인들에 대해 새로운 조명을 비추는 것도 바로 그런 이유에서이다. 예컨대 문화 권력과 정치 권력 사이의 상관관계를 성찰한 최초의 본격 연구서 중 하나인 『오리엔탈리즘』에서 사이드는 서구인들이 동양 문화를 비논리적이고 열등한 것으로 정의내림으로써 어떻게 서구 제국주의의 동양 지배를 합리화시켰는가를 설득력 있게 제시하고 있다. 그는 서구 제국주의자들이 스스로 아프리카나 동양을 잘 안다고 생각했으며, 암흑의 대륙이나 야만 지역을 교화시키고 문명화시킨다는 신성한 명분하에 식민지를 건설했다고 말한다.

사이드는 『오리엔탈리즘』에서, 동양에 대한 서구인들의 인식은 대부분 여행자들이나 선원들이나 선교사들의 인상기에서 비롯된 것이었다고 말한다. 그리고 그들이 무역이라 불렀던 것은 착취였고, 교화라고 불렀던 것은 억압이었으며, 문명화라고 불렀던 것도 사실은 서구화였을 뿐이라고 지적한다. 그래서 그동안 동양은 스스로 존재하지 못하고, 언제나 서구의 편견 속에 투사된 왜곡된 모습으로만 재현되어왔다는 것이다. 사이드는 동양에 대한 서구인들의 그러한 편견을 '오리엔탈리즘'이라고 부르며, 동서양의 관계가 헤게모니와 권력과 지배 이데올로기에 근거해 있다고 주장했다.

사이드의 '오리엔탈리즘' 이론은 세계 문단과 학계에 신선한 충격을 주었으며, 그로 인해 그는 오늘날 탈식민주의의 원조가 되었다. 『오리엔탈리즘』의 속편인 『문화와 제국주의』에서 사이드는 19세기 및 20세기 영국 작가 중 어느 누구도 제국주의 이데올로기로부터 자유로웠던 사람은 없었다고 말하며, 심지어는 찰스 디킨스(Charles Dickens)나 제인 오스틴, 또는 조지프 콘래드(Joseph Conrad)나 러디어드 키플링(Rudyard Kipling)까지도 제국주의 이념을 인정했거나 옹호했다고 비판한다. 사이드는 자신의 박사 논문에서 다룬 작가였던 콘래드도 비판한다. 콘래드는 물론 『암흑의 핵심(*Heart of Darkness*)』에서 서구 제국주의를 비판하고 있지만, 식민지인들도 제국인들과 똑같은 존엄성을 갖고 있다는 인식으로까지는 나아가지 않았다는 한계를 보여준다고 말한다. 사이드는 또 토머스 칼라일(Thomas Carlyle)이나 존 러스킨(John Ruskin)을 연구하는 사람은 적어도 그들이 자메이카 폭동 때 얼마나 제국주의적인 발언을 했는지도 같이 알아야만 한다고 주장한다. 문학 연구나 문학 비평이 그런 역사적 사실과 완전히 분리되어 존재할 수는 없다는 것이다.

사이드에게 르네 웰렉(Rene Wellek) 상을 안겨준 『세상과 텍스트와 비평가(*The World, The Text, the Critic*)』(1983)는 바로 그런 인식과 맥락에서 나온 뛰어난 비평서이다. 그 책에서 사이드는, 비평은 '현세적(worldly)'이어야만 한다며 '세속적 비평(secular criticism) 이론'을 주창한다. 그는 또한 『팔레스타인 문제(*The Question of Palestine*)』(1979)나 『이슬람 취재』(1981) 같은 정치적 비평서와 함께, 『음악적 형상화』 같은 음악 비평서도 냈지만, 그 모든 것이 사이드 특유의 문학 비평과 긴밀히 연결되고 있다.

말년에 사이드는 문화 화합을 통한 동서의 공존을 주창하며, 유대인과 팔레스타인, 그리고 동양과 서양 사이의 화해 가능성을 탐색했다. 그는 제국주의의 피해자인 자신을 예로 들며, 식민지인이기 때문에 두 개의 문화와 두 개의 언어를 갖게 된 것이 오히려 세계인이 되는 데 긍정적인 요인이 될 수도 있다고 말했다. 제국주의 역사를 돌이킬 수 없다면, 이제 우리가 해야 할 일은 제국주의가 남겨준 단 하나의 긍정적인 면인 문화의 혼합과 이중 언어의 장점을 인류 공존을 위해 십분 활용하는 일이라는 것이다. 그래서 사이드는 문화가 겹치는 영역을 새로운 가능성으로 제시한다. 그가 유대인 음악가 다니엘 바렌보임(Daniel Barenboim)과 돈독한 우정을 쌓으며 대담집을 출간한 것도 바로 그러한 맥락에서일 것이다. 그러한 공헌 때문에 사이드는 최근 노벨 평화상 후보로 거론되기도 했는데, 애석하게도 타계하고 말았다.

사이드는 아이비리그 대학에서 엘리트 교육을 받았지만 백인 중심의 귀족 문화를 비판했으며, 피들러가 그랬던 것처럼 고급 문화의 옹호자였던 매슈 아놀드(Matthew Arnold)를 비판했다. 또한 미국어문학회(MLA) 회장으로 문학의 발전에 크게 공헌했으며, 항암 치료를 받는 틈틈이 중동으로 날아가 항의 집회에 참여하거나, 유럽이나 아시아로 강연 여행을 다니는 등 역동적인 삶을 살다가 자신의 저서 제목처럼 또 하나의 '시작'을 위해 저 세상으로 갔다. 좁은 한반도서 경직된 민족주의에 경도된 채 살고 있는 우리에게 정신적 망명객 사이드의 자유로운 삶과 폭넓은 문학비평은 시사하는 바가 크다. 문학 비평이 무엇인가를 온몸으로 보여주고 떠나간 동방의 큰 별이자, 탈식민주의 작가들을 위한 안내 성좌였던 비평가 에드워드 사이드는 아마 저 세상에 가서도 오늘날 지구상에서 벌어지고 있는 이념적 분쟁과 문명의 충돌을 우려하고 있을 것이다.

사이드의 이론에 나타난 '나와 타자'

지난 10여 년 동안 세계 학계와 문단에서 가장 많이 사용된 말이 있다면, 그것은 아마도 '타자(the Other)'와 '차이(difference)'라는 용어일 것이다. '타자'나 '차이'라는 말은 원래 나와 다른 사람을 구별하고 차별하기 위한 부정적 의미로 쓰였지만, 요즘에는 "나와 유기적인 관계에 있고 나의 존재를 가능하게 해주는, 그래서 내가 포용하고 받아들여야만 하는 대상"이라는 긍정적인 뜻으로 사용되고 있다.

문학 작품과 비평 이론에서 '타자'라는 말은 주변으로 밀려난 '소외된 존재'의 의미를 갖는다. 그래서 소외된 계층에 관심이 많은 포스트모더니즘이나 탈식민주의에서는 주변부 문화나 식민지인을 '타자'라고 부른다. 그리고 그 경우, '타자'라는 용어는 우리가 그 존재를 인정해야만 하는, 그러나 그동안 "제외되고 배제되어온 존재"라는 긍정적인 의미를 갖는다. 마찬가지로, '차이'라는 말 역시 예전에는 "나하고는 다르다"라는 부정적인 의미를 함축하고 있었지만, 지금은 "상대방의 특색"으로 그 뜻이 바뀌었다. 그렇기 때문에 '문화적 차이'는 오늘날 상호 존중해주어야만 하는 값진 차이로 인정받고 있다.

현대 문학 연구에서 이처럼 '타자'나 '차이'가 중요한 위치를 차지하게 된 이유는, 최근 들어 인간이란 결코 혼자 존재할 수 없다는 것, 나 역시 타인의 눈에는 또 하나의 '타자'라는 것, 그리고 '나와 너'의 관계는 서열이 아니라 평등에 근거해야 한다는 인식이 확산되었기 때문이다. 최근 문학 이론에서 지배 문화와 피지배 문화, 그리고 중심과 주변 사이의 관계가 재조명되고, '하위 계층 연구(sub-altern studies)'가 활발하게 진행되고 있는 이유도 바로 거기에 있다. 또 다문화주의나 포스트식민주의나 페미니즘처럼 '나와 너' 또는 '우리와 그들'의 관계에 천착하는 문예사조가 급부상하게 된 배경에도 바로 그와 같은 인식의 변화가 자리 잡고 있었다.

다문화주의와 포스트식민주의를 주창하고 있는 비평가 에드워드 사이드의 문학 이론 역시 '나와 너' 그리고 '우리와 그들'의 관계, 즉 '타자'에 대한 성찰로부터 시작된다. 사이드의 경우, '나와 너'의 관계는 식민지인이었던 자신의 개인적 경험으로부터 시작해, 궁극적으로는 인류 전체의 보편적 문제로 확대된다. 사이드는 1995년 '서남 초청 강좌' 연사로 서울대학교에 왔을 때 가진 인터뷰에서 다음과 같이 말한 적 있다.

> 나는 영국령 예루살렘에서 태어났습니다. 열세 살 때인 1948년에 유엔이 이스라엘을 국가로 인정하자, 팔레스타인인이었던 우리 가족은 모든 재산을 빼앗기고 예루살렘에서 쫓겨나 카이로로 피난을 가야만 했습니다. 자신의 당연한 권리를 박탈당한 채 망명길에 올랐다는 점에서 저는 이스마엘과도 같았지요. 그때 우리 집을 접수해 살았던 사람은 유대인 철학자 마르틴 부버(Martin Buber)였습니다. 내 집을 빼앗은 사람이 『나와 너』라는 책의 저자라는 사실은 그 후 오랫동안 저를 괴롭혔습니다.

위와 같은 상황에 놓인 한 어린 소년에게 '나와 너'의 관계가 갖는 의미가 얼마나 절실했을는지는 어렵지 않게 짐작할 수 있다. 이후 사이드의 성찰은 유대인과 아랍인의 관계를 떠나, 제국과 식민지, 유럽과 비유럽, 그리고 서양과 동양이라는 보다 더 큰 대상들 사이의 관계로 발전해 나간다. 특히 친이스라엘 국가인 미국에서 아랍인 망명객으로 살아야만 하는 어려움은 사이드에게 늘 '타자'의 의미에 대해 천착하게 해주었다.

사이드의 그러한 관심은 차츰 그의 문학 비평의 주된 관심사가 되었고, 그에 따라 그의 비평 이론 역시 전(前) 식민지인이자 영원한 망명객인 자신의 삶과 불가분의 관계를 갖게 되었다. 예컨대 『오리엔탈리즘』에서 사이드는 서구가 어떻게 동양을 '타자'로 취급해왔으며, 동양에 비해 왜 스스로를 우위에 놓았는지를 역사적이고 체계적으로 탐색하고 있다. 그는 "오리엔탈리즘이란 동양과 서양 사이의 존재론적 및 인식론적 차이(서양의 눈으로 볼 때)에 근거한 사고방식"이라고 말한다. 즉 서구인들은 동양인들을 늘 자신들과는 다른 '타자'로 취급했으며, 그 '다름'을 다양성이 아닌 우열로 파악했다는 것이다. 그러므로 사이드에게 있어 '오리엔탈리즘'은 곧 동양에 대한 서구의 차별과 편견을 의미한다.

사이드는 그러한 사고방식의 근원에는 "우리 서구인들은 우월한 문명인들이며, 저들 비서구인들은 열등하고 미개하다"라는 근거 없는 편견이 자리 잡고 있다고 지적한다. 즉 서구는 그동안 동양을 교화시키고 문명화시키고 지배해야 할 '타자'로 취급해왔으며, 서구 제국주의 또한 바로 그와 같은 잘못된 논리에 의해 합리화되었다는 것이다. 『문화와 제국주의』에서 사이드는 제국주의나 식민주의는 단순히 부를 얻거나 축적하는 행위가 아니라고 말한다. 그것들은 둘 다 어떤 지역과 사람들은 지배를 받아야만 한다는 생각을 포함하는 이념적 형성에 의해, 그리고 지배와 연관되는 지식의 형태에 의해 추진된 것이기 때문이다. 그러므로 사이드는 19세기 제국주의 문화는 '열등한', '종속 인종', '복종하는 사람들', '의존', '확장' 그리고 '권위' 같은 개념과 용어들로 가득 차 있다고 지적한다.

비서구에 대한 서구의 이러한 문화적 우월감은 곧 야만적이고 열등하다고 생각되는 비서구의 계몽과 교화에 대한 서구의 사명감을 고취시켰고, 그에 대한 결과는 제국주의의 정당화와 합법화로 나타났다. 즉 서구 제국주의자들은 자신들이 식민지를 착취하거나 억압하는 것이 아니라, 오히려 식민지의 근대화와 문명화를 위해 식민지인들을 훈련시키고 통치하는 사명을 갖고 있다고 생각하게 되었다는 것이다. 그것은 물론 심각한 착각이었지만, 제국인들은 자기 암시를 통해 그것을 사실로 믿었고, 그 결과 식민지 지배를 오히려 자랑스럽게 생각하게 되었다. 심지어는 선진국인으로서 자신들에게는 인류 문명의 발전을 위해 식민지를 다스릴 의무가 있다고까지 생각하게 되었다. 사이드는 제국주의 이데올로기의 그러한 속성을 다음과 같이 설명하고 있다.

> 그러나 제국주의와 식민주의에는 그 이상의 것이 있다. 즉 그러한 가시적 이익을 넘어서서 끝없이 순환되는 관념이 있는데, 그것은 한편으로는 품위 있는 남녀들로 하여금 머나먼 영토들과 그곳의 주민들은 복종시켜야 한다는 생각을 갖도록 해주는 것이며, 또 한편으로는 제국의 중심 에너지를 충전시켜,

그러한 품위 있는 신사 숙녀들로 하여금 '제국주의'를 통해 종속적이고 열등하며 덜 발달된 사람들을 다스려야만 한다는 사명감을 갖도록 해주는 것이다.
(사이드, 1995, p. 57)

그와 같은 관념은 인종우월주의를 배양했고, '나와 너'의 관계를 파괴했으며, '타자'에 대한 편견을 부추겼다. 그러한 현상은 무지한 계층이든 지식인 계층이든, 어느 계층에서나 똑같이 일어났다. 제국주의의 옹호자였던 프랑스인 쥘 아르망(Jules Armand)이 1910년에 다음과 같은 놀라운 말을 할 수 있었던 것도 바로 그러한 맥락에서이다.

인종과 문명에는 서열이 있으며, 우리는 우월한 인종과 문명에 속해 있다는 것, 그리고 우월성은 권리를 부여해주지만 거기에 따른 엄격한 의무 역시 부과해준다는 사실을 원칙과 출발점으로 받아들이는 것이 필요하다. 원주민들의 정복을 합법화하는 것은 곧 우리의 우월성—단순히 기계적이고 경제적이며 군사적인 우월성뿐만 아니라 도덕적 우월성—에 대한 확신이다. 우리의 위엄은 바로 그 특성에 달렸으며, 그것은 곧 다른 인간들을 지도하는 우리의 권리를 강조한다. 물질적인 힘이란 그러한 목적을 이루기 위한 수단일 뿐이다.
(사이드, 1995, p. 67)

서구 문명의 우월성과, 비서구인들의 본질적인 열등성을 주장한 사람으로서, 아르망의 선언은 너무나 당연하면서도 동시에 충격적이다. 왜냐하면 그의 주장에 따르면, 인간과 인간 사이의 관계란 오직 서열에 의해 결정되며, 이분법적 가치관에 의해 우열로 나뉘기 때문이다. 사이드는 아르망 같은 사고가 나올 수 있었던 것도 유럽인들의 자기중심적 사고방식 때문이라고 말한다. 즉 유럽인들은 스스로를 지구의 중심에 위치시켰으며, 비유럽은 주변이나 변방으로 취급했다는 것이다. 그래서 모든 조직에서 유럽인은 권위를 가진 관찰자의 역할을 맡지만, 비유럽인은 부차적인 보조 역할을 맡을 뿐이다. 그러한 구도에서 정상적인 인간관계가 이루어질 수 없음은 물론이다. 그럼에도 서구의 문학 이론들은 그와 같은 것을 의도적으로 외면하거나 아니면 잘 모르고 있다고 사이드는 말한다.

> 즉 관찰자의 권위와 지리적 중심으로서의 유럽의 권위는 비유럽적인 것을 인종, 문화, 존재론적인 면에서 부차적인 지위로 전락시킨다. …… 그러나 그것은 문화 이론이나 문학 이론에서는 그 자체로 인식된 적이 없으며, 문화적 담론들 속에서 흔히 우회되고 은폐된다. 대부분의 문화적 해체주의자들, 마르크스주의자들, 혹은 신역사주의자들의 저작을 읽는 것은 정치적 지평과 역사적 지위가 제국주의적 지배에 깊이 침윤된 사회와 문화 안에 자리 잡고 있는 학자들의 저작을 읽는 셈이다.
>
> (사이드, 1995, p. 24)

그러므로 사이드는 우리 모두가 이제는 새로운 개념의 '타자'와 새로운 '관계'를 맺어야만 한다고 주장한다. 최근의 문학 이론들이 주변부로 밀려난 '타자'에 대한 재조명과 복원을 주장하는 이유의 배경에도 바로 그와 같은 인식의 변화가 자리 잡고 있다. 『문화와 제국주의』에서 사이드는 '나와 너'의 관계에 대해 하나의 국가로서 우리는 지금 타자—즉 다른 문화, 국가, 역사, 경험, 전통, 민족, 운명 등—와 우리의 관계에 대해 심오하고도 매우 혼란스러운 문제에 직면해 있음을 지적한다. 이 문제에 대답하기 위한 아르키메데스적인 지점은 없다는 것이 사이드의 주장이다. 문화들, 제국주의와 비제국주의 사이의 불평등한 권력, 우리와 타인들 사이의 현실적 관계들을 관조할 수 있는 어떤 외부의 우월한 위치도 존재하지 않으며, 상충하는 이해관계와 계속되는 관계들에 연루되지 않으면서 세계에 대해 판단하고, 가치를 평가하고, 해석할 수 있는 인식론적 특권은 누구에게도 없다고 사이드는 주장한다. 말하자면 우리는 관계로 이루어져 있는 것이지, 결코 그 관계들의 바깥이나 너머에 위치해 있는 것이 아니라는 것이다.

문명의 화해와 공존

사이드가 과거 제국주의 시대의 적대적이고 차별적인 관계를 청산하고, 이제는 서로 동등한 위치에서 평화롭게 공존하는 '나와 너'의 새로운 상호 관계를 주창하는 이유도 바로 거기에 있다. 그러한 것을 가능하게 하기 위해 그는 '통합과 연관'을 키워드로 제시한다. 즉 제국주의는 분명 비난받아 마땅한 것이지만, 그것을 가능하게 만든 국가와 민족 간의 '통합과 연관'의 장점을 살리면 문화적 이해와 화해를 성취할 수 있다는 것이다. 다시 말해, 이제 와서 제국주의 역사를 없었던 것으로 돌이킬 수는 없기 때문에, 단순히 제국주의를 비난만 하기보다는 제국주의가 만들어놓은 상황을 긍정적으로 역이용해보자는 것이다. 그러기 위해서 그는 우선 제국의 역사가 만들어놓은 문화와 경험들이 서로 겹치는 영역을 찾자고 제안한다. 그는 제국주의의 비교문학이라고 불릴 수 있는 방법과 시각을 통해 어떻게 포스트식민주의 지식인의 태도가 제국의 중심 지역과 예전의 식민지 사이에 중첩되는 영역을 확장할 수 있는지를 살펴봐야 한다고 말한다.

> 각기 다른 경험을 대위법적으로 바라봄으로써, 그리고 내가 뒤엉키고 중첩되는 역사라고 부르는 것을 만들어가면서, 나는 '비난의 정치학'과, 그보다 더 파괴적인 '대립과 적대의 정치학'을 초월하는 제3의 대안을 제시하려고 한다. 거기에서 더욱 흥미있는 형태의 세속적인 해석이 생겨나는데, 그것은 단순히 과거를 부정하거나, 제국주의의 종말을 유감스럽게 생각하거나, 또는—폭력적이고 너무 쉽고 유혹적이기 때문에 더욱 소모적인—결국 위기를 초래할 서구와 비서구 문화의 적대를 야기하는 것보다 더 가치 있는 무언

> 가가 될 것이다. 그러한 것들이 일어나는 것을 수동적으로 지켜보고만 있기에는 세계가 너무 작고 너무 상호 의존적이다.
>
> (사이드, 1995, p. 69)

사이드는 이때 가장 위험한 것이 바로 순수주의나 분리주의라고 말한다. 왜냐하면 순수주의나 분리주의가 그동안 서구의 우월주의와 인종차별의 기본 이념이 되어왔기 때문이다. 예컨대 제국주의 시대인 19세기에 서구 학자들은 그리스 문명을 순수한 서양 문명의 근원이라고 주장하기 시작했다. 그러한 주장의 이면에는, 처음부터 서양 문명은 동양 문명과 다른 순수한 혈통을 갖고 있기 때문에, 동양 문명보다 우월하다는 의식이 내재되어 있었다. 그러나 사이드는 그리스 문명이란 사실 페르시아 문명과 이집트 문명의 혼합이기 때문에, 순수한 서양 문명은 애초에 존재하지 않는다고 지적한다. 문명이나 문화는 끊임없이 흐르고 뒤섞이기 때문에 순수한 혈통이란 것이 불가능하기 때문이다. 사이드가 주목하는 것은 오히려, 문명과 문화가 겹치는 지역이다. 바로 그 겹치는 부분에서 두 문명과 두 문화는 상호 이해와 화해의 실마리를 찾을 수 있다는 것이다.

사이드가 헌팅턴의 '문명충돌론'을 정면으로 비판하는 것도 바로 그러한 맥락에서다. 그는 헌팅턴의 이론이 기독교 문명과 이슬람 문명/유교 문명을 서로 적대적인 것으로 상정함으로써, '나와 너'의 관계를 악화시키고 있을 뿐 아니라, '타자'의 포용을 위협하고 있다고 지적한다. 앞으로 인류가 해야 할 일은 문명과 문화 간의 갈등이 아니라, 동등한 위치에서의 교류와 공존이기 때문이다. 사이드는 헌팅턴 이론의 근저에는 서구 문명의 우월성 암시, 그리고 냉전 종식 이후 국제사회에서 헤게모니를 상실할까 두려워하는 서방 세계의 은밀한 우려가 자리 잡고 있다고 경고한다.

사이드는 문학 연구에 있어서도 예술과 현실을 분리시키는 순수주의적 태도는 위험하다고 경고한다.

> 우리는 무중력의 이론적 사색과 연구에 자유롭게 무조건적으로 이용될 수 있는 고립된 문화적 영역을 상정하는 한편, 다른 한편으로는 실제 이해관계 간의 싸움이 일어나는 것으로 생각되는 타락한 정치적 영역을 상정한다. 문화의 전문가들—인문주의자, 비평가, 학자—은 오직 한 영역만 상관할 뿐이다. 그리고 더 간결하게 요점을 말하면, 그들은 실제로는 연결되었을 뿐 아니라 궁극적으로는 동일한 두 영역을 분리된 것으로 받아들인다. 그 결과, 문화와 문학은 권력과 현실로부터 분리되었고, 순수하고 비정치적인 영역에 존재하는 신성한 것으로 취급되었다.
>
> (사이드, 1995, p. 25)

그러나 사이드는 문학과 문학 비평은 세속적이고 정치적이며 현실적이어야만 한다고 주장한다. 즉 예술은 현실을 초월해 순수하게 존재하는 것이 아니라, 현실에 오염되어야 하며, 일상과 연관을 맺어야만 하며, 우리의 삶과 일치해야만 한다는 것이다. 사이드에게 그것은 비단 예술뿐만 아니라, 비평 행위도 마찬가지가 된다.

사이드는 물론 서구 사회만 일방적으로 비판하지 않는다. 그는 '타자'의 포용을 거부하거나 '나와 너'의 관계를 위협하는 경우에는 사담 후세인(Saddam Hussein)이나 아라파트를 향해서도 예리한 비판을 가한다. 그래서 사이드는 노벨 평화상 후보에 자주 거론되기도 했다. 그의 이론이 서양과 동양 사이, 문명과 문화 사이, 그리고 전(前) 제국과 전(前) 식민지 사이의 평화 공존에 크게 공헌했기 때문이다.

사이드의 이론은 배타적 성향이 강한 우리에게도 절실한 메시지가 된다. 우리는 흔히 남보다 내 이익을 먼저 생각하고, 자신에 대한 반성보다 타자에 대한 비난을 먼저 한다. 그래서 양보심과 공중도덕이 부족하고, 매사를 남 탓과 외국 탓으로 돌리는 경향이 있다. 우리는 또 사람들이 우리와 다른 걸 참지 못한다. 그래서 같은 동족끼리만 모이고, 이민족은 배척하며, 단합 대회나 행동 통일을 좋아한다. 우리는 또 단일 민족이라는 데에 자부심을 갖고 혼혈과 타 인종을 받아들이려 하지 않는다. 그러나 사이드의 이론에 의하면, 그것이야말로 가장 바람직하지 않은 부정적 태도이다. 그렇다면 우리도 이제는 우리와는 다른 '타자'를 인정하고 포용하며, '나와 너' 사이의 긍정적인 관계를 정립해야만 할 것이다. 그것이 사이드의 이론이 우리에게 주는 가장 값진 교훈일 것이다.

제2부

인식의 변화와 새로운 변종문학의 등장

1. 최근 영문학에 어떤 일들이 일어나고 있는가?

'뉴 리얼리즘' 작가들의 등장

포크너와 헤밍웨이 같은 모더니즘의 거장들이 떠나간 제2차 세계대전 이후 미국문단의 공백은 주로 리얼리즘을 표방하며 등장한 솔 벨로(Saul Bellow), 버나드 맬러머드(Bernard Malamud), 필립 로스(Philip Roth), 노먼 메일러(Norman Mailer, 후기 메일러는 다분히 포스트모던적이지만) 등을 비롯한 유대계 작가들에 의해 채워졌다. 그러나 1960년대 이후부터는, 모더니즘과 리얼리즘 모두를 비판하는 소위 포스트모더니즘 계열의 작가들이 새로운 감수성을 갖고 등장하기 시작했다. 그래서 한때는 존 바스(John Barth), 토머스 핀천(Thomas Pynchon), 로버트 쿠버(Robert Coover), 존 혹스(John Hawkes), 도널드 바셀미(Donald Barthelme) 같은 작가들이 신예작가로 분류되던 시절도 있었다. 그러나 세월은 무상해 이제 그들은 모두 늙어 원로작가가 되었다. 이미 70세가 넘었거나 적어도 60세가 된 이들 중, 바스(1930-)는 존스홉킨스 대학 석좌교수직을 은퇴했고, 핀천(1937-)은 손자의 학부모로서 뉴욕의 공립학교 사친회에 간혹 참석하고 있으며, 브라운 대학에서 '하이퍼 픽션'의 대부 노릇을 하고 있는 쿠버(1932-) 역시 나이는 속일 수 없는지 그 젊고 팽팽하던 홍안에 주름이 가득 들어섰다. 가장 연장자인 혹스(1925-1998)와 바셀미(1931-1989)는 이미 타계한 지 오래되었다.

그 대신 최근의 미국문단은 바스나 핀천 이후에 등장한 새로운 작가들의 무대가 되고 있다는 느낌을 준다. 이들 중에는 물론 새롭게 등장한 젊은 작가들도 있지만, 오래전부터 활동을 하다가 시대적인 조류에 의해 최근에야 각광받게 된 작가들도 있다. 그러한 작가들의 특징은 우선 리얼리즘과 포스트모더니즘을 조화시킨 새로운 형태의 소설을 쓴다는 점, SF적 요소나 추리소설기법이나, 판타지적 요소가 가미된 소설을 씀으로써 종래의 리얼리즘의 한계에서 벗어난다는 점, 그러면서도 스토리가 있는 그래서 감동적이고 쉽게 읽히는 소설을 씀으로써 포스트모더니즘의 한계를 극복한다는 점, 영상매체적 기법을 차용하고 포용한다는 점, 대중문화 지향적이라는 점, 그리고 다양한 인종적 배경을 갖고 있다는 점 등을 들 수 있다.

미국의 포스트모던 작가들은 그동안 기본적으로 세계적·우주적 비전(예컨대 핀천)의 탐색이나, 아니면 적어도 '아메리카'라는 나라의 의미 탐구(예컨대 바스)라는 거시적인 안목을 제시해주고 있었다. 그러나 간혹 '뉴 리얼리스트'들이라고 불리는 이 새로운 작가들은 동부의 유럽적인 코스모폴리탄 문화에 의해 그동안 소외되어온 미국의 서부나 중부 지역의 특성과 가치와 의미에 천착하는 미시적 안목을 보여주고 있다는 점이 특이하다. 또 포스트모던 작가들의 주인공들이 대체로 상류사회에 속하는 지식인들인 데 반해, 뉴 리얼리즘 작가들의 주인공들은 대부분 중류나 하류사회의 평범한 인물들이라는 점도 흥미롭다. 미국 태평양 연안의 서부에서 살아가는 하류계층의 삶을 탁월한 솜씨로 묘사하다가 타계한 레이먼드 카버나, 텍사스를 비롯한 남서부의 지역문화와 사라져가는 카우보이 정신을 그린 소설로 최근 뒤늦게 인정받게 된 코맥 맥카시는 그 대표적인 경우라고 할 수 있다.

또 백인 중심의 미국문화에서 소외되어온 소수인종 문화를 다룬 작가들의 등장과 부상 역시 최근 미국문단의 새로운 경향이라고 할 수 있는데, 예컨대 아프리카계 작가인 토니 모리슨이나 앨리스 워커나 자메이카 킨케이드, 원주민계 작가인 루이스 어드리치나 레슬리 실코, 또는 중국계 작가인 맥신 홍 킹스턴이나 에이미 탄 등은 그 대표적인 예이다.

대중문학의 부상

흥미로운 것은, 그와 같은 '소외된 주변부의 조명'이 사실은 바로 포스트모더니즘의 주요 명제 중 하나였다는 사실이다. 그렇다면 어떤 의미에서 '뉴 리얼리즘' 계열에 속한다는 이 새로운 작가들은 사실 포스트모더니즘이 미처 이루지 못했던 이상을 성취하고 있는 '뉴 포스트모더니즘' 작가들인지도 모른다. 그와 같은 것은 대중문화 지향적인 그들의 태도에서도 잘 드러나고 있다. 왜냐하면 고급문화에 대항해 대중문화를 옹호했던 사람들은 원래 포스트모던 작가들이었는데, 그것을 제대로 실천하고 있는 사람들은 바로 '뉴 리얼리스트'들인 것처럼 보이기 때문이다.

순수문학과 대중문학의 구분이 예전처럼 명확하지 않게 된 오늘의 미국문단에서 강력한 위치를 차지하고 있는 것은 단연 대중소설인 것처럼 보인다. 예컨대 미국의 서점에 가면, 온통 존 그리샴, 마이클 크라이튼, 탐 클랜시, 로빈 훅, 그리고 스티븐 킹의 소설로 가득 차 있다는 느낌을 받는다. 뿐만 아니라, 가장 보수적인 미국대학 중 하나인 브리검영 대학의 영문과 신간안내 게시판에는 제임스 조이스와 나란히 『탐 클랜시 작품 지침서(*The Tom Clancy Companion*)』[마틴 그린버그(Martin H. Greenberg) 편집, UC 버클리대학 출판부]의 표지가 붙어 있어 우리를 놀라게 한다. 그것은 곧 오늘날 대중문학이 보수적인 대학의 영문과에까지 파고들어와 있다는 것을 의미한다.

탐 클랜시(Tom Clancy, 1947-)는 원래 보험회사원을 하다가 작가로 전업한 사람이다. 그는 냉전시대와 냉전의 종식이라는 시대적 배경 속에서 동서 이데올로기를 다룬 소설로 각광을 받고 있지만, 그의 진짜 주제는 이데올로기 그 자체가 아니라, 이데올로기의 갈등 속에서 벌어지는 개인과 집단, 인간과 인간, 그리고 정치와 사회의 제반 문제인 것처럼 보인다. 그의 처녀작인 『붉은 10월호의 사냥(*The Hunt for Red October*)』(1984)의 주제 역시 단순히 동서 이데올로기나 서방 세계로의 탈출이라기보다는, 그것을 배경으로 벌어지는 소련 잠수함 함장의 독특한 성격과 능력, 그리고 그의 진로를 예측하려는 CIA 분석관과의 심리적 갈등에 초점이 맞춰지고 있다. 그의 두 번째 작품인 『붉은 폭풍(*Red Storm Rising*)』(1986)의 주제 역시 소련과 서방세계의 전쟁 그 자체에 있다기보다는, 전투에 투입되는 수많은 인물들의 각기 다른 삶에 대한 성찰과 파노라마식 조명에 있다고 보여진다.

다음 작품인 『패트리어트 게임(*Patriot Games*)』에 오면, 클랜시는 동서 이데올로기를 떠나 아일랜드 문제, 테러리즘 문제, 정치적 음모 문제, 인간의 편견 문제 등 보다 더 포괄적인 주제를 다루고 있으며, 『명백하고 현존하는 위험(*Clear and Present Danger*)』(1989)에서는 미합중국 대통령과 참모들의 부패를 다루고 있다. 그리고 최근작인 『레인보우 식스(*Rainbow Six*)』에서는 냉전 이후 최근 세계적 관심사로 부상한 테러리즘과 테러 진압특수부대원들의 이야기를 다루고 있다.

현재 미국에서 가장 인기 있는 작가로 알려져 있는 존 그리샴(John Grisham, 1955-)은 원래 변호사 출신이다. 그는 자신의 변호사 경험을 살려 주로 법률소설을 썼는데, 출간한 소설마다 영화화되어 널리 알려진 작가가 되었다. 법의 한계라는 측면에서 인종문제와 가정문제를 다룬 처녀작 『어 타임 투 킬(*A Time to Kill*)』(1989)이 문제작으로 인정받으면서 작가 생활을 시작한 그는 법률회사의 비리를 고발한 『회사(*The Firm*)』(1991)와, 공해문제와 정치적 음모를 다룬 『펠리칸 브리프(*The Pelican Brief*)』(1993), 그리고 소송과 재판의 문제를 통해 여성과 미성년자에 대한 사회적 편견을 고발한 『의뢰인(*The Client*)』(1993)으로 작가로서 확고한 위치에 올라섰다. 그 외에도 『레인메이커(*The Rainmaker*)』(1995)와 『런어웨이 주어리(*The Runaway Jury*)』(1996), 그리고 『어소시에이트(*The Associate*)』(2009) 등이 있다. 그리샴은 소위 대중작가들 중에서는 가장 주제의식이 투철한 수준 높은 작가로 인정받고 있다.

의사 출신 작가인 마이클 크라이튼(Michael Chrichton, 1942-2008)은 1969년에 『안드로메다 스트레인(*The Andromeda Strain*)』('strain'은 물리학 용어로 '변형', '변종'이라는 의미임)으로 화려하게 데뷔한 다음, 1972년에는 『터미널 맨(*The Terminal Man*)』(1972), 그리고 1975년에는 『대열차강도(*The Great Train Robbery*)』(1975)를 출간했다. 영국 배우 숀 코너리와 마이클 케인이 주연한 동명(〈대열차강도〉)의 영화에서 크라이튼은 직접 감독을 맡기도 했다. 이어 그는 1980년에는 『콩고(*Congo*)』를 그리고 1990년에는 『쥬라기 공원(*Jurassic Park*)』을, 그리고 1992년에는 『떠오르는 태양(*Rising Sun*)』을 출간했는데, 이들은 모두 영화화되어 널리 알려졌다. 최근에는 연구비를 타내기 위해 위기를 과장하는 환경주의자들을 비판한 『공포의 제국(*State of Fear*)』(2004)과 유전자 변형을 비판하는 『넥스트(*Next*)』(2006)를 출간했으며, 2008년 타계했다.

토머스 해리스(Thomas Harris, 1940-)는 AP기자 출신으로 1975년에 처녀작 『검은 일요일(*Black Sunday*)』의 출간으로 작가가 되었으며, 1981년에는 『붉은 용(*Red Dragon*)』, 그리고 1988년에는 『양들의 침묵(*The Silence of the Lambs*)』을 출간해 명성을 얻었다. 그러나 그의 소설들은 아예 영화화될 것을 의식하고 쓴 '스튜디오 소설' 같다는 비난을 받기도 한다. 그런 맥락에서 보면, 비단 해리스뿐만 아니라, 『다빈치 코드』의 작가 댄 브라운을 비롯한 요즘 대부분의 작가들이 그러한 형태의 소설을 쓰고 있다고 보아도 크게 틀리지 않을 것이다. 소설의 영화화는 작가에게 부와 명성을 한꺼번에 안겨다주는 지름길이기 때문이다.

대중적인 작가이면서도, 피들러 같은 비평가에 의해 '포(Poe)의 계승자'라는 긍정적인 평가를 받고 있는 스티븐 킹(Stephen King, 1947-)은 현재 공포소설과 SF 소설 분야에서 미국 최고의 작가로 알려져 있다. 피들러에 의하면, 킹은 인간 심리 속에 내재해있는 원초적 공포를 건드릴 줄 아는 작가이다. 그래서 그의 소설들은 늘 무섭다. 킹은 메인 주에서 태어나 메인 주립대학을 나왔으며, 고등학교 영어교사로 일했다. 그는 영화화되어 국내에도 소개된 『미저리(*Misery*)』나 『쇼생크 탈출(*Rita Hayworth and the Shawshank Redemption*)』 외에도, 『캐리(*Carrie*)』(1979), 『애완용 동물 묘지(*Pet Sematary*)』(1978), 『제럴드의 게임(*Gerald's Game*)』(1992), 『돌로레스 클레이본(*Dolores Claiborne*)』(1993), 『불면증(*Insomnia*)』(1994), 『데스퍼레이션(*Desperation*)』(1996), 『통제자들(*The Regulators*)』(1996) 같은 수많은 베스트셀러들을 출간했다. 최근에는 『휴대전화(*Cell*)』(2006), 『안개(*The Mist*)』(2007) 등을 출간했다. 그의 소설들은 대부분 영화화되었으며, 모두 대성공을 거두었다.

순수소설의 경우

비록 서점에서는 한쪽 구석으로 밀려나 있지만, 그래도 대학 강단에서 읽히고 연구되는, 보다 더 수준 높은 작가들 중 요즘 높은 평가를 받고 있는 사람으로 코맥 맥카시(Comac McCarthy, 1933-)가 있다. 테네시에서 교육받았으며 현재 엘 파소에서 살고 있는 그는 주로 미국의 남부와 서부를 배경으로 하는 소설들을 썼다. 비록 1965년에 이미 처녀장편 『과수원지기(*The Orchard Keeper*)』를 출간했지만, 그가 제대로 인정받기 시작한 것은 1992년에 출간된 『모두 예쁜 말들(*All the Pretty Horses*)』이 '전미도서상(National Book Award)'을 수상하면서부터이다. 멕시코 국경을 넘어 아슬아슬한 모험을 겪는, 말을 좋아하는 콜과 롤린스라는 두 미국인 젊은이들의 이야기인 이 소설을 통해 맥카시는 '국경을 넘는 것'의 의미를 다각도로 탐색하고 있다. '국경 3부작(The Border Trilogy)'의 제1권이 되는 이 소설 이후, 맥카시는 '국경 3부작'의 제2권인 『횡단(*The Crossing*)』(1994)을 썼는데, 이 소설에서는 덫에 잡힌 늑대를 풀어주기 위해 뉴멕시코에서 말을 타고 국경을 건너 멕시코로 여행하는 빌리 파럼이라는 주인공이 여행 중 겪는 온갖 모험을 묘사하고 있다. 또 1994년에 맥카시는 희곡 『석수(*Stonemason*)』

(1994)를 출간해서 찬사를 받았으며, 1979년에 쓴 『섯트리(*Suttree*)』 역시 포크너를 계승하는 뛰어난 미국 남부소설로 최근 재발견되어 재평가받고 있다. 최근 매카시는 시대의 변화와 세대 간의 단절을 다룬 『노인을 위한 나라는 없다(*No Country for Old Men*)』를 발표했다.

미국평단의 극찬을 받다가 폐암으로 타계한 레이먼드 카버(Raymond Carver, 1938-1988)는 오리건 주에서 태어났으며, 18세에 결혼해 낮에는 대학에 다니고 밤에는 일하며 가족들을 부양했다. 대학에 잠시 와있던 소설가 존 가드너의 창작 지도를 받으며 소설가가 되기로 결심한 그는 아이오와 대학 '작가 창작교실(the Writer's Workshop)'에서 1년간 작가수업을 한 후, 캘리포니아로 가서 웨이터, 수위, 주유소 종업원 등 막일을 전전하며 틈틈이 단편들을 썼다.

첫 작품집 『제발 조용히 좀 해주겠어?(*Will You Be Quiet, Please?*)』(1976)가 일약 전미도서상 후보에 오르고, 이어 두 번째 작품집인 『성난 계절들(*Furious Seasons*)』(1977) 역시 전미도서상 후보에 오르자, 카버는 갑자기 유명해졌다. 카버는 자신의 탄탄한 경험을 토대로 미국의 가난한 하층계급 사람들의 서글픈 삶을 감정이 배제된 간결한 문체로 묘사했는데, 그건 헤밍웨이 이래 처음으로 거둔 성공이었다(대부분의 헤밍웨이 모방자들은 실패했다). 그는 『우리가 사랑을 이야기할 때 이야기하는 것(*What We Talk About When We Talk About Love*)』(1981), 『성당(*Cathedral*)』(1984), 『불(*Fires*)』(1984), 그리고 타계하기 직전에 『내가 전화하는 곳(*Where I'm Calling From*)』(1988)을 남겼다.

아칸소와 미시시피의 경계에서 어린 시절을 보낸 리처드 포드(Richard Ford, 1944-)는 자신의 당시 경험을 살려 『내 마음의 편린(*A Piece of My Heart*)』(1976)이라는 소설을 썼다. 포드는 이어 단편집 『록 스프링스(*Rock Springs*)』(1987)에서는 몬태나 주를 배경으로 한 일련의 소품들을 썼으며, 『야생(*Wild Life*)』(1990)에서도 역시 16세 소년이 바라보는 몬태나 출신 어느 가족의 붕괴를 그렸다. 미국 서부와 남부는 작가로서의 포드에게 늘 문학적 상상력의 근원이 되었다.

팀 오브라이언(Tim O'Brien, 1946-)은 중북부인 미네소타 주 출신으로서, 대학 졸업 후 즉시 징집되어 베트남에 파견되었다. 마이 라이 근처에서 부상당한 오브라이언은 자신의 경험을 토대로 제2차 세계대전 이후 최고의 전쟁문학을 산출하는 데 성공했다. 그의 처녀작인 『만일 내가 전사하면 관에 넣어 집에 보내다오(*If I Die in a Combat Zone, Box Me Up and Sent Me Home*)』(1973)는 전쟁에 대한 일련의 스케치들로 되어 있다. 그의 두 번째 작품인 『카치아토를 찾아서(*Going After Cacciato*)』(1978)는 본대에서 이탈한 소대가 베트남에서 파리까지 행군해가는 이야기를 마술적 리얼리즘 기법으로 묘사한 소설로 1979년에 전미도서상을 수상했다. 『그들이 가지고 간 것(*The Things They Carried*)』(1990)은 전장에서 실제 일어난 진실을 탐색하는 것의 무익함을 그리고 있으며, 『숲의 호수에서(*In the Lake of the Woods*)』(1994)는 베트남이라는 어두운 유산이 미국사회에 미친 변화를 추적하고 있다.

로버트 스톤(Robert Stone, 1937-)은 뉴욕 브루클린 출신이지만 작품의 무대는 남부의 뉴올리언스, 캘리포니아, 베트남, 남아메리카 등 다양한 지역이다. 예컨대 『거울로 된 홀(*A Hall of Mirrors*)』(1967)은 뉴올리언스를 무대로 벌어지는 악몽 같은 이야기를 다루고 있고, 1974년에 전미도서상을 받은 『독 솔저스(*Dog Soldiers*)』(1974)는 베트남에서부터 캘리포니아까지 벌어지는 마약거래를 그리고 있다. 또 『일출을 위한 깃발(*A Flag for Sunrise*)』(1982)은 혁명을 겪고 있는 남미의 정치적 상황을 철학적으로 성찰한 작품이며, 『아우터 브릿지 리치(*Outerbridge Reach*)』(1992)는 한 실패자의 자살을 그린 소설이다.

서부와 남부와 중부 출신들인 이들과는 달리, 뉴욕이나 워싱턴 출신 작가들도 있었는데, 그중 대표적인 사람이 바로 단 드릴로(Don DeLillo, 1936-)이다. 뉴욕에서 태어나서 성장한 드릴로의 작품은 기본적으로 실존주의적인 코미디라고 할 수 있다. 처녀작 『아메리카나(*Americana*)』(1971)로

문단에 데뷔한 드릴로는 두 번째 소설인 『엔드 존(*End Zone*)』(1972)으로 문단의 비상한 주목을 받게 된다. 미식축구의 골인 지점에 해당하는 용어인 '엔드 존'을 이용해 드릴로는 축구를 핵전쟁에 비유한다. 『그레이트 존스 거리(*Great Jones Street*)』(1973)는 재즈와 마약의 세계를 묘사하고 있고, 『래트너의 별(*Ratner's Star*)』(1976)은 어느 별에서 온 메시지를 해독하는 14살짜리 천재소년 빌리의 이야기이다. 『플레이어스(*Players*)』(1977)는 테러리즘의 위협을 받는 부자 뉴요커의 이야기이고, 『달리는 개(*Running Dog*)』(1978)는 스파이들과 살인에 대한 작품이며, 『이름들(*The Names*)』(1982)은 아테네의 한 부패한 미국인에 대한 소설이다.

드릴로의 대표작은 1985년에 나온 『화이트 노이스(*White Noise*)』인데, 히틀러 연구와 독일어 공부를 나치즘과 연관시켜 블랙유머로 다룬 이 작품은 미니멀리즘 기법으로 씌어진 점이 특징이다. 『리브라(*Libra*)』(1988)는 오스왈드의 케네디 저격을 알레고리로 만든 작품이며, 『마오 II(*Mao II*)』(1991)는 그리스에서의 CIA 작전을 다루고 있다.

뉴욕 주 올바니 출신의 윌리엄 케네디(William Kennedy, 1928-)는 퓰리처상과 전미도서상을 수상한 『억새풀(*Ironweed*)』(1983)로 잘 알려진 작가이다. 한때는 메이저리그 투수였으나 지금은 알코올 중독자가 된 프랜시스 펠란이 1930년대에 올바니로 돌아가는 에피소드들을 그린 이 소설은 얼마 전 영화로도 만들어졌다. 케네디는 1993년에 『노란색 전차를 타기: 논픽션 선집(*Riding the Yellow Trolley Car: Selected Nonfiction*)』을 출간해서 노익장을 과시했다.

한편 뉴욕 주 버펄로의 뉴욕 주립대를 중심으로 확산되고 있는 '시학 프로그램(The Poetics Program)' 또는 '언어 시(Language Poetry)'를 주도하고 있는 시인으로 찰스 번스틴(Charles Bernstein, 1950-)이 있다. 그는 뉴욕에서 태어나 하버드를 졸업했으며, 타계한 로버트 크릴리(Robert Creeley)와 더불어 뉴욕 주립대 석좌교수로 있다가 매사추세츠 대학으로 옮겨갔다. 그는 의미보다 음향을 더 중요시하는 시들을 산출했는데, 그것들은 그의 처녀 시집 『어구 분석(*Parsing*)』(1976)에 잘 나타나 있다. 이후 그는 『시적 정의(*Poetic Justice*)』(1979), 『책임감(*Sense of Responsibility*)』(1979), 『소피스트(*The Sophist*)』(1988), 『콘텐트의 꿈(*Content's Dream*)』(1985) 같은 저서들을 출간했다.

여성 작가들과 소수인종 작가들

최근 미국문단의 특징은 여성작가들과 소수인종 작가들의 대거 등장과 각광이라고 할 수 있다. 예컨대 백인 여성작가로는 워싱턴 D. C. 출신의 앤 비티(Ann Beattie, 1947-)와 영화 『뱀파이어와의 인터뷰』로 유명해진 앤 라이스(Anne Rice, 1941-)의 소설들이 많이 읽히고 있다.

앤 라이스는 뉴올리언스에서 태어나 캘리포니아 주 버클리 대학에서 수학했는데, 소위 '뱀파이어 크로니클'이라고 불리는 일련의 흡혈귀 소설로 문단의 인정을 받게 되었다. '뱀파이어 크로니클'의 첫 번째 소설은 『뱀파이어와의 인터뷰(*Interview with the Vampire*)』(1976)이고, 두 번째는 『뱀파이어 레스타트(*The Vampire Lestat*)』(1985), 세 번째는 『저주받은 자들의 여왕(*The Queen of the Damned*)』(1988)이다. '뱀파이어 크로니클'의 특징은 소설이 피해자가 아닌 흡혈귀의 시각으로 씌어지고 있으며, 그렇게 함으로써 독자들은 자신들의 마음속 어두운 자아와 흡혈귀와의 인터뷰를 경험하게 된다.

라이스는 최근에는 주로 초자연적인 소설들을 써오고 있는데, 예컨대 『미라, 또는 저주받은 람세스(*The Mummy or Ramses the Damned*)』(1989)는 3천 년의 잠에서 깨어난 미라가 런던으로 운반되어 오는 이야기이며, 『마녀의 시간(*The Witching Hour*)』(1990)과 『채찍질하는 사람(*Lasher*)』(1993)과 『탈토스(*Taltos*)』(1994)는 뉴올리언스를 배경으로 하는 '마녀 3부작'이다.

최근 대단한 평가를 받고 있는 원주민계 미국인 여성작가로 루이스 어드리치(Louise Erdrich, 1954-)가 있다. 독일계와 아메리카 원주민 사이의 혼혈후예인 어드리치는 노스다코타에서 태어나 명문 다트머스 대학을 졸업하고, 1984년 처녀장편 『사랑의 묘약(*Love Medicine*)』으로 '전미도서 비평가상'을 수상함으로써 문단에 데뷔했다. 『사랑의 묘약』은 1934년부터 1984년까지 노스다코타의 원주민 보호 구역에서 생활하는 두 가족의 이야기를 연대기적으로 집대성해, 그들이 박탈당한 것이 무엇인가를 탐색한 소설이다. 『사랑의 묘약』의 이야기는 이후에 출간된 『사탕무 여왕(*The Beet Queen*)』(1986), 『발자취(*Tracks*)』(1988), 『빙고 궁전(*The Bingo Palace*)』(1994)에도 계속되어 '4부작'을 이룬다.

또 하나의 유명한 원주민계 여성작가는 레슬리 실코(Leslie Silko, 1948-)이다. 뉴멕시코의 아메리카 원주민으로 태어난 실코는 자신의 경험을 시집 『라구나 여인(*Laguna Woman*)』(1974)과 첫 소설 『세리머니(*Ceremony*)』(1977)에 반영시켰다. 실코의 주인공들은 모두 잃어버리고 빼앗겨온 자신들의 문화적·정신적 유산을 회복하려는 원주민 미국인들이다. 그녀는 1991년에 쓴 『죽은 자들의 연감(*Almanac of the Dead*)』에서, 불모의 아메리카 대륙에 다시 한번 영혼의 단비를 적셔줄 가능성으로 원주민 아메리카인들의 가치와 문화를 제시한다.

현재 미국문단에서 아시아계 미국인 작가를 대표하는 사람은 맥신 홍 킹스턴(Maxine Hong Kingston, 1940-)이다. 캘리포니아에서 태어났고 UC 버클리를 졸업한 후 오랫동안 하와이에서 교사 생활을 해온 그녀는 1976년에 자신의 경험을 담은 『여인 무사(*The Woman Warrior*)』를 써서 일약 유명작가가 되었다. 킹스턴은 가족사와 전설들을 뒤섞으면서, 중국적인 가치관과 미국적인 가치관의 충돌을 서사시적으로 기록한다. 그녀는 『차이나맨(*China Men*)』(1980)에서는 중국을 떠나 미국으로 건너온 자기 집안사람들의 이야기를 다루고 있다. 1989년에 킹스턴은 『트립매스터 원숭이(*Tripmaster Monkey*)』를 발표했는데, 이 소설은 극작가가 되려는 중국계 미국인의 이야기를 다루고 있다.

또 한 사람의 중국계 미국인 작가인 에이미 탄(Amy Tan, 1952-)은 처녀작 『조이럭 클럽(*The Joy Luck Club*)』(1989)의 성공으로 유명해진 사람이다. 그녀는 최근 어느 조사에서 90년대 들어 가장 과대평가된 작가로 뽑히기도 했는데, 그 이유는 아마도 그녀가 신예 작가임에도 불구하고, 올리버 스톤이 제작한 영화의 성공에 힘입어 갑자기 유명해졌다는 것을 암시하는 것으로 보인다. 『조이럭 클럽』에서 탄은 클럽 회원들인 중국여인들의 비극적인 개인사를 통해, 미국에 살고 있는 중국인 엄마들과 딸들의 교류 실패 문제를 잘 표출해내고 있다. 1991년에 탄은 『조왕신의 아내(*The Kitchen-God's Wife*)』를 출간했는데, 이 소설 역시 엄마와 딸, 늙은 세대와 젊은 세대, 그리고 중국문화와 미국문화 사이의 교류 문제를 다루고 있으며, 또 하나의 성공작이라는 평을 받고 있다.

그 외에도 미국문단에는 『늘 귀향하는 사람들(*Always Coming Home*)』(1986) 같은 SF소설을 쓰는 하버드 출신 여성작가 어슐라 르 구인(Ursula Le Guin, 1929-)도 있고, 아이오와 주립대 영어강사를 하면서 미국의 중서부의 의미를 탐색하는 제인 스마일리(Jane Smiley, 1949-) 같은 중요한 여성작가들도 있다. 그리고 노벨상을 수상한 아프리카계 여성작가인 토니 모리슨(Toni Morrison, 1931-)과 퓰리처상을 수상한 또 하나의 아프리카계 여성작가인 앨리스 워커(Alice Walker, 1944-)도 있다. 또 개리 소토(Gary Soto) 같은 라틴계 작가들도 점점 더 활발하게 작품 활동을 하고 있다. 미국문단은 이렇게 여성작가들과 소수인종 작가들의 등장으로 인해, 그리고 각종 장르와 기법의 공존으로 인해 당분간 그 어느 때보다도 더 다양해질 것처럼 보인다.

현대 미국문학의 변화

최근 미국문단과 학계의 가장 두드러진 현상은 포스트모더니즘 이후에 등장한 새로운 사조들—예컨대 포스트식민주의(postcolonialism), 다문화주의(multiculturalism), 문화연구(cultural studies), 생태주의(eco-criticism), 그리고 다양한 형태의 페미니즘(feminism) 등—의 공존이다. 1960년대, 전자매체와 대중문화의 확산으로 인해 위기의식을 느끼고, '소설의 죽음'을 선언하며 등장했던 포스트모더니즘은 그동안 많은 논의를 거쳐 지금은 문학뿐 아니라, 사회와 문화 전반에 스며들어 있다. 그리하여 80년대 후반까지만 해도 윌리엄 버러스, 존 바스, 토머스 핀천, 도널드 바셀미, 로버트 쿠버, 윌리엄 개스(William Gass), 존 혹스 같은 쟁쟁한 포스트모더니스트 작가들이 미국문단의 중심에 자리 잡고 있었으며, 그들에 대한 평론들과 박사학위 논문들이 많이 쏟아져 나오고 있었다.

그러나 90년대에 들어서면서부터는 그러한 작가들에 대한 열기가 서서히 식어가는 징후가 여기저기에서 엿보이기 시작했다. 우선 『백설공주(*Snow White*)』, 『도시생활(*City Life*)』, 『죽은 아버지(*The Dead Father*)』 같은 뛰어난 포스트모던 도시소설을 썼던 바셀미가 타계함으로써 그가 갖고 있었던 커다란 영향력이 소멸되었고, 『미로에서 길을 잃고(*Lost in the Funhouse*)』나 『공개화형(*The Public Burning*)』의 저자로서 미국 포스트모던 소설의 선두주자로 알려져 온 존 바스와 로버트 쿠버의 최근 소설들도 예전처럼 크게 각광 받지는 못하고 있으며, 세계적으로 인정받고 있는 토머스 핀천이 대작 『중력의 무지개(*Gravity's Rainbow*)』 이래 17년 만의 침묵 끝에 내어놓은 『바인랜드(*Vineland*)』는 역시 평론가들의 별다른 찬사를 받지 못했다. 이후 핀천은 『메이슨과 딕슨(*Mason & Dixon*)』(1997), 『어게인스트 더 데이(*Against the Day*)』(2006), 그리고 『내재해 있는 악(*Inherent Vice*)』(2009)을 발표했으나, 예전처럼 커다란 화제가 되지는 못했다.

물론 이와 같은 현상을 단순히 포스트모더니즘의 퇴조라고 말할 수 없을는지도 모른다. 그리고 그것은 어쩌면 한때의 유행과 열병을 겪은 후, 포스트모더니즘의 열기가 이제는 차분히 가라앉았다는 것을 의미하는 것인지도 모른다. 과연 미국의 어문학회나 비교문학회, 작가협회들의 세미나 주제에는 아직도 대부분 '포스트모던'이라는 용어가 붙어있다. 그리고 '포스트모던'이라는 제목이 붙은 온갖 종류의 책들 역시 지금 이 순간에도 끊임없이 서점가에 쏟아져 나오고 있다.

그럼에도 불구하고 지금 미국문단에서는 새로운 변화가 일어나고 있다. 그리고 그러한 변화는 단순히 포스트모더니즘의 퇴조나 리얼리즘으로의 회귀가 아닌, '새로운 포스트모더니즘' 또는 '새로운 리얼리즘'의 형태로 일어나고 있다. 한편에서는 '포스트 포스트모더니즘'이라고도 불리고 또 한편으로는 '포스트 리얼리즘'이라고도 불리는 이러한 새로운 형태의 소설은 포스트모던적 요소와 리얼리즘적인 요소가 결합되어 만들어내는 독특한 문학양식으로서, 종래의 리얼리즘의 '무거움'에도 또 최근의 포스트모더니즘의 '가벼움'에도 모두 식상한 독자들과 평론가들의 찬사를 받고 있다.

예컨대 『억새풀(*Ironweed*)』의 작가 윌리엄 케네디와 『다니엘서(*The Book of Daniel*)』의 E. L. 닥터로우(Doctorow)를 비롯하여, 레이먼드 카버, 앤 타일러(Anne Tyler), 리처드 포드, 탐 울프(Tom Wolf), 로버트 스톤, 존 케이시(John Casey), 에이미 탄 같은 작가들은 모두 90년대 들어 재평가되거나 새롭게 각광받게 된 '포스트모던 리얼리즘' 계열의 작가들이다. 그리고 그들 뒤에는 이미 오랜 경력을 갖고 있는 리얼리즘의 옹호자들인 윌리엄 스타이론(William Styron; 『소피의 선택(*Sophie's Choice*)』의 저자)과 워커 퍼시(Walker Percy)가 있다. 그러나 이와 같은 것이 곧 예전의 리얼리즘으로의 단순한 복귀나, 이미 그 전성기가 끝나버린 솔 벨로우(Saul Bellow), 필립 로스, 또는 존 업다이크(John Updike)의 재등장을 의미하는 것은 아닐 것이다.

최근 뉴욕 주립대학 영문학 교수인 마크 셰크너(Mark Shechner)는 이러한 새로운 작가들이 20세기 중반을 대표했던 벨로우, 로스, 업다이크 같은 미국의 리얼리즘 계열의 작가들보다는, 오히려 20세기 초반을 풍미했던 포크너, 헤밍웨이, 피츠제럴드 같은 모더니즘 계열의 작가들과 더 많은 유사성을 공유하고 있다고 지적했다. 그 예로 그는 루이스 어드리치는 포크너를, 리처드 포드와 레이먼드 카버는 헤밍웨이를, 그리고 제이 맥키너니는 피츠제럴드를 연상시킨다고 말하고 있다. 사실 헤밍웨이의 남성적이고도 간결한 문체와 문학세계를 비판하면서 내면적이고도 복합적인 작품세계를 추구했던 벨로우와는 달리, 카버의 문체와 주제가 다시 한번 헤밍웨이적인 간결함과 모험성과 함축성을 향해 고개를 돌리고 있다는 것은 부인할 수 없는 사실이다. 그러나 그것이 곧 단순한 '헤밍웨이에 대한 모방'이나 '과거로의 회귀'를 의미하는 것은 아닐 것이다.

이러한 현상의 보다 더 근본적인 이유는, 아마도 새롭게 등장한 위 작가들이 단순한 리얼리즘이나 단순한 모더니즘, 또 단순한 포스트모더니즘을 거부하는 데에 있을 것이다. 즉 그들은 종래의 관습적인 리얼리즘을 거부하기 때문에 모더니스트들과 비슷하게 보이기도 하지만, 그와 동시에 종래의 모더니즘이나 포스트모더니즘도 거부하기 때문에 리얼리스트처럼 보이기도 한다는 것이다. 그러나 이들이 진정으로 지향하는 것은 기존의 포스트모더니즘적 시각에 리얼리즘적 인식을 접합시키는 것이다. 그리고 바로 거기에서 그들은 '새로운 리얼리즘'을 창출해낸다.

이와 같은 '새로운 리얼리즘'은 특히 미국 내 소수인종 여성작가들에게 자신들의 상황을 파악하고 표출하는 데 대단히 효과적인 수단을 제공해주었다. 그들은 백인 지배문화와 남성 중심 사회 속에서의 자신들의 주변성과 소외의식을 표현하는 데 있어서 포스트모더니즘적 시각이 유용하다는 것을 발견했지만, 백인들이 주도하고 있는 포스트모더니즘의 한계를 느끼고 거기에 보다 강력한 리얼리즘적 인식을 가져오기 시작했다. 예컨대 원주민계 미국작가인 루이스 어드리치와 레슬리 실코, 중국계 여성작가인 맥신 홍 킹스턴과 에이미 탄, 유대계 작가인 신시아 오직(Cynthia Ozick), 그리고 아프리카계 미국 여성작가들인 앨리스 워커, 토니 모리슨 등은 바로 그러한 '새로운 리얼리즘'을 선택해 자신들의 배경인 소수인종 문화와 주변부 문화를 문학으로 형상화하는 데 성공한 작가들이다.

포스트모더니즘적 시각과 리얼리즘적 인식의 이러한 결합이 가져온 가장 최근의 문학적 성과는 '포스트식민주의(탈식민주의)'라고 할 수 있다. 탈식민주의는 현재 자신의 상황을 문화적 · 정신적 식민지인으로 파악하고, 지배문화의 교묘하고 보이지 않는 억압과 조종으로부터 벗어나려는 지적 움직임이자 새로운 문화사조이다. 탈식민주의는 흑인교수인 휴스턴 베이커(Houston Baker)와 헨리 루이스 게이츠(Henry Louis Gates, Jr.)의 이론적 바탕과, 팔레스타인 출신 비평가인 에드워드 사이드, 그리고 백인 마르크스주의 비평가인 프레드릭 제머슨의 적극적인 후원, 그리고 수많은 작가들의 참여로 인해 미국문단에서 현재 대단히 활발하게 전개되고 있다. 더욱이 비평가 레슬리 피들러에 의하면, 19세기 미국문학이야말로 탈식민주의 문학이기 때문에 탈식민주의는 당분간 미국문단의 가장 활발한 문예사조로 남아있을 것으로 보인다. 그리고 그와 동시에, 한때는 영국과 유럽의 식민지였지만 지금은 전 세계에 막강한 영향력을 행사하고 있는 미국이 스스로 탈식민주의를 주창하는 모순을 어떻게 바라보아야 할는지는 앞으로 좀 더 두고 보아야만 할 것이다.

최근 미국문학의 특징은 다양성과 대중성으로 요약할 수 있을 것이며, 그 특성은 1960년대 이후 미국 문화와 사회에 강력한 영향력을 행사해오고 있는 '탈중심주의적 인식의 변화'라고 할 수 있을 것이다. 그 결과, 현재 미국문단에서는 아프리카계 미국작가들과 원주민계 미국작가들, 그리고 아시아계 미국작가들의 소수인종 문학이 백인 주류문학과 어깨를 나란히 하고 있다. 또한 문학이 영화 텍스트나 전자매체와 제휴하는 탈장르적 현상도 일어나고 있으며, 문학을 기본적으로 문화 텍스트로 보는 시각도 확산되고 있다. 21세기에 미국문학은 물론 역동적으로 변해갈 것이다. 그럼에도 불구하고 위와 같은 현상은 당분간 계속될 것이다.

2. '하위문화 연구'에서 '정보 시스템 이론'까지

하위문화 연구(subaltern studies)

1960년대에 들어서면서 영문학 연구에는 근본적인 변화가 일어나기 시작한다. 우선 20세기 초에 씌어진 난해한 모더니즘 문학이 비판과 극복의 대상이 되었고, 서구 중심의 정전문학에 대한 회의와 도전과 재평가가 이루어지기 시작했으며, 대학강단을 점거하고 있던 보수주의적 신비평에 대한 반발이 시작되었다. 그에 따라, 심미주의와 문화귀족주의와 예술지상주의를 주창하던 모더니즘의 강령도 현실주의와 대중주의와 대중문화에 자리를 내어주게 되었고, 백인 중심의 지배문화 또한 소수인종 피지배문화에 의해 주변으로 밀려나게 되었다. 도처에서 수직적 서열과 경직된 도그마들이 무너지고, 모든 것의 이분법적 경계가 해체되기 시작한 것도 바로 그때였다. 그리고 그 결과, 지난 십수 년 동안 미국문학은 비평과 창작, 또는 연구와 교육 모든 면에서 코페르니쿠스적 변화를 겪게 되었다. 모더니즘적 사고에 젖어 있는 우리의 지식인들이 아직도 '문학도 아닌 것이 문학인 척하고 있다'고 개탄하거나(경계와 정통 수호), '학생들이 원하는 것에 맞추어 문학 과목을 개설해줄 수는 없다'고 고집을 부리고 있는 동안(전통과 정전 수호), 미국에서는 이미 문학의 영역에서 거대한 변화가 일어나고 있었던 것이다.

그러한 변화는 사실 세계적인 현상이었고, 모든 나라에서 동시다발적으로 일어나고 있었다. 미국의 경우, 그러한 변화는 문학과 타 예술・타 학문 간의 경계를 와해시켰으며, 대학의 어문학과 교과과정의 본질적인 개편을 초래했다. 예컨대 2005년 9월 한국에 온 게리 스나이더 교수(미국 캘리포니아 대학 데이비스 캠퍼스 교수)와 마사오 미요시 교수(캘리포니아 대학 샌디에고 캠퍼스 교수)는 "미국의 대학생들 중 이제 르네상스 문학을 수강하려는 학생은 거의 없는 것처럼 보인다."라고 말했다. 미국 대학생들의 관심은 이제 문학과 정치가 충돌하고 결합하는 분야인 '하위문학'이나 '주변부 문학' 또는 '소수인종 문학'에 몰려 있지, 그동안 지배문화를 형성해온 소위 백인 주요 작가들에게는 별 관심이 없다는 것이다. 그러므로 이제 문학도들의 관심은 더 이상 문학작품의 위대성이 아니라, 문학과 문화 속에 내재해 있는 헤게모니, 이데올로기, 담론, 권력, 정치, 또는 문화제국주의 같은 문제들에 집중되는 것처럼 보인다. 지난 수십 년 동안 영문과에 설치되어 큰 호응을 얻고 있는 <문학과 영화 프로그램>이나 <여성학 연구>, 또는 <문화연구> 같은 것들은 바로 그러한 최근의 변화를 잘 보여주고 있는 대표적인 예이다.

물론 그러한 변화의 핵심에는 언제나 포스트모더니즘이라는 사조가 자리 잡고 있었다. 포스트모던 인식과 정신은 20세기 후반 다양한 문예사조들의 태동과 확산을 초래함으로써 현대문학의 형성에 지대한 영향을 주었다. 예컨대 포스트페미니즘, 포스트마르크시즘, 신역사주의, 문화유물론, 탈식민주의, 다문화주의, 또는 문화연구 같은 최근의 문예사조들은 모두 포스트모던 인식과 정신에서 비롯된 것으로 보아 크게 틀리지 않는다. 과연 요즘 나오는 책들을 읽어보면 문학의 가장 첨예한 관심사가 바로 '문학의 세계화(globalization)', '포스트식민주의 이후(beyond postcolonialism)', '문화제국주의(cultural imperialism)', '다문화주의(multiculturalism)', '문화연구

(cultural studies)', '트랜스내셔널 미디어 문화연구(transnational media cultural studies)' 또는 '생태비평(eco-criticism)' 같은 것들이며, 그것들의 기본정신은 예외 없이 포스트모더니즘에 뿌리박고 있다.

그와 같은 새로운 사조들이 문학의 지형과 판도를 바꾸면서, 미국의 문학이론과 비평, 또는 문학연구와 교육에도 최근 거대한 변화의 물결이 밀어닥치기 시작했다. 우선 레슬리 피들러나 에드워드 사이드 같은 비평가들의 주장 아래, 문학과 비평이론은 이제 고답적인 상아탑에서 벗어나 세속적이고 현실에 오염된 형태를 취하게 되었으며, 박물관과 미술관과 음악당에 안치되어 있던 고급예술은 대중들의 거리로 쏟아져 나오게 되었다. 문학의 관심은 이제 지배문화나 중앙보다는 피지배문화나 주변부로, 또 서구나 제국보다는 비서구나 식민지로 옮겨가게 되었으며, 그 결과, '하위문화 연구(subaltern studies)'가 문학연구의 핵심으로 부상하게 되었다. 즉 중심을 점유하고 있던 지배문화가 세력을 잃고, 그동안 무시되어온 주변부 문화가 새로운 조명을 받게 된 것이다. 그리고 그러한 과정에서 문학은 이제 순수 예술작품으로서보다는, 헤게모니와 이데올로기, 또는 지배권력과 피지배 문화가 각축을 벌이는 정치적 텍스트로서 가치를 갖게 되었다.

'하위문화 연구' 또는 '섭 알턴 스터디스'는 원래 인도의 하층민들을 탈식민주의적 시각으로 연구하는 학문으로서 1980년대에 인도학자들에 의해 시작되었으나, 지금은 광의로 해석되어, 엘리트 문화가 아닌 억압받고 소외되어온 하위문화에 대한 조명과 연구를 지칭하는 일반적인 용어로 광범위하게 사용되고 있다. '섭 알턴'이라는 용어는 이탈리아의 마르크시스트 안토니오 그람시(1881-1937)로부터 빌려온 것이며, 인도와 남아시아 국가들의 하층계급에 관심을 갖고 연구한 에릭 스톡스의 영향으로 시작되었다. 하위문화 연구의 대부는 라나짓 구하(Ranajit Guha)이며, 그는 『농민 반란의 기본적 양상』이라는 저술로 유명하다. 하위문화 연구자들은 하위문화가 정치적 · 사회적 변화를 가져올 수 있는 저력을 갖고 있다고 보았다.

문학작품에 대한 그와 같은 관심의 이동은 차츰 문학 텍스트의 범위를 확장하고 경계를 넓혀 비 엘리트 문화에 속하는 대중문학과 문화 텍스트들까지도 문학 속에 포함하는 현상을 초래하게 되었다. 예컨대 대학의 어문학과에서 공포소설이나 추리소설, 또는 환상소설이나 SF를 연구하고 가르치게 되었고, 문학과 영상매체 · 전자매체 사이의 대화를 시도하게 되었으며, 여행기(탈식민주의 이론에서 중요한 문헌이 됨)나 영화(문화연구에서 중요한 텍스트가 됨)도 문학연구의 유용한 자료로 인정받게 되었다는 것이다. 또 문학이 스스로의 경직된 경계를 열어놓음에 따라, 문학과 과학, 문학과 테크놀로지, 문학과 영화, 또는 문학과 음악 같은 분야의 비교장르적 · 비교문화적 논의가 활발해지게 되었다.

현대 미국문학 비평 이론과 교육현장의 페다고지(padagogy)는 지금 모든 면에서 혁명적인 변화를 겪고 있다. 다양성은 원래 미국문화의 특성이지만, 문학 분야에서도 미국의 다양성은 계속되고 있다. 수많은 비평이론들과 문예사조들이 공존하면서, 미국문학은 스스로의 경계를 넓혀 타 장르를 포용하고 다양한 분야와 뒤섞이면서 지속적인 확장을 거듭하고 있다. 예컨대 많은 대학들이 백인작가 중심의 서구 정전을 수정해 소수인종 작가들과 작품들을 연구하고 가르치고 있으며, 그 결과 소수문화 작가들의 목소리는 지금 그 어느 때보다도 더 커지고 있다. 심지어 탈식민주의 계열의 비평서나 이론서에 등장하는 필자들의 이름은 아예 소수인종 작가들과 비평가들의 이름으로 가득 차 있는 경우가 많다. 이와 같은 상황은 비단 미국에만 그치지 않고, 현재 영국을 비롯한 유럽 국가들과, 캐나다나 호주나 뉴질랜드 같은 영연방 국가들로도 확산되어가고 있으며, 일본처럼 발 빠른 나라들에서도 벌써 진행되고 있다.

앞으로도 미국문학은 계속해서 그러한 방향으로 나아가게 될 것이다.

경제의 세계화와는 달리 문학의 세계화가 바람직하게 될 수 있는 이유도 바로 거기에 있다. 왜냐하면 서구 중심주의가 무너지고 소수인종 문화가 부상하는 상황에서 한국계 미국문학은 물론 한국문학도 얼마든지 세계의 관심과 주목의 대상이 될 수 있기 때문이다. 그런 의미에서 현대 미국문학의 동향에 대한 지속적인 관심은 궁극적으로 우리 문학의 미래를 위해 큰 도움이 될 수 있을 것이다.

우리는 아직도 해방 이후 별로 변하지 않고 있는 교과과정, 그리고 관습적인 신비평식 교육방식, 또는 제국주의 시대에 서구인들이 만들어 놓은 정전을 답습해 가르치고 있는 현 상황에서 벗어나지 못하고 있다. 그러나 이제는 우리 시각에서 서구문학을 연구하고 가르쳐야만 하는 시대가 되었다. 우리는 또 미국문화에 대한 정확한 이해가 그 어느 때보다도 더 절실히 요청되는 시대에 살고 있다. 미국문화를 제대로 알기 위해서는 미국문학과 미국의 문예사조들에 대한 정확한 이해가 필수적이다. 그것들이야말로 오늘의 미국사회를 형성하고 또 이끌어가고 있는 대들보와 주춧돌이자, 힘의 근원이기 때문이다.

하이퍼 픽션과 테크노 픽션

최근 가장 주목할 만한 미국 학계와 문단의 동향 중 하나는 온라인 웹 공간에 소설을 쓰며, 저자와 독자가 자유롭게 작품을 편집하고 만들어나갈 수도 있는 '하이퍼 픽션'과 '테크노 픽션'이다. 최초의 하이퍼픽션 작가로 알려진 마이클 조이스(Michael Joyce)가 『오후, 하나의 이야기(*Afternoon, A Story*)』를 발표한 후, 문자와 스크린의 경계를 해체하는 하이퍼 픽션은 하이퍼텍스트의 개념과 테크놀로지, 그리고 컴퓨터 스크린을 이용하는 새로운 형태의 문학을 창조해냈다. 다방향적 · 초시간적으로 연결되어 있는 하이퍼 픽션에서 독자들은 각기 다른 경로와 서로 연결된

링크를 찾아 마우스를 클릭하기만 하면, 중심 줄거리에서 벗어나 또 다른 구성과 이야기 속으로 들어갈 수 있다.

스튜어트 멀스롭(Stuart Moulthrop)의 하이퍼 픽션 『승리의 정원(*Victory Garden*)』은 보르헤스가 말한 "무한히 증식하는" 텍스트의 한 좋은 예를 보여준다. 예컨대 이 하이퍼 픽션에는 무려 2,800개의 전자 링크가 들어 있으며, 각기 다른 56개의 주제가 입력되어 있다. 독자들이 그 주제 중 하나를 선택하면, 다시 서술구조에 따라 47개의 상이한 출발점이 제시되며, 그 각각의 출발점에는 또다시 다른 텍스트 공간으로 이어지는 194개 이상의 링크들이 존재한다. 물론 이 각각의 링크 또한 또 다른 곳으로 무한히 뻗어나가는 선택사양을 갖고 있다. 하이퍼 픽션은 이러한 열려있는 가능성과 끝없이 연결되는 상호텍스트성(intertexuality), 그리고 텍스트로부터 컨텍스트(context)로의 확장을 통해 「두 갈래의 길로 갈라진 정원」에서 보르헤스가 일찍이 갈파한 텍스트의 "현기증 나는 무한한 증식"을 구현해 보여주고 있다.

그렇다면 작가는 왜 이렇게 열린 텍스트를 구축하고 있는가? 하이퍼 픽션인 『승리의 정원』의 "환영합니다"라는 공간에서 멀스롭은 다음과 같이 말한다.

> 고도로 매체화되어 있으며 탈현대 사회에 살고 있는 까닭에 우리는 아마도 갈라진 통로들을 가진 정원처럼 수상하게 보이는 우주에 살고 있는지도 모른다. 혹은 우리의 삶, 예컨대 갈등, 의문, 헌신, 사랑, 상실, 슬픔 등과 같은 것에 대한 예전의 이해 방식들은 이제 더 이상 유효하지 않게 되었다. 그래서 나는 몇몇 이야기들을 유동적으로 만드는 일에 착수했다. 그것들이 나를 어디론가 데려다주리라고 믿었기 때문이다. 여기가 바로 그 이야기가 나를 인도해온 곳이다.
>
> (Coover, 1993, p. 8)

하이퍼 픽션에서 독자들은 마우스를 클릭하면서 윈도우에서 윈도우로 옮겨 다니거나, 끝없이 펼쳐지고 겹쳐지는 윈도우들 속에서 마치 꿈의 연속 같은 분위기를 경험하게 된다. 예컨대 하이퍼 픽션을 읽는 독자들은 하이퍼 공간에서 부유하는 온갖 이미지들, 우회하는 길들, 그리고 끝없이 연결되고 포개지는 내러티브 속을 자유롭게 오가게 되기 때문이다. 현재 하이퍼 픽션을 주도하고 있는 브라운 대학의 창작교수 로버트 쿠버는 하이퍼 픽션이 갖는 꿈의 속성과 그 가능성에 대해 이렇게 말하고 있다.

> 선택을 하면서 하이퍼텍스트 사이를 지나감에 따라, 우리는 그 텍스트의 표면 바로 밑에는 탐험을 기다리는, 반쯤은 감추어진 이야기의 재료가 거의 무제한으로 저장되어 있다는 느낌을 받게 된다. 그것은 우리가 꿈속에서 갖는 느낌들, 즉 광활하게 에워싼 이미지의 바다들이 있어서 때로는 꿈이 거기로 빠져들고 때로는 중심으로 돌아오며, 또 때로는 동시에 병행하는 이야기들이 진행되고 있다는 느낌과 다르지 않다. 하이퍼텍스트는 또한 시간을 공간화하거나 분해한다는 점에서도 꿈과 공통점을 갖고 있다.
>
> (Coover, 1993, p. 8)

즉 꿈은 무한한 상상력이 허용되는 내적 공간에서 일어나며 유연하고 가변적인 속성을 갖고 있기 때문에, 고정되고 고립된 텍스트를 초월해 서로 연결되어 있는 컨텍스트로서 존재하고 있는 하이퍼 픽션과 유사하다는 것이다. 그래서 하이퍼 픽션을 읽을 때 필요한 키보드나 링크나 그물망 같은 것들은 모두 하이퍼 픽션의 꿈과 같은 속성을 암시해주는 간접적인 부호가 되기도 한다.

물론 하이퍼 픽션의 미래에 대해 부정적이거나 비관적인 사람들도 있다. 그래서 하이퍼 픽션의 경우 부록이나 디자인, 또는 표지나 표제가 내용보다 더 중요하게 되거나 내용을 압도하게 되는 것은 아닌가, 또 소설의 구성 요소인 인물의 성격, 플롯, 스토리, 작가의 목소리 같은 것들은 이제 그 가치를 영영 잃어버리는 것인가 하는 의문점이 제기되기도 한다. 더구나 하이퍼 픽션은 (적어도 아직은) 잠들기 전 침대에 누워서 읽을 수도 없다. 그러나 쿠버는 이렇게 말한다.

> 이 매력적이고 새로운 읽기와 쓰기 매체가 가진 잠재력은 아직까지 거의 주목받지 못했다. 지금까지 씌어진 하이퍼 픽션들이 아직도 보여주고 있는 관습적인 측면은 아마도 새로운 매체에 적응하는 데서 느껴지는 걱정을 반영하는 것이라 여겨진다. 그러나 이런 과도기적인 시기는 곧 지나갈 것이다(사실 구텐베르크가 혁명을 일으킨 후 '돈키호테'가 첫 출격을 감행하기까지도 근 한 세기 반이나 걸리지 않았던가?). 미래의 하이퍼 픽션은 인쇄물과 유사한 형태로 존재해야 할 필요는 없을 것이다. 각각의 초공간으로 침투해 갈 때마다 우주선은 뭔가 새로운 것을 얻게 되고, 궤도는 더 넓어지며, 기술적 지침은 더 확장될 것이다.
>
> (Coover, 1993, p. 9)

물론 사람들은 결말이 없는 것, 혹은 미로 속에서 길을 잃게 되는 것에 대해 불안감을 느끼고 하이퍼 픽션을 읽는 것을 두려워할 수도 있다. 그러나 하이퍼 픽션은 새로운 소설양식을 개발함으로써 소설의 새로운 경지를 열었고, 앞으로 문학의 변화와 미래를 주도하게 될 것이다. 왜냐하면 우리 앞에 펼쳐진 다매체 시대는 문학과 책으로 하여금 분명 스스로를 구텐베르크식 활자매체와 아날로그 미디어에 제한시키지 않고, 전자매체와 영상매체와 디지털 미디어를 최대한 활용하게 될 것이기 때문이다.

미국작가 마크 아메리카(Mark Amerika)가 주도하고 있는 '테크노 픽션'은 바로 그러한 시대적 요청과 변화로부터 비롯된 또 하나의 새로운 문학양식이다. 그는 1960년대와 70년대 포스트모던 작가들이 혁신적이기는 했지만 뭔가를 결핍하고 있었는데, 바로 그것이 "텔레비주얼 · 텔레마틱"한 것에 익숙한 새로운 전자세대 · 영상세대에 맞는 언어와 문학 양식이었다고 말한다. 비록 토머스 핀천이 『중력의 무지개』에서, 그리고 로버트 쿠버가 『영화 보는 밤』에서 영화기법을 차용하고는 있지만, 그들의 언어는 아직 진정한 전자 · 영상 세대의 언어는 아니었다는 것이다. 그는 1980년대에 사이버 펑크 SF로 불리는 『뉴로맨서』의 작가 윌리엄 깁슨이나 캐시 액커, 마크 레이너 같은 작가들이 등장하면서 비로소 전자 및 영상세대의 언어로 씌어진 소설들이 등장하기 시작했으며, 그러한 새로운 소설은 텔레비전 스크린에 익숙하고, 텔레비전 화면을 통해 세상과 현실을 배운 영상세대에 강력한 호소력을 갖게 되었다고 지적한다. 마크 아메리카는 다음과 같이 말한다.

> 1960년대와 70년대에 미국에서 성장함으로써 나의 세대들은 세상을 바라보는 독특한 창문을 갖게 되었다. 물론 그 창문은 텔레비전 화면이었는데, 이러한 화면은 우리의 핵가족도, 폭넓은 문화유산의 설득력 있는 역사도 비추어주지 않았다. 차라리 우리는 다른 가족들의 허구세계를 보는 포로가 된 청중이었다(브루클린의 아치 벙커 가(家), 「해피 데이스」에 나오는 민중들의 게토 같은 환경, 브래드 번치 가(家)를 형성하는 소년소녀들의 기묘한 혼합 등). 우리의 문화유산은 주로 네트워크 텔레비전의 가상 허구의 구성물로 이루어졌으며, 케이블 텔레비전이 시작되자 중독문화는 더욱 성장했다. 500개의 채널에 대한 약속과, 주문을 받아 방영하는 인터렉티브 텔레비전이 조만간 살아있는 현실이 될 예정인 이상, 우리의 문화는 무제한인 것처럼 보였다.
>
> (아메리카, 1995, p. 87)

마크 아메리카를 비롯한 테크노 픽션 작가들은 바로 이러한 새로운 세대의 새로운 인지(perception)와 수용(reception) 방식에 주목해 그들에게 맞는 새로운 형태의 소설을 만들어낸 사람들이다. 그들은 컴퓨터 테크놀로지의 인터렉티브·하이퍼텍스트·멀티미디어적 속성을 이용한다는 점에서 하이퍼 픽션 작가들과 궤를 같이한다. 다만 그들을 구분하는 한 가지 특징은, 테크노 픽션에는 최첨단 전자음향과 사진 및 그림이 들어간 화면이 제공되고 있어서 한 편의 영상소설 같은 느낌을 준다는 것이다. 그러나 그들을 단순히 테크놀로지에 매료된 사람들이라고 생각해서는 안 된다. 왜냐하면, 그들은 테크놀로지의 인간통제, 정보의 조작, 그리고 유전공학의 오용에 대한 저항과 투쟁을 자신들의 기본 강령으로 하고 있기 때문이다. 다만 그들은 첨단 테크놀로지에 대한 저항수단으로써 역시 최첨단 테크놀로지를 사용하고 있을 뿐이다. 그래서 테크노 픽션 작가들은, "예술가란 유목민적 방랑자이자 문화 테러리스트가 되어야만 하며, 경직된 지배체제에 저항하기 위해 여성적 유연성을 갖추어야만 한다"고 말한다.

테크노 픽션 작가들은 물론 종이 책과 현재의 문학양식이 쉽게 없어지리라고는 생각하지 않는다. 그들은 다만 테크놀로지의 변화와 새로운 세대의 감성에 맞는 새로운 문학양식의 필요성을 주창할 뿐이다. 그들은 이렇게 말한다.

> 그러나 이 시대에는 과거의 책보다 더 많은 통신과 언어와 텍스트의 생산이 진행되고 있다. 온갖 종류의 비디오들, 그래픽 소설들, 반체제 만화들, CD-ROM들, 컴퓨터 하이퍼텍스트 소설들이 있다. 또 작가들이 만든 모든 종류의 멀티미디어 불꽃놀이를 사적인 공간에서 벌이기 위해 속성개조가 가능한 컴퓨터나 텔레비전 모니터 위에 들어앉을 작은 블랙박스가 언제 어디서나 접근 가능한 장소에 생겨날 것이다. 그리고 결국 전자 작가들—우리들처럼—즉 컴퓨터로 텍스트를 쓰는 사람들이 나타나게 된다. …… 이런 모든 것이 변하고 있다. 테크놀로지는 더욱 접근하기 쉬워지고 있으며, 소프트웨어 또한 눈부시게 발달해, 5년 전만 해도 기계공포증을 가졌던 나조차도 이제

는 책이 무엇이며 무엇이 될 수 있는지에 대한 생각을 근본적으로 진지하게 다시 해보기에 이르렀다.

(아메리카, 1995, p. 91)

정보 시스템 이론

최근 미국문단에는 테크노 픽션 작가들의 관심사 중 특히 유전공학과 생명공학의 오용과 남용의 문제점에 특히 민감한 반응을 보이며, 해박한 과학지식으로 인간복제나 유전자 변형 문제를 주제로 다루고 있는 전문 작가들이 등장하기 시작했다. '정보 시스템 이론(Information Systems Theory)' 작가들이라고 불리는 이들의 원조는 1960년대부터 정보이론, 엔트로피 이론, 그리고 컴퓨터와 매트릭스에 대한 소설을 써온 원로 포스트모더니즘 소설가 토머스 핀천이다. 코넬대학의 공학도였던 핀천은 20대에 이미 인공두뇌학의 창시자 노버트 위너와 정보이론의 창시자 클로드 섀논의 저서를 읽었으며, 보잉사에 근무하면서 컴퓨터에 대한 해박한 지식을 갖게 되었다.

문학과 과학의 경계를 해체하며 핀천의 후속세대로 등장한 젊은 '정보 시스템 이론' 작가들은 리처드 파워스(Richard Powers, 1957-), 윌리엄 볼멘(1959-), 그리고 데이비드 포스터 월리스(1962-) 등이다. 이들은 예전 선배 세대와는 비교할 수 없을 만큼 전문적인 과학교육을 받았고, 유전공학과 생명공학 그리고 컴퓨터에 대한 전문가적 지식을 갖고 있다는 점이 특징이다. 예컨대 파워스는 (볼멘도 그랬지만) 컴퓨터 프로그래머로서 일했고, 일리노이 대학의 학부와 석사과정에서 물리학을 전공했으며, 유전공학과 분자생물학과 더불어 정보 시스템 이론을 연구했다고 알려져 있다. 파워스의 작품 속 주인공들 역시 컴퓨터 교육을 받은 사람들이며, 때로는 마이크로 컴퓨터 디자인 관련 잡지 제작에 종사하거나, 실리콘 밸리의 컴퓨터 프로그래머들이다. 이러한 작중인물들은 대개 작가 자신의 과거의 모습일 때가 많다.

파워스의 대표작 『골드 버그 변이(*The Gold Bug Variations*)』의 주인공들 역시 대형 은행의 컴퓨터를 관리하는 프로그래머들이나 컴퓨터로 정보를 제공하는 사람들이다. 바하의 〈골드베르크 변주곡〉에서 제목을 빌려온 이 소설에서 파워스는 끝없는 생명의 변이 속에서 정보가 어떻게 유전자 속에 암호화되어 있는가에 대해, 그리고 DNA의 해독과 변형이 초래할 복합적인 문제점들에 대해 성찰하고 있다. 파워스를 비롯한 정보시스템 작가들은 자신들의 작품들 속에서 현대의학, 두뇌과학, 신경언어학, 또는 인공지능에 대한 문제를 다루고 있으며, 생태학, 유전학, 곤충학에 대해서도 해박한 지식과 지대한 관심을 갖고 있다. 그들은 유전학과 곤충학에서 모든 생명체의 미래에 대한 정보와 기호를 찾아내려 하고 있으며, 유전공학의 남용과 오용이 어떻게 괴물을 탄생시킬 수 있는가도 경고하고 있다.

더욱이 최근 인간의 염색체 구조가 밝혀지고 유전자 지도가 완성됨에 따라, 정보 시스템 이론 작가들의 위상과 중요성은 한층 더 강화되었다. 현대 유전공학과 생명공학이 만들어낼지도 모를 가공할 만한 괴물과 생태계 파괴를 문학이 좌시할 수만은 없기 때문이다. 그러나 작가들이 유전공학과 생명공학이나 생태학에 대해 잘 모른다면, 설득력 있는 비판이나 효과적인 경고를 하기는 어려울 것이다. 그래서 오늘날 정보 시스템 작가들처럼 전문적 지식을 가진 사람들의 역할은 그 어느 때보다도 더 중요하다고 말할 수 있다.

정보 시스템 이론 작가들은 문학을 유전공학·생명공학과 연결시킴으로써, 소설의 개념과 형식 모두에서 새로운 분야를 개척했으며, 문학의 미래를 위한 새로운 분기점을 마련해주었다. 이들은 소설 속에 컴퓨터 디자인 기술 및 디지털 처리방식을 즐겨 이용하고 있으며, 늘 정보의 전달과 통제와 변형의 문제를 성찰하고 있다. 그러므로 유전공학·생명공학에 대한 정보시스템 이론 작가들의 해박한 지식은 이들의 소설에 설득력과 신빙성을 더해주고 있으며, 문과와 이과 독자들 모두에게 커다란 즐거움이 된다. 정보 시스템 이론 문학을 통해 문학과 과학은 오랜 단절을 극복하고 드디어 서로 만나 대화를 나눌 수 있게 된 것이다.

크리티 픽션

한편, 최근 미국문단의 또 하나의 두드러진 현상 중 하나는 소설이나 비평 속에 자전적 요소를 집어넣는 것이다. 독자반응비평이나, 노먼 홀랜드의 심리분석이론이나, 레이먼드 페더만의 '크리티 픽션'은 모두 문학과 자서전, 또는 허구와 사실의 경계를 넘나들고 있다. 그런데 작품 속의 자전적 요소는 결국 소설과 비평 사이의 경계를 해체하고 소설을 스스로에 대한 한 편의 문학평론으로 만든다. 프랑스계 미국작가 레이먼드 페더만(그는 최근 뉴욕 주립대학 석좌교수직을 은퇴하고 샌디에고에서 살고 있다)이 주창한 크리티 픽션은 소설이 자서전이 되고, 자서전이 소설이 될 수도 있다는 것, 그리고 소설이 창작이면서 동시에 문학비평이 될 수도 있다는 것을 잘 보여주고 있다. 예컨대 페더만은 아우슈비츠에 끌려가는 자기 가족들을 옷장 속에 숨어서 엿본 자신의 어렸을 적 기억과 심리적 충격을 소설로 형상화해 나치의 만행과 인류의 광기를 효과적으로 비판하는 데 성공하고 있다. '자서전으로서의 픽션, 픽션으로서의 자서전'이라는 부제를 단 글에서 페더만은 이렇게 말하고 있다.

> 나는 픽션 작가가 자서전적인 소설을 쓴 것에 대해 결코 사과하지 말아야 한다고 믿는다. …… 달리 말하자면, 이 글의 부제가 시사하고 있듯이, 삶과 픽션, 사실과 픽션, 언어와 픽션은 상호교환이 가능하다. 마치 역사와 이야기

> 가 상호 교환될 수 있는 것처럼, 픽션과 자서전도 상호 교환이 가능하다는 것이다. 그리고 이것은 내게 있어서 이야기가 늘 선행하기 때문에 그러하다. 또는 약간 달리 말하자면, 모든 것이 늘 언어로 시작되고 모든 것이 언어이기 때문에 모든 것이 픽션이라는 것이다. 우리 속의 거대한 침묵은 존재하고 의미하기 위해 말로 해독되어져야만 한다. …… 그렇다 모든 것(삶, 역사, 경험, 죽음조차도)은 언어 속에 담겨 있다.
>
> (페더만, 1995, p. 51-52)

페더만은 출판사의 부탁으로 자신의 자서전을 쓰면서, 마치 소설을 쓰듯이 자신의 삶을 취사선택하고, 편집하며, 허구화해야만 한다는 사실을 깨닫게 된다. 자서전을 써나가면서 그는 점점 자신의 자서전 쓰기와 소설 쓰기 사이의 경계가 해체되어간다는 사실을 느낀다.

> 자서전은 결코 그것을 쓴 사람의 완전한 역사가 아니다. (공간이나 언어나 체면이나 겸손이나 시간 때문에) 그것은 선택적이 될 수밖에 없다. 자서전 작가는 등장인물들에 대해 무엇을 말하고 무엇을 말하지 않을 것인가를 명백히 선택하는 소설가와 똑같이 행동한다. …… 주어진 단어들의 제한 때문에 나는 분명히 내 삶의 어떤 면모와 어떤 순간들로 제한을 해야만 했다. 그런 의미에서 그것은 또한 나의 소설 쓰기와 똑같았다. …… 자서전을 쓰는 동안 스스로 놀라웠던 것은, 내가 어느 정도는 내 소설로부터 많은 것을 빌려다 쓰고 있다는 사실이었다. 즉 나는 나 자신을 표절하고 있었다. 내 픽션은 내 삶을 풍요롭게 하고 있었다. 나는 마치 내가 나 자신에 대해 쓰고 있는 것이 아니라, 레이먼드 페더만이라는 이름을 가진 누군가의 허구적 삶에 대해 쓰고 있는 것처럼 느껴졌다.
>
> (페더만, 1995, p. 55)

페더만의 이와 같은 깨달음은, 곧 오늘날 창작과 비평, 사실과 픽션, 진실과 허구, 또는 삶과 예술 사이의 경계가 무너지고 있다는 사실을 보여주고 있다. 과연 최근 작가들과 비평가들은 점점 더 자신의 글 속에 자신을 직접 등장시키고 있으며, 그렇게 함으로써, 실제의 자신과 작품 속의 신화적 자신이 공존하게 된다. 둘 다 같은 삶과 픽션을 공유하고 있지만, 누가 더 사실적이고, 누가 더 허구적인가는 더 이상 문제가 되지 않는다. 그 두 존재는 서로를 창조하고 있기 때문이다. 미국문학에서 작가의 자전적 요소는 앞으로도 계속해서 작품 속에 스며들어갈 것이고, 픽션 또한 비평의 역할을 효과적으로 수행하게 될 것이다.

미국문학이 앞으로 어떻게 변해갈는지는 아직 예측하기 어렵다. 그러나 한 가지 분명한 것은, 문학의 위기라 불리는 시대에도 미국작가들은 글쓰기와 소설 쓰기에 대한 부단한 고뇌와 성찰과 실험을 통해 새로운 형태의 문학을 창출해오고 있다는 점이다. 이 점, 문학의 위기만 부르짖으며 여전히 구태의연한 소설만을 산출하고 있는 우리 작가들에게 시사하는 바가 크다. 최근 서울대학교 『대학신문』은 대중문학에 대한 기획기사를 실었는데, 그 내용은 여전히 '순수문학이야말로 세상에서 가장 지고한 예술이며, 대중문학에 의해 오염되어서는 안 된다'는 식이어서 실망스러웠다. 그러한 모더니즘적 사고방식은 이제 더 이상 통하지 않게 되었으며, 순수문학의 그러한 자화자찬은 이제 더 이상 인정받지 못하게 되었기 때문이다. 만일 그 특집이 대중문화의 상업성이 위험수위에 이르렀고, 문학이 위기에 처했다는 인식에서 비롯된 것이었다면, 문학의 순수성과 위대성을 재확인하며 끝낼 것이 아니라, 그런 시대적 변화에 우리가 어떻게 능동적으로 대처해야 할 것인가를 집중 논의했어야만 했을 것이다. 지나간 과거의 영광에 집착하기보다는 다가올 미래의 가능성을 바라보고 새로운 활로를 개척하는 진취적 정신과 능동적 태도만이 문학을 위기로부터 구할 수 있고, 새로운 문학을 태동시킬 수 있기 때문이다.

3. 팩션의 부상과 소설의 미래

역사적 사실과 허구적 상상력을 혼합한 매슈 펄의 『단테 클럽』이나 댄 브라운의 『다빈치 코드』 같은 소설들이 베스트셀러로 부상하면서, 최근 '팩션(faction)'이라는 용어가 화제가 되고 있다. 팩션은 허구(fiction)와 사실(fact)이라는 두 단어가 결합되어 생긴 합성어로서, 실제 일어난 사건들과 저자의 상상력이 뒤섞여 만들어내는 새로운 형태의 소설이다. 팩션이 화제가 되는 이유는, 그것이 전혀 다른 두 분야인 것처럼 보이는 허구와 실제, 또는 소설과 사실 사이의 경계를 과감히 해체하고 그 두 분야의 혼합을 시도했기 때문이다. 그런 의미에서 팩션은 모든 것의 경계가 소멸되어가고 있는 이 시대의 특성을 잘 보여주고 있는 소설장르라고 할 수 있을 것이다.

원래 팩션이라는 용어는 1960년대에 미국작가 트루먼 캐포티(Truman Capote)가 쓴 소설 『냉혈(*In Cold Blood*)』(1965)을 설명하면서 생겨났다. 초판 10만 부가 삽시간에 매진된 이 특이한 소설은 1959년 11월 15일 캔사스주에서 실제로 일어난 두 명의 살인범에 의한 냉혹한 일가족(4인) 살인사건의 진상을 파헤치는 내용으로 구성되어 있다. 캔사스로 날아간 캐포티는 클러터 사건이라 불리는 이 끔찍한 살인사건의 전말을 조사하는 과정에서 범인들과도 가까워졌고, 그 결과, 언론에 보도되지 않은 많은 것들을 밝혀내어 기록해나갔다. 그는 사건을 순서대로 기록해나가는 대신, 범인들과 녹음한 대화들과 그들의 심리상태를 자신의 상상력을 가미해 써나갔는데, 독자들에게 그것은 마치 새로운 형태의 소설처럼 읽혔다. 현대 문단에서 최초의 팩션이 탄생한 것은 바로 그 순간이었다. 캐포티는 자신의 소설 『냉혈』을 '논픽션 소설(non-fiction novel)'이라고 불렀다.

그로부터 3년 후, 또 다른 미국작가 노먼 메일러(Norman Mailer)는 『밤의 군대들(*The Armies of the Night*)』(1968)이라는 정치적 르포르타주를 썼다. 당시 세계의 이목을 집중시켰던 워싱턴의 펜타곤 반전행진에 참가했던 자신의 경험을 기록한 이 특이한 팩션 소설은 예술과 사실, 저널리즘과 소설을 절묘한 솜씨로 혼합해 강력한 저항문학을 산출해냈는데, 평자들은 이 작품을 '고급 저널리즘 소설(higher journalism novel)'이라고 불렀다. 이 소설에서 메일러는 서술을 1인칭으로 하지 않고, 자신과 같은 이름의 메일러라는 3인칭 화자를 등장시켜 당시 상황을 객관적으로 바라보고 전달하고 있다. 생생한 현장감과 엄정한 사실묘사에 근거한 이 새로운 형태의 팩션에서 메일러는 시종일관 단순한 사실묘사보다 예견, 회상, 장면의 건너뜀의 기법을 이용해 화자와 사건들, 그리고 역사와 회고록을 절묘하게 뒤섞고 있다. 메일러는 『밤의 군대들』의 제1부 제목을 '소설로서의 역사(History as a Novel)', 제2부 제목을 '역사로서의 소설(The Novel as History)'이라고 붙였다. 이 두 선구자적 작가들의 등장 이후, 팩션은 탐 울프의 '뉴저널리즘 소설'로 발전해나갔고, E. L. 닥터로우 같은 보다 더 복합적이고 세련된 작가들에 의해 계승되었다.

그럼, 1960년대 미국문단에서 팩션이 생성되고 발달하게 된 이유는 과연 무엇인가? 비평가들은 1960년대 당시 미국의 현실이 점점 더 믿을 수 없을 만큼 허구적이고 환상적인 면모로 변해가고 있었기 때문이라고 말한다. 당시 미국사회는 보수주의에서 진보주의로 급변하고 있었고, 그 과정에서 정치적 암살과 급진적 시위가 꼬리에 꼬리를 물고 일어났으며, 마약과 성적 방종, 엽기적인 살인사건들이 사회문제로 대두되고 있었다. 급속도로 변해가는 사회현실 속에서 방황하던 사람들은 급변하는 현실을 소설보다 더 강력하고 직접적인 방법으로 묘사해주는 저널리즘적인 양식을 선호하게 되었다.

또 한편으로는 텔레비전의 보급으로 문학은 독자들을 빼앗기고 있었으며, 언어를 통해 리얼리티를 재현하고 반영해야만 하는 작가들은 위기의식을 느끼게 되고 혼란에 빠지기 시작했다. 당시의 상황을 미국 소설가 필립 로스는, "이제 급변하는 우리 현실은 작가들의 상상력을 앞지르고 있어서 작가들을 당혹스럽게 하고 있다"고 표현하고 있다. 또 레슬리 피들러나 수전 손탁 같은 비평가들은 '소설의 죽음'을, 그리고 존 바스 같은 소설가는 '문학의 고갈'을 선언하기에 이르렀다. 소설은 이제 벽에 부딪혔고, 출구 없는 미로 속에 갇히게 되었다. 논픽션과 다큐멘터리는 바로 그러한 상황에서 새로운 가능성이자 희망적인 출구로 등장했다.

그럼 최근 또다시 팩션이 부상하고 각광받는 이유는 무엇인가? 우선시되는 이유는 지금 우리가 살고 있는 이 시대가 마치 1960년대처럼 묵시록적이며 불안하고 불만족스럽기 때문일 것이다. 과연 지금 우리는 급격하게 바뀌고 있는 정치상황과, 급변하는 사회현실, 그리고 거대한 파도처럼 밀려오는 인식의 변화 속에서 살고 있다. 국제적으로는, 테러리스트들의 무차별 공격으로 뉴욕의 세계무역센터가 무너지고, 스페인의 열차가 폭파되며, 런던의 지하철 참사로 출근길의 수많은 사람들이 죽거나 다치는 광경을 바라보며 살고 있다. 또 국내에서도 화약고 같은 북핵 위협과 서투른 외교, 불특정 다수를 향한 증오심에 의한 지하철 방화 참사, 경제와 교육의 실패 등으로 많은 사람들이 고통과 환멸을 느끼고 있다. 이렇게 소설보다도 더 소설적이고 허구보다도 더 허구적인 현실 속에서 사람들은 자연히 팩션에 이끌리게 된 것처럼 보인다.

그러나 보다 더 설득력 있는 이유는, 절대적 진리에 대한 확신을 버리고, 모든 것의 고정된 경계를 해체하며, 또 다른 시각으로 사물을 보자는 포스트모던적 인식의 확산일 것이다. 즉 우리가 그동안 절대적 진리로 믿어왔던 종교적 신념이나 역사적 사실들을 재조명하고, 지배문화에 의해 주변부로 밀려나 소외된 또 하나의 진리나 역사를 찾아내어 드러내보자는 것이다.

팩션(faction)의 등장과 문화사적 배경

1960년대에 들어서면서 미국 가정에 텔레비전이 보급되자 스크린에 독자를 빼앗긴 소설가들은 전례 없는 위기의식을 느끼기 시작했다. 그래서 노먼 메일러(Norman Mailer) 같은 작가들은 허구인 소설은 이제 경쟁력을 상실했다고 보고 사실에 기초한 논픽션을 쓰기 시작했으며, 한때 우리나라에서도 바람이 불었던 다큐멘터리 또는 논픽션은 바로 그런 인식의 소산으로서 자리잡기 시작한 장르였다.

E. L. 닥터로우 역시 『랙타임(*Ragtime*)』이나 『다니엘 서(*Book of Daniel*)』에서 역사적 사실과 허구를 혼합한 새로운 형태의 소설들을 썼다.

마침 당시는 모더니즘의 극복이라는 기치 아래, 절대적 진리의 부인, 이분법적 구분의 폐지, 소외된 주변문화에 대한 재조명, 그리고 사물의 경계해체를 주창하는 포스트모더니즘이 대두되고 있던 시절이었다. 모더니즘 시대의 강령이었던 순수예술지상주의나 절대적 진리 수호는 이제 더 이상 유효하지 않았으며, 모든 것 사이의 경계는 급속도로 소멸해 가고 있었다. 그리고 그러한 코페르니쿠스적 인식의 전환과 사회의 변화 속에서 사람들은 사실과 허구, 또는 현실과 환상 사이의 경계도 사실은 임의적인 것이며, 그 두 세계가 서로 뒤섞일 수도 있다는 사실을 깨닫게 되었다.

작가들은 이제 우리의 삶도 실은 하나의 허구일 수 있으며, 우리가 허구라고 생각하는 것도 사실은 우리의 삶만큼이나 현실이고 진실일 수도 있다는 생각을 하게끔 되었다. 포스트모더니즘이 서구의 전통적 형이상학인 합리주의의 틀을 깨고, 비합리를 포용하는 장자나 노자의 동양사상과 만나게 된 것은 바로 그 순간이었다. 작가 레이먼드 페더만은 「초소설(Surfiction)」이라는 글에서 이렇게 말하고 있다.

> 픽션이란 현실세계를 향상시키는 또 하나의 '현실'이다. 사실 픽션을 만들어낸다는 것은 현실은 곧 진실이라는 사고방식을 없애는 것이다. 미래의 소설에서는 현실과 상상, 의식과 무의식, 과거와 현재, 진실과 허구 사이의 모든 구분이 사라지게 될 것이다. 모든 형태의 이분법은 사라질 것이다. 그래서 소설은 이제 스스로 허구성의 가면을 벗고, 스스로의 기만성을 폭로하며, 더 이상 현실과 진실과 아름다움을 전달하는 것처럼 가장하지 않게 될 것이다. 픽션은 이제 더 이상 인생의 거울이 아니라, 인간의 삶 그 자체가 될 것이다. 인생과 픽션 사이에는 더 이상 아무런 구별이 없다.
>
> (페더만, 1999, p. 74)

아리스토텔레스의 모방이론(mimesis theory) 이래, 전통적으로 문학이나 예술은 인생의 모방으로 여겨져 왔다. 즉 인생은 실재이고 진실이며, 소설을 포함한 문학예술은 그것을 모방하는 허구에 불과하다는 것이다. 그러나 페더만은 우리의 인생이 사실은 픽션(허구)일 수도 있으며, 오히려 픽션이 진실 또는 현실일 수도 있다고 말한다. 그에 의하면, 우리는 날마다 자신의 삶으로 픽션을 써나가고 있는 셈이 되며, 따라서 픽션은 허구가 아니라 실제 인간의 삶 그 자체가 될 수도 있다는 것이다.

언어와 그 언어가 지칭하는 대상 사이의 간극문제, 그리고 소설 쓰기에 대한 소설이라고 말해지는 소위 '메타픽션(metafiction)'이 대두된 것은 바로 그러한 맥락에서였다. 퍼트리샤 워(Patricia Waugh)는 메타픽션의 특징을 다음 네 가지로 구분하고 있다.

1. 언어와 상상력의 재현능력에 대한 불신
2. 픽션 쓰기에 대한 극도의 자의식
3. 픽션과 리얼리티 사이의 유동적인 관계
4. 패러디나 유희적인 글쓰기

메타픽션의 위 네 가지 특성이 모두 사물의 경계가 불확실해지거나 소멸되면서 시작된 것들이라는 사실을 발견하는 것은 그리 어려운 일이 아니다. 즉 언어와 그 언어가 지칭하는 대상 사이, 또는 허구와 그 허구가 재현하는 사실(또는 리얼리티) 사이의 구분이 불분명해지면서 메타픽션이 시작되었다는 것이다. 그래서 퍼트리샤 워는 "메타픽션은 내러티브 픽션의 구조를 성찰할 뿐만 아니라, 픽션이라는 텍스트의 외부에 존재하는 현실의 허구성을 탐색한다"고 말한다. 그런 의미에서 메타픽션은 창작이면서 동시에 창작에 대한 비평이 되기도 한다.

창작과 비평이 뒤섞이는 그러한 상황에서 작가들은 이제 절대적 진리를 찾아 독자들에게 보여주는 조물주 같은 절대적 존재가 아니라, 다만 인생이라는 픽션에 의미를 부여해주는 작업에 독자들과 보조를 같이하는 동참자가 되었다. 즉 이제는 허구와 사실 사이뿐만 아니라, 저자와 독자 사이의 경계도 더 이상 예전처럼 명확하지 않게 된 것이다. 오늘날 문학에서 허구와 사실이 혼합되고 있으며, 저자와 독자가 서로의 경계를 넘나들게 된 데에는 바로 그와 같은 문화사적 배경이 자리잡고 있다.

그러한 새로운 변화는 필연적으로 소설의 '열린 결말(open ending)'을 초래했다. 그래서 포스트모던 소설 속에 포함될 수 있는 메타픽션이나 팩션은 언제나 열린 결말로 끝난다. 즉 포스트모던 소설에서는 모더니즘 소설에서처럼 결말에 저자가 깨우침을 주거나 결론을 내려주기보다는, 독자들로 하여금 스스로 결론을 내리도록 해준다는 것이다. 예컨대 모더니즘 작가였던 제임스 조이스의 『더블린 사람들』이나 『젊은 예술가의 초상』에서는 언제나 마지막에 이피퍼니(epiphany; 계시의 현현)라고 불리는 깨달음이 주인공을 통해 독자들에게 제공된다. 그런 의미에서 모더니즘 텍스트들은 '닫힌 결말'로 되어 있다고 볼 수 있다.

그러나 포스트모던 소설인 토머스 핀천의 『제49호 품목의 경매(*The Crying of Lot 49*)』나 움베르토 에코(Umberto Eco)의 『장미의 이름(*The Name of the*

Rose)』은 저자의 결론이 없는 '열린 결말'로 끝난다. 허구와 사실 사이의 구분이 모호하고, 현실과 허구가 뒤섞이는 현대의 상황에서 아무리 저자라 해도 이제는 더 이상 단일한 결론을 절대적 진리로 제시할 수가 없게 되었기 때문이다.

허구와 사실, 또는 현실과 환상 사이의 경계해체는 또 자연스럽게 판타지 소설과 SF의 부상과 확산을 초래했다. 포스트모던 인식이 퍼져나가던 1960년대 이후부터, 그동안 주변부에서 하류장르로 취급받고 있던 판타지 소설과 SF가 갑자기 주류로 부상하게 된 배경에도 바로 그러한 인식의 변화가 자리 잡고 있었다. 허구와 사실 사이의 경계해체는 결국 작가들의 상상력과 소설문학의 지평을 획기적으로 넓히는 데 지대한 공헌을 했으며, 포스트모던 문학의 발흥에도 큰 역할을 했다.

『단테 클럽』의 경우

최근 출간되어 각광을 받고 있는 『단테 클럽(*The Dante Club*)』과 『다빈치 코드(*The Da Vinci Code*)』도 허구와 사실을 혼합한 새로운 형태의 소설들이다. 그중에서도 특히 매슈 펄(Matthew Pearl)의 『단테 클럽』은 19세기 중반 하버드 대학을 중심으로 보스턴 문인 그룹을 형성했던 시인 헨리 워즈워스 롱펠로, 제임스 러셀 로웰, 올리버 웬들 홈스, 그리고 역사학자 조지 워싱턴 그린과 유명한 편집자 제임스 토머스 필즈 등 실제인물들이 주인공으로 등장해 단테 클럽과 연관된 살인사건을 조사한다.

미국문학을 전공한 사람이라면 누구나 『단테 클럽』을 읽으면서 반가움을 느끼게 되는데, 그 이유는 이 소설에 당시 보스턴을 중심으로 활동했던 미국문인들의 모습이 너무나 충실하고 설득력 있게 묘사되어 있기 때문이다. 사실 허구인 살인사건만 제외한다면, 『단테 클럽』의 내용은 모두 역사적 사실처럼 보인다. 작가 매슈 펄은 자신의 소설이 사실과 허구의 혼합물이라는 사실을 작품의 말미에 다음과 같이 밝히고 있다.

> 언어나 대화를 써나가는 데 있어서 단테 클럽은 시나 에세이나 소설이나 저널이나 단테 클럽 회원과 그들과 가까웠던 사람들의 편지를 차용하고 포함시켰다. 나는 단테 클럽 회원들의 저택이나 주변 유적지도 직접 찾아갔고, 다양한 도시의 역사와 지도들과 회고록들과 서류들의 섭렵은 1865년의 보스턴과 케임브리지와 하버드 대학의 모습을 재구성하는 데 많은 도움이 됐다.
> (Pearl, 2004, pp. 369-370)

이어 작가는 애니 필즈와 윌리엄 딘 하월스의 회고록을 읽고 그들의 일상생활을 파악했으며, 그것을 토대로 등장인물들의 말투를 결정했다고 적고 있으며, "가능하면 주변 등장인물들조차도 관련된 그 사건에 등장할 가능성이 있는 실존 인물들 중에서 끌어왔다"고 말한다. 물론 이 소설에서 단테 클럽을 둘러싸고 벌어지는 엽기적인 연쇄살인사건은 완전히 작가가 만들어낸 허구이다. 그러나 작가는 당시의 기록에 의하면 남북전쟁 직후 뉴잉글랜드 지방에서 살인이 급증했다는 사실을 예로 들어 그러한 살인사건조차도 전혀 불가능한 것은 아니었다고 말하고 있다.

매슈 펄은 『단테 클럽』에서 이렇게 사실과 허구를 정교하게 뒤섞어놓음으로써, 허구적 구축물인 자신의 소설에 상당한 신빙성을 부여하는 데 성공하고 있다. 즉 그는 독자들로 하여금 마치 『단테 클럽』에서 일어나는 일들이 역사적 사실인 것처럼 느끼게 만듦으로써, 자신의 픽션을 신뢰할 수 있도록 했다. 그래서 독자들은 낯익은 인물들이 등장해 활약하는 이 추리소설을 읽으면서, 마치 실제로 일어났지만 정사에서는 제외된 야사를 읽는 듯한 착각을 하게 된다.

또 한 가지 특이한 것은, 『단테 클럽』이 사실과 허구뿐만 아니라, 순수문학과 대중문학의 경계도 해체시키는 특이한 형태의 소설이라는 점이다. 우선 이 소설의 등장인물들은 모두 미국문학사에서 쟁쟁한 유명작가들이고, 그들의 대화나 생활, 또 하버드 대학을 중심으로 벌어지는 사건들이나 줄거리, 그리고 작품의 소재나 제재 모두가 순수문학작품으로서 전혀 손색이 없다. 뿐만 아니라, 『장미의 이름』을 연상시키는 이 소설의 주제 또한 그 어느 순수문학작품에 못지않게 중후하고 심오하다.

『단테 클럽』의 내용은 다음과 같다. 하버드대 교수들인 헨리 워즈워스 롱펠로, 제임스 러셀 로웰, 올리버 웬들 홈스, 조지 워싱턴 그린과 편집자 제임스 토머스 필즈는 1865년 하버드 대학이 있는 매사추세츠 주 케임브리지에서 단테 클럽을 결성하고, 단테의 『신곡(*Divina Commedia*)』을 영어로 번역한다. 이들의 번역은 두 가지 중요한 의미를 갖는데, 하나는 하버드를 중심으로 그리스 로마의 고전을 보호하고 그것만을 내세우려는 보수적인 고전보호주의자들(예컨대 매닝 같은)과의 싸움이고, 또 한 가지는 미국인이 쓴 작품들만 미국문학으로 인정하려 하는 자국문화 보호주의자들(예컨대 에머슨 같은)과의 대립이다. 그런 의미에서 단테 클럽 회원들은 자유주의적이고 세계주의적인 사람들로 제시된다.

하버드 대학의 매닝 교수는 마치 『장미의 이름』에 등장하는 도서관장 호르헤처럼 잘못된 확신과 경직된 보수주의에 사로잡혀 자신이 보기에 이단적이고 혁신적인 단테 클럽 회원들을 협박하며 『신곡』의 번역 포기를 종용한다. 그러나 롱펠로를 비롯한 단테의 역자들은 위협에 굴하지 않고 꿋꿋이 맞서 대항한다. 그래서 『신곡』은 마치 『장미의 이름』에 나오는 아리스토텔레스의 『시학』 제2권처럼 금서로 취급된다. 그리고 어떤 책이 금서로 취급될 때, 그것을 몰래 보는 사람들이 있고 막으려는 사람들이 있어 결국 살인사건이 발생하게 된다.

그래서 하버드 대학이 있는 보스턴 근교 케임브리지에서도 엽기적인 연쇄살인사건이 일어난다. 『장미의 이름』에서는 요한의 묵시록에 나타난 예언에 따라 살인사건이 일어나는데, 단테 클럽에서는 『신곡』의 내용에 따라 연쇄살인사건이 일어난다. 의대 교수인 올리버 웬들 홈스(이 이름은 코난 도일의 탐정 홈스를 연상시켜 좋은 효과를 거두고 있다)는 동료교수 로월과 함께 살인사건을 조사하다가, 놀라운 사실을 발견하게 된다. 범인은 『신곡』에서 단테가 지옥에 내려가 목격하는 죄인들의 형벌을 그대로 모방해 자신이 죄인이라고 생각하는 사람들을 상대로 엽기적인 살인행각을 벌여온 것이다.

이 소설의 중요한 주제 중 하나는, 바로 자신이 정의를 집행한다고 착각하는 살인범의 도덕적 우월감과 경직된 확신의 위험성이다. 그와 똑같은 도덕적 우월감과 경직된 확신이 고전문학 옹호자인 매닝에게서도 발견된다. 비록 직접 살인을 저지르지는 않았지만, 매닝 역시 자신만이 옳다는 확신 속에 단테 클럽 회원들을 박해하는 정신적 살인을 저질렀다는 점에서 살인자와 비슷하다. 그는 하버드 대학에 그리스 로마의 고전 이외의 것이 들어오면 대학이 저속해지고 오염된다고 생각하는 극단적 보수주의자이고, 살인자는 그 반대편에서 오염된 죄인들을 처벌해야만 한다고 생각한 극단적 진보주의자로 제시된다.

작가 매슈 펄은 19세기 중엽의 미국문단의 문제점을 소재로 삼아, 『장미의 이름』에 필적하는 수준 높은 작품을 산출해내는 데 성공하고 있다. 비록 추리소설이기는 하지만, 『단테 클럽』은 『장미의 이름』처럼 문학적 향기가 가득한 특이한 작품이다. 『단테 클럽』에서 작가가 제시하고 있는 주제들은 오랫동안 각국의 문학작품들이 논의를 벌여온 중요한 문제들이다. 그리고 그러한 사실은 이 소설을 순수문학과 대중문학 사이의 경계에 놓이도록 만든다. 그러므로 이 소설을 순수문학에 편입시킬 것인지, 아니면 대중소설에 편입시킬 것인지는 오직 독자들의 몫일 것이다.

물론 『단테 클럽』을 순수문학의 탈을 쓴 대중문학이라고 비난하는 평자들도 있을 것이다. 그럼에도 이 정도 중후한 주제와 뛰어난 재미로 독자들을 다시 문학으로 데리고 올 수 있는 작품이라면 순수문학이 되지 못하리라는 법도 없다. 『장미의 이름』 이후에 다시는 그와 같은 작품이 나오지 못할 것이라고 생각했던 사람들에게 『단테 클럽』은 그렇지 않다고, 사실과 허구를 잘만 혼합하면 좋은 작품은 여전히 계속해서 나올 수 있으리라는 것을 예증해주는 좋은 경우라고 할 수 있다.

『다빈치 코드』의 경우

댄 브라운(Dan Brown)의 『다빈치 코드』 역시 허구와 사실을 잘 혼합해 만든 재미있는 추리소설이다. 『다빈치 코드』는 다빈치를 비롯한 예술가들의 미술품들과 기호학, 그리고 종교 비사에 대한 해박한 지식이 돋보이는 추리소설이며, 현대문학의 관심사이기도 한 여러 중요한 주제들을 다루고 있다는 점에서도 주목할 만한 소설이다. 그럼에도 불구하고 『다빈치 코드』는 『단테 클럽』보다는 좀 더 대중적이어서, 읽기에는 재미있지만 무게는 좀 덜하다는 느낌을 준다. 소설 구성이 마치 영화 시나리오 같아서 사건 전개가 빠르고 속도감이 느껴져 다소 가볍게 느껴지기는 하지만, 『다빈치 코드』는 그만큼 재미있는 소설이라고 할 수 있다.

『다빈치 코드』 역시 『단테 클럽』처럼 『장미의 이름』의 영향을 받은 것처럼 보이는데, 예컨대 중세 기독교, 기호의 해독, 정통교단과 이단, 그리고 금단의 지식(여기서는 금서 대신 성배가 등장한다), 그리고 그 금단의 지식에 접근하려는 집단과 수호하려는 집단, 그리고 살인사건의 퍼즐을 풀어나가는 과정 등은 그 좋은 예가 된다. 또 금단의 지식을 찾아 암호를 해독해나가는 로버트 랭던과 소피 느뵈는 마치 『장미의 이름』에 등장하는 윌리엄 수사와 도제 아드소의 분위기를 풍기기도 한다.

『다빈치 코드』에서는 다빈치에 대한 여러 사실들, 그리고 예수에 대한 감추어진(또는 교회에 의해 억눌린) 사실들이 살인사건이라는 허구와 잘 혼합되면서 소설을 재미있게 이끌어가고 있다. 특히 이 소설에서는 그동안 감추어지고 억압되어 온 것으로 알려진 여러 가지 충격적인 사실들—예컨대 예수가 막달라 마리아와 결혼을 했고, 예수가 죽은 후 막달라 마리아가 프랑스로 도망쳐 예수의 아이를 낳았으며, 교회가 그 사실을 감추기 위해 관련문서들을 찾아 없애려 했다는 것 등—을 소재로 사건을 전개해나가고 있다.

사실과 허구를 뒤섞는 이러한 소설기법은 권력집단과 지배문화에 의해 그동안 억압받고 침묵되어온 또 다른 목소리를 발굴하고 조명한다는 점에서 대단히 효과적이다. 다빈치의 그림 〈최후의 만찬〉이나 〈모나리자〉의 미소 재해석도 그동안 드러나지 않은 것들에 대한 새로운 조명이라는 측면에서 중요한 소설적 장치가 된다. 또한 오랫동안 탐색의 대상이 되어온 성배가 최후의 만찬에서 사용된 잔이 아니라 사실은 여성 즉 막달라 마리아를 의미하는 것이며, 따라서 성배탐색이란 그녀의 뼈를 찾아 경의를 표하는 것이라는 해석도 설득력 있게 다가온다.

그렇다면 『다빈치 코드』에서도 정작 중요한 것은 살인사건 그 자체가 아니라, 살인을 일으킨 동기일 것이다. 이 소설에서도 '스승'이라는 사람이나 알비노 병에 걸린 사일러스(그의 전신은 순결을 상징하는 흰색이지만 그 흰색이 병든 피부색이라는 사실은 상징적이다)는 자신들의 종교적 신념과 확신으로 주저 없이 살인을 저지른다. 『장미의 이름』이나 『단테 클럽』에서도 그렇지만, 종교적 신념과 도덕적 우월감이 살인도 합리화할 수 있다는 사실은 우리에게 많은 것을 시사해주고 있다.

그러므로, 『다빈치 코드』는 결코 가벼운 추리소설이 아니라, 상당히 무겁고 심각한 주제를 다루고 있는 문학작품이라는 느낌을 받게 된다. 작가는 최근 활발하게 논의되고 있는 기독교와 관련된 역사적 사실과 루브르 박물관에서 일어난 가공의 살인사건을 뒤섞어 한편의 훌륭한 추리소설을 써내는 데 성공하고 있다. 이 정도 주제의식을 가진 추리소설이라면, 단지 추리소설이라는 이유만으로 순수문단에서 폄하할 이유는 없어 보인다. 『단테 클럽』이나 『다빈치 코드』는 독자들에게 새로운 지식의 즐거움과 소설의 재미를 동시에 제공해주고 있다. 그것이 가능한 이유는 작가들이 전문가가 되다시피 자신이 다루는 분야를 심층 연구하고, 뛰어난 상상력과 새로운 기법으로 그것을 재미있게 제시하고 있기 때문일 것이다. 예컨대 『단테 클럽』은 문학 또는 영문학에 대한 지식을, 그리고 『다빈치 코드』는 기호학과 종교사의 즐거움을 독자들에게 제공해주고 있다. 후자를 읽으며 다윗의 별이 음양의 화합을 의미한다는 것, 또 미군 사병의 계급장이나 피라미드의 삼각형이 남성의 상징이라는 것, 그리고 역 피라미드나 잔(성배)은 여성의 상징이라는 것을 알게 되는 것은 독자들에게 지적 깨우침과 즐거움을 준다.

안타깝게도 한국문학에서 그러한 지적 즐거움을 주는 소설들을 찾아보기란 그리 쉽지 않다. 독자들은 이제 더 이상 소설에서 뼈저린 개인의 고독이나, 그로 인한 불륜이나 가족 간의 갈등 같은 것을 원하지 않는데, 우리 작가들은 아직은 그런 지엽적이고 사적인 문제를 소설로 쓰는 경우가 많기 때문이다. 또 사실 그런 것에는 이 시대 지성들의 고뇌가 담겨있지도 않다. 그런 의미에서 『단테 클럽』이나 『다빈치 코드』는 우리에게 시사해주는 바가 많다.

사실과 허구 혼합의 문제점

사실과 허구를 뒤섞는 소설의 가장 큰 문제는 과연 어디까지가 사실이고 어디까지가 허구인가 하는 것이다. 『단테 클럽』의 경우, 작가는 '작가의 말'에서 그 문제에 대해 분명하게 언급해주고 있다. 『다빈치 코드』의 경우, 작가의 해설은 없지만 기독교 비전이나 정전에서 밀려난 경외서,

그리고 예수의 결혼에 대한 이야기는 이미 공개되어 있는 것들이어서 크게 문제될 것은 없어 보인다. 특히 사해문서의 발견 이후, 예수의 후손이 프랑스의 메로빙거 왕조를 이루었다고 하는 이론도 이미 광범위하게 퍼져나가고 있다.

그러나 『태백산맥』 같은 국내소설의 경우에는 문제가 다르다. 사실과 허구의 경계를 넘나드는 이 중요한 소설을 읽으며 독자들은 역사적 사실과 허구를 구별할 수 없었고, 그 결과 많은 사람들이 실제 역사에 대해 잘못된 정보와 지식을 갖게 되었으며, 좌파 이데올로기에 대한 막연하고 과도한 호감과 환상에 젖어들었기 때문이다. 저자의 의도와는 무관했을 이러한 결과는 허구와 사실이 혼합될 때 일어날 수 있는 필연적인 부작용 중의 하나이며, 이러한 문제를 해결하고 혼란을 막는 한 가지 방법은 독자들의 오해를 불식시키기 위해 작가가 후기에 해설을 붙이는 것이다. 만일 매슈 펄이 작가후기를 붙이지 않았더라면, 미국문학을 전공하지 않은 사람들은 당시 실제로 살인사건이 일어났고 하버드대학 문인들이 사건을 해결한 것으로 오해할 수도 있었을 것이다.

사실과 허구의 경계가 무너지는 것, 그리고 허구와 사실이 혼재하는 것은 오늘날 포스트모던 현상이자 포스트모던 인식을 공유하는 소설들에서 늘 나타나고 있다. 사실과 허구, 또는 현실과 환상의 경계가 사라지는 것은 곧 우리가 이분법적 구분으로부터 벗어나 새로운 세계로 들어가는 것을 의미한다. 그것은 바람직하지만, 동시에 예기치 않은 혼란을 초래할 수도 있다. 새로운 영역에서 혼란을 극복하고 다시 질서를 회복하는 것은 오직 작가와 독자 그리고 평론가들의 책임일 것이다.

4. 그래픽 노블: 시각예술과 언어예술의 이상적 혼합

때로는 잘 그린 한 장의 그림이 우리의 삶을 변화시킬 수도 있고 우리의 진로를 바꾸어놓을 수도 있다. 그림은 문자나 말보다도 훨씬 더 강렬하고 직접적인 호소력으로 현실을 묘사하거나 역사적 사건을 재현해낸다. 예컨대 전쟁의 참상이나 독재정권의 억압, 또는 인종차별의 현장 같은 경우에는 말이나 글로 하는 설명보다는 한 장의 사진이나 그림이 훨씬 더 강력한 효과를 발휘한다. 더욱이 문자보다 이미지에 더 익숙한 이 시대의 젊은 독자들에게 그림을 이용한 그래픽 노블은 한 편의 훌륭한 소설이 된다. 그래서 그래픽 노블은 문자로 된 소설이라면 외면하고 말았을 영상세대 독자들을 다시 문학으로 데려오는 중요한 역할을 하고 있다. 소설은 문자로 씌어져야 한다는 고정관념에서만 벗어난다면, 그래픽 노블은 새로운 형태의 소설로서 대단한 호소력을 갖고 우리에게 다가올 것이다.

그렇다면 그래픽 노블이란 과연 무엇인가? 그래픽 노블은 그림과 소설, 또는 시각예술과 언어예술이 만나 만들어내는 새로운 형태의 혼합소설이다. 물론 그래픽 노블에서는 그림과 언어가 단순히 뒤섞이는 것이 아니라, 서로의 약점을 보완해 상호보충작용을 한다. 말이나 글로 설명할 수 없는 것들을 그림으로 보여주고, 그림으로 묘사할 수 없는 것은 문자로 설명해줌으로써, 그래픽 노블은 단순한 그림이나 문자소설보다 독자를 감동시키고 설득하는 데 훨씬 더 효과적인 매체라고 할 수 있다. 더구나 그래픽 노블은 무거운 주제를 그림을 통해 제시함으로써 누구나 이해하기 쉽도록 만들어주는 접근성이 대단한 문학 장르라고 할 수 있다. 사람들은 누구나 어린 시절부터 만화에 익숙해져 있고, 극화에 친밀감을 느끼며, 성인이 된 후에도 신문이나 잡지를 통해 지속적으로 만화의 영향 아래 노출되어 있어서 그래픽 노블에 친근감을 느끼게 된다. 물론 그래픽 노블과 신문만화는 다르다. 그래픽 노블은 마치 소설처럼 지속적으로 독자들의 상상력을 자극하지만, 신문만화는 촌철살인의 사회풍자와 현실비판의 역할을 수행할 뿐, 지속적인 상상력을 부여해주지는 않는다.

그래픽 노블은 오늘날 영화에도 지대한 영향을 미치고 있어서 적지 않은 영화가 그래픽 노블을 원작으로 하고 있다. 예컨대, <신 시티>, <브이 포 벤데타>, <인크레더블 헐크>, <원티드>, <엑스맨>, <왓치맨> 같은 영화들은 모두 그래픽 노블이 원작이다. 범위를 좀 더 넓히면, <수퍼맨>이나 <배트맨>, 또는 <스파이더맨>도 크게는 그래픽 노블에 포함된다.

그래픽 노블의 근원을 찾아 올라가노라면 19세기까지 거슬러 올라가지만, 본격적인 현대 그래픽 노블의 등장은 아트 스피글만(Art Spiegelman)의 『마우스(*Maus*)』 제1권(1986)부터라고 할 수 있다. '내셔널 크리틱스 어워드'를 받은 이 책과 퓰리처상을 받은 『마우스』 제2권으로 스피글만은 그래픽 노블을 당당히 본격문학의 반열에 올려놓는 데 지대한 공헌을 했다. 나치의 아우슈비츠 수용소의 참상을 그린 『마우스』는 스피글만이 수용소에서 살아남은 자기 아버지의 이야기를 통해, 지금도 계속되고 있는 인간의 편견을 비판하고 있는 뛰어난 문학작품으로 평가받고 있다. 『마우스』는 단순히 나치의 만행에 대한 비판에 그치지 않고, 더 나아가 극한 상황에 처한 인간들의 행태, 권력의 순응 문제, 인간의 적응과 생존 능력, 부자지간의 관계 등을 통해 다양한 인간사를 성찰하며 인류문명 자체를 신랄하게 비판하는 데 성공하고 있다.

『마우스』에서 스피글만은 등장인물들의 얼굴을 동물로 그리고 있는데, 이는 각 민족의 특징과 정체성의 상징이기도 하지만, 독자들로 하여금 유머감각과 편안함으로 비극적 인류역사에 접근할 수 있도록 해주는 좋은 장치라고 할 수 있다. 쥐의 얼굴로 등장하는 유대인, 돼지의 모습인 폴란드인, 그리고 셰퍼드를 데리고 등장하는 고양이 얼굴의 독일인은 당시 유대인과 폴란드인을 쥐와 돼지에 비유했던 나치의 편견과 특성을 잘 드러내주면서 동시에 독자들로 하여금 편한 마음으로 웃으면서 이 작품을 읽도록 해주고 있다. 더구나 스피글만은 아버지의 부탁에도 불구하고 자신의 아버지를 긍정적으로만 묘사하지는 않고 있는데, 이런 장치는 이 작품에 공정성과 신뢰성을 부여해주고 있다. 그것은 곧 『마우스』에서 작가가 어느 개인의 편을 들고 있는 것이 아니라, 인류의 비극적 역사를 있는 그대로 기록하고 있다는 것을 의미한다.

이후 스피글만은 9/11 테러로 사라진 세계무역센터의 참사를 다룬 또 다른 그래픽 노블 『인 더 섀도우 오브 노 타워스(*In the Shadow of No Towers*)』(2004)를 써서, 아우슈비츠의 편견과 폭력이 21세기 뉴욕에서도 여전히 계속되고 있음을 신랄하게 비판했다. 자신이 직접 목격한 세계무역센터 빌딩의 붕괴를 그래픽 노블로 그려내면서 스피글만은 이슬람 테러리스트들의 폭력과 그것을 정치적으로 이용하는 부시행정부를 둘 다 강력하게 비판한다.

또 다른 그래픽 노블 작가인 조 사코(Joe Sacco)는 『안전지대 고라쥬다(*Safe Area Gorazde*)』(2000)에서 보스니아 내전을 다루고 있다. UN이 선포한 안전지대인 고라쥬다에 석달간 체류한 자신의 경험을 토대로 그려낸 이 그래픽 노블에서 사코는 보스니아에 안전지대란 없으며, 얼마나 많은 사람들이 끔찍한 인종청소로 인해 무참하게 학살당했는가를 처절하게 보여주고 있다. 원래 그래픽이라는 단어는 '그림'이라는 뜻과 '그림을 보는 것처럼 생생한'이라는 의미가 있는데, 사코의 이 그래픽 노블에는 문자 그대로 생생하게 끔찍한 장면들—사지가 절단된 시체나 두 토막으로 잘린 사람들—이 많이 묘사되어 있다. 이 소설에서 사코는 차마 언어로는 묘사하기 어려운 끔찍한 장면을 그림으로 보여줌으로써 강렬한 효과를 성취하고 있다. 『안전지대 고라쥬다』에서 사코는 궁극적으로 인간의 잔인함, 타자에 대한 편견, 극단적 민족주의, 이데올로기화한 종교적 신념 등을 예리한 필치로 비판하고 있다. 『안전지대 고라쥬다』는 2001년 '아이즈너 어워드(The Aisner Award)를 수상했다. 사코가 연재 중 1996년 '아메리칸 북 어워드'를 수상한 『팔레스타인(*Palestine*)』은 작가가 직접 만난 팔레스타인인들과 이스라엘인들로부터 들은 이야기들을 토대로 중동문제를 다룬 또 한편의 뛰어난 그래픽 노블이다.

그래픽 노블로 유명한 여성작가로 『페르세폴리스(*Persepolis*)』(2000-2003)를 출간한 매리앤 사트라피(Marjane Satrapi)를 빼놓을 수는 없을 것이다. 이란에서 태어나 프랑스에서 교육받은 그녀는 자신이 경험한 샤의 몰락과 호메이니의 집권, 그리고 이란/이라크 전쟁을 이 작품에 담았다. 호메이니의 박해를 피해 1983년 비엔나로 도피해 고등학교를 다닌 그녀는 이후 테헤란으로 돌아와 비주얼커뮤니케이션으로 석사학위를 받고 현재는 파리에서 작품 활동을 하고 있다. 정치적 격변기와 종교적 편견과 전쟁이 횡행하던 곳에서 보낸 한 소녀의 어린시절을 그린 이 4권짜리 그래픽 노블은 그 어느 작품보다도 이란의 격변기와 참상을 잘 묘사하고 있다는 평을 받고 있다.

미국에서 게이문제를 솔직하고 적나라하게 그래픽 노블로 그려낸 여성작가 앨리슨 베크델(Alison Bechdel)은 『펀 홈(*Fun Home*)』(2006)으로 비상한 주목을 받았다. "어느 가족의 비극적 희극"이라는 부제가 붙은 이 소설에서 베크델은 오늘날 미국 가정의 문제점을 생생하고 적나라하게 묘사하고 있다. 자신의 어린 시절을 아버지와의 관계를 배경으로 그려낸 이 작품은 진한 동성애 장면묘사에도 불구하고 독자들과 평론가들로부터 진지한 문제작이라는 평가를 받았다.

특히 스피글만이 그렇지만 그래픽 노블 작가들은 '그래픽 노블'이라는 용어에는 문제가 있다면서 자신들의 작품을 '그래픽 내러티브'로 불러줄 것을 요청한다. 자신들의 작품이 허구인 픽션이 아니라 엄연한 사실에 근거해 있다는 것이다. 그러나 여전히 미국의 대형서점 체인인 반스 앤 노블이나 보더스에 가보면 서가에 '그래픽 노블'이라는 팻말이 붙어 있다. 아마도 그래픽 내러티브라는 용어가 일반 독자들에게는 어렵고 생소하기 때문일 것이다.

구텐베르크 시대가 막을 내리면 언젠가는 그래픽 노블이 현재 소설의 위치를 차지하게 될는지도 모른다. 그래픽 노블은 그림과 언어의 경계가 무너진 시대에 새롭게 등장한 하이브리드 소설이다. 과학자들은 하이브리드가 양쪽의 장점만 취한 우성을 갖고 태어나는 경우가 많아서 유전학적으로 강한 우성이 된다고 말한다. 그렇다면 그래픽 노블 역시 언젠가는 문자소설을 제치고 소설의 주요 장르로 부상하는 날이 오게 될는지도 모른다.

5. 판타지 문학, 어떻게 읽을 것인가?

필립 풀먼의 『신의 검은 물질』 3부작

비평가들은 영국작가 필립 풀먼(Philip Pullman)을 J. R. R. 톨킨과 C. S. 루이스와 더불어 현대 판타지 문학의 3대 거장으로 꼽는 데 주저하지 않는다. 톨킨과 루이스처럼 옥스퍼드 대학 출신인 풀먼은 설화와 민담, 그리고 신화와 성서에 대한 해박한 지식으로 수준 높은 판타지 문학을 창출해내는 데 성공했다. 또 어른과 아이들이 같이 읽고 즐길 수 있는 판타지를 썼다는 점에서도 풀먼은 톨킨과 루이스를 닮았다.

『신의 검은 물질(*His Dark Materials*)』(이는 신이 인간을 창조할 때 사용한 재료인 '더스트'를 의미함) 3부작이라 불리는 『황금 나침반』, 『마법의 검』, 『호박색 망원경』을 관통하는 주제는 또 다른 세계에 대한 인식, 선악의 경계해체, 절대적 진리에 대한 회의, 억압과 전쟁과 폭력으로 인한 인간 생태계의 파괴, 임박한 인류절멸에 대한 경고, 인간영혼의 소중함, 그리고 숭고한 희생과 사랑을 통한 세상의 구원 등이다.

2000년 3월 풀먼은 자신이 작품 속에서 언급한 '하늘 공화국'에 대한 강연에서 제3의 밀레니엄을 위협하는 것으로 환경생태계의 파괴, 대기업들의 비민주적 권력, 그리고 핵무기를 만들고 있는 국가들을 예로 들었으며, 그것보다 더 무서운 것으로 근본주의적 종교들—즉 전쟁과 테러를 해결책으로 내세우는 미국의 보수주의 기독교원리주의자들과 탈레반이라 불리는 회교 원리주의자들—을 거론했다. 그는 "우리는 진리를 알고 있다. 그 진리를 믿지 않으면 너희들을 죽이겠다"라는 종교적 근본주의자들이 바로 이 세상을 망치는 장본인들이라고 비판했다.

풀먼은 인류의 모든 비극의 근원을 유일신 신앙이라고 본다. 그는 이 세상에는 단 하나뿐인 절대적인 신이 있고, 다른 신을 믿는 자들은 모두 이단으로 배제해온 역사 위에 서구 기독교 문명과 동양의 이슬람 문명이 세워져 있다고 말한다. 풀먼이 자신의 소설에서 범신론을 주장하고 있는 근거도 바로 거기에 있다. 범신론은 적어도 자기네 유일신을 믿지 않는다고 해서 타자를 이단으로 몰아 죽이지도 않고, 지옥을 상정해 사후세계에 대한 공포를 강요하지도 않는다는 점에서 유일신 종교보다 더 낫다는 것이다. 더욱이 범신론은 죽음을 어둡고 부정적인 것으로 파악하지 않고, 다른 생명체를 살찌우는 자연현상으로 파악한다는 점에서도 구원받지 못하는 사람들의 사후세계를 지옥으로 묘사한 유일신 종교보다 더 바람직하다는 것이다. 풀먼의 소설에서 하늘의 절대자는 더 이상 전지전능한 조물주가 아니라, 다만 늙고 추한 독재자로 등장할 뿐이며, 하늘의 싸움에서 도망치다가 죽어가는 유한한 존재로 묘사된다. 그리고 주인공 윌이 찾아내는 마법의 검 역시 신까지 죽일 수 있는 검으로 묘사된다.

정통 기독교에서 보면 신성모독일 수도 있는 이러한 과감한 설정은 사실, 인간이 만들어낸 '절대신'에 대한 풀먼의 환멸과 통렬한 패러디일 뿐이다. 마법의 검으로 신까지 죽일 수 있다는 설정 역시, 인간이 만들어 낸 허구의 신을 죽일 수 있다는 것을 의미할 뿐, 신성모독이 궁극적인 목적은 아닐 것이다. 인간은 절대신을 만들어냈고, 절대자를 믿는 유일신 사상은 필연적으로 독선과 독재, 그리고 억압과 횡포를 낳았다. 풀먼은 자신의 뛰어난 3부작 소설에서, 인간은 이제 그러한 배타적이고 왜곡된 신앙의 폐해에서 벗어나야만 한다고 주장한다.

그러한 자신의 기독교관과 철학을 드러내기 위해, 풀먼은 라이라와 윌을 이브와 아담에 비유한다. 기독교는 그동안 원죄설을 내세워 이브를 매도하고 인간에게 영원한 죄의식과 복종심을 부과해왔다. 그러나 풀먼은 인간의 타락을 또 다른 시각을 통해 볼 것을 제안한다. 예컨대 독재자는 저항의 근원인 지식을 자신이 다스리는 사람들이 갖게 되는 것을 원하지 않는데, 저항적인 이브가 거기에 반발해 금단의 과일을 따먹음으로써 자신의 영혼과 존재를 인식하고 바라볼 수 있는 지적 능력을 갖게 되었다는 것이다. 그런 맥락에서 보면 원죄(Original Sin)나 타락이란 사실 인간이 자신의 데몬(영혼)을 발견하고 볼 수 있게 된 긍정적인 계기일 수도 있다는 것이다. 과연 라이라는 이브처럼 반항적・모험적이고 창조적이며, 윌은 아담처럼 라이라의 권유로 모험에 동참해 자신의 데몬을 발견하게 된다.

마찬가지로 풀먼은 교회에서 이단으로 배제한 타락천사들 역시 독재자의 압제에 저항해 투쟁한 저항군일 수도 있다고 말한다. 풀먼이 절대자에 저항하다가 하늘에서 쫓겨난 소위 타락천사들을 생명의 근원인 더스트와 동일시하는 것도 바로 그런 맥락에서다. 그런 의미에서 보면, 풀먼 3부작은 『다빈치 코드』보다도 더 반기독교적인 책이라 할 수도 있다. 그러나 풀먼의 주장은 어디까지나 '또 다른 시각'으로 사물을 볼 필요가 있다는 것이지, 교회처럼 자신의 주장만이 참진리라고 확신하는 것은 아니다. 스스로를 의롭고 진실하다고 믿은 그 경직된 '확신'이 그동안 수많은 사람들을 이단으로 몰아 죽여왔기 때문이다.

이 소설에서도 댄 브라운의 『다빈치 코드』나 『천사와 악마』에서처럼, 경직된 교회가 살인자를 동원해 교회에 위협이 되는 사람들을 제거하려는 장면이 나온다. 풀먼은 자신만이 절대적 진리라고 생각하는 사람들의 바로 그러한 독선과 편견이 이 세상을 파멸로 이끌어가고 있다고 경고한다. 풀먼의 주장이 설득력을 갖는 것은, 그가 편파적이지 않고, 억압적이고 폭력적인 교회에 대항해 싸우는 반군 지도자 아스리엘 경조차도 비판하고 있기 때문이다. 아스리엘 경은 자신이 옳은 일을 하고 있다고 믿고 있지만, 다른 세계로 가는 연결통로를 만드는 과정에서 필요한 에너지를 얻기 위해 로저라는 어린아이를 죽이는 잘못을 저지른다. 아이들을 유괴해 육체와 영혼을 분리해 죽게 만드는 교회를 비난하는 그가 교회와 똑같은 잘못을 저지른다는 점은 대단히 시사적이다. 오직 자신만 옳다는 독선과 경직된 이데올로기는 어린아이의 생명을 빼앗으면서도 전혀 양심의 가책을 느끼지 않는다. 그런 사람들은 대의를 위해서는 어린아이의 목숨쯤이야 희생해도 된다고 생각한다. 그러나 까뮈의 『정의의 사람들』이 그 대표적인 예지만, 휴머니즘을 추구하는 문학은 그러한 것을 용납하지 않는다. 그런 의미에서 풀먼의 3부작은 오늘날 우리 현실을 비추어 볼 수 있는 훌륭한 거울이 된다.

풀먼은 라이라와 윌의 모험과 시련과 성장과정을 통해, 폭력이 아닌 타자에 대한 신뢰, 사랑, 희생, 그리고 책임감이 결국 이 세상을 구원하게 될 것이라고 시사한다. 『신의 검은 물질』 3부작은 『반지의 제왕』에 버금가는 스케일과 전쟁 장면, 그리고 『다빈치 코드』를 능가하는 재미와 깊이로 판타지 문학의 정상에 우뚝 서 있는 고전명작으로 문학사에 길이

남을 것이다.

다음은 『신의 검은 물질』 3부작을 읽을 때, 필수적으로 알아야만 하는 사항들이다.

다이몬 또는 데몬(Demon/Daemon) 그리스어에서 파생된 단어인 '다이몬/데몬/디먼'은 흔히 '악마'로 통용되고 있지만, 원래 뜻은 '수호정령'이다. 소크라테스 역시 '다이몬(Daimon)'을 양심과 수호천사의 혼합으로 보았으며, 다른 그리스인들도 '데몬'을 인간의 양심을 지켜주는 수호정령으로 보았다. 엔트로피 이론을 주창한 19세기 스코틀랜드 물리학자 맥스웰은 엔트로피가 극에 달한 체계 속에서 질서를 부여해 파멸을 지연시키는 조그만 분자를 발견하고, 그것을 '맥스웰의 수호정령(Maxwell's Demon)'이라고 불렀다.

그러므로 풀먼의 3부작에 나오는 데몬들은 모두 인간의 수호정령이며, 따라서 인간의 양심과 영혼을 상징하고 있다고 볼 수 있다. 데몬이 하는 일은 자신이 수호하는 인간을 위해 충고를 해주기도 하고 꾸짖기도 하며, 때로는 스파이 노릇을 하기도 하고 보호해주기도 한다. 그리고 무엇보다도 시련에 처했을 때, 양심의 목소리를 대변해준다. 그래서 인간과 데몬의 생각은 서로 다를 수도 있고, 가끔 의견 차이로 언쟁을 벌이기도 한다.

그럼에도 불구하고, 데몬들은 대체로 자기와 연결된 인간의 심성을 닮기 마련인데, 풀먼의 소설에서도 하인들의 데몬은 대개 충실한 개이고, 악당들의 데몬은 대체로 늑대로 등장한다. 또 데몬은 자신이 수호하는 인간의 심리상태에 따라 각기 다른 동물로 변신하는데, 이 또한 데몬이 자신과 연결된 인간의 정신이나 영혼의 상징이라는 것을 시사해주고 있다. 데몬이 동반자 인간의 영혼이라는 것은 비평가들도 지적하고 있지만, 풀먼 자신도 북극의 갑옷 입은 곰 이오렉의 말을 빌려 이렇게 말하고 있다. "곰의 갑옷은 곰의 영혼이야, 마치 너희들의 데몬이 너희 영혼이듯이."

데몬은 몇 가지 중요한 특성을 갖는다. 첫째, 주인이 어린아이일 때 데몬은 마음대로 모습을 바꿀 수 있지만, 주인이 성인이 되면 한 가지 모습으로 고정된다. 그것은 곧 어린 시절의 유연함과 다양성과 순진성이 성인이 되면 사라지고 경직된다는 것을 의미한다. 과연 풀먼의 주요 주제 중 하나는 '순진성(아이들)과 경험(어른)'이며, 그런 의미에서 그의 3부작은 '성장소설'이라고도 할 수 있다. 둘째, 데몬은 동반자인 인간과 반대의 성(性)이 된다. 예컨대 라이라의 데몬인 판타라이몬(그리스어로 '자비로운'의 뜻임)은 남성이고, 윌의 데몬은 여성이다. 이는 인간은 자신에게 부족한 정반대의 영혼을 추구하는 무의식을 갖는다는 칼 융의 이론을 상기시킨다. 셋째, 남의 데몬에 손을 대면 절대 안 되지만, 서로 사랑하게 될 경우에는 예외가 되는데, 이 또한 데몬이 인간의 영혼을 상징하기 때문인 것으로 풀이된다. 사랑하는 사람끼리는 영혼을 공유할 수 있기 때문이다. 넷째, 데몬은 동반자 인간과 늘 붙어 있어야만 하며, 일정 거리 이상 떨어지면 피차 극심한 고통을 느끼게 된다. 쿨터 부인은 아이들을 유괴해 기요틴으로 데몬을 잘라내는데, 그렇게 된 아이들은 형언할 수 없는 정신적 고통 속에 영혼을 잃은 좀비처럼 되어 방황하다가 결국 죽음에 이르게 된다.

원래 다이몬 또는 데몬은 기독교 이전의 종교에서 신으로 모셨던 영적 존재였다. 그노시스파들이 그 한 예지만, 그들은 인간의 분열된 자아 중 영적인 자아를 다이몬이라고 불렀는데, 유일신 종교인 기독교가 들어오면서 모든 인간이 갖고 있다고 믿었던 영적인 존재인 다이몬/데몬은 악마로 격하되었다.

더스트(Dust) 데몬이 동반자 인간의 소망과 욕망, 희망과 두려움, 그리고 영혼과 정신을 의미한다면, '더스트'는 이 세상의 영혼이자 생명의 근원을 상징한다. 태초에 신은 땅 위의 더스트로 인간을 창조했으며, 인간은 타락으로 인해 죽은 후 다시 더스트로 돌아가게 되어 있다. 기독교에서는 더스트를 단순히 죽음으로 해석한 데 반해, 풀먼은 더스트란 생명을 이루는 가장 작은 입자, 즉 '신의 검은 물질(His Dark Materials)'이라고 말한다. 그래서 『신의 검은 물질』 3부작에서 더스트는 생명체를 탄생시킬 수 있는 검은 물질, 섀도, 양심의 입자, 또는 아직 생성되지 않은 생각 등으로 풀이되고 있다. 풀먼에 의하면, 더스트는 자연의 삼라만상에 흩어져 있으며, 죽음 또한 더스트와의 즐거운 재결합이 된다. 죽음의 땅에서 유령들을 지상으로 데리고 나오면서 라이라는 두려워하는 유령들에게 이렇게 말한다.

> 여러분들이 이곳에서 나가면 여러분을 구성하고 있는 모든 분자들이 흩어져 공중에 떠다니게 될 거예요. 마치 여러분의 데몬들처럼요. 사람들이 죽는 것을 보셨다면, 그것이 어떤 것인지 잘 아실 거예요. 하지만 여러분의 데몬은 결코 무(無)로 돌아가는 것은 아니에요. 데몬은 삼라만상의 일부니까요. 모든 것의 원자인 데몬은 공기와 바람과 나무와 흙과 모든 생명체 속으로 스며들어가게 될 거예요. 그것들은 결코 사라지지 않는답니다. 그것들은 모든 것의 일부니까요. 제 명예를 걸고 맹세컨대, 바로 그와 같은 현상이 여러분들에게도 일어나게 될 거예요. 여러분들은 흩어져 떠다니게 될 거예요. 하지만 여러분 밖으로 나가 모든 생명체의 일부가 될 거예요.
>
> (풀먼, 2001, p. 319)

그런 맥락에서 보면, 더스트는 자연 속에서 신을 발견할 수 있다는 범신론(pantheism) 및 자연을 손상시키면 안 된다는 생태학(ecology)과 긴밀히 연결된다. 범신론은 자연을 성스러운 신적 존재로 보며, 생태학은 자연의 손상을 돌이킬 수 없는 인류의 고통과 재앙과 파멸의 근원이라고 본다. 인간이 죽는다는 것이 곧 대자연 속에 존재하는 더스트와의 재결합—즉 자연으로 되돌아가는 것—이라고 본다면, 환경과 자연을 파괴하는 것은 죽은 후 인간이 돌아갈 길을 막고 결국은 이 세상을 지옥으로 만드는 것과 같기 때문이다.

교회가 악의 근원으로 규정하고 추적하며, 말론 박사가 필생의 과업으로 연구하는 더스트는 현대물리학의 양자론과 연결되면서, '불확실성 이론'이나, '베일에 가려진 진리' 같은 현대문학의 주요 모티프들과 뒤섞인다. 교회는 더스트를 원죄 및 죽음과 연결시켜 부정적으로 보는 반면, 교회의 권위와 압제에 반대하는 사람들은 더스트를 새로운 가능성으로 본다. 후자의 눈에 더스트는 생명을 생성하고 죽은 자들의 영혼을 포용하며, 또 다른 세계로 이동하기도 하는 긍정적인 물질이다(C. S. 루이스의 『나니아 연대기』에도 외부세계에서 온 더스트 이야기가 나온다). 동화나 판타지에서 요정이 마법 봉에서 뿌려 새로운 것들을 탄생시키는 은가루가 영어로 더스트라는 사실은 그런 맥락에서 의미심장하다.

스펙터(Spectre) 라이라와 윌이 건너가는 다른 세계인 시타가제에서는 스펙터라는 안개 같은 존재가 성인들을 공격해 영혼을 빼앗아 버린다. 그래서 시타가제의 성인들은 모두 좀비처럼 생중사(生中死)의 상태에 있다. 그러나 아이들의 눈에는 스펙터가 보이지 않고, 스펙터도 아이들은 공격하지 않는다. 이는 곧 스펙터의 공격을 막아내는 것이 어린아이들의 순수성과 유연성과 다양성이라는 것을 시사해주고 있다. 그러나 일정한 나이가 되어 어른이 되면, 아이들은 순수성과 유연성과 다양성을 상실하고, 그 결과 스펙터의 공격대상이 된다.

풀먼의 소설에서 스펙터는 더스트가 많은 아이들에게는 접근하지 못하지만, 더스트가 없는 어른들에게는 흡혈귀같이 달려들어 혼을 빼앗는다. 생명의 근원인 더스트는 아이들에게는 많지만 아이가 어른이 돼갈수록 점점 빠져나가는데, 그만큼 어른들은 아우라를 상실하고 죽음과 가까워지는 셈이다. 또한 작품의 마지막에 윌과 라이라가 서로 진심으로 사랑할 때, 그리고 자신들의 사랑을 포기하고 대신 인류를 구원하기로 결정할 때, 많은 더스트가 방출된다.

데몬을 공격하는 스펙터는 생명의 근원인 더스트와 정반대되는 개념이며, 죽음을 상징하는 존재이다. 독선과 아집으로 굳어진 어른들은 결국 스펙터의 공격을 받고 영혼을 잃은 채 죽어간다. 스펙터는 인간들이 다른 세계로 도피하거나 더 좋은 세상을 동경해 창을 만들 때마다 생겨나, 삶의 터전에서 더스트를 몰아내고 인간들을 공격해 이 세상에 죽음과 폐허를 가져오는 파괴적인 존재이다.

『신의 검은 물질』 3부작 제목의 의미

황금 나침반 조던 대학 총장이 라이라에게 준 황금 나침반은 진실을 말해주는 도구로, 어린 소녀 라이라가 여행 중 길을 잃었을 때나, 알고 싶은 일이 있을 때 이를 가르쳐주는 일종의 마술도구이다. 복잡한 도구지만 라이라는 본능적으로 그것의 사용법을 알고 위기가 닥칠 때마다 도움을 받는다. 그러나 나중에 성인 된 후에는 이 나침반의 작동방법을 잊어버리고 이것이 가리키는 내용을 해독해내지 못한다. 그것은 곧 성인이 되면 누구나 자신의 지식과 경험으로 스스로 황금 나침반을 작동시키거나, 아니면 이 나침반 없이 혼자서 길을 찾고 미래를 예측하며 살아나가야 한다는 것을 의미한다.

마법의 검 윌이 그 전수자가 된 마법의 검은 우주의 모든 것을 자를 수 있다. 그래서 그는 그 칼로 억압자인 신과 교회와 자신의 관계도 자를 수 있게 된다. 동시에 마법의 검은 다른 세계로 통하는 창문을 열고 닫을 수도 있다. 그러나 창을 열 때마다 생명의 더스트가 빠져나가고 스펙터가 생겨난다는 말을 듣고, 윌은 그 검으로 모든 창문을 닫아 세상을 구하기로 결심한다. 마법의 검은 윌이 집중하지 못하고 사랑하는 사람에게 죄의식을 느낄 때 부러진다. 한번은 쿨터 부인에게서 자기 어머니의 모습을 보는 순간 부러졌고, 마지막에는 헤어진 라이라를 생각하자 부러진다. 이제 성인이 된 윌은 마법의 검 없이도 압제자와 결별하고, 상상 속에서 다른 세계로 통하는 창을 열거나 닫으며 살아나가야만 한다.

호박색 망원경 말론 박사가 더스트를 볼 수 있는 뮬레파 족들과 더불어 살면서 만든 호박색 망원경은 인간의 시야와 비전의 지평을 확대해 더스트를 볼 수 있게 해주는 도구다. 눈의 확장인 망원경을 통해 인간은 육안으로는 보지 못하던 것들을 보게 되고, 새로운 것들을 발견하게 된다. 예컨대 말론 박사는 뮬레파들과 살면서 우리와 다른 세상에는 우리와 모습이 전혀 다른 생명체들도 살고 있으며, 다른 식의 커뮤니케이션 수단이 존재할 수도 있다는 사실을 깨닫게 된다. 그녀의 순수성과 유연성 때문인지, 말론 박사에게는 성인이 되면 없어지는 더스트가 아직도 남아있으며, 바로 그 이유로 스펙터들도 말론 박사만큼은 무서워하고 피한다.

또 다른 세계로 통하는 창(窓) 풀먼이 창조한 '멀티플 월드' 또는 '평행으로 존재하는 세계'는 우주가 단순한 3차원을 넘어서서 훨씬 더 복합적인 수많은 차원으로 존재한다는 아인슈타인의 이론과 현대물리학의 양자이론에 근거한 것이다. 예컨대 각기 다른 시대와 차원에서 살다가 서로 만나게 되는 라이라의 세계와 윌의 세계는 아주 비슷하다. 두 사람은 모두 옥스퍼드에 살고 있으며, 식물원의 벤치까지도 같을 만큼, 그 두 세계는 평행을 이루며 존재하고 있다. 풀먼은 등장인물들의 입을 빌려 우주에는 이와 같은 세계가 수백만 개나 존재하고 있다고 말한다.

한 세계에서 또 다른 세계로 들어가기 위해서는 창이 필요하다. 남자 주인공 윌은 우연히 다른 세계로 통하는 창문을 발견하고 그리 들어가 역시 또 다른 세계에서 건너온 라이라를 만나게 된다. 윌과 라이라는 둘 다 절박한 상황에서 탈출구를 찾다가 다른 세계로 통하는 창문을 발견하고 들어가게 된다. 다른 세계로 통하는 창문은 보통사람의 눈에는 보이지 않지만, 탈출구가 필요한 극한 상황에 처한 사람이나, 창문의 존재를 알고 추구하는 사람의 눈에만 띄는 것처럼 보인다.

창을 통해 들어가는 또 다른 세계는 물론 현실이 아닌 환상의 영역이다. 그래서 풀먼의 창문은 또 다른 세계로 들어가는 입구라는 의미에서 루이스 캐롤의 '거울'이나 C. S. 루이스의 '옷장'과도 같다. 캐롤이나 루이스의 경우처럼, 풀먼의 작품들 역시 바로 그 두 영역 사이의 경계를 넘나드는 판타지 소설이며, 그 속에서 현실과 환상 또한 서로 긴밀하게 연관된다. 예컨대 윌의 아버지 존 패리는 북극 탐험 중에 실종된다. 다른 세계로 들어가는 창문을 찾고 있던 그가 드디어 그 창을 발견해 다른 세계로 들어갔기 때문이다. 아버지의 행방을 추적하던 아들 윌 또한 다른 세계로 가는 창을 발견하고, 다른 세계로 들어가 아버지와 조우한다.

풀먼의 이와 같은 설정은 미국작가 토머스 핀천의 소설 『브이를 찾아서』에도 찾아볼 수 있어, 상호텍스트성의 즐거움을 선사한다. 예컨대 핀천의 주인공 허버트 스텐실은 실종된 아버지 시드니 스텐실의 행방을 추적하던 중, '브이'라는 신비한 여인의 존재를 발견하게 되고, 그로 인해 서구역사의 감추어진 이면을 찾아내게 된다. 또 같은 소설에서 휴 고돌핀이라는 영국 탐험가는 북극 탐사 중, 무엇인가를 본 후, 그것에 대한 경고를 아들에게 전해주려고 부단히 노력한다. 그것은 어쩌면 풀먼의 주인공들이 발견하는 다른 세계로의 창인지도 모른다. 두 작가들의 주인공들은 모두 아버지가 멀리 떠났거나 실종된 상태인데, 이는 인생의 길을 가르쳐줄 아버지(나침반)를 상실한 정신적 고아인 현대인의 상황을 상징해주고 있다.

핀천은 인류문명을 파멸시키는 것으로 서구 제국주의와 나치즘, 그리고 거기에 대항하는 극단적 좌익 민족주의를 예로 들고 있는데, 풀먼 역시 교회가 만들어낸 소년 수용소와 지옥을 나치의 포로수용소와 긴밀히 병치하고 있다. 그런 상황에서 또 다른 세계로 도피하는 창은 대단히 매력적일 수밖에 없다. 문제는 현실에 환멸을 느끼고 환상세계로 도피하는 창을 하나씩 만들 때마다, 인간을 영혼 없는 좀비로 만드는 스펙터들이 생겨난다는 점이다. 그런데 이 세상에는 그동안 사람들이 만들어놓고 닫지 않은 창들이 수없이 많이 있어서, 그리로 소중한 삶의 더스트가 계속 빠져나가고 있으며, 대신 죽음의 스펙터들이 스며들어오고 있다. 그래서 다른 세계로 통하는 창들은 모두 닫혀져야만 한다. 그러나 그 모든 창들을 닫는다는 것은 세상을 파멸로부터 구원하는 것도 되지만, 동시에 라이라와 윌의 영원한 이별을 의미하기도 한다. 작품의 마지막에 라이라와 윌은 비록 서로 사랑하지만, 세상을 구하기 위해 이별을 결심하고 우주의 모든 창들을 닫는다. 그러한 결말을 통해 풀먼은 세상의 구원은 오직 개인의 숭고한 희생을 통해서만 가능하다는 것을 암시해주고 있다.

다른 세계로 통하는 창은 현실의 벽을 벗어나려는 사람들의 상상 속의 도피처이자, 현실의 문제점을 비추는 거울이라고 할 수 있으며, 동시에 이 우주에는 얼마든지 많은 또 다른 세계가 있다는 사실을 깨우쳐주는 역할을 하고 있다. 그러면서도 그것은 우리가 다른 세계의 일에 간섭할 수는 없으며, 우리가 할 수 있는 일은 다른 세계의 일을 교훈 삼아 우리 자신의 세계를 보다 더 살기 좋은 곳으로 만드는 것이라는 사실을 가르쳐 준다. 3부작의 마지막에, 각기 다른 세계에서 온 라이라와 윌의 사랑이 맺어지지 못한 채, 두 주인공이 끝내 헤어져야만 하는 이유도 바로 거기에 있다.

작품의 결말 읽기 풀먼은 판타지로의 여행을 통해 인간은 현실의 문제점(또는 해결책)을 깨닫고, 환상의 세계에서 현실로 다시 돌아와야만 한다고 말한다. 결국 인간은 환상세계가 아니라, 현실세계에 '하늘공화국(a republic of heaven)'을 세워야 한다는 것이다. 그래서 풀먼은 다른 세계로 넘어간 사람은 10년밖에 살지 못하는 것으로 설정해놓고 있다. 윌의 아버지 존 페리는 이렇게 말한다.

> 네 데몬은 그것이 태어난 세상에서만 온전한 수명을 누릴 수 있어. 다른 세상에서는 결국 병들어 죽게 될 거야. 만일 다른 세계로 통하는 문이 있다면 우리는 그곳으로 여행해갈 수는 있어. 하지만 우리는 우리 세상에서만 살 수 있는 거야. 아스리엘 경의 위대한 사업도 바로 그러한 이유 때문에 종국에는 실패할 거야. 우리에게 다른 세상이란 없기 때문에, 우리는 우리가 살고 있는 현세에 하늘 공화국을 세워야만 해.
>
> (풀먼, 2001, p. 363)

바로 그런 이유 때문에, 라이라와 윌의 이별은 필연적이다. 둘은 서로 사랑하지만 결국 서로에 대한 사랑 때문에 사랑을 포기한다. 누가 상대방의 세계에 와서 살든지 그 사람은 10년 만에 수명이 다해 죽게 되기 때문이다. 사랑하는 사람이 죽어가는 것을 차마 바라볼 수 없는 두 사람의 숭고한 사랑은 결국 영원한 이별을 결심하게 만든다. 스코틀랜드의 전설에 등장하는 불멸불사인 '하이랜더'들의 가장 큰 비극은 사랑하는 자기 아내와 자녀들이 늙어 죽어가는 것을 속수무책으로 바라보아야만 한다는 것인데, 라이라와 윌의 비극 역시 그것과 비슷하다.

물론 창 하나는 용납되기 때문에, 라이라와 윌은 자기네들이 오갈 수 있는 창을 하나 만들어 그토록 원하는 사랑을 성취할 수도 있다. 그러나 지옥에서 자연으로 나오려는 영혼들을 위한 창이 하나 필요하다는 것을 알게 된 그들은 기꺼이 자신들의 개인적인 욕망을 포기한다. 풀먼은 바로 그와 같은 이기심 없는 숭고한 사랑이야말로 삶의 근원인 더스트를 만들어내고, 스펙터를 물리쳐 천국을 만들어낸다고 말한다. 풀먼에 의하면 천국이나 지옥이란 다만 교회가 만들어낸 것일 뿐, 실제 그러한 곳은 존재하지 않는다. 대신, 인간이 어떻게 살아가느냐에 따라 그 세계가 천국도 될 수 있고 지옥도 될 수 있다고 말한다. 라이라와 윌의 이루어지지 않는 첫사랑의 고통은 두 사람에게 보다 더 숭고한 사랑을 위해 시련을 견디고 이겨낼 수 있는 정신적인 성숙함을 가져다준다. 안타까운 주인공들의 이별에도 불구하고, 이 소설의 결말이 낙관적일 수 있는 이유도 바로 거기에 있다.

판타지 문학과 입문소설

성장소설로서의 판타지 문학 판타지 문학의 주인공은 대체로 아이들이거나 청소년들이다. 예컨대 루이스 캐롤(Lewis Carroll)의 『이상한 나라의 앨리스』나 톨킨의 『반지의 제왕』, 또는 C. S. 루이스의 『사자와 마녀와 옷장』의 주인공들이 그러하며, 『오즈의 마법사』(프랭크 바움)의 도로시나 『파랑새』(마테를링크)의 주인공인 치르치르와 미치르 또한 그러하다. 『반지의 제왕』에서도, 비록 프로도의 실제 나이는 많지만, 장수하는 호빗의 세계에서 그는 아직 순진한 청소년이다.

판타지 문학의 또 한 가지 공통점은, 주인공들이 각기 혹독한 시련이나 다양한 모험을 겪는 동안, 지금까지 몰랐던 새로운 세계에 눈뜨게 되고, 깨달음을 통해 정신적 성장을 경험한다는 것이다. 예컨대 앨리스는 지하세계에서 만나는 인물들과의 조우와 모험을 통해, 프로도는 절대반지를 버리러 가는 험난한 여정과 반지의 유혹을 이겨내는 고통을 통해, 그리고 루시, 피터, 에드먼드, 스잔은 옷장 속 겨울왕국에서의 시련을 통해 비로소 어린 시절의 순진함을 벗어나 성숙한 어른이 된다. 또 도로

시는 오즈의 마법사를 찾아가는 과정에서, 그리고 치르치르와 미치르는 파랑새를 찾아 헤매는 과정을 통해 정신적으로 성숙해진다.

그와 같은 사실은 곧 판타지 문학이 순수에서 경험으로, 환상에서 현실로, 그리고 사춘기에서 성년으로 옮겨가는 과정에서 우리 모두가 겪는 심리적 통과의례를 다루고 있다는 것을 의미한다. 인간은 누구나 감수성이 예민해지고 정서적으로 불안해지는 사춘기를 겪은 후 비로소 성인이 된다. 우리가 사춘기에 겪는 고독과 고뇌, 슬픔과 고통, 그리고 갈등과 혼란의 크기는 엄청나다. 그리고 그 와중에 그들은 이성에 눈을 뜨게 되는데, 그 설명할 수 없는 미묘한 감정은 그들을 더욱 혼란스럽게 만든다.

그러나 그러한 불안과 혼란과 시련을 겪은 후에야, 청소년들은 비로소 성인세계로 들어가게 된다. 물론 성인이 되는 것이 그리 좋은 것만은 아니다. 통과의례 과정에서 청소년들은 필연적으로 어린 시절의 '순수성'을 상실하게 되기 때문이다. 판타지 문학은 청소년들의 그러한 통과의례 과정을 환상세계에서 일어나는 사건들로 바꾸어 은유적으로 묘사하면서, 선과 악, 용기와 두려움, 사랑과 증오 사이에서 고뇌하고 갈등하다가 결국은 시련을 극복하고 승리하는 주인공들의 모습을 잘 보여주고 있다. 그런 의미에서 판타지 문학, 특히 아동 판타지 문학은 기본적으로 모두 '성장소설' 또는 '입문소설'이라고 할 수 있다.

구체적인 사례와 작품읽기 독일작가 오토프리트 프로이슬러가 17세기 독일을 배경으로 쓴 아동 판타지 『크라바트』는 그 대표적인 경우의 하나라고 할 수 있다. 해리포터의 원조라는 평을 받는 14세 소년 크라바트는 흑마술의 유혹에 빠져 마법사가 운영하는 마법학교 겸 방앗간에서 일하게 된다. 거기서 그는 동료들과 같이 여러 가지 시련을 겪으면서 다양한 인간관계—주종관계, 선후배 관계, 우정, 의리, 배신, 용서, 사랑, 죽음

등—를 배우면서 성장한다. 처음에는 불안과 두려움에 떨던 크라바트는 결국 자신의 연약함을 극복하고, 사랑하는 소녀의 도움을 받아 사악한 마법사와 대결해 그를 제거하고 자유를 쟁취한다. 1972년 독일 아동문학상을 수상한 이 작품은 영어권에서는 『사탄의 방앗간』이라는 다소 무시무시한 제목으로 출간되었는데, 그보다는 『크라바트와 마법의 방앗간』이 훨씬 더 나을 뻔했다.

1998년 화이트브레드 아동문학상을 수상한 영국작가 데이비드 아몬드의 『스켈리그』 역시 전형적인 성장소설이다. 새집으로 이사 간 마이클은 엄마가 조산으로 낳은 동생이 아파서 병원에 입원하는 바람에 부모들과의 대화가 단절되자, 텅 빈 집에서 혼자 외로워하고 두려워한다. 그러다가 그는 버려진 차고 구석에 누워있는 날개가 달린 이상한 존재를 발견하게 된다. 자신을 스켈리그라고 소개한 그 존재는 지상에 내려온 천사처럼 보인다. 마이클은 이웃집 소녀인 미나와 더불어 스켈리그와 친구가 되면서부터 그로부터 사랑과 애정의 신비한 힘을 배우게 된다. 몸이 약해져 차고 속에 누워 있는 스켈리그, 미나가 다락방에서 키우고 있는 새들, 그리고 인큐베이터에 들어 있는 마이클의 동생 등은 모두 갇혀서 날지 못하는 존재들을 상징하고 있다. 가브리엘 마르케스의 판타지 단편 「거대한 날개가 달린 노인」을 연상시키는 이 작품은 초자연적인 존재와의 만남을 통해 따뜻한 인간관계와 비상(飛翔)의 중요성을 깨닫고 어른으로 성장하는 한 소년의 모습을 잘 보여주고 있다. 그러므로 작품의 후반에 날개를 펴고 날아오르는 마이클의 이미지는 곧 성인세계로 들어가는 그의 모습을 상징적으로 보여준다고 할 수 있다.

칠레 작가 이사벨 아옌데의 판타지 3부작인 『야수의 도시』(2002), 『황금용 왕국』(2004) 그리고 『소인족의 숲』(2005)에서도 사춘기 소년소녀의 시련과 성장은 주요 주제로 등장한다. 예컨대 생태주의 스릴러로 불리는 『야수의 도시』에서 15세의 주인공 알렉산더 콜드는 어머니가 암에 걸려 치료받는 동안, 작가이자 탐험가인 괴팍한 할머니 케이트와 같이 지내게 된다. 다시 한 번 부모와의 교류단절이 소설의 배경에 깔린다. 홀로 고립되어 외로운 알렉산더는 9피트나 되는 전설적인 괴물에 대한 글을 쓰러 남아메리카로 떠나는 할머니와 동행한다. 그리고 아마존의 열대우림에서 각종 모험을 겪으며, 비로소 지구의 환경생태계 문제에 눈을 뜨게 된다.

『황금용 왕국』에서 16세의 알렉산더는 여자친구 나디아를 데리고 할머니를 따라 황금용이 있다는 히말라야의 한 왕국으로 여행을 떠난다. 보석이 박힌 보물인 황금용을 훔치려는 사람들과, 치료의 힘이 있는 약초를 구하러 여행하는 라마승 텐싱과 그의 제자 딜 바하두르 왕자, 그리고 알렉산더 일행이 조우하면서, 이야기는 인디아나 존스 식의 모험으로 스릴 있게 전개된다. 외부에 감추어진 신비스러운 동양 왕국으로의 여행을 통해 주인공 알렉산더는 이번에는 동양적 가치관과 종교관을 알게 되고 그 여정을 통해 정신적 성장을 경험한다.

『소인족의 숲』에서는 18세가 된 알렉산더가 15세의 나디아와 함께 할머니를 따라 코끼리 사파리를 위해 아프리카의 케냐로 떠난다. 거기서 그들은 군인 출신의 독재자에 의해 고통 받는 피그미족들을 목도하고, 그들을 도와 독재자를 제거해준다. 거의 성인이 된 주인공이 이번에는 정치적 문제를 통해 성인으로 입문하는 것은 대단히 상징적이다. 정치야말로 성인들의 삶에 가장 직접적인 영향을 끼치는 필요악이기 때문이다. 아옌데가 정치적 상황을 다룬 또 한 가지 이유는 아마도 우파 독재자 피노체트의 쿠데타에 의해 축출된 삼촌 살바도르 아옌데 대통령 때문인 것처럼 보인다.

독일작가 미하엘 엔데의 『끝없는 이야기』는 영화 『네버엔딩 스토리』로도 잘 알려진 판타지 소설이다. 이 방대한 소설의 주인공 바스티안은 어머니가 죽은 후 아버지와 사이가 멀어져 고아처럼 자라는 고립된 아이다. 운동에도 소질이 없고 친구들로부터 따돌림 받는 그의 유일한 즐거움과 위안은 다만 책을 읽는 것뿐이다. 어느 날, 그는 서점에서 『끝없는 이야기』라는 책을 훔친다. 그 책은 자기가 사는 곳인 판타스티카를 파괴하는 것이 무엇인지 알고 싶어 모험을 떠나는 아트레유라는 소년의 여행 이야기다. 바스티안은 자신의 분신인 아트레유의 모험을 통해 카타르시스를 느끼는데, 그렇기 때문에 이 작품에서 바스티안의 현실과 아트레유의 허구는 자주 뒤섞여, 그 경계가 모호해지게 된다.

판타지 소설은 원래 어른과 아이가 함께 읽을 수 있도록 되어 있다. 어른들은 자신이 겪은 사춘기를 더 이상 기억하지 못하고, 청소년 시절에 가졌던 순수성과 환상을 상실한 채 살고 있기 때문이다. 아이들과 함께 판타지 소설을 읽으면서, 어른들은 성인이 되는 과정에서 자신이 잃어버린 것이 무엇이었는지 다시 한번 돌이켜 보는 기회를 갖게 된다. 각박한 현실 속에서 한때는 신선했던 꿈과 이상을 잃어버린 채 살고 있는 우리들에게 판타지 소설은 다시 한번 신비스러운 환상의 세계를 펼쳐 보여준다. 환상은 곧 우리 현실을 비추어 볼 수 있는 마법의 거울과도 같다. 보르헤스가 말했듯이, "이 세상에 현실처럼 환상적인 것은 없다"고 볼 수 있기 때문이다.

『피터 팬』과 네버랜드의 문학적 의미

판타지 문학의 종주국 영국에서 20세기 초에 출간되어 전 세계 어린이들을 환상의 세계로 데리고 간 J. M. 배리의 『피터 팬』은 이제 세계문학의 고전으로 문학사에 자리 잡았다. 현실에서는 불가능한, 그래서 이름도 '네버랜드'인 환상의 지역에서 살고 있는 '자라지 않는 아이' 피터 팬, 충실한 그의 동료인 작고 아름다운 요정 팅커벨, 요정이 뿌리는 더스트 덕분에 네버랜드로 날아간 아이들, 그리고 부모의 부주의로 생겨난

'잃어버린 아이들' 등은 전 세계 아이들의 상상력을 자극했을 뿐만 아니라, 현대 작가들이 즐겨 사용하는 중요한 문학적 모티프가 되었다.

예컨대 독일 나치들의 만행을 목격한 후 성장을 멈춘 귄터 그라스의 대표작 『양철북』의 주인공 오스카, 마법의 더스트에 힘입어 다른 공간으로 이동하는 해리 포터, 또 다른 세계로 통하는 문을 발견하고 모험을 떠나는 『황금 나침반』의 주인공 라이라와 윌의 모습에서도 독자들은 『피터 팬』의 영향을 발견하게 된다. 또 성인이 되어서도 여전히 어린아이처럼 살고 있는 사람들을 지칭하는 심리학 용어 '피터 팬 신드롬'이나, 부모의 무관심으로 인해 잃어버린 아이들이 되어 악의 유혹에 넘어가는 청소년들을 그린 뱀파이어 영화 <로스트 보이스(The Lost Boys)>에서도 우리는 『피터 팬』이 여전히 사람들의 가슴에 살아남아 있음을 깨닫게 된다.

1953년에 제작된 월트 디즈니사의 애니메이션 『피터 팬』은 배리의 소설을 전 세계에 널리 알리는 데 크게 공헌했다. 만화영화를 보고 난 어린이들이 너도나도 원작소설을 찾아 읽었기 때문이다. 그러므로 영화나 만화가 문학의 존립을 위협하는 적이라고 생각하는 것은 하나만 알고 둘은 모르는 단순한 생각이자, 크게 잘못된 것이다. J. R. R. 톨킨의 『반지의 제왕』이나 C. S. 루이스의 『사자와 마녀와 옷장』이 그 대표적인 예지만, 영화는 사람들이 읽지 않아 죽어가는 문학을 되살려놓을 수 있는 막강한 힘을 갖고 있다. 독일의 문화이론가 요하임 패히 역시, "영화는 마치 잠자는 공주를 깨우는 왕자"처럼 아무도 읽지 않아 잠들어 있는 문학작품을 깨어나게 해주는 마법을 갖고 있다고 지적했다.

J. M. 배리는 피터 팬을 창조한 공헌으로 말년에 자신의 모교인 에든버러 대학의 명예총장으로 임명되었으며, 영국 황실로부터 '준 남작'의 작위를 받았다. 많은 명사들이 그를 찾아가 교류했는데, 그중에는 영화배우 찰리 채플린도 있었다. 가족이 없었던 배리는 『피터 팬』의 판권을

그레이트 오몬드 스트릿 병원에 기증했으며, 병원에서는 그 돈을 환자들을 위해 쓰는 한편, 최근에는 제럴딘 매커린을 『피터 팬』의 속편을 쓸 작가로 선정해서, 속편 『돌아온 피터 팬』이 2006년 10월에 30개국에서 동시 출간되어 현재 전 세계의 이목을 끌고 있다.

작가 J. M. 배리에 대해 『피터 팬』의 저자인 스코틀랜드 작가 제임스 매슈 배리(1860-1937)는 부모의 사랑을 전혀 받지 못한 채, 불행한 유년시절을 보낸 사람이었다. 비극은 그가 여섯 살 때 열세 살 난 형 데이비드가 스케이트 사고로 머리를 다쳐 죽으면서 시작되었다. 형을 편애했던 어머니는 평생 그 충격에서 벗어나지 못한 채, 어린 제임스를 자주 데이비드로 착각하거나 죽은 데이비드에게만 매달려 제임스에게는 철저히 무관심했다. 아버지 역시 아들과 거의 교류가 없었다. 어머니가 죽은 데이비드만 찾자, 어린 제임스는 어머니의 관심을 끌기 위해 죽은 형 데이비드의 옷을 입기도 했다고 전해진다. 프랑스 작가 쥘 르나르(Jules Renard, 1864-1910)의 『홍당무』를 연상시키는 그러한 상황은 어린 제임스에게 극심한 심리적 상처와 충격을 주었으며, 그 결과, 제임스는 신체적 성장이 중지되어 성인이 된 후에도 키가 겨우 4피트 10인치에 불과했다. 환상의 지역 '네버랜드'에서 살고 있는 자라지 않는 소년 피터 팬은 바로 작가 자신의 그러한 모습을 투영한 것이다. 또 피터 팬이 살고 있는 '네버랜드'에는 엄마들의 부주의로 인해 생겨난 '잃어버린 아이들(The Lost Boys)'이 살고 있는데, 이 또한 자신에게 무관심했던 엄마에 대한 작가 자신의 심리적 상태를 잘 나타내주고 있다. 그럼에도 불구하고, 제임스는 어머니를 긍정적으로 묘사한 어머니의 전기를 썼으며, 자신의 첫 작품도 어머니가 믿었던 스코틀랜드 토속신앙을 주제로 썼다.

1984년 제임스 배리는 메어리 안셀이라는 여자와 결혼했지만, 사실은 성불능이어서 정상적인 결혼생활이 불가능했다. 결국 외로웠던 아내가 다른 작가와 눈이 맞아 바람을 피움으로써, 두 사람의 결혼은 파국을 맞았고 결국 이혼하게 되었다. 성장을 중지한 만년소년 제임스 배리가 성적으로도 불능이어서 성인의 입문의식을 치르지 못했다는 것은 어쩌면 당연한 일이었는지도 모른다.

배리는 열세 살에 집을 떠나 학교를 다녔으며 1882년 에든버러 대학에서 석사학위를 마쳤다. 『노팅검 저널』에서 저널리스트로 일하던 그는 1885년 런던으로 와서 여러 잡지에 기고하는 프리랜서 작가로 문명을 얻게 된다. 글을 쓰면서 그는 당시 영국의 유명한 작가들과 교분을 맺게 되는데, 그중 그와 친하게 지냈던 사람들로는 극작가 조지 버나드 쇼, 공상과학소설가 H. G. 웰즈, 추리소설가 아서 코난 도일과 G. K. 체스터튼이 있었다. 그는 또 프랑스의 공상과학소설가 줄 베른을 좋아해, 그의 작품들을 탐독하기도 했다. 그러다가 그의 작품 『피터 팬』이 무대에 오르고, 이어 소설로 출간되면서 배리는 일약 쥘 베른 급의 대작가로 부상하게 되었다.

『피터 팬』에 대하여 『피터 팬』은 원래 1904년에 『피터 팬 혹은 자라지 않는 아이들』이라는 희곡으로 먼저 런던에서 공연되었고, 1911년에야 소설로 출간되었는데 원래의 소설제목은 『피터와 웬디』였다. 피터 팬은 배리의 소설 『작고 하얀 새』(1902)에 처음 등장한다. 이 소설에서는 화자가 데이비드라는 소년에게, 켄싱턴 가든에 밤마다 나타나는 피터 팬이라는 소년에 대해 이야기해준다. 이어 1906년에 배리는 아서 랙검의 삽화를 넣은 『켄싱턴 가든의 피터 팬』이라는 책을 출판했다. 1911년에 출간된 소설 『피터 팬과 웬디』는 이후 그냥 『피터 팬』이라는 제목으로 알려지고 또 그렇게 출간되었다.

『피터 팬』은 런던 달링 가의 소녀 웬디와 그 동생들의 이야기로 시작된다. 웬디는 밤마다 동생들에게 네버랜드의 자라지 않는 소년 피터 팬에 대해 이야기해주는데, 어느 날 밤, 피터 팬이 실제로 달링 가에 나타나 자신이 살고 있는 네버랜드로 아이들을 초대한다. 피터 팬을 따라 네버랜드로 날아간 웬디와 존과 마이클은 그곳에서 엄마를 '잃어버린 아이들'과 착한 인디언들을 만나 신나는 모험을 겪는다. 웬디는 '잃어버린 아이들'의 엄마가 되어 그들을 돌봐주며 행복하게 지낸다. 그러나 낙원에도 악몽은 있는 법이다. 네버랜드에는 악당 해적 후크 선장 일당이 아이들을 괴롭히고 있었다. 붉은 재킷을 입고 다니는 후크 선장은 악어에게 시계를 찬 팔목을 물려 팔이 떨어져 나가 팔목에 쇠갈고리를 하고 다니는데, 뱃속에서 째깍거리는 시계소리를 내며 나타나는 악어를 늘 두려워한다. 피터팬과 웬디 일행은 해적들에게 포로로 잡혀, 판자 위를 걷다가 바다에 빠지는 형벌을 받지만, 피터 팬은 판자 위에서 후크 선장과 결투를 벌여 오히려 그를 바다에 빠뜨린다. 후크 선장은 결국 배 옆에서 기다리고 있던 악어의 밥이 된다. 네버랜드에는 다시 평화가 찾아오고, 피터 팬과 헤어진 웬디는 동생들을 데리고 다시 런던의 집으로 돌아온다.

배리는 원래 희곡에는 없었던 후기를 소설에 삽입했는데, 그 후기에 의하면 피터 팬은 20년 후 다시 웬디를 찾아온다. 자라지 않는 피터 팬은 아직도 소년이지만, 웬디는 벌써 성장해 결혼을 했고 딸 제인의 엄마가 되어 있었다. 피터 팬은 그러한 변화에 실망해서 울음을 터트리고, 당황한 웬디는 방을 나간다. 피터 팬의 울음에 자고 있던 웬디의 딸 제인이 깨어나, 자기가 대신 네버랜드로 가서 아이들의 엄마가 되어 주겠다고 제안한다. 그래서 피터 팬은 이번에는 제인을 데리고 네버랜드로 날아간다. 이제 피터 팬은 해마다 제인을 데리러 올 것이다. 그리하여 피터 팬의 전설, 즉 아이들과 네버랜드와의 인연은 영원히 계속된다.

『피터 팬』의 등장인물들 『피터 팬』에 등장하는 아이들은 작가 배리가 가깝게 지냈고 나중에 아이들의 후견인과 대부가 되었던 르웰린-데이비스 가의 아이들을 모델로 한 것이다. 르웰린-데이비스 가에는 조지, 존, 피터, 마이클, 니콜라스라는 다섯 아들들이 있었는데, '피터 팬'이라는 이름은 그중 셋째였던 피터에게서 빌려온 것이다(배리가 『피터 팬』을 집필할 당시 피터는 막내였다). 그리고 '팬'은 그리스 신화에 등장하는 숲의 신 '판(Pan)'에서 유래한 것이다.

그러나 불행히도 르웰린-데이비스 가의 아이들은 대부분 비극적인 삶을 살았다. 예컨대 조지는 제1차 세계대전에 참전했다가 전사했고, 마이클은 20세 때 동성애인과 더불어 옥스퍼드에서 강에 빠져 자살했으며, 피터 팬의 모델이었던 피터는 출판 사업을 하다가 1960년 63세 때 지하철에 뛰어들어 생을 마감했다. 르웰린-데이비스 가의 비극은 배리를 슬프게 했고, 늘 죽음에 대해 생각하도록 만들었다. 『피터 팬』의 주제 중 하나도 어린 시절과 어른으로의 성장, 그리고 죽음이라고 할 수 있다.

배리는 원래 웬디에게 특이한 이름을 붙이려고 생각해서, '미아 앤젤라 캐롤 달링'이라는 이름을 고려했다가 마음을 바꾸었다고 하는데, 거기에는 내력이 있다. 배리의 친구인 시인 윌리엄 헨리가 배리를 '프렌드'라고 부르는 것을 들은 헨리의 어린 딸이 아빠를 흉내 내어 배리를 '프웬디'라고 부르다가 그만 배리의 별명이 '웬디'로까지 발전하게 된 것이다. 당시로서는 웬디라는 이름이 흔하지 않았고, 웨일스계 이름인 그웬돌린과도 연관이 있어서 배리는 웬디라는 이름을 여주인공에게 붙이게 되었다. 소설의 원래 제목대로라면 웬디는 피터 팬만큼이나 중요한 인물이며, 피터 팬은 웬디에게서 이상적인 어머니의 모습과 포근한 이성의 이미지를 동시에 느끼는데, 사실 그 두 가지는 작가 배리가 결코 가져보지 못한 것들이었다.

피터 팬의 동상은 소설이 출간된 다음해인 1912년 런던의 켄싱턴 가든에 맨 처음 세워졌는데, 원래 르웰린-데이비스 가의 아들들 중 하나인 마이클의 사진을 모델로 해서 만들기로 했다가 조각가가 다른 아이를 모델로 해서 만들자, 배리는 크게 화를 냈다고 전해진다. 피터 팬의 동상은 현재 영국 런던과 리버풀, 브뤼셀, 캐나다 뉴펀들랜드, 미국 등에 모두 7개가 세워져 있다.

『피터 팬』의 주제 『피터 팬』을 관통하는 중요한 주제 중 하나는, 어른이 되면 잃어버리는 아이들의 순수성과 환상적 꿈을 과연 어떻게 보존할 수 있을 것인가이다. 그 방법 중 하나로 네버랜드에서 살고 있는 피터 팬이나 '잃어버린 아이들'은 성장을 거부하고 영원히 아이로 남는 쪽을 선택한다. 그리고 웬디와 동생들은 환상과 꿈을 잃지 않고 밤마다 피터 팬의 이야기를 함으로써, 또 네버랜드로의 여행과 모험을 통해 유년시절의 순수성과 꿈을 간직하려 한다.

성장을 거부하고 순수성을 상실하지 않으려는 몸부림은 또한 죽음에 대한 저항의 제스처이기도 하다. 비평가들은 작가가 어린 시절 겪었던 형의 죽음과 부모의 죽음, 그리고 자기가 그토록 사랑했던 르웰린-데이비스 가 사람들의 죽음에 대한 슬픔이 『피터 팬』의 도처에 깃들어 있다고 말한다. 피터 팬은 성장하지 않고 고통을 느낄 수 없기 때문에 죽지 않는다. 그러나 자라나고 괴로움을 느끼는 웬디와 그 동생들에게 노쇠와 죽음은 필연적이다. 웬디와 동생들은 네버랜드가 아닌 현실 속에서 살아야 하기 때문에, 어른으로 자라날 수밖에 없다. 중요한 것은, 비록 그들이 현실 속에서 자라나고 나이 들어가지만, 피터 팬과 네버랜드를 늘 잊지 않고 있다는 점이다. 달링 가의 아이들이 겪었던 네버랜드로의 여행은 어쩌면 꿈속에서의 여행인지도 모른다. 그러나 그 꿈을 잊지 않고 소중히 간직하는 한, 그들은 각박한 현실세계에서도 최대한 젊게 그리고 순수하게 살아나갈 수 있을 것이다.

피터 팬은 팅커벨에게서는 소년시절 이성에 대한 환상을, 그리고 웬디에게서는 잃어버린 엄마의 이미지를 찾는다. 그러나 원작소설에서 배리는 피터와 웬디 사이에 진행되는 낭만적인 감정의 흐름에 대한 힌트를 준다. 비록 영화나 연극이나 뮤지컬에서는 교훈적인 이유로 그 장면을 삭제하긴 했지만, 웬디는 피터에게 키스하고 싶은 느낌을 갖게 되고, 피터 또한 웬디와 팅커벨 사이에서 감정의 혼란을 겪게 된다.

한편, 피터 팬의 적인 후크 선장은 단순한 악당이라기보다는, 아이들이 싫어하는 폭군적인 아버지의 이미지로 제시된다. 재미있는 것은, 영화나 연극이나 텔레비전 드라마에서 후크 선장의 역할과 웬디의 아버지의 역할은 언제나 같은 배우가 맡아왔다는 점이다. 이는 곧 아이들의 심리 속에서 독선적인 악당 해적과 억압적인 아버지는 동일한 이미지를 갖고 있다는 것을 의미한다. 그러므로 후크 선장과 싸워 그를 제거하는 피터 팬은 은유적으로는 자신을 억압하고 지배하려는 아버지와의 싸움에서 이긴 셈이 되며, 웬디와 동생들에게도 잘난 척하고 이해심 없는 아버지에 대한 환상 속에서의 복수가 된다. 네버랜드의 어른인 후크 선장은 또 끊임없이 시계소리를 내며 다가오는 악어에게 마치 강박관념처럼 쫓기는데, 이는 시간에 쫓기며 살고 있는 현대인들에 대한 적절한 은유라고 할 수 있다.

『피터 팬』의 공연과 영화화 『피터 팬』은 그동안 수많은 영화와 텔레비전 드라마, 그리고 뮤지컬로 만들어져 공연되어왔는데, 그것을 정리하면 다음과 같다.

1924년 파라마운트 영화사의 무성영화『피터 팬』
1950년 레너드 번스타인의 뮤지컬
1953년 디즈니사의 애니메이션『피터 팬』 출시
1954년 브로드웨이 쇼(피터 팬 역을 맡은 메리 마틴의 출세작)

1955년 NBC가 최초의 컬러텔레비전 드라마 제작

1956년 메리 마틴이 텔레비전에서도 피터 팬 역을 맡음

1976년 텔레비전 드라마에서 마이 패로우가 피터 팬 역을 맡음

1978년 BBC 미니시리즈 <로스트 보이스>

1989년 일본에서 23개 에피소드의 애니메이션으로 제작됨

1990년 폭스사가 애니메이션『피터 팬과 해적들』제작. 후크 선장 역 목소리로 팀 커리가 에미상 수상

1991년 스필버그의 영화『후크』제작. 성장해 변호사가 된 피터 팬이 후크 선장에게 납치된 자신의 두 아이들을 구하기 위해 네버랜드로 돌아가 '잃어버린 아이들'과 함께 다시 나는 법을 배워 자신의 또 다른 부정적 모습인 후크 선장과 대결해 아이들을 찾아오는 내용

2004년 작가 배리와 르웰린-데이비스 가의 아이들과의 관계를 추적한 영화『파인딩 네버랜드』제작. 자니 뎁이 배리, 케이트 윈슬로가 르웰린-데이비스 가의 엄마 실비아로 출연. 1998년 공연되었던『피터 팬이었던 남자』에 근거함.

2006년 배리가『피터 팬』인세를 기부했던 그레이트 오몬드 스트릿 병원이 작가 제럴딘 매커린을『피터 팬』의 속편을 쓸 작가로 선정해서, 그녀의 속편『돌아온 피터 팬』이 10월에 30개국에서 동시 출간

2007년 뉴라인 시네마에서『팬』이라는 영화 준비 중. 이 영화에서는 피터 팬이 연쇄살인범으로 나오고, 그를 뒤쫓는 터프가이로 후크 선장이 나옴

『돌아온 피터 팬』, 어떻게 읽을 것인가 제럴딘 매커린의『피터 팬』속편을 읽을 때 도움이 되는 영화는 제임스 배리의 원작을 스티븐 스필버그

가 1991년에 영화화한 『후크』다. 이 두 작품은 배리가 제기한 문제가 20세기 말 현대사회에서도 해결되지 않고, 어떻게 계속되고 있는가를 잘 보여주고 있다. 영화 『후크』에서 피터 팬은 현실세계로 돌아와 피터 배닝이라는 이름의 성인이 되어 결혼도 했으며, 아이들의 아버지가 되어 있다. 그러한 그의 리얼리티 속에서 환상세계인 네버랜드는 이제 더 이상 존재하지 않는다. 웬디 또한 이미 할머니가 되어 있다. 미국에서 살고 있는 변호사 피터는 바쁜 업무 때문에 늘 휴대폰에 매달려 살고 있으며, 꿈과 환상은 완전히 잊은 채, 물질문명 속에서 정신없이 바쁜 나날을 보내고 있다. 따라서 그는 아이들과의 약속도 지키지 못하고, 아이들과 같이 보낼 틈을 내지 못해 아이들로부터 점점 멀어진다.

그러던 어느 날, 피터의 아이들이 네버랜드에서 찾아온 후크 선장에게 납치된다. 한때 '잃어버린 아이들'의 보호자였던 피터는 이제 자신의 아이들이 자신의 소홀로 인해 '잃어버린 아이들'이 되었다는 사실을 깨닫고, 그동안 잘못 살아온 자신의 삶을 크게 후회한다. 휴대폰을 던져버린 피터는 아이들을 되찾기 위해 런던으로 날아가 다시 어린 시절의 네버랜드로 돌아가보지만, 어른이 된 자신은 이제 더 이상 날 수 없다는 사실을 발견하고 실망한다. 그러나 다시 만난 팅커벨과 '잃어버린 아이들'의 도움으로 여러 번의 실패 끝에 다시 날 수 있게 된 피터는 드디어 후크 선장과 대결을 벌여 아이들을 다시 되찾는다. 그러나 그 과정에서 피터는 아이들이 자기보다 후크 선장을 더 좋아한다는 사실을 발견하고 경악한다. 자신이 소홀한 틈을 타서, 후크 선장이 아이들의 마음을 사로잡은 것이다. 더욱이 피터는 후크 선장에게서 자신의 '어두운 자아'를 발견한다. 결국 현실세계와 타협하고 성장해 순수성을 상실한 피터 팬은 아이들에게 해악을 끼치는 후크 선장과 별 다름없는 사람이 된 것이다.

제럴딘 매커린의 『피터 팬』 속편도 바로 그런 맥락에서 읽을 수 있는 흥미 있는 작품이다. 어렸을 때 네버랜드에 다녀온 아이들은 이제 모두 어른이 되었고, 대부분은 결혼해서 아이들을 낳았다. 그중에는 판사도 있고, 의사도 있으며, 시의원도 있어서, 그들은 이제 '젠틀맨스 클럽' 회원들이 되었다. 어린 시절의 꿈과 낭만은 사라지고, 이제 격식과 체면을 내세우는 점잖은 신사들이 된 것이다.

그런 그들이 언제부터인가 밤에 네버랜드에 대한 악몽을 꾸기 시작한다. 그래서 마치 밤마다 악몽에 시달리는, 영화 『나이트 메어』의 아이들처럼 그들 역시 잠들기를 두려워한다. 원래 꿈은 눈을 감고 잠드는 사람에게만 찾아오는 법이다. 그렇기 때문에 악몽이 무서워 잠들지 못하는 사람들에게는 꿈도 찾아오지 못한다. 그들은 악몽이란 일종의 경고이기 때문에, 네버랜드에서 뭔가가 잘못되어 지금 자신들에게 악몽으로 나타나고 있다고 생각하게 된다.

그래서 어른이 된 예전의 아이들은 다시 네버랜드로 돌아가 사실을 확인해보기 위해 서로에게 전화를 걸어 예전의 동지들을 규합한다. 이 장면은 각지에 흩어져 살고 있던 어른들이 고향에 다시 나타난 어린 시절의 악몽을 퇴치하기 위해, 전화로 연락해 다시 모이는 스티븐 킹의 소설 『그것(*It*)』을 연상시킨다(영어로 'It'에는 '술래'라는 뜻도 있다). 그들은 다시 네버랜드로 되돌아가 과연 무엇이 잘못되어 자기들이 밤마다 악몽을 꾸고 있는 것인지 확인해보기로 한다.

이와 같이 현재 당면하고 있는 문제점의 근원을 탐색하기 위해 과거로 되돌아가는 것은 최근 포스트모던 소설의 특징이기도 하다. 예컨대 해리 포터도 현재의 문제들을 해결하기 위해 부단히 과거로 회귀하며, 『반지의 제왕』의 프로도의 모험 역시 반지를 근원으로 되돌려놓으려는 과거로의 여행이라고 할 수 있다. 또한 포스트모던 소설의 선구자인 존 바스의 『카이메라』도, 40세가 된 그리스 신화의 영웅 페르세우스가 자신의 몸이 점차 굳어가고 천마 페가수스도 살이 쪄서 날지 못하자, 젊은 시절 자신이 메두사를 죽일 때 혹시 무슨 일이 잘못되었는가를 확인하기 위해 다시 과거로 되돌아가는 설정으로 되어 있다. 프랑스 사상가 미셸 푸코가 '카운터 메모리'라고 부른 과거로의 여행을 통해, 바스는 오늘날 작가(페르세우스)들이 상상력을 상실한 이유가, 그동안 끔찍한 현실(메두사)을 직접 대면하지 않고 거울방패(예술)를 통해 바라보았기 때문이라는 사실을 독자들에게 깨우쳐준다.

『돌아온 피터 팬』에서도 어른들은 현재 자기들을 괴롭히는 악몽의 정체를 파악하기 위해 다시 어린 시절의 네버랜드로 되돌아가려 한다. 그러나 문제는 그들이 어른이 되었기 때문에, 이제는 날 수가 없다는 것이다. 날아가는 데는 어린이의 옷과 요정의 더스트가 필요하다. 그래서 그들은 자기 자녀들의 옷을 몰래 입은 다음, 공원에 나가 유모차를 타고 산책 나온 어린아이의 웃음에서 탄생한 요정의 더스트에 힘입어 네버랜드로 날아간다.

드디어 네버랜드에 도착한 그들은 마치 후크 선장처럼 독선적이고 억압적으로 변해버린 피터 팬과 재회한다. 과연 네버랜드는 더 이상 낙원이 아니었다. '잃어버린 아이들'은 모두 어른이 되어버렸고, 피터 팬에 의해 쫓겨나 산적처럼 살고 있었다. 피터 팬은 후크 선장이 입었던 주홍색 재킷을 입고, 후크 선장의 해적선을 탄 채, 후크 선장이 감추어놓은 보물을 찾아 항해를 떠난다. 다시 한번 후크 선장은 단순한 악당이 아니라, 어린이들이 어른이 된 모습이자, 모든 억압적인 아버지의 상징으로 제시된다.

『돌아온 피터 팬』에서도 후크 선장은 등장한다. 배리의 원작에서는 악어에게 죽임을 당하지만, 속편에서 후크 선장은 다시 살아난다. 비록 악어의 소화액에 녹아 끔찍한 형상이 되었지만, 죽지 않고 살아난 그는 서커스 단장으로 변장한 채 피터 팬을 파멸시키려 한다. 서커스는 아이들이 좋아한다는 점에서, 그리고 서커스는 늘 아이들을 유혹한다는 점에서 후크 선장이 서커스 단장으로 변장했다는 것은 대단히 상징적이다.

그는 간악한 방법으로 '잃어버린 아이들'을 자라나게 만들고, 교묘한 위장과 아첨과 권모술수를 발휘해 피터 팬을 예전의 자기처럼 폭군적 인물로 만든다. 그러나 결국 그는 정체를 드러내고, 다시 한번 피터 팬과 싸우다가 이번에는 영원히 숨을 거둔다. 네버랜드의 평화는 회복되고, 아이들은 다시 런던의 현실세계로 돌아와 어른이 된다.

『돌아온 피터 팬』에서 새롭게 부각된 주제 중 하나는, 후크 선장 또한 자식사랑보다는 쇼핑에 더 관심이 많았던 못된 엄마로 인해 생겨난 불쌍한 사람이었다는 점이다. 그래서 속편에서는 후크 선장이 원작보다는 더 긍정적으로 그려지고 있다. 반면, 이 작품은 피터 팬도 순수성을 잃으면 얼마든지 억압적이고 폭군적인 인물이 될 수 있다는 사실도 잘 보여주고 있다. 그래서 속편을 읽으면서 독자들은 원작의 단순한 선악구도를 벗어나, 보다 더 복합적인 시각과 구도로 피터 팬과 후크 선장을 바라보게 된다.

그런 의미에서 『돌아온 피터 팬』은, 우리 모두가 피터 팬을 동경하며 자라나지만, 커서는 점차 후크 선장으로 변해간다는 사실을 경고해주는 작품이라고 볼 수 있다. 물론 바람직한 것은, 피터 팬의 순수성을 최대한 간직하고, 후크 선장의 속성을 최소한으로 줄이는 것이다. 『돌아온 피터 팬』에서는 다음과 같은 구절이 나온다. "'어른이 되면 무엇이 되고 싶어?'라는 질문에 아이가 대답하는 순간, 어른이 되는 길을 반은 지나가게 되지. 어린 시절을 배신하고 앞날을 생각한 것이니까." 인간은 성장을 거부할 수 없다. 다만 마음속에서나마 어린 시절의 순수성과 꿈을 잃지 않으면, 후크 선장으로 변해가는 것을 막을 수 있을 것이고, 피터 팬 역시 매년 우리를 찾아올 것이다. 그것이 왜 『피터 팬』이 시공을 초월해 전 세계 독자들의 사랑을 받고 있는가 하는 이유일 것이다.

6. 호러픽션의 사회적 의미와 정치적 해석

스티븐 킹 소설의 사회 · 정치적 비판

스티븐 킹(Stephen King, 1947-)은 흔히 공포소설의 대가로 알려져 있고, 그래서 '호러 킹'이라고 불린다. 그러나 그가 사실은 찰스 브록든 브라운(Charles Brockden Brown)과 에드거 앨런 포(Edgar Allan Poe)로부터 시작되는 미국 고딕소설의 면면한 전통 위에 서 있으며, 대중작가지만 동시에 순수문학 작가로서도 손색없는 진지하고 중후한 주제의식을 가진 소설가라는 사실은 잘 알려져 있지 않다. 그런 의미에서 스티븐 킹은 대중소설과 고급 소설 사이의 경계를 해체하는 포스트모던 시대의 대표적 작가라고 할 수 있을 것이다.

과연 2003년에 타계한 비평가 레슬리 피들러는 스티븐 킹을 "심리적 공포의 근원을 탐색하는 작가이자 포의 진정한 후계자"라고 불렀으며, 2002년 미국의 한 고급 서평지는 스티븐 킹이야말로 "토머스 하디, T. S. 엘리엇, J. R. R. 톨킨, 그리고 셰익스피어의 전통을 잇는 작가"라고 평했다. 스티븐 킹은 또 몇 년 전, 그해의 최우수 단편에 주어지는 '오 헨리 상(O. Henry Award)'을 수상했으며, 2003년에는 미국에서 가장 권위 있는 문학상으로 평가받는 '전미도서상(National Book Award)' 재단이 주는 '2003년 미국 문단에 탁월한 공헌을 한 공로 메달(Medal for Distinguished Contribution to American Letters)'을 받는 작가가 됨으로써, 사실상 대중작가/본격작가 논쟁에 종지부를 찍었다. 이제 스티븐 킹은 그 메달을 받았던 선배작가들인 아서 밀러, 솔 벨로, 존 업다이크, 필립 로스, 토니 모리슨 등과 어깨를 나란히 하는 본격작가가 되었다.

물론 여전히 스티븐 킹을 본격작가로 인정하려 하지 않는 고급문화의 수호자들과 보수주의자들은 있다. 그 대표적인 사람으로 해롤드 블룸(Harold Bloom)이 있는데, 그는 스티븐 킹의 작품에서 "아무런 문학적 가치나 미학적 성취나 독창적 지성의 흔적을 찾을 수 없다"라고 말한다. 만일 그게 사실이라면 블룸은 시대의 변화를 잘 모르고 있거나, 비평가로서의 안목이나 감식안이 별로 없는 셈이 된다. 그러나 사실은 그런 이유에서라기보다는, 보수주의자 비평가인 블룸이 서구의 정전이나 고급문화나 순수문학을 인정하지 않고 문화적·문학적 다양성과 대중성을 추구하는 현재의 변화가 못마땅하고, 바로 그러한 맥락에서 스티븐 킹을 폄하한다고 보는 편이 더 정확할 것이다. 실제, 서구 정전주의자인 블룸은 『뉴스위크』와의 인터뷰에서, "오늘날 문학연구는 문화비평(cultural criticism)이라는 놀랄 만한 쓰레기에 의해 장악되었다"고 개탄한 적이 있었다.

『예술의 사회사』의 저자인 아놀드 하우저(Arnold Hauser) 또한 "진지하고 까다로운 고급예술은 불안을 야기시키고 충격과 고통을 주는 반면, 대중예술은 불안을 진정시키고 삶 속에서 부딪히는 고통스러운 문제들을 피하게 해주며, 적극적인 자세와 긴장, 비판 및 자기반성을 자극하는 대신 소극적인 자세의 자기도취에 빠져들도록 부추긴다"라고 말하고 있다. 그러나 이러한 시각은 예술이란 지고하고 순수해야만 한다고 보았던 모더니즘적 사고와 크게 다르지 않다는 점에서 이미 상당부분 그 유효성을 상실한 주장이라고 할 수 있다. 오늘날 문학이론은 예술이 과연 왜 불안을 야기시키고 충격과 고통을 주어야만 하는지에 대해 근본적인 의문을 제기하며, 예술이란 그와 반대로 인간에게 위로와 격려를 주어야 한다고 생각하기 때문이다(이청준 역시, 문학의 역할이란 어두운 밤 산길에서 만난 나그네에게 위로와 격려를 주는 것과도 같다고 말한 적이 있다).

또 대중예술은 적극적 비판과 자기반성 대신 소극적인 자기도취에 빠져들도록 부추긴다는 견해도(아도르노와 호르크하이머 같은 프랑크푸르트 학파 역시 대중문화를 'mass deception'이라고 표현했다) 사실은 대중을 무시하는 다분히 모더니즘적 시각에서 비롯된 단순화의 오류라고 할 수 있다. 오늘날 대중은 예전과 달리 비교적 높은 지적 수준에 올라있으며, 충분한 자기 비판력도 갖추고 있기 때문이다. 영국학자 앤터니 이스트호프(Antony Easthope)는 『문학연구에서 문화연구로』라는 저서에서, 고급문학과 대중문학 사이의 경계란 사실 얼마나 임의적인가를 잘 보여주고 있다. 스티븐 킹은 바로 그 경계선상에 위치해 있는 주목할 만한 작가이다.

호러픽션의 문학적 의의와 가치

스티븐 킹을 논할 때 가장 기본이 되는 것은, 그의 소설이 단순한 공포소설이 아니라, 사실은 포의 괴기소설들처럼 진지하고 예술적인 주제를 탐색하고 있으며, 심지어는 순수(고급)문학처럼 "불안을 야기시키고 충격과 고통을 주며, 적극적인 자세와 긴장, 비판 및 자기반성"까지도 자극한다는 점이다. 그리고 그 과정에서 그는 인간 심리의 원초적 두려움을 건드린다. 그리고 때로는 공포와는 별 상관없는 것처럼 보이는 진지한 본격소설이나, 독자와 저자의 관계 및 글쓰기 문제를 성찰한 순수소설을 쓰기도 한다. 바로 그 점이 고등학교 영어교사(미국의 영어교사는 곧 영문학 교사를 의미한다) 출신의 스티븐 킹과 삼류 호러소설 작가의 차이점이며, 그를 '미국문단에 크게 공헌한 작가'로 인정받게 해준 이유일 것이다.

브라이언 드 팔마 감독이 당시로서는 신인배우였던 시시 스페이식과 존 트라볼타를 기용해 영화로 제작함으로써 더욱 화제가 된 스티븐 킹의 첫 장편소설 『캐리(*Carrie*)』(1974)는 자신을 놀리는 학교친구들과, 광신적이고 새디스트적인 어머니 사이에서 심리적 괴로움을 겪는 극도로 내성적인 백인소녀 캐리 화이트의 이야기다. 캐리는 소심하고 착하지만 자신을 학대하는 어머니와, 자신을 비정상인 '기형아(freak)'로 취급해 조롱하는 급우들을 향해 은밀한 증오심을 키워나간다. 그녀는 초경을 겪으며 텔레파시적 염력을 갖게 되는데, 그녀의 그러한 능력은 그녀가 분노하면 할수록 더욱 강해진다.

캐리가 다니는 베이츠 고교는 히치콕 감독의 「사이코」에 나오는 음산한 베이츠 모텔을 연상시킨다. 캐리를 놀리던 학생들이 선생님에게 혼이 난 후, 착한 급우인 수 스넬은 캐리를 동정해 자신의 남자친구로 하여금 캐리를 졸업파티에 데리고 가게 하지만, 앙심을 품은 나쁜 급우인 크리스 하겐슨은 졸업파티에서 캐리에게 공개 망신을 주려고 음모를 꾸민다. 크리스는 졸업파티의 무대에서 캐리의 머리 위로 돼지 피가 쏟아지도록 장치하고, 이윽고 돼지 피를 뒤집어쓴 캐리는 격분해 자신의 강력한 염력으로 파티장의 사람들을 무차별 살해한다.

『캐리』는 미국의 비인간적이고 왜곡된 청교도주의적 전통(어머니)과, 그 반대편에 위치해 있는 천박하고 타락한 물질주의(학교 급우들)가 정상적으로 성장할 수도 있었을 사람을 어떻게 비정상적이고 파괴적으로 만드는가를 극명하게 보여주는 강력한 사회비판 소설이다. 킹이 보는 그 두 그룹은 모두 비인간적이고 새디스트적이어서, 그 둘 사이에 위치해있는 사람의 인간성을 철저하게 왜곡시키고 파괴시킨다. 캐리는 바로 그러한 사회적 상황의 산물이며, 그런 의미에서 미국사회의 어두운 면이 산출해낸 부정적인 결과의 한 상징이라고 할 수 있다.

물론 미국이 만들어낸 그러한 산물들은 프랑켄슈타인의 괴물처럼 자신의 창조자들에게 처절한 복수를 감행하고, 그러한 기형아(freak)를 만들어낸 사회는 자신들의 잘못에 대해 응분의 처벌을 받게 된다(1960년대 보수주의자들을 'The Square', 진보주의자들을 'The Freak'로 불렀다는 것 참조). 그래서 이 소설의 결말은 파괴적이고 암울하고 처절하기까지 하다. 캐리는 바로 우리가 만들어낸 부정적 산물이며, 스티븐 킹이 현대 사회에 던지는 엄숙한 경고장이기 때문이다.

스티븐 킹이 그 다음해인 1975년에 출간한 『세일럼스 랏(*Salem's Lot*)』은 일견 뉴잉글랜드의 한 마을에 출몰하는 흔한 흡혈귀 이야기처럼 보인다. 그러나 이 소설 또한 인간교류가 단절된 현대 사회에 대한 저자의 심오한 성찰과 강력한 사회비판으로 읽을 수 있다. 그리고 이 소설에는 앞으로 스티븐 킹이 즐겨 소설의 배경으로 사용하게 될 주요 모티프가 등장한다. 즉 사람들이 서로 단절된 채 살고 있는, 그래서 악의 힘이 파고들어갈 여지가 있는 뉴잉글랜드 시골의 어느 조그만 마을의 닫힌 사회, 그리고 은밀하게 고개를 들기 시작하는 악에 대항해 싸우며 다시 한번 인간교류의 회복을 시도하는 이성적이고 선량한 사람들이 바로 그것이다.

그래서 이 소설에는 각기 다른 문제점들과 감추어진 비밀과 드러나지 않은 악(惡)을 가슴에 품은 채 살고 있는 사람들이 등장하며, 마을 전체의 분위기 또한 그러한 특성을 잘 드러내주고 있다. 홀연 이 마을에 나타나 사람들의 피를 빨고 마을을 파멸시키는 흡혈귀는 그런 상황이 만들어낸 필연적인 결과인지도 모른다. 그래서 이 소설 속 흡혈귀는 이미 신앙을 잃어버린 신부의 십자가를 전혀 두려워하지 않는다. 흡혈귀의 흡혈은 왜곡된 인간교류의 상징이다. 진정한 교류는 남의 피를 빨아먹음으로써 자신의 생명을 유지하는 것이 아니라, 자신의 피를 남에게 나누어줌으로써 남을 살리는 것일 것이다.

1983년에 스티븐 킹은 『세일럼스 랏』에 대해 다음과 같이 말했다.

> 『세일럼스 랏』에서 진짜 무서운 것은 흡혈귀들이 아니라, 대낮의 텅 빈 마을입니다. 옷장에 뭔가가 숨어있고, 침대 밑이나 트레일러들의 콘크리트 속에 시체들이 들어있는 마을 말입니다. 내가 그 소설을 쓰고 있는 동안, 텔레비전에서는 워터게이트 사건 청문회가 계속되고 있었지요. 청문회장에서 하워드 베이커 의원은 이렇게 말하곤 했지요. "내가 알고 싶은 건 당신이

> 무엇을 알고 있었고, 언제 알았느냐는 것이오.” 그 말은 강박관념처럼 나를 사로잡았고, 내 마음속에 오래 남아 있었습니다. 이 소설을 쓰는 동안 저는 내내 감추어진 비밀과 백일하에 드러난 비밀에 대해 생각하고 있었습니다.

그렇다면 『세일럼스 랏』은 워터게이트 같은 정치 스캔들로 상징되는 추하고 어두운 비밀을 간직한 마을, 그 사악한 힘이 모습을 드러내는 과정, 그리고 그러한 악을 지켜보고 싸우는 사람들(화자인 작가를 포함해서)에 대한 통렬한 사회비판 소설이라고 할 수도 있을 것이다.

『세일럼스 랏』은 텔레비전 영화로 제작되었는데, 원작의 음산하고 암울한 분위기를 최대한 살렸으며, 시청자들로 하여금 뼛속 깊은 고독과 단절과 두려움을 경험하게 해주었다는 찬사를 받았다. 정작 무서운 것은 흡혈귀가 아니라, 흡혈귀를 불러들인 마을사람들의 완벽한 단절과 어두운 비밀이라는 저자의 말은 『세일럼스 랏』이 단순한 호러소설이 아니라, 중후한 예술적 주제를 가진 뛰어난 문학작품이라는 사실을 잘 증명해주고 있다.

스티븐 킹의 단편 「그들은 언젠가 돌아온다(Sometimes They Come Back)」도 얼핏 공포소설 같지만, 사실은 한 편의 뛰어난 정치비판소설이다. 이 소설의 주인공 노먼은 고등학교 영어교사인데, 16년 전 어린 시절에 겪은 악몽으로 인해 지금도 정신적으로 시달리고 있다. 아홉 살 때 형 웨인과 함께 도서관에 책을 반납하러 가다가 형이 세 명의 악동들에게 살해당하는 광경을 목격한 것이다.

그러던 어느 날, 노먼의 가르치는 반에 로버트 로슨과 데이비드 가르시아, 그리고 빈센트 코리라는 세 명의 학생이 전학 온다. 노먼은 그들이 예전에 자신의 형을 살해한 불량배들이라는 사실을 알고 두려움에 빠진다. 웬일인지 그들은 전혀 성장하지 않고 그때 그 모습으로 노먼의 학교로 찾아온 것이다. 이상하게 생각한 노먼은 고향에 살고 있는 은퇴한 경관에게 전화를 걸어 예전 형이 살해당한 사건에 대해 문의한다. 그러자 그 퇴직 경찰관은 그 세 명의 악동들은 도망치다가 모두 자동차 사고로 죽었으며, 그들이 전학 오기 전에 다녔다는 밀포드 고등학교는 없는 학교이며, 밀포드는 공동묘지의 이름이라고 가르쳐준다. 그러는 동안에도 그 악동들은 끊임없이 노먼을 위협하고 결국은 노먼의 아내까지 해친다. 더 이상 참을 수 없게 된 노먼은 학교 교실에서 주술로 악령을 불러내어 그 세 악동들을 처치한다. 그런데 그 악령은 어쩐지 노먼의 죽은 형의 영혼이라는 느낌을 준다. 이 단편은 "하지만 그들은 언젠가 돌아온다. 그는 이제 악몽이 끝난 것인지 의아해하며 층계를 내려갔다."라는 말로 끝나고 있다. 스티븐 킹은 아마도 악몽은 다시 돌아올 거라고 말하고 있는 것처럼 보인다.

이 소설의 심층적 의미를 파악하려면 우선 노먼의 형이 살해당한 해, 그래서 노먼이 정신적 충격을 받은 해인 1956년과, 그 살해범들이 다시 돌아와 다시 노먼을 협박한 해인 1972년에 미국 정치사에 무슨 일이 있었는지를 알아야만 한다. 1956년은 1952년에 이어 미국인들이 민주당 대통령 후보인 애들라이 스티븐슨을 버리고, 다시 한번 공화당 후보였던 아이젠하워를 자신들의 지도자로 선택한 해였다. 당시 위대한 정치가로 칭송받고 있었던 스티븐슨은 경제회생에 주력해 모두가 잘 살 수 있는 복지사회를 주창했지만, 미국인들은 전후의 평화와 번영을 약속했던 공화당의 아이젠하워를 선택했다. 그리고 그것의 결과는 공화당의 닉슨 대통령을 하야시킨 1972년의 워터게이트 추문이었다. 「그들은 언젠가 돌아온다」에서 스티븐 킹은 1956년 미국인들의 잘못된 선택이 결국 1972년의 워터게이트 사건을 불러왔다고 시사한다. 과거의 잘못된 악몽은 결코 사라지지 않고 언젠가는 다시 돌아온다는 것이다.

굳이 좌우로 구분한다면 미국의 민주당은 좌파에 속하고 공화당은 우파에 속한다고 할 수 있을 것이다. 소설의 마지막에 악령은 노먼에게 악당을 물리쳐주는 제물로 왼손과 오른손의 손가락 하나씩 모두 두 개의 손가락을 원한다. 이렇게 오른손 것과 왼손 것 두 개를 모두 달라고 하는 것은 정치적 좌파와 우파의 대립에 대한 작가의 은유인 것처럼 보인다. 노먼은 주머니칼로 우선 오른손 검지를 자른 다음, 왼손 검지도 자르고 나서 "왼손 손가락은 잘라내기가 더 힘들었다"고 말한다. 그렇다면, 스티븐 킹의 이 호러 픽션은 단순한 공포소설이 아니라, 좌우 정치 이데올로기의 대립이 빚어내는 비극적 상황을 은유적으로 다룬 한 편의 훌륭한 정치 비판소설이라고 할 수 있을 것이다.

스티븐 킹이 1977년에 쓰고 스탠리 큐브릭이 잭 니콜슨을 기용해 영화로 만든 『샤이닝(*The Shining*)』도 역시 고립되고 단절된 상황이 어떻게 인간을 악하게 변화시키는지를 성찰한 탁월한 소설이다. 버몬트 주의 교사이자 작가인 잭 토런스는 가족과 함께 겨울 동안 오버룩 호텔의 관리인 노릇을 하기로 하고 호텔에 도착한다. 눈 때문에 접근이 불가능해 겨울에는 폐쇄되는 이 호텔은 완벽하게 고립되고 단절된 상황의 상징이며, 그 속에서 겨울을 지내는 잭과 그 가족은 점점 더 교류를 잃어간다. 그런 상황과 인간관계 속에서 사악한 유령과 악의 힘이 출몰하는 것은 너무나 당연하다.

호텔의 유령들에게 홀려 점점 더 미쳐가던 잭은 이윽고 아내 웬디와 아들 대니를 살해하려고 날뛰기 시작한다. 이 소설에서 진정으로 무섭고 두려운 것은 사랑스런 남편이자 아버지가 가족을 살해하려는 미치광이로 변해 가는 과정이다. 사실 이 세상에서 가장 무서운 것은 자신과 제일 가까운 가족이나 연인이 갑자기 전혀 다른 사람이 되어 자기를 해치려고 들 때일 것이다. 믿었던 사람에 대한 불신과 배신감이야말로 인간에게는 어쩌면 가장 무섭고 두려운 것인지도 모른다. 그런 의미에서 『샤이닝』은 고립되고 단절되어가는 현대인의 문제점을 예리하게 지적한 뛰어난 초자연적 심리 스릴러라고 할 수 있다.

스티븐 킹을 유명하게 해준 또 하나의 호러소설이 바로 『애완용 동물 묘지(*Pet Sematary*)』(1983)이다. 의사인 루이스 크리드는 가족과 함께 어느 한적한 시골마을로 이사 온다. 그 마을에는 죽은 생명체를 묻으면 다시 살아난다는 인디언 공동묘지가 애완용 동물 묘지 너머에 있다. 딸아이가 아끼는 고양이가 트럭에 치어 죽자 루이스는 고양이를 인디언 공동묘지에 묻는다. 그러나 다시 살아 돌아온 것은 예전과 똑같은 고양이가 아니라, 전혀 다른 사악한 존재라는 사실이 드러난다. 그러다가 어느 날, 자신의 어린 아들도 트럭에 치어 죽자, 비탄에 빠진 크리드는 이웃의 경고에도 불구하고 아들의 시체를 '인디언 공동묘지'에 묻는다. 이윽고 어느 날 밤, 죽은 아들이 다시 살아 돌아온다. 그러나 돌아온 것은 이미 예전의 아들이 아니었고, 영혼이 없는 살인자였다. 아들은 이웃집 노인과 자기 어머니를 잔인하게 살해한다. 다시금 비탄에 빠진 크리드는 이번에는 하면 안 되는 줄 알면서도, 또 다시 자기 아내를 인디언 공동묘지에 묻는다. 그리고 아내가 살아 돌아오면서 소설은 끝난다. 스티븐 킹은 그 이후의 공포를 독자들의 상상에 맡기고 있다.

이미 80년대 초에 오늘날 논란의 대상이 되고 있는 인간복제와 유전공학의 문제점을 예시해주고 있다는 점에서 스티븐 킹의 『애완용 동물 묘지』는 주목할 만한 작품이다. 우리가 가장 사랑하던 자녀와 배우자가 애통하게 사망했을 때, 그들을 다시 불러오고 싶은 것은 우리 모두의 인지상정일 것이다. 그러나 그들을 되살려냈을 때, 그들이 과연 예전의 그 사람일는지, 아니면 전혀 다른 섬뜩한 존재일는지, 우리는 그 결과를 도무지 예측할 수 없다. 스티븐 킹이 이 소설을 쓸 때에는 아직 시기적으로 너무 빨라서 비록 최첨단 유전공학을 다루고 있지는 않지만, 그는 어느 누구보다도 앞서서 인간복제가 대재앙이 될 수도 있다는 점을 경고해주고 있다.

메리 램버트 감독이 만든 동명 영화 역시 아들을 잃은 아버지의 비통한 심정과, 아들을 다시 살려내고 싶은 부모의 간절한 마음을 잘 묘사하고 있으며, 그 결과로 발생하는 섬뜩한 공포를 생생하게 표출해내고 있다. 그래서 이 영화에는 "때로는 죽는 것이 더 낫다"라는 광고 카피가 쓰여 있다. 『애완용 동물 묘지』에서도 스티븐 킹은 다시 한번, 이 세상에서 가장 두려운 것이 바로 가족 사이의 불신과 단절이라는 주제를 제시해주고 있다.

최근의 소설 『셀(*Cell*)』(2006)에서 스티븐 킹은 다시 한번 최첨단 테크놀로지의 문제점을 다루고 있다. 가정과 직장 모두에서 일이 잘 풀리지 않는 예술가인 클레이턴 리델은 보스턴의 거리에서 갑자기 휴대폰을 받은 사람들이 일종의 좀비가 되어 휴대폰을 갖고 있지 않은 사람들을 무차별 살육하는 장면을 목도하게 된다. 누군가가 전 세계를 연결하는 휴대폰 네트워크를 통해 '펄스(The Pulse)'를 작동시켜 휴대폰 사용자들의 정신을 조종하게 된 것이다. 갑자기 세상은 '휴대전화자들(phoners)'과 휴대전화가 없는 '정상인들(normals)'로 나누어지고, 그 둘은 서로를 적대시하게 된다. 오늘날, 휴대전화는 언제 어디서나 서로를 연결하는 매체이자 교류수단이 되었고, 전 세계를 하나로 묶는 거대한 네트워크가 되었다. 휴대전화의 편리함은 이루 말할 수가 없을 정도일 것이다. 그러나 작가 스티븐 킹은 만일 그러한 네트워크를 누군가 악용하면, 우리의 정신이 세뇌될 수도 있고 조종당할 수도 있다는 섬뜩한 사실을 우리에게 경고해주고 있다.

스티븐 킹의 문학세계—본격소설들

스티븐 킹의 소설 중에는 전혀 무섭지 않으면서도 작품성이 높은 것들도 있는데, 그런 작품들은 대개 한 차원 더 높은 심리적 두려움을 다루고 있다. 예컨대 『미저리(*Misery*)』(1987)는 독자들과 비평가들에 대한 작가들의 은밀한 두려움을 그린 소설이다. 어느 날 눈길에 미끄러져 교통사고를 당한 로맨스 작가 폴 셀던(이 이름은 유명한 로맨스 대중작가 시드니 셸던을 연상시킨다)은 전직 간호사이자 열렬한 독자인 애니 윌크스에게 구조된 후 그녀의 외딴집에 머물며 간호를 받게 된다. 폴 셀던은 그동안 미저리 채스틴이라는 여주인공이 등장하는 일련의 로맨스 소설을 써왔으나, 이제는 좀 더 진지한 소설을 써보기 위해 미저리가 죽는 것으로 처리하고, 대신 자전적인 소설을 써보려고 한다.

그러나 미저리와 자신을 동일시하며 살아온 애니는 미저리가 죽는 설정에 대해 반발해, 폴이 쓴 자전적 소설 원고를 불태우도록 강요하며 그를 자신의 집에 감금한다. 열렬했던 독자 애니는 이제 작가 폴에게 악몽 같은 비평가가 된 것이다. 편집증 환자인 애니가 얼마든지 살인할 수 있다는 사실을 알게 된 폴은 자기가 미저리(미저리는 주인공 이름이면서 동시에 '고통' 또는 '비참'이라는 의미의 보통명사이기도 하다)를 다시 살려내는 순간, 애니가 자신을 죽이리라는 사실을 깨닫게 된다. 저자가 살아있으면 언젠가는 미저리를 죽일 수도 있기 때문이다.

그런 의미에서 소설 『미저리』는 작가와 독자의 문제, 대중소설과 본격소설의 문제, 그리고 글쓰기의 문제에 대해 심층적으로 성찰한 뛰어난 작품이다. 우선 작가—특히 대중작가—는 독자들을 늘 의식해야만 하기 때문에 독자들로부터 결코 자유롭지 못하다. 특히 작가가 변신을 꾀하거나 또는 실수로 균형을 잃어 사고가 발생하면, 그 작가는 곧 독자들의 감시와 비난과 위협을 받게 된다. 그런 의미에서 폴 셀던이 당하는 교통사고와, 간호를 빙자한 작가의 감금은 대단히 상징적이다.

또 대중작가가 진지한 문학을 산출하기 위해 대중문학을 포기하고 새로운 시도를 꾀하는 경우에도, 저자는 즉시 독자들의 비난의 대상이 되며, 독자들은 저자에게 소설을 어떻게 쓸 것인지까지 지시한다. 애니 역시 폴에게 자신이 원하는 대로 소설을 다시 쓸 것을 명령한다. 이러한 상황은 궁극적으로 작가 스티븐 킹이 보는 이 시대의 글쓰기 풍경이자 작가들이 처해있는 딜레마이며, 대중문학과 순수문학 사이의 경계에 위치해 있는 스티븐 킹의 자기성찰이기도 하다.

결국 폴은 애니의 폭력과 감시에서 벗어나 악몽의 세계로부터 다시 현실로 돌아온다. 그러나 독자의 집에 감금되어 겪은 악몽 같은 '미저리' 때문에 아마도 그는 그리 쉽게 여주인공 미저리를 죽이지는 못할 것이다. 그래서 진지한 소설 쓰기나 자전적 소설 쓰기를 포기하고, 여전히 대중소설 작가로 남게 될는지도 모른다. 폴은 애니의 집에 감금되어 있는 동안 비로소 작가의 상황과 글쓰기의 의미에 대해 성찰할 수 있는 기회를 갖게 된다. 저자의 죽음이 선언되고, 독자의 중요성이 부상하는 이 시대에 『미저리』는 저자와 독자/비평가의 관계, 그리고 대중문학과 본격문학 사이의 관계를 성찰한 훌륭한 문학작품이라고 할 수 있다. 제임스 칸과 캐시 베이츠가 각기 폴 셀던과 애니 윌크스 역을 맡은 영화 <미저리> 역시 원작을 잘 살렸으며, 애니 역을 맡았던 캐시 베이츠는 이 영화로 아카데미 여우주연상을 수상했다.

중편 『쇼생크 탈출(*Rita Hayworth and the Shawshank Redemption*)』 또한 특이한 형태의 심리적 공포를 다루고 있다. 이 소설에 나타나는 공포는 '체제에 길들여짐의 공포'다. 예컨대 쇼생크 감옥에서 50년을 보낸 브룩스는 가석방되기보다는 감옥에 남아있기를 원하며, 막상 가석방된 후에는 사회에 적응하지 못하고 오히려 교도소 생활을 그리워하다가 끝내 자살하고 만다. 아이러니컬하게도, 그에게는 자유로운 바깥세상보다는 50여 년을 살아온 교도소가 훨씬 더 자유롭고 의미 있는 곳으로 느껴졌던 것이다. 바깥 세상에 대한 브룩스의 그와 같은 두려움은 사실 소름끼치는 체제적응의 결과이다. 왜냐하면 브룩스는 닫힌 곳에서 사는 것에 너무 오랫동안 길들여져, 교도소 생활이 더 편하게끔 되었기 때문이다. 그것은 인간을 순응시키는 모든 체제의 가공할만한 힘을 은유적으로 보여준다는 점에서 진정한 공포가 된다.

회계사 앤디 듀프레인은 아내와 정부 살해 혐의로 체포되어 종신형을 선고받고 쇼생크 감옥에 수감된다. 거기에서 그는 역시 종신형으로 복역 중인 레드라는 흑인 죄수와 친구가 된다. 앤디는 자신의 특기를 살려 교도소장의 뇌물 돈 세탁을 해줌으로써 간수들의 신임을 얻기도 하고, 상급기관에 끈질긴 청원을 넣어 교도소에 도서관을 만들기도 한다. 그는 또 죄수들에게 모차르트 음악(〈피가로의 결혼〉)을 들려줌으로써, 삶의 의욕을 불어넣어 준다.

앤디는 19년 동안 감옥에서 살면서 자신의 방에 매 시대를 대표하는 여자배우의 사진을 붙여 놓는다. 그는 처음에는 리타 헤이워스의 사진을, 나중에는 마릴린 먼로의 사진을, 그리고 다시 라켈 웰치의 사진을 벽에 붙여 놓는다. 자신의 무죄가 입증될 기회가 있는데도, 돈 세탁의 증거인멸을 위해 자기를 영원히 가두어두려는 교도소장의 음모를 눈치채자, 그는 어느 날 홀연 교도소에서 사라진다. 교도소장이 여자 배우의 사진을 찢어내자 그 벽 속으로 터널이 뚫려 있었다. 지난 19년 동안 앤디는 자유를 포기하지 않고 내내 터널을 팠으며, 그동안 그 구멍 뚫린 벽을 여배우들의 사진으로 막아놓았던 것이다. 그런 의미에서, 자신의 감방 벽에 붙여놓은 여자 배우의 사진은 그에게 희망의 상징이었다.

앤디는 교도소장이 불법으로 세탁해놓은 돈을 모두 가로채 중남미로 가서, 나중에 가석방된 레드와 만나 새로운 삶을 시작한다. 앤디는 닫힌 곳에서 탈출함으로써, 자신에게 내려진 종신형과 체제순응을 거부하고 자유의 세계로 걸어나간다.

『돌로레스 클레이본(*Dolores Claiborne*)』은 뉴잉글랜드의 어느 섬 마을에서 일어난 살인 사건을 다루고 있다. 베라 도노반이라고 하는 돈 많은 과부가 자기 집에서 죽었는데, 그 옆에 파출부 돌로레스 클레이본이 서 있어서 의심을 받게 된 것이다. 돌로레스는 살인혐의로 체포되고, 뉴욕에서

기자로 일하던 그녀의 딸 셀리나는 그 소식을 듣고 급히 고향으로 돌아온다. 18년 전 돌로레스의 남편이 죽자, 돌로레스가 남편 살해 혐의를 받았으나 무혐의 처리되었고, 어머니를 의심하던 딸 셀리나는 15년 전 가출했다가 이제 다시 집으로 돌아온 것이다.

한편 돌로레스는 이번 사건을 맡은 주 경찰청 주임형사 존 맥기의 확신에 찬 편견과 집요한 추궁으로 인해 부단히 시달린다. 맥기는 18년 전 돌로레스의 남편 살해를 확신하고 기소했으나 기소에 실패한 분풀이로 이번에는 꼭 그녀를 살인범으로 기소하려고 벼른다. 맥기 형사는 여성에 대한 편견을 가진 경직된 가부장적 인물로서, 마지막까지 자신의 고집을 꺾지 않는다. 그는 남성을 살해한 여성을 용서할 수 없고, 그래서 시종일관 돌로레스를 협박하고 괴롭힌다. 그런 의미에서 그는 여성을 억압하는 남성 중심 사회의 상징이 된다.

돌로레스의 남편은 무능하고 무지한 술주정뱅이로서, 상습적으로 아내를 구타했음은 물론, 돌로레스가 파출부 일을 해서 그간에 모은 돈 3,000달러를 가로챘으며, 심지어는 열세 살 먹은 자신의 딸까지도 성추행을 하는 파렴치한이었다. 과부인 베라 도노반은 그 사실을 알자, 자기에게도 그랬다는 암시를 주며, 그런 남자는 죽여야 한다고 돌로레스를 부추긴다. 드디어 분노한 돌로레스는 일식이 일어나던 날, 자신을 폭행하러 쫓아오는 남편을 마른 우물로 유인해 빠뜨려 죽게 만든다. 만일 태양이 남성의 상징이라면, 해가 가려지는 일식은 여성의 순간일 것이다. 바로 그 여성의 순간에 그녀는 불행과 악의 화신인 남편을 제거한다. 돌로레스가 딸의 이름을 그리스 신화에 등장하는 달의 여신에서 파생된 이름인 셀리나라고 지은 이유도 사실은 바로 그런 맥락에서일 것이다.

돌로레스가 과연 남편을 살해한 것인지에 대해서는 물론 법적인 논란이 있을 수 있다. 그러나 돌로레스의 인고의 목적과 희망은 오직 딸 셀리나에게 대학교육을 시키고 그 섬으로 상징되는 속박의 생활에서 빠져나가게 해주는 것뿐이었다. 딸 셀리나가 남성의 폭력적 억압에 짓눌려온 자신의 전철을 밟지 않도록 해주는 것, 그것만이 돌로레스가 원하는 유일한 것이었다. 그리고 그것을 위해서라면 그녀는 자신의 목숨까지도 바칠 준비가 되어있었다. 어머니의 마음을 알게 된 딸은 비로소 어머니를 이해하게 된다.

주인공이 과거로부터 부름을 받고 다시 옛날로 되돌아가서 현재 자신을 괴롭히고 있는 문제의 근원과 대면해 그것을 극복하고 다시 현재로 돌아오는 것은 미국문학의 고전적인 장치다. 예컨대 에드거 앨런 포의 「어셔가의 몰락」에서도 주인공은 옛 친구의 편지를 받고 과거로 돌아갔다가 현재로 다시 되돌아온다. 또 허만 멜빌의 『모비 딕』의 주인공 이스마엘도 삶의 원초적 근원인 바다로 돌아갔다가 거대한 흰 고래와의 대면 후 살아남아 다시 육지로 돌아온다. 그리고 토머스 핀천의 『제49호 품목의 경매』에서도 여주인공 에디파 마스는 어느 날 과거로부터 날아온 편지를 받고 모험을 떠나 놀라운 사실을 발견하게 된다. 과거로 돌아가 겪는 경험은 물론 그들의 삶을 바꾸어놓는다. 스티븐 킹의 소설에서도 과거는 언제나 현재의 근원이 되고, 당면문제의 열쇠와 해답이 묻혀있는 곳이다. 셀리나 역시 바쁜 도시생활 중 연락을 받고 과거로 돌아가 자신의 근원인 고향과 어머니를 대면하고 자신의 오랜 문제를 해결하고 되돌아온다. 그런 의미에서 보면 『돌로레스 클레이본』의 진정한 주인공은 셀리나라고 할 수 있을 것이다.

스티븐 킹은 써내는 작품마다 베스트셀러가 되고 영화화되는 미국 최고의 공포작가다. 미국의 서점에 가보면, 존 그리샴, 마이클 크라이튼, 탐 클랜시 등과 더불어 아예 별도 코너가 마련되어 있을 정도로 킹은 미국 최고의 베스트셀러 작가로서 확고한 명성을 유지하고 있다. 심지어는 비행기에서 탑승객들이 펼쳐드는 책의 십중팔구가 스티븐 킹의 소설이라는 통계도 있을 만큼 그의 인기는 대단하다.

그래서 그동안 스티븐 킹은 대중작가로 분류되어 왔다. 그러나 최근 환상소설에 대한 재조명이 활발해짐에 따라, 스티븐 킹 역시 재평가받기 시작했다. 예컨대 학계에서는 환상소설 세미나에 그를 주요 연사로 초빙하고 있고, 레슬리 피들러 같은 저명한 비평가는 그를 '에드거 앨런 포의 후계자'라고 불렀으며, 보수적인 『옥스퍼드 미국문학 안내서』와 『케임브리지 미국문학 안내서』도 드디어 본격작가들과 나란히 그에 대한 항목을 싣고 있다.

그렇다면 스티븐 킹의 인기는 도대체 어디에서 나오는 것일까? 우선 그의 소설들은 한번 손에 잡으면 놓을 수가 없을 만큼 재미있고 잘 읽힌다. 그래서 레슬리 피들러는 최근 포스트모던 작가들이 모인 한 세미나에서 여전히 난해한 포스트모던 소설들을 비판하면서, "사람들이 우리 대부분을 잊었지만, 스티븐 킹만큼은 아직도 읽고 또 기억하고 있다."라고 말했다. 그것은 곧 스티븐 킹의 소설들은 활자매체의 퇴조나 소설의 위기 바람을 전혀 타지 않는다는 것을 의미한다.

그러나 스티븐 킹 소설들의 백미는 레슬리 피들러의 말대로, 그것들이 "인간의 마음속 깊은 곳에 내재해있는 원초적 공포와 두려움을 드러내준다"는 데에 있다. 즉 스티븐 킹은 마치 19세기 선배작가 에드거 앨런 포처럼, 인간의 무의식 속에 숨어있는 본능적인 공포의식을 통찰하고 그것을 소설로 형상화하는 데 뛰어난 능력을 가진 작가라는 것이다. 그의 소설들이 독자들에게 형언할 수 없는 공포와 전율을 가져다주는 비결도 바로 거기에 있다. 말하자면 스티븐 킹은 포처럼 공포의 본질을 잘 알고 있는 작가라고 할 수 있다.

그래서 그의 작품들에서 우리는 결코 가볍지 않은 문학적 주제를 발견할 수 있다. 그리고 바로 그것이 다른 단순한 공포소설 작가들로부터 그를 변별해주는 중요한 요소가 된다. 물론 그의 작품들이 다 문학적인 것은 아니다. 그럼에도 불구하고, 그의 주요 작품들은 언제나 인생에 대한 심오한 성찰과 사유를 담는 데 성공하고 있다. 특히 그가 즐겨 다루는 주제인 가족이나 사랑하는 사람들 사이의 '이별과 죽음의 아픔'은 그의 모든 작품에서 강렬하고 절실하게 나타난다. 즉 스티븐 킹은 공포소설 또는 환상소설이라는 장르를 통해 '삶과 죽음', '만남과 헤어짐', '불신과 마음의 상처', 그리고 '열림과 닫힘' 같은 인생의 근본적 문제들을 심도있게 성찰하고 있다.

『데스퍼레이션』 역시 그러한 면에서 전형적인 스티븐 킹 식 소설이라고 할 수 있다. 미국 서부 네바다 주를 지나는 50번 지방 고속도로를 여행하던 사람들—오리건에 사는 누이를 만나고 뉴욕으로 돌아가던 영문학 조교수인 피터 잭슨과 그의 아내 메리, 이동주택 차를 타고 오하이오 주를 떠나 타호 호수로 여행을 가던 우체국 직원 랠프 카버와 그의 아내 엘렌, 아들 데이비드와 딸 커스틴, 그리고 작품의 소재를 찾기 위해 모터사이클을 타고 미국을 횡단하던 한물간 작가 자니 마린빌—이 순찰차를 타고 뒤쫓아 온 거구의 한 경찰관에 의해 근처 데스퍼레이션이라는 폐광촌으로 잡혀온다. 그중 피터와 커스틴은 그 경관에 의해 무참히 살해되고, 나머지는 유치장에 갇히게 된다.

이 소설은 제복 입은 경찰을 악인이자 무법자로 제시함으로써, 선악에 대한 종래의 이분법적 구분을 파괴하면서 시작되고 있다. 과거에 보안관이나 경찰은 법의 수호자이고 집행자였지만, 이제 그들은 범법자나 무법자일 수도 있음이 드러난다. 그래서 등장인물들에게 그 거구의 경찰은 다만 공포와 혐오의 대상으로서 제시된다. 그래서 독자들은 이 소설이 시골의 어느 미친 경찰관의 횡포가 일으키는 공포에 대한 작품일 것이라고 짐작하게 된다. 왜냐하면 차를 타고 미국의 서부나 남부의 한적한 시골을 지나가다가, 편견에 찬 그 지방의 경찰관에게 잡혀 곤욕을 치르는 것은 미국의 많은 자가운전 여행객들의 악몽이기도 하고, 또 그러한 경우를 다룬 소설이나 영화도 헤아릴 수 없이 많기 때문이다. 그러나 독자들은 그러한 설정이 스티븐 킹 소설의 공포 요인이 되기에는 다소 단순하고 싱거운 것이 아닌가 하는 의문도 갖게 된다.

과연 제3부에 들어가면 스티븐 킹 식의 공포가 본격적으로 시작된다. 독자들은 그 경찰관이 미친 것이 아니라, 사실은 지하에 갇혀 있다가 폐광의 갱도를 타고 올라온 어떤 초자연적 존재가 그에게 씌워졌다는 것을 알게 된다. 육체는 이미 죽었고, 정신은 악마에게 빼앗긴 경찰관 엔트라젠은 바로 공포의 화신 그 자체다. 더욱 무서운 것은 그 악마 또는 악령이 몸을 계속 바꾸어나가고 있다는 점이다. 그것은 경찰관의 몸에서 나와 이윽고 엘렌의 몸으로 들어가고, 다시 메리의 몸으로 들어가려고 그녀를 납치한다. 자기가 가장 사랑하는 사람이 자신도 모르게 이미 악령으로 변해 있다는 사실, 그리고 동료나 가족들 중 과연 누가 악령에 씌었는지 알 수 없다는 사실, 그러한 것들은 등장인물들뿐만 아니라 독자들에게도 형언할 수 없는 공포와 전율을 자아낸다.

만일 『데스퍼레이션』이 거기에서 그친다면, 그것은 지하에 갇혀있던 악마가 우연히 풀려나 말썽을 부린다는 흔해빠진 서양의 유령 이야기 패턴에서 크게 벗어나지 못할 것이다. 그러나 바로 그 시점에서 스티븐 킹은 소년 데이비드의 입을 빌려, 그 사악한 존재가 인디언이나 이단종교의 악마나 유령이라기보다는 차라리 어떤 '질병' 같은 것이라고 말함으로써 이 작품을 진부함의 함정에서 구해낸다. 그렇다면 그 악마적인 존재는 바로 데스퍼레이션에 잡혀와 모이게 된 사람들, 또는 그들로 대표되는 현대인들이 공통으로 걸려 있는 어떤 정신적 질병 같은 것의 상징적 은유인지도 모른다.

'데스퍼레이션'이라는 용어에는 '절망/자포자기'와 '필사적'의 두 가지 의미가 있다. 그곳은 죽음의 질병이 횡행하는 절망과 자포자기의 지역이고, 등장인물들은 필사적으로 그곳을 빠져나가려 한다. 그곳에 잡혀

온 사람들은 모두 평범한 미국인들이면서, 동시에 교수(학계), 우체국 직원(인간과 인간 사이의 교류), 작가(문단과 글쓰기)로 대표되는 상징적 계층의 인물들이기도 하다. 사라진 작가 자니를 찾아 나중에 그들과 합류하는 스티브(출판사 고용 직원)와 신시아(히치하이커 방랑자) 역시 예외는 아니다. 특히 그중에서도 작가인 자니 마린빌은 한때 종군기자로 베트남에 다녀왔고 '전미도서상'까지 받은 화려한 경력의 소유자지만, 지금은 자포자기 상태이고 절망적인 상황에 처해있는 사람으로 제시된다. 그러나 최후의 순간에 광산의 갱 속에서 '악마/질병'과 대면하고 그것과 더불어 폭사함으로써 타자를 구하는 사람은 바로 그 한물간 작가 자니 마린빌이다.

이 소설에서 사람들을 구하는 것은 어린 소년 데이비드의 도움을 받아 악마를 퇴치하는 작가 자니 마린빌이다. 그것은 곧 어린아이의 순수함(신에 대한 신뢰와 타자에 대한 사랑을 포함하는 순수함)과 작가의 힘에 대한 스티븐 킹의 믿음을 보여주고 있다. 특히 자니는 살신성인의 희생정신과 사명감으로 동료들과 어린 소년을 구함으로써, 실패한 작가에서 성공한 인간으로 자신의 삶을 완성시킨다. 모든 사람들이 다 초자연적인 악의 힘 앞에서 약해지지만, 오직 시니컬한 작가인 자니만 그걸 두려워하지 않으며, 악마 역시 그의 몸속에 들어가는 데 실패한다. 그는 악마와 더불어 자폭하면서, "나는 비평가들이 싫어요!"라고 신에게 부르짖는다. 그것은 아마도 작가의 잠재력과 가능성을 죽이는 비평가들의 횡포에 대한 저자 스티븐 킹 자신의 항변인지도 모른다.

『데스퍼레이션』은 한번 읽기 시작하면 단숨에 끝까지 읽을 수밖에 없는 대단한 마력을 가진 소설이다. 이 소설을 다 읽고 나면 마치 숨막힐 듯이 극적으로 전개되는 한 편의 영화를 보고 난 것 같은 느낌을 준다. 등장인물들의 시각에 따라 장면이 신속하게 바뀌고, 스토리가 마치 피륙처럼 정교하게 짜여 있기 때문이다. 요소요소에 복병처럼 숨어있는 공포와 전율 사이로, 사랑하는 가족들과의 헤어짐과 죽음을 겪고 또 견디어내는 등장인물들의 처절한 심리적 고통에 대한 묘사 또한 끔찍하리만큼 설득력 있고 강렬하다. 그러나 등장인물들의 그러한 깊은 내면심리 묘사는 영화에서는 불가능하고 오직 소설에서만 가능할 것이다.

『통제자들』은 『데스퍼레이션』의 자매편으로서 주제가 좀 더 명확하게 드러나는 작품이다. 작품의 배경은 오하이오 주 웬트워스라는 조그만 교외 마을이고, 주요 등장인물들은 흥미롭게도 모두 『데스퍼레이션』에 나오는 사람들이거나 아니면 이름이 같은 사람들이다. 그리고 물론 『데스퍼레이션』에 등장하는 '탁'이라는 악마도 나온다. 독자들은 서부 네바다 주에서 겪었던 공포와 악몽을 이번에는 동부 오하이오에서 경험하게 되는데, 그것은 곧 '탁'이라는 질병이 비단 미국 서부뿐 아니라 미국 전역에서 발견되는 보편적인 '미국의 악몽'이라는 것을 시사해주고 있다.

한적한 오하이오 주 웬트워스 마을에 어느 날 갑자기 여러 가지 색의 밴들이 나타나더니 주민들을 무차별 살상하면서 이 소설의 공포는 시작된다. 그 밴에 타고 있는 외계인 같기도 하고 서부 개척시대의 총잡이 같기도 한 얼굴 없는 악당들은 순식간에 마을을 조종하고 지배하는 공포의 통제자가 된다.

살아남은 마을 주민들은 나중에야 그것이 근처에 사는 소외되고 가난한 와일리 아줌마 집의 자폐증 소년 제스의 몸에 들어간 악마 '탁'의 짓이라는 사실을 알게 된다. 제스 가족은 네바다 주 데스퍼레이션을 지나다가 우연히 그곳 폐광에 들리는데, 그때 탁은 제스의 몸속에 들어가고 그의 부모를 살해한다. 그 후 제스는 고모인 오드리(와일리 아줌마)의 보살핌을 받는다. 탁은 제스를 통제하며 제스의 장난감 밴들과 제스가 좋아하는 텔레비전 서부극 <보난자>를 현실화시켜, 그것들을 이용해 마을 주민들을 무차별 살상한다.

허구와 현실의 경계가 구별할 수 없이 모호해지는 것은 바로 그 순간이다. 제스의 상상 속에 존재하는 허구적인 것들—장난감 밴, 텔레비전 드라마의 등장인물들, 「모토캅」이라는 아동 만화에 등장하는 외계인 복장을 한 사람들—은 탁의 힘에 의해 현실 속의 악몽으로 나타난다. 더구나 허구 속 정의의 사자들은 현실에서는 살인자들로 변한다. 다시 한번 스티븐 킹은 현실과 허구, 그리고 선과 악의 경계를 와해시킨다. 그것이 그가 보는 오늘날 우리의 리얼리티이기 때문이다.

그러나 『통제자들』의 보다 더 중요한 주제는 바로 소외된 타자에 대한 우리의 무관심과 편견이다. 백인 중산층들이 모여 사는 웬트워스 마을의 주민들은 모두 생활에 여유가 있어 배가 나왔고, 텔레비전에서 적십자 기금이 바닥났다고 하면 즉시 기부금을 보내고, 구호기금을 모금하러 오는 사람을 결코 빈손으로 돌려보내는 법이 없지만, 바로 옆의 가난하고 소외된 이웃에게는 철저히 무관심한 사람들이다. 그들은 또 평소에는 이웃집 흑인과 친하게 지내지만, 위기의 순간이 다가오자 그동안 감추어왔던 흑인에 대한 편견을 드러낸다(『데스퍼레이션』에서의 인종차별 대상은 중국인들이다). 그것은 곧 그들의 구호행위나 동정심이 다만 형식적이고 전시용일 뿐이라는 것을 잘 보여주고 있다.

『통제자들』에서도 작가 자니 마린빌은 탁을 쫓아내는 최후의 순간에 참여자이자 증인, 그리고 목격자이자 전달자의 역할을 한다. 그것은 『데스퍼레이션』에서도 그랬던 것처럼, 작가에 대한 스티븐 킹의 근본적인 신뢰에서 비롯된 것처럼 보인다. 글을 쓰는 작가에게는, 이 세상을 정신적 파멸로부터 구해야 되는 사명과 더불어, 현재 일어나고 있는 끔찍한 사건들을 독자들에게 전달해 경고해줄 의무가 있기 때문이다.

『통제자들』은 환상적이면서도 대단히 문학적인 작품이다. 저자는 이 소설에서 편지, 일기, 신문기사, 영화 시나리오, 텔레비전 대본 등 수많은 서술양식을 동원해 자신의 주제를 드러내고 있을 뿐만 아니라, 뛰어난 문장력과 정교한 구성으로 이야기를 이끌어나가고 있다. 특히 이 소설의 도입부에 나오는 한여름 7월의 한적한 웬트워스 마을에 대한 문학적 묘사는 가히 압권이다.

또 19세기 말 미국 서부 네바다 주의 탄광촌과 20세기 말 동부 오하이오 주의 교외라는 각기 다른 시간과 공간을 마치 환상과 현실처럼 동시에 같은 지역에 존재시킨 저자의 마술적 솜씨도 대단하다. 그 두 세계 사이에는 문이 있다. 현실과 환상을 연결하는 그 문은 아름다우면서도 추악하며, 매력적이면서도 치명적이다. 마을 주민들은 현재의 재난의 이유를 찾아 평소에는 거기 있는지조차 몰랐던 문을 열고 또 다른 세계, 또 다른 리얼리티로 들어간다. 거기에는 물론 이 모든 것의 근원인 악과 공포의 핵심인 통제자 '탁'이 그들을 기다리고 있다. 스티븐 킹은 우리를 바로 그 악의 화신에게로 데려가 그것과 대면케 하고 싸우게 하는 작가다. 현재의 딜레마를 해결하는 방법은 오직 그것밖에 없기 때문이다. 그래서 스티븐 킹의 소설에서 대면이 아닌 도피는 언제나 죽음과 파멸을 의미한다. 비록 아무리 두렵고 무섭더라도 우리는 죽음의 질병인 '어둠의 힘'과 대면해 그것을 파괴해야만 하기 때문이다.

스티븐 킹은 이 소설의 서두에서, 『통제자들』이 1985년에 암으로 죽은 작가 리처드 바크만의 유고를 1994년 그의 미망인이 이삿짐을 싸다가 우연히 지하실에서 발견해 자기에게 보내온 것이며, 자기는 다만 그것에 약간의 수정을 가해 출판한 것이라고 말한다. 여기에서 킹은 포나 트웨인 같은 고전적 작가들의 서술기법(포는 『아서 고든 핌의 모험』에서, 그리고 트웨인은 『아서왕 궁전의 코네티컷 양키』에서 비슷한 서술전략을 사용하고 있다)을 빌려 자신을 저자의 절대적 위치로부터 빼냄으로써 객관적 입장을 견지하려 한다. 스티븐 킹의 그러한 전략은 또 『장미의 이름』이 자신의 창작이 아니고 번역이라고 말한 움베르토 에코를 연상시킨다. 이 세상에 스스로를 절대적 진리로 내세울 수 있는 마스터 텍스트 또는 절대적 담론이란 없기 때문이다. 일견 허황한 것 같은 이 소설이 독자들의 신뢰를 얻게 되는 것도 저자의 바로 그러한 의도적 겸손과 객관적 서술전략 덕분이다.

스티븐 킹은 불면증 환자였던 리처드 바크만이 밤에 쓴 소설이 바로 『통제자들』이라고 말한다. 사실 스티븐 킹의 모든 소설들은 밤에 쓰여진 '밤의 소설'들이다. 그래서 모두가 잠든 밤에 작가는 홀로 깨어 불을 밝히며, 이 세상의 모든 어두움과 악의 본질과 대면한다. 때로 그는 잠들어있는 우리의 내면 의식 깊은 곳으로 내려가 그 속에 숨어 우리를 통제하고 있는 '암흑의 핵심'을 드러낸다. 우리가 그의 소설을 읽으면서 공포와 전율에 몸서리치는 이유도 바로 거기에 있다.

물론 스티븐 킹은 단순히 공포소설 작가만은 아니다. 예컨대 그의 또 다른 소설들인 『쇼생크 탈출』이나 『그린 마일』은 전혀 공포소설이 아니고 그냥 한 편의 훌륭한 문학작품일 뿐이다. 그럼에도 불구하고 그의 소설은 기본적으로 섬뜩한 느낌을 준다. 그의 소설들의 표지 날개에 나오는 약력 소개란에는 "스티븐 킹은 지난 수십 년 동안 자기 집 지하실에 내려가본 적이 없다"는 구절이 나온다. 독자들 역시, "그가 무서워서 어떻게 밤에 잠을 자며, 어떻게 시골의 큰집에서 외롭게 살고 있는지 알 수가 없다."라고 말한다. 그렇다면 스티븐 킹 역시 자신이 만들어놓은 허구의 공포 속에서 살고 있는지도 모른다. 그러나 그가 보는 우리의 현실은 어차피 '공포' 바로 그 자체다.

스티븐 킹이 쓴 40편의 장편소설은 그동안 모두 35개국에서 33개 언어로 번역되었으며, 약 70개의 영화나 텔레비전 영화 및 미니시리즈로 제작되었다. 그는 공포소설의 기법을 빌려 인간의 심층심리를 통한 사회비판을 훌륭하게 수행해왔다. 그래서 전미도서상 위원회 의장인 닐 볼드윈은 "스티븐 킹의 소설은 미국문학의 위대한 전통 위에 서있으며, 그의 작품에는 심오한 도덕적 진실이 들어 있다"는 찬사를 보내고 있다. 판타지 소설과 SF와 공포소설의 양식을 빌려 소설의 새로운 영역을 개척해온 스티븐 킹은 문학을 위협한다는 영상매체에까지 강력한 영향력을 행사함으로써, 소설이 죽어가는 이 시대에 소설의 르네상스를 주도해나가고 있다.

스티븐 킹의 소설들은 무서우면서도 재미있다. 그의 소설들은 언제나 인간심층의 어두운 면을 탐색하며, 무의식 속에 감추어진 비밀과 두려움의 근원을 드러내주기 때문에 강력한 호소력으로 독자들을 사로잡는다. 그러면서도 그의 소설들은 모두 진지하고 무거운 예술적 주제를 갖고 있다. 바로 그것이 그가 말초적인 공포심만을 자극하는 아류 호러작가들과 다른 점이다. 그는 공포로 가득 찬 오늘날의 현실세계를 가장 깊이 통찰하고 잘 묘사하는 천재적인 호러 작가이다.

미국 흑인작가 리처드 라이트(Richard Wright)는 소설 『미국의 아들(*Native Son*)』의 서문에서, "오늘날 포가 살아있다면 호러(horror)를 만들어낼 필요가 없었을 것이다. 호러가 그를 만들어냈을 것이기 때문이다"라는 유명한 말을 했다. 그렇다면 스티븐 킹은 오늘날 끔찍한 우리 현실의 호러가 만들어낸 현대의 '포'인지도 모른다.

제3부
'하이브리드시대'에 다시 읽는 문학작품

1. 매릴린 로빈슨, 『하우스키핑(*Housekeeping*)』, 『길리아드(*Gilead*)』

퓰리처상 수상작가 매릴린 로빈슨(Marylin Robinson)의 『하우스키핑』을 관통하는 표면적 주제는 상실감과 버림받은 자의 외로움, 그리고 삶의 덧없음이다. 어린 시절, 동생 루실과 함께 엄마에게서 버림받은 루스(Ruth)는 산으로 둘러싸인 아이다호 주 핑거본 마을에서 할머니 밑에서 지내다가, 할머니가 돌아가시자 독신인 두 이모할머니들의 보호를 받는다. 두 아이를 키우기 힘들어진 이모할머니들은 방랑벽이 있어 가출했던 조카 실비(루스 엄마 헬렌의 동생)를 부르게 되고, 그녀가 집에 돌아오면서부터 루스 자매는 실비 이모 밑에서 성장하며 사춘기를 맞는다. 그러는 동안 루스는 내내 자기 자매를 버린 채, 핑거본 호수로 차를 몰아 자살한 엄마를 회상하며, 버림받은 아이의 고독, 엄마의 부재로 인한 상실감, 그리고 결손가정에서 비롯되는 뼈저린 고독과 삶의 덧없음에 시달리게 된다. 그래서 얼핏 이 작품은 집 관리하기와 가정의 중요성을 강조한 가족소설처럼 보인다.

그러나 『하우스키핑』의 보다 더 심층적인 주제는 오히려 '집 꾸려나가기'에 대한 비판처럼 보인다. 핑거본 마을 사람들은 모두 모범적인 하우스키퍼들이다. 루스의 할머니도 그렇지만, 그들은 자연재해와 가족들의 부재가 초래하는 비극을 이겨내기 위해 집안과 마을의 질서를 유지하고, 열심히 정돈하고 청소하며, 살림을 꾸려나간다. 그들이 의지하는 것은 관습적인 사회적 관계 즉 '집'으로 상징되는 가정과 가족이라는 사회단위이다. 그러나 그들이 아무리 집을 잘 지키고 유지하기 위해 노력해도, 결국 죽음과 상실은 필연적으로 그들을 찾아오고, 때로는 파괴적인 자연의 거대한 힘은 그들을 압도하고 만다.

화자 루스와 실비 이모는 바로 그와 같은 사회적 관계와 관습과 규약으로부터 자유로운 사람들이다. 원래부터도 방랑벽이 있었던 실비 이모는 집에 돌아온 다음에도 전혀 관습적인 하우스키핑을 하지 않는다. 그녀는 문을 열어놓고 살며, 핑거본 호수의 물이 넘쳐 집에 흘러들어오도록 내버려두기도 하고, 불에 탄 커튼을 새 것으로 바꾸지도 않으며, 집안에 널려있는 낡은 신문지들과 빈 깡통들도 치우지 않은 채 지낸다. 실비 이모는 또 아이들이 밖에서 자도록 허락하고 숲과 호수를 탐색하도록 하는 등, 사회적 규약이나 인간관계에 얽매이기보다는 자연 친화적인 모습을 보인다. 그러한 그녀에게 인간관계나 사회관습은 덧없는 것이지만, 자연은 영원한 존재로 인식된다. 『하우스키핑』이 자연과 문명, 개인과 사회, 그리고 자유와 속박의 주제로 확대되는 것은 바로 그 순간이다. 그러므로 루스와 실비 이모는 사회가 만들어놓고 부과하는 제도에 얽매이지 않는 원시적 생명력을 지닌 여자들이라고 할 수 있다.

『하우스키핑』이 페미니즘적 관점에서 읽을 수 있는 텍스트라는 사실을 깨닫게 되는 것은 바로 그 순간이다. 이 소설에는 남성이 부재해 있다. 할아버지 에드먼드 포스터는 소설이 시작되기도 전에 이미 죽었고, 루스의 아버지는 가족을 버리고 떠났으며, 실비 이모의 남편 또한 그녀를 떠나갔다. 남은 여인들은 열심히 하우스키핑을 하면서 남자의 부재를 보상하려 한다. 오직 루스와 실비 이모만 남자의 부재에 연연하지 않고, 관습적인 하우스키핑에도 전혀 관심이 없다. 하우스키핑은 어찌 보면 가부장적 남성위주 사회에서 여성에게 부과한 가정 일이다. 그러나 루스와 실비 이모는 그러한 사회질서와 관습적 규범을 거부하고, 여성으로서의 자립과 정신적 독립을 성취한다.

가부장적 사회는 여성의 그러한 일탈을 결코 용납하지 않는다. 과연 사회적 규범을 벗어난 실비 이모의 생활을 위험하다고 판단한 마을 사람들—굿 하우스키퍼들 —은 실비 이모로부터 루스와 루실 자매의 양육권을 박탈하려고 한다. 실비 이모가 아이들에게 사회적 관습에 따른 하우스키핑을 가르치지도 않고, 모범을 보이지도 않기 때문이다. 그런 실비 이모를 싫어해 집을 나가 여선생님 집에서 살고 있는 동생 루실은 사회에서 기대하는 대로 굿 하우스키퍼로 자라나는 여자아이를 상징한다. 루실은 정상적인 생활을 해야 한다며 가출한다. 그러나 푸코가 지적한 대로, '정상'이라는 것은 지배문화가 절대적 진리로 규정하고 만들어놓은 이데올로기일 뿐, 사실은 '비정상'이라고 낙인 찍혀 주변부로 밀려난 것들이 정상일 수도 있다. 그렇다면 루실은 이미 가부장적 사회제도와 지배문화에 의해 세뇌당한 여자아이라고 볼 수 있다. 과연 루스의 기억을 바탕으로 씌어진 이 작품을 읽어보면, 이 작품이 젠더, 언어, 기억을 다루면서, 푸코의 이론을 담은 책 『언어, 반(反)기억, 실천』과 긴밀한 연관을 갖고 있음을 발견할 수 있다.

이 작품의 마지막에, 루스와 실비 이모는 자기들을 떼어놓으려는 마을 사람들을 피해 집에 불을 지른 다음, 호수를 가로지르는 기나긴 철로를 걸어 드디어 마을을 탈출한다. 사람들은 그 두 여자가 핑거본 호수에 빠져 죽었을 것이라고 생각하고 추적을 단념한다. 루스와 실비 이모는 자신들을 구속하던 집과 마을과 사회를 떠나, 드디어 개인의 자유를 쟁취한다. 이 장면은 대단히 상징적인데, 우선 불의 이미지가 그렇다. 자신을 괴롭히는 남편과 시어머니의 집에 불을 지르는 여성을 그린 현진건의 『불』도 그렇지만, 불은 곧 가부장적 사회에 대한 여성의 분노와 저항의 상징이다. 그동안 자신들을 속박해온 집과 하우스키핑에 불을 지름으로써, 두 여인은 상징적 자유를 쟁취한다. 비록 그들이 지른 불이 성공적이지는 못했지만, 그래도 그들의 저항적 행위만큼은 충분히 상징적이라고 할 수 있을 것이다.

그런 다음, 그들은 호수를 가로지르는 기나긴 철로를 걸어서 마을을 벗어난다. 이 소설에서 루스의 할아버지와 어머니를 삼킨 핑거본 호수는 중요한 상징이다. 평화롭고 고요하지만, 흐르지 못하고 고여 있는 호수는 평생 그곳을 벗어나지 못하는 마을 사람들에게 어쩌면 숙명과도 같은 존재인지도 모른다. 그 호수는 때로는 넘쳐서 집안으로도 들어오고, 또 때로는 마을 사람들의 목숨을 앗아가는 위협적 존재이기도 한다. 철로는 루스의 할아버지를 죽게 만든 기차가 달리던 길이다. 루스의 할아버지는 호수 위를 달리던 기차가 호수로 떨어지면서 죽게 된다. 그러므로 호수 위를 지나는 철로를 걸어서 마을을 벗어나는 루스와 실비 이모의 여정은 곧 할아버지와 어머니의 죽음과 부재를 극복하고, 그 아픈 기억과 강박관념에서 벗어나는 상징적인 탈출행위가 된다. 마을사람들은 루스와 실비 이모도 부모를 따라 호수에 빠져 죽었으리라 생각하지만, 두 여인은 그 오랜 어두운 유산을 거부하고, 자신들을 구속해온 숙명적 업보로부터 탈출하는 데 성공한다.

그런 의미에서 루스(Ruth)는 구약성서의 강인한 여인 룻(Ruth)을 연상시킨다. 남편이 죽은 후, 룻은 비록 이방인이었지만, 낯선 곳에서 시어머니를 모시고 강인한 삶의 여정을 시작한다. 그 덕분에 그녀는 신의 축복을 받아 결국 다윗의 조상이 되고 예수의 조상이 된다. 이 소설의 화자 루스도 성서의 룻처럼 강인하고, 독립적이며, 의지가 강한 여인이다. 두 여인은 모두 가부장적 사회에 도전하고, 슬픈 운명에 맞서 스스로의 삶을 개척한 사람들이다. 그녀들은 또한 자신들을 떠난 남자보다도, 여성끼리의 유대로 더욱 강해진 사람들이다. 『하우스키핑』의 루스는 실비 이모로부터 엄마의 이미지를 발견하며, 그녀와 강한 유대감을 느낀다. 그리고 바로 그 순간, 진정한 하우스키핑은 시작된다. 비록 남을 의식해 가꾸어야만 하는 집은 불태웠지만, 마을을 벗어나는 데 성공함으로써, 두 여인 사이에 진정으로 소중한 가족관계가 탄생했기 때문이다.

이모의 모습에서 루스가 죽은 엄마의 이미지를 발견하고, 결국은 실비 이모와 자기 자신을 동일시하게 되는 것도 바로 그런 맥락에서 중요한 의미로 다가온다.

> 이모가 목 부근에서 머리를 묶기 위해 팔을 들어올리자, 엄마가 그랬던 것처럼 이모의 머리가 매우 기이하면서도 어색하게 한쪽으로 기울어졌다. 하지만 따지고 보면 신기할 것도 없는 일이었다. 두 사람은 다 나처럼 키가 크고 호리호리한 여자들이었고, 그 양반들처럼 예민한 신경을 지닌 나 또한 당신들처럼 걷고 행동하고 있었을까. 이러한 우연의 일치는 단지 감각이 세상과 공모한 또 하나의 증거에 불과한 것이었을까? …… 이모의 머리가 옆으로 기울어진 것을 보면서 우리는 엄마의 어깨뼈와 척추 꼭대기의 둥근 뼈를 보는 것이다. 엄마는 거울 속의 여자고, 꿈속의 여자며, 기억 속에 떠오르는 여자요, 물속의 여자다. 그런데 엄마의 신격이, 흘러내린 머리카락 사이를 더듬는 보이지 않는 이모 손가락을 인도하고 있다.
>
> (로빈슨, 2008, p. 178)

작품 내내 엄마로부터 버림받았다는 의식과 엄마의 부재의식에 시달리던 루스는 엄마와 비슷한 실비 이모를 통해 비로소 상징적 엄마를 되찾고 심리적 상처를 치유한다. 실비 이모와 루스의 엄마는 모두 남자들이 떠난 후 홀로 남은 여자들이고, 남성과 남성위주의 가부장적 사회를 거부하고 자연 속으로 빠져들어간 여인들이다. 루스 또한 그들처럼 숲과 호수와 바람의 여인이자 "늑대와 함께 달리는 자유혼의 여자"다.

그런 의미에서 『하우스키핑』은 훌륭한 한 편의 성장소설이다. 호수와 숲과 산으로 둘러싸인 미국 북서부의 풍광을 배경으로 주인공은 기계적인 사회규약이나 규범보다는 자연과 더불어 사는 인생의 소중함을 깨닫게 된다. 그런 맥락에서 보면, 철도회사에서 일했으며 기차(기계)를 타고 가다가 기차와 더불어 호수(자연)에 수장된 루스 할아버지(남성)의 죽음은 대단히 은유적이다. 이 소설에서 대자연은 사회나 기계를 압도하고 능가하는 원초적인 힘을 갖고 있다. 자연의 파괴적인 힘에 맞서 마을 사람들은 열심히 하우스키핑을 해보지만, 결국 자연의 힘을 이기지 못한다. 주인공 루스는 자연 속에서 성장하면서 엄마와 실비 이모를 통해 자연을 포용하고 자연과 일체가 되며 자연과 더불어 사는 것의 소중함을 깨닫게 된다. 루스가 사회제도의 상징인 학교를 싫어하고 잘 가려 하지 않는 이유도 바로 거기에 있을 것이다.

그런 면에서 『하우스키핑』은 미국문학의 면면한 전통 속에 서 있다고 볼 수 있다. 미국문학의 특징은 자연과 문명, 개인과 사회, 광야와 집(마을), 그리고 여행과 정착의 대비 중에서 첫 번째를 선택하는 것이고, 미국문학의 주인공들은 언제나 에머슨적인 자기신뢰 속에서 독립적이고 자연친화적이며, 한 곳에 정착하지 않고 부단히 방랑하고 여행하는 사람들이다. 예컨대 에드거 앨런 포의 『아서 고든 핌의 모험』의 핌, 허만 멜빌의 『모비 딕』의 주인공 이스마엘, 또는 마크 트웨인의 『허클베리 핀』의 허크는 유색인 동반자와 더불어 집과 마을과 사회를 떠나 각각 남극과 바다와 강으로의 여행을 시도한다. 루스 역시 집과 마을을 떠나 더 넓은 세상으로의 여행을 시작한다. 그녀의 경우에는 다만 동반자가 여성이라는 점이 다르다.

『하우스키핑』은 "내 이름은 루스"라는 말과 함께 시작된다. 그것은 곧 성서의 룻과 자신을 동일시함과 동시에, 미국문학의 전통인 정체성 찾기와도 연관된다. 19세기 미국문학의 대표작들은 대체로 주인공의 이름으로 시작된다. 예컨대 『아서 고든 핌』은 "내 이름은 아서 고든 핌", 『모비 딕』은 "나를 이스마엘이라 불러다오." 그리고 『허클베리 핀』 또한 "『탐 소여의 모험』을 읽어보지 않은 사람은 내가 누구인지 모를 것이다"라는 말로 시작되고 있다.

『하우스키핑』을 처음 읽을 때는, 문자 그대로 엄마 잃은 결손가정의 루스가 엄마를 그리워하며 절실하게 가정을 추구하는 소설처럼 보이기도 한다. 그러나 두 번째 읽으면, 이 소설은 그보다 한 단계 더 복합적이고 더 차원 높은 하우스키핑 이야기를 독자들에게 들려주고 있다는 사실을 깨닫게 된다. 처음에는 산문시처럼 아름답기는 하지만 반전이나 액션이 없어 다소 평이하게 느껴지기도 하는 이 소설은, 그러나 두 번째 읽으면 갑자기 재미있는 이야기와 정교하게 짜여진 구조가 드러나고, 모든 것이 명확한 의미를 갖고 다가오며 쉽게 읽히기 때문에 꼭 두 번 읽어야만 한다. 매릴린 로빈슨의 순수한 감수성과 아름다운 문체는 오래전에 사라진 본격문학의 향취를 다시 한번 진하게 느끼게 해준다. 영화용 스튜디오 소설들이 주종을 이루는 요즘 문단에 『하우스키핑』은 다시 한번 우리를 심오한 순수문학의 세계로 데리고 간다. 『하우스키핑』을 읽는 즐거움이 꽃향기처럼 은은하게 피어나는 이유도 바로 거기에 있다.

매릴린 로빈슨, 『길리아드(*Gilead*)』

매릴린 로빈슨의 퓰리처상 수상작 『길리아드』는 경박하고 저속한 엔터테인먼트 소설들이 주류를 이루고 있는 이 표피문화의 시대에 진지하고 심도 있는 순수소설의 정수를 보여주는 수준 높은 소설이다. 놀랍도록 아름답고 세련된 문체로 쓰인 이 소설은 부자간의 갈등과 화해와 교류, 사랑과 죽음, 만남과 이별, 종교의 의미, 그리고 인종문제 같은 절실한 인간사를 겨울밤 화롯가 이야기처럼 담담하고 나직한 목소리로 펼쳐나가고 있다. 그러는 동안 독자들은 미국역사와 맞물려 진행되는 삼대에 걸친 한 가문의 흥망성쇠를 목격하게 된다.

이 소설의 역사적 배경은 수많은 사람들의 목숨을 앗아간 남북전쟁, 스페인독감, 경제공황, 그리고 두 번의 세계대전이고, 지리적 배경은 미국 중부 아이오와 주의 길리아드라는 마을이며, 이야기가 펼쳐지는 시대적 배경은 미국이 보수주의로 기울던 1950년대이다. 그래서 이 작품은 근대 미국역사를 조감하는 일종의 역사소설이며, 작품의 배경인 시골 마을 길리아드는 미국의 축소판이자, 소우주의 역할을 하고 있다. 화자의 가문이 삼대에 걸친 목사 가문이라는 설정 또한 기본적으로 종교적인 미국사회를 잘 반영하고 있으며, 동시에 가치관의 혼란 속에서 급속도로 종교적 신념을 잃어가고 있는 현대 미국인들의 모습을 잘 보여주는 장치라고도 할 수 있다.

『길리아드』는 늙고 병들어 죽어가는 아버지가 어린 아들에게 보내는 편지로 되어 있다. 소설의 초기양식이 서간체였다는 사실을 감안하면, 『길리아드』는 전자매체에 밀려 소설이 죽어가는 시대에 소설의 근원으로 되돌아가 새로운 가능성을 탐색하고 있는 특이한 소설이라고 할 수 있다. 전통적인 의미의 편지는 요즘 사라져가고 있지만, 레터(편지, 문자, 문학 등의 의미를 동시에 갖고 있는)는 오늘날 전자메일의 형태로 다시 태어나 인간교류의 필수 수단이 되고 있다. 그렇다면 이 전자매체 시대에 시도하는 서간체 소설은 벽에 부딪힌 소설문학에 대한 작가의 진지한 반성이자, 미로에서 출구를 찾아내려는 작가의 필사적인 탐색인지도 모른다.

평생을 길리아드에서 살아온 76세의 존 에임스 목사는 1956년 심장병으로 인해 자신의 삶이 얼마 남지 않았다는 사실을 깨닫고, 현재 여섯 살 난 아들에게 자신의 가족사를 편지 형태로 남기기로 한다. 그가 상상하는 독자는 물론 나중에 성장해 자신처럼 늙은 아들이다. 아버지로서 존 에임스는 언젠가 자기 아들이 읽을 수 있도록, 죽기 전에 자신과 조상들의 이야기를 편지로 써서 남기려 한다. 그런 의미에서 이 소설은 이 세상의 모든 아버지들이 아들들에게 전해주는 소중한 정신적 유산이라고도 말할 수 있을 것이다.

아버지가 아들에게 전해줄 수 있는 최상의 유산은 과거 조상들은 어떻게 살았으며, 앞으로 자손들은 또 어떻게 살아야만 하는가에 대한 가르침일 것이다. 화자 존 에임스는 자식들을 세상으로 떠나보내는 아버지의 심정을 이렇게 묘사하고 있다. "우리는 자식들을 광야로 내보내지. 어떤 아이는 우리가 도움을 줄 수 있는데도 태어나면서부터 광야로 나가지. 어떤 아이는 자신이 광야가 되어버리는 것 같고." 존 에임스는 일생 동안 수백 개의 설교를 했고, 현재 그 기록을 모두 갖고 있다. 그러나 그가 세상으로 나가게 될 아들에게 남기고자 하는 것은 설교가 아니라, 자신의 가족사가 들어 있는 사적인 편지다. 그래서 그는 간혹은 위선이 깃들어 있을 수도 있는 자신의 설교원고를 모두 불태워달라고 유언한다. 광야에서 아들은 온갖 시련과 시험을 겪게 될 것이다. 그럴 때마다, 아들은 설교집이 아니라, 안내 성좌 같은 아버지의 편지를 꺼내 읽어보고 인생의 여로를 계속할 용기를 갖게 될 것이다.

존 에임스가 아들에게 들려주는 이야기 중 하나는 자기 할아버지에 대한 것이다. 그는 목사였던 자신의 할아버지가 남북전쟁을 전후해 노예폐지론자들과 같이 돌아다니며 정치적 활동에 적극 가담했고, 그것 때문에 역시 목사였던 자신의 아버지와 늘 갈등이 있었다는 사실을 회상한다. 노예제에 반대했던 할아버지는 흑인 도망노예들을 숨겨주었고, 유명한 노예폐지론자 존 브라운과 어울려 다녔으며, 도망노예들을 잡으러 온 병사를 총으로 쏘기까지 했다고 알려져 있다. 그는 심지어 빨랫줄에 널어놓은 빨래를 훔치거나, 교회 헌금접시까지 몰래 가져가 도망노예들을 위해 사용했고, 피 묻은 옷을 입고 허리에 총을 찬 채 교회에서 설교하기도 했다. 존 에임스는 할아버지의 현실참여 행위에 대해 가치판단을 유보한다. 그러나 할아버지에 대한 회상은 곧 미국역사의 어두운 과거인 인종차별문제와 연관되며, 더 나아가 종교적 믿음과 그 실천의 문제로까지 확대된다.

흑인과 연관되는 또 하나의 에피소드는 화자의 친구인 보턴의 아들 존 에임스 보턴(대부인 화자의 이름을 그대로 물려받았음)의 흑인 아내 이야기다. 존 에임스 보턴은 방랑 도중 흑인여자를 만나 사랑에 빠져 아이까지 갖게 되지만, 주위의 반대와 편견으로 인해 고통을 겪는다. 그러한 상황에 대해 이야기하면서, 존 에임스 목사는 어린 아들에게 미국사회가 짊어지고 가야 할 숙명적인 악몽이자 무거운 짐의 본질인 인종문제를 알려준다. 그리고 그 과정에서 현대인의 딜레마인 사회정의, 윤리와 도덕, 그리고 종교적 신념의 상실 문제를 성찰한다.

그런 의미에서 『길리아드』를 관통하는 또 다른 주제는 자유주의와 보수주의의 충돌과 화해이다. 화자는 다음 선거에 아이젠하워를 찍겠다고 말하는데, 이로 미루어 보면 존 에임스 목사는 보수주의적이다. 1956년 미국 대통령 선거는 공화당의 아이젠하워와 민주당의 애들라이 스티븐슨의 운명적인 경합으로 유명하다. 당시 스티븐슨은 소외계층에 대한 편견타파와 경제적 지원을 역설했던 자유주의의 기수로서 크게 각광받고 있었다. 그러나 제2차 세계대전 이후 평화와 안정을 원했던 당시 미국인들은 끝내 공화당의 아이젠하워를 선택했다. 스티븐슨은 벤저민 프랭클린 식의 근면성실을 통한 성공주의를 비판하고, 소수의 부유층 뒤에는 다수의 빈곤층이 있다고 지적하며 민중들을 위한 개혁을 주장했으나 패배했고, 이후 미국은 극심한 실업률과 불경기를 겪었다.

그러나 존 에임스 목사는 어떤 의미에서 자신의 또 다른 분신인 절친한 동료목사의 아들 존 에임스 보턴을 통해 자유주의의 긍정적인 측면을 발견하게 된다. 처음에 그는 가난한 어린 여자아이를 유혹해 아이까지 갖게 한 존 에임스 보턴을 비판하며, 그가 자기 가족들에게 접근하는 것을 못마땅해한다. 또 그는 보턴이 젊었을 때 장난으로 훔친 자동차로 인해 인근 마을 사람들 전체가 피해를 본 것에 대해서도 분노한다. 그러나 나중에 에임스 목사는 그가 흑인 여자와 결혼해 고통 받는 것을 보고 차츰 그를 이해하게 된다. 보턴은 전형적인 자유주의자로서 보수주의자들이 비판하는 짓들을 서슴없이 저지르는 진보주의적 방랑아로 묘사되는데, 존 에임스 목사는 죽기 전 그를 받아들임으로써 자유주의와 보수주의의 화해 가능성을 탐색하고 추구하게 된다.

그런 의미에서 『길리아드』의 배경이 미국 중부라는 사실은 대단히 상징적이다. 중부는 동부와 서부 그리고 남부와 북부가 만나는 중심점이다. 즉 동부의 보수주의와 서부의 자유주의가 충돌하고, 남부의 노예제를 옹호하는 주와 반대하는 주들이 격돌하던 곳이 바로 중부였다. 미국 역사에서 서로 이웃해 있는 캔사스와 아이오와는 남북전쟁 때부터 각각 보수주의와 자유주의의 상징이었다. 그렇다면 캔사스에서 태어나 평생을 아이오와에서 보낸 존 에임스 목사야말로 그 두 가지 정치 이데올로기의 조화를 상징하는 이상적인 인물이라고 할 수 있을 것이다. 미국 중부는 루이스와 클라크가 동부 버지니아에서 서부 오리건까지의 대륙 횡단 탐험을 통해 그어놓은 동부와 서부의 경계선, 그리고 영국의 측량사들인 메이슨과 딕슨이 만들어놓은 남부와 북부의 경계선이 만나는 지점에 위치해 있으며, 미국영어의 표준어가 사용되는 곳이다. 미국작가 존 도스 패소스(John Dos Passos)는 자신이 쓴 소설인 USA 3부작 중 하나인 『42도선(*The 42nd Parallel*)』에서, 42도선을 경계로 해서 남북으로 갈라진 두 개의 미국을 비판하고 있는데, 중부는 바로 그 남부와 북부를 모두 포용하고 있는 곳이라고 할 수 있다.

『길리아드』에 등장하는 또 다른 상징은 숫자다. 예컨대 존 에임스 목사가 77세 생일을 목전에 두고 있고 그의 아들이 7세가 되기 직전이라는 사실은 7이 행운의 숫자인 데 반해 6은 불완전하고 불길한 숫자라는 점에서 상징적이다. 왜냐하면 인간은 모두 불완전하고, 『길리아드』 역시 어떤 의미에서는 인간의 연약함과 인생의 불완전함에 대한 소설이기 때문이다. 예컨대 존 에임스는 일찍이 아내와 갓난아이의 죽음을 목도하고 오랫동안 홀로 살아온 쓸쓸하고 고독한 사람이다. 그는 67세 때 찾아온 젊은 여성의 청혼을 받아들여 어린 아들을 두었지만, 아직 아버지와 조상들의 세계를 모르는 아들을 남기고 죽어야만 하는 자신의 상황과, 자신이 죽은 후 홀로 남겨질 젊은 아내와 어린 아들의 미래를 걱정한다. 또 그는 목사지만, 자신이 대부인 젊은 존 에임스 보턴이 자기 아내 및 아들과 가깝게 지내는 것을 질투하기도 한다.

'길리아드'라는 이름도 상징적이다. 길리아드는 요르단 동쪽에 있는 곳의 지명으로서, '치유 약의 근원'이라는 의미를 갖고 있으며, 어원상으로는 '목격하다'라는 뜻이기도 하다. 그러나 성서에서 길리아드는 분쟁과 싸움의 지역으로 묘사되고 있다. 길리아드는 어쩌면 그 세 가지 의미를 모두 다 함축하고 있는 곳인지도 모른다. 존 에임스는 아들에게, 미국의 역사적 분쟁들을 간접적으로 목격하도록 하지만, 동시에 그 모든 정신적 상처를 치유할 수 있는 방책도 암시해주고 있기 때문이다.

미국 남부에 대한 훌륭한 소설들을 써낸 미국작가 윌리엄 포크너는 "가장 지역적인 것이 가장 보편적이다"라는 유명한 말을 했다. 인종문제가 운명처럼 얽혀있는 미국 남부의 문제는 곧 보편적인 인류의 문제로 확대될 수 있다는 것이다. 세계 어디나 인종적 차별과 편견, 그리고 사회정의 문제는 편재해 있기 때문이다. 마찬가지로, 로빈슨의『길리아드』역시 표면적으로는 미국 중부에서 일어나는 이야기처럼 보이지만, 심층적으로는 우리 모두가 연관되어 있는 인간의 보편적 문제들을 다루고 있다. 한국독자들에게도『길리아드』가 절실한 호소력을 갖고 다가오는 이유도 바로 거기에 있다.

1981년 처녀장편『하우스키핑』을 출간한 후, 24년 만의 침묵을 깨고 나온『길리아드』는 진정한 문학이란 무엇인가를 가르쳐주고, 우리 모두에게 삶의 가치와 소중함을 일깨워주는 감동적이고도 아름다운 소설이다. 인종문제나 질병문제, 또는 이념문제나 전쟁은 우리의 삶을 파괴하기도 하지만, 동시에 시련을 통해 우리의 정신세계를 더욱 풍요롭게 만들어주기도 한다. 그러한 문제들은 비단 미국의 문제만은 아니고, 오늘날 전 지구적 문제로 확대되고 있다. 그러한 상황에서 우리는 우리 자녀들에게 어떤 가르침을 주고 어떤 메시지를 유산으로 남길 것인가, 모두가 한번쯤 진지하게 고민해보아야만 할 것이다. 『길리아드』는 독자들로 하여금 바로 그런 문제를 성찰하게 해주는 데 성공하고 있다. 이 작품에 퓰리처상이 수여된 것도 바로 그런 이유에서일 것이다.

2. 도널드 맥케이그, 『레트 버틀러의 사람들(*Rhett Butler's People*)』

퓰리처상 수상작인 마거릿 미첼(Margaret Mitchell)의 『바람과 함께 사라지다』(1936)는 미국인들이 가장 좋아하는 소설 중 하나로 현재까지 약 2,800만 부가 팔려나간 불후의 명작이다. 미국 남부 조지아 주 애틀란타에서 아일랜드계 변호사의 딸로 태어나 명문 스미스 칼리지를 다닌 마거릿 미첼은 마치 『앵무새 죽이기』의 저자 하퍼 리처럼, 후속작을 써달라는 출판사들의 요구를 거절하고 일생 단 하나의 작품만 남긴 것으로 유명하다. 1천 페이지가 넘는 대작소설인 『바람과 함께 사라지다』에서 마거릿 미첼은 남북전쟁의 패배로 인해 순식간에 "바람과 함께 사라진" 남부의 영광과 명예와 자부심을 서사시적으로 그려내는 데 성공하고 있다.

『바람과 함께 사라지다』를 영어로 읽어보면 미첼의 뛰어난 문장력과 작가로서의 재능에 예외 없이 감탄하게 된다. 예컨대, 여주인공 스칼렛 오하라가 마차를 몰고 다시 새로운 삶을 시작하기 위해 자신이 태어나서 자란 타라로 돌아가는 장면 묘사는 미국문학사상 그 유례를 찾아보기 힘들 만큼 힘차고 감동적이며 분위기 있는 영문으로 씌어져, 소설문학의 백미이자 압권이라는 느낌을 준다. 난해한 예술소설을 비판했던 레슬리 피들러는 『바람과 함께 사라지다』를 미국문학사상 최고의 '중간문학'으로 극찬했다. 늘 문학의 미래를 걱정했던 파들러는, "앞으로는 『바람과 함께 사라지다』처럼 재미와 감동을 동시에 주는 소설만 살아남을 것이다"라는 선구자적 예언을 하기도 했다. 과연 『바람과 함께 사라지다』는 그 방대한 분량에도 불구하고 재미있게 읽혀, 오늘날 국경을 초월해 세계 독자들의 사랑을 받고 있다. 1937년 퓰리처상을 수상한 이 소설은 1939년에는 스칼렛 오하라 역에 비비안 리, 그리고 레트 버틀러 역에 클라크 게이블을 캐스팅한 4시간짜리 대작영화로 제작되어 다시 한번 세계의 화제가 되었다.

그 후로도 『바람과 함께 사라지다』는 시대적 변화의 거센 바람에도 불구하고 사라지지 않은 채 독자들의 사랑을 받아왔으며, 이윽고 더 많은 것을 원하는 독자들을 위해 드디어는 속편도 출간되었다. 1991년 알렉산드라 리플리는 마거릿 미첼 유산관리위원회의 승인하에 『바람과 함께 사라지다』의 속편인 『스칼렛』을 출간했는데, 이 작품은 『바람과 함께 사라지다』의 여주인공 스칼렛이 과연 어떤 여자였는가를 보다 더 자세하게 밝혀주는 소설이었다. 영화배우 비비안 리의 뛰어난 연기로 사람들에게 강렬한 인상을 심어주기도 한 여주인공 스칼렛 오하라는 소설문학사상 가장 강인하고 오만하며, 가장 귀엽고 독특한 개성을 가진 여성 중 한 사람이라는 평을 받는다. 모든 주위 남성들로부터 구애를 받지만 거절하는 그녀의 오만함, 귀족 애슐리에 대한 불가능한 짝사랑을 키워가는 낭만성, 애슐리의 아내 멜라니에 대한 소녀다운 질투와 이기심, 그리고 실연과 전쟁의 참화 속에서도 희망을 잃지 않고 살아남는 강인함 등은 버릇없고 제멋대로인 스칼렛을 그 누구에게도 지배당하지 않는 매력적인 인물로 변환시키는 요인들이다.

스칼렛은 가질 수 없는 것을 소유하려는 여자이자, 이루어질 수 없는 사랑을 추구하는 여성이다. 그 불가능한 꿈이 이루어지는 순간, 그녀는 그것을 버리고 또 다른 불가능을 추구하기 시작할 것이다. 그런 면에서 그녀는 한없이 낭만적이다. 그러나 그녀는 동시에 놀라울 만큼 현실적이다. 그래서 실연이나 전쟁이 자신의 낭만적 꿈을 철저하게 파괴해도 희망을 잃지 않고, 다시 자신의 근원 타라로 돌아가 새로운 삶을 시작한다. 애슐리 같은 남부 신사들의 사랑이나, 남부의 위선과 편견을 싫어하는 레트 버틀러 같은 자유분방한 남자들의 보호가 자신을 떠난 후에도, 스칼렛은 여전히 좌절하지 않고 혼자 힘으로 타라를 재건할 것을 결심한다. 북군에 의해 불타는 애틀란타, 양키들과 카펫배거스(carpetbaggers, 남북전쟁 후 한탕을 노리고 남부로 이주한 뜨내기 북부인)들에 의해 무자비하게 짓밟히는 남부의 자존심, '바람과 함께 사라진' 남부의 명예와 영광, 그리고 전쟁의 폐허 속에서도 스칼렛은 좌절하지 않고 살아남는다. 마거릿 미첼은 남북전쟁으로 인해 모든 것을 상실한 남부의 새로운 희망으로 강인한 여성 스칼렛 오하라를 제시했던 것처럼 보인다.

『바람과 함께 사라지다』의 또 다른 중요한 주인공은 단연 레트 버틀러다. 레트 역시 스칼렛처럼 제멋대로이고 예의와 격식을 무시하는 남자이면서, 동시에 섹시하고 터프하며 카리스마가 넘치는 매력적인 남성이다. 그런 면에서 레트는 스칼렛을 남자로 바꾸어놓은 것 같은 인물이다. 과연 스칼렛을 처음 본 순간, 레트는 매력적인 여성 속에 들어 있는 자기 자신의 모습을 보고 강렬하게 이끌린다. 교양 있고 고상한 척하는 남부의 여자들에게서는 아무런 매력을 느끼지 못하는 레트가 오직 스칼렛에게서만은 강렬한 사랑을 느끼는 이유도 바로 자신을 닮은 그녀의 오만하고 강인한 기질 때문이다. 문제는 레트가 그토록 이끌리고 좋아하는 스칼렛이 레트에게는 전혀 관심이 없고 오직 남부의 귀족 애슐리만 사랑한다는 점이다. 심지어는 레트와 결혼한 후에도 스칼렛은 남편을 사랑하지 않고 애슐리와 밀회한다. 애정 없이 위태로운 결혼생활을 계속하던 그들은 유일하게 부부를 지탱해주는 끈이었던 어린 딸 보니가 조랑말에서 떨어져 죽자 드디어 파국을 맞고, 레트는 스칼렛을 떠난다.

12년 동안의 집필과정을 거쳐 2007년에 출간된 도널드 맥케이그(Donald McCaig)의 『레트 버틀러의 사람들』은 바로 그 레트 버틀러에 대한 이야기를 주축으로 계속되는 『바람과 함께 사라지다』의 두 번째 속편이다. 알렉산드리아 리플리의 『스칼렛』은 400만 부를 판매해 상업적으로는 대성공을 거두었지만, 비평가들로부터는 문학성이 부족하다는 혹평을 받았다. 그에 비해 맥케이그의 『레트 버틀러의 사람들』은 상업적·비평적 측면 모두에서 좋은 성과를 거두었다. 초판만 100만 부를 찍은 이 속편은 우선 리플리가 작가 초년생이었던 것과는 달리, 맥케이그는 문학상을 수상한 역사소설 『야곱의 사다리』의 유명 작가라는 점, 레트 버틀러라는 인물의 삶을 설득력 있게 잘 그려냈다는 점, 그리고 남북전쟁에 대한 작가의 해박한 지식으로 작품에 신뢰를 준다는 점 때문에 비평가들로부터 찬사를 받았다.

『레트 버틀러의 사람들』은 1843년부터 1874년까지를 다루고 있어서 『바람과 함께 사라지다』보다 남북전쟁을 전후해 약 20년을 더 아우르고 있다. 소년 레트 버틀러의 10대와 20대로 시작되고 있는 이 소설은 레트가 어떠한 상황에서 『바람과 함께 사라지다』의 유명한 장면—트웰브 오크의 서재에서 스칼렛과 애슐리의 대화를 엿듣게 되는 장면—에 등장하게 되는가를 알려주고 있어서 흥미롭다. 레트 버틀러와 섀드 워틀링의 결투로부터 시작되는 이 소설의 첫 장면은 레트가 비록 건달처럼 살고는 있지만, 사실은 명예를 존중하는 진정한 신사라는 사실을 잘 보여주고 있다. 레트는 자기 아버지 농장 감독의 아들 섀드로부터 섀드의 여동생 벨 워틀링을 임신시켰다는 누명을 쓰고 결투신청을 받는다. 아이의 아빠가 자신이 아니라 앤드류 래버넬이라는 사실을 잘 알고 있으면서도, 레트는 그들의 명예를 보호하기 위해 끝까지 사실을 밝히지 않고, 자신이 죽을 수도 있는 명사수와의 결투를 받아들인다. 다행히 레트는 결투에서 섀드를 이기고 살아남는다.

또한 레트는 죽음의 결투를 앞두고 마지막으로 남기는 유언을 어린 시절 자신에게 잘해준 흑인 해방노예 투니스 보노에게 남김으로써, 인종적 편견이 없음을 증명한다. 이에 그의 결투 입회인인 존 헤인스는 "해방노예한테? 흑인한테 말인가?"라고 깜짝 놀란다. 반대로 섀드는 노예 부녀자들을 마음대로 겁탈하고 흑인들을 증오하는 철저한 인종차별주의자이다. 자신의 신부를 겁탈하려 하는 그에게 대들었다는 이유로 착한 흑인노예가 벌을 받아 죽게 되자, 어린 레트는 거기에 항의했다가 농장주인 아버지로부터 혹독한 벌을 받는다. 레트의 아버지 랭스턴 버틀러는 가정교사에게 아들을 맡기면서, "제 아들 녀석은 똑똑하긴 한데 반항적입니다. 제 명령을 무시하고 우리 사회를 뒷받침하는 계급과 인종의 구분을 업신여기죠."라고 말한다. 레트는 부유한 남부 농장주의 장자이면서도 자신의 특권을 버리고, 남부의 인종적 편견과 폭력에 저항하는 용기를 보여준다.

또한 레트는 정치적 선동을 싫어하고 낭만적 감정으로 전쟁에 뛰어드는 남부인들을 비판한다는 점에서 냉철한 현실주의자라고도 할 수 있다. 그러면서도 그는 또 한없이 낭만적이다. 자기를 사랑하지 않는 스칼렛에게 충실한 사랑을 바치는 모습, 자신을 돌보지 않고 약자들을 헌신적으로 돌봐주는 모습, 또는 결국 군에 입대한 후, 장교 임관 제의를 거절하는 모습은 그가 얼마나 인간적이고 낭만적인 측면을 갖고 있는가를 잘 보여주고 있다.

그와 동시에 레트는 미래를 정확하게 예견하고, 넓은 안목으로 세상을 볼 줄 아는 사람이다. 우물 안 개구리 같은 남부의 청년들이 전쟁에 이기리라고 확신하며 들떠있을 때, 레트는 남부의 필연적 패배를 예견하고 경고한다. "저는 여러분이 보지 못한 것을 수없이 봤습니다. 양키들을 위해 싸워줄 수십만 명의 이주민들과, 공장, 주조소, 조선소, 철광과 석탄

광, 이런 것들 말입니다. 전부 우리에겐 없는 것들이죠. 우리가 가진 거라곤 목화와 노예, 자존심뿐입니다. 양키들이 분명히 이길 겁니다." 그 결과 레트는 비겁자, 반역자라는 누명을 쓰게 되지만, 전쟁의 결과는 레트의 예측대로 남부의 처참한 패배였다. 만일 남부인들이 레트의 경고에 귀 기울였더라면, 그렇게 순식간에 모든 것을 잃어버리지는 않았을 것이다. 오직 스칼렛만이 레트가 남부의 어리석음을 지적하는 순간, 그를 괜찮은 사람으로 평가한다. 이는 곧 두 사람이 생래적으로 비슷한 기질을 갖고 있었다는 것을 의미한다.

그런 면에서 레트는 남부인이지만 아웃사이더의 시각을 가진 이방인이자 국외자로 제시된다. 그리고 바로 그 순간, 그는 미국문학의 전형적인 주인공으로 부상한다. 『모비 딕』의 주인공 이스마엘이나, 『허클베리 핀의 모험』의 주인공 허크처럼, 레트 역시 자신이 속한 문명과 사회를 싫어하고 비판하며, 모험을 떠나기 때문이다. 그는 편견과 위선과 폭력이 난무하는 남부를 떠나 샌프란시스코를 비롯한 북부의 여러 도시들을 여행하고, 영국과 프랑스를 비롯한 유럽의 여러 나라들을 방랑하며 식견을 넓힌다. 레트는 또 이스마엘이나 허크처럼 유색인과 친구가 되어 그들과 더불어 배를 타고 다니며 모험을 겪는다. 더욱이, 레트에게는 여성이 없다. 스칼렛이 있지만, 그녀와의 로맨스는 좀처럼 이루어지지 않고, 사랑하는 딸은 승마 중에 낙상해 죽는다. 그렇다면 레트 버틀러는 대표적인 미국문학의 주인공임에 틀림없다. 여성과 문명사회를 떠나, 유색인 동반자와 함께 이상향을 찾아 부단히 모험과 방랑을 하기 때문이다.

그런데도 요즘 일부 급진적인 비평가들은 마거릿 미첼을 인종차별주의자로 비난한다. 그러나 미첼은 젊은 시절에는 자원해서 흑인교육 프로젝트에 참가했고, 나중에는 마틴 루터 킹이 다닌 흑인대학에도 많은 기부금을 낼 만큼 흑인 편이었다. 요즘 과격한 비평가들은 정전 파괴라는 미명하에 인종차별에 반대했던 마크 트웨인이나 윌리엄 포크너나 마거릿 미첼까지도 인종주의자로 몰아 비난하는데, 이는 당대의 시대적 상황을 전혀 고려하지 않은 일종의 마녀사냥이자 지적 유행 같은 것으로 바람직하지 않은 안타까운 현상이다.

또 야성녀인 스칼렛이 버틀러와 재결합해 안정적인 가정을 꾸리는 것은 스칼렛의 특성을 죽이는 것이라는 비판도 있지만, 스칼렛은 타라가 불탄 후 다시 그곳에 정착하려 하기보다는 증오로 점철된 남부의 불길을 떠나 새로운 세상인 북부로의 여행을 꿈꾼다. 맥케이그는 스칼렛을 더 넓은 세상으로 보냄으로써, 그녀가 남부의 편협함에서 벗어나 레트처럼 세계인이 될 것이라는 점을 시사해주고 있다. 사라진 남부의 역사와 영광을 언제까지나 슬퍼하고 있을 수만은 없기 때문이다.

남북전쟁(1861-1865)은 노예제도뿐 아니라, 북부 산업주의와 남부 농본주의의 경제적 갈등, 그리고 북부 연방제와 남부 연합제의 정치적 충돌 때문에 일어났다. 만일 남부가 전쟁에서 이겼다면, 오늘날의 미국은 산업대국이 아니라 농업대국이, 그리고 미합중국이 아니라, 미연합국이 되었을 것이다. 연방주의(federalism)는 독립된 자치주들의 주권을 인정하고 연방정부는 국가 전체의 외교, 국방, 재정만을 담당하도록 하는 제도이며, 각 주의 이해관계가 발생할 때만 연방정부가 개입하는 제도이다. 반면, 연합주의(confederalism)는 연방정부를 인정하지 않고, 각 주가 국가의 권한을 갖되, 공동 사안들은 주 대표들이 모인 회의에서 결정하는 제도이다.

맥케이그의 『레트 버틀러의 사람들』은 『바람과 함께 사라지다』를 좋아하는 독자라면 누구나 읽어야 할 성공적인 속편이다. 이 소설은 『스칼렛』과 더불어 『바람과 함께 사라지다』를 보충해주고 완성해주는 3부작으로 자리 잡았으며, 미국인들의 숙명적 짐인 인종문제와, 미국을 남북으로 갈라놓았던 남북전쟁, 그리고 전쟁의 결과로 태어난 연방주의의 태동을 통해 '미국이란 과연 무엇인가'를 성찰하게 해주는 좋은 소설이다.

3. 필립 로스, 『굿바이 컬럼버스(*Good-bye Columbus*)』, 『휴먼 스테인(*The Human Stain*)』

필립 로스(Philip Roth, 1933-)는 미국사회에 동화되고 싶어하는 소수인종들과 그들이 미국사회의 중산층으로 동화된 이후, 필연적으로 겪게 되는 심리적 갈등과 도덕적 위기를 주제로 하는 소설들을 즐겨 썼다. 로스는 자신의 민족적 배경을 살려, 유대인의 생래적 고통과, 그들이 동화되고 싶어하는 미국의 현실, 유대인의 닫힌 세계와 개방적인 미국사회, 그리고 그 사이에서 방황하고 갈등하는 유태계 미국인들에 대한 탁월한 심리소설을 썼다. 로스는 그러한 소재를 통해, 궁극적으로는 모든 현대인이 처한 보편적인 상황과, 도처에 편재해있는 인종적 · 문화적 편견에 대해 신랄한 비판을 가했다. 그래서 로스의 주인공들은 대개 미국 백인사회에 진입 중이거나, 이미 진입한 유대인들이다.

예컨대 전미도서상을 받은 처녀작 『굿바이 컬럼버스』(1959)에서 로스는 두 젊은 남녀의 애정문제를 통해, 미국사회의 중산층으로 동화된 유태계 미국인들의 도덕적 해이와, 그것의 폐해를 직접 경험하는 주인공의 심리적 갈등과 좌절을 탁월한 솜씨로 묘사하고 있다. 뉴저지 주립대학인 럿거스 대학 출신인 지적인 주인공 닐 클루그만은 노동자 계층인 숙부와 숙모 집에서 살고 있다. 닐은 어느 날 브렌다 파팀킨이라는 부유한 집안의 레드클리프(후에 하버드 대학으로 통합됨) 대학생을 만나 사랑에 빠지게 되는데, 두 사람은 가까워지면서 점차 계층 간의 차이를 절감하게 된다. 브렌다의 아버지는 닐과 같은 계층이었지만, 미국사회에 잘 동화되어 미국 중산층의 가치관을 갖게 되었지만, 아직 철저히 미국화되지 못한 닐은 브렌다의 아버지나 오빠와 좀처럼 가까워지지 못한다. 그러다가 닐은 브렌다가 자기를 속인 사실을 알게 되고, 둘 사이가 실제로는 이루어지기 어렵다는 사실을 깨닫고 결국 헤어지게 된다. 이 소설의 제목에서 '컬럼버스'는 물론 브렌다의 오빠가 다닌 오하이오 주립대학의 소재지이지만, 동시에 아메리카의 발견자, 그리고 미국을 상징하기도 한다. 작품의 마지막에 닐은 미국화된 브렌다의 가족에게 작별인사를 한다. 즉 그는 자신이 아직 완전히 동화되지 못한 '미국'에게 작별인사를 한 것이다. 이 소설은 주인공이 안경을 쓰지 않고 수영장에 들어가는 장면으로 시작된다. 주인공의 시야가 흐릿해 사물을 잘 보지 못하는 것은 그가 미국을 또는 미국화된 유대인들의 세속화와 도덕적 타락을 잘 보지 못하고 있다는 것을 상징한다. 그러나 작품의 마지막에 그는 비로소 모든 것을 명료하게 바라볼 수 있게 된다.

역시 전미도서상을 수상한 『포트노이의 질병(*Portnoy's Complaint*)』(1969)은 유태계 미국인 주인공 포트노이가 성적·정신적으로 방황하다가, 자신의 질병의 근원을 찾기 위해 자신의 뿌리인 이스라엘로 돌아가는 이야기다(제목인 complains에는 '질병', '고통', '불평'의 복합적인 뜻이 들어 있다). 이 소설은 주인공 알렉산더 포트노이가 정신과 의사의 소파에 누워 풀어나가는 독백으로 되어 있다. 이 소설 역시 유대인의 미국사회 동화 문제가 심층적으로 다루어지고 있다. 이 소설은 1960년대의 특징 중 하나였던 정신과 의사 진료와 프리섹스를 주요 모티프로 해서 진행되고 있다는 점에서 60년대를 대표하는 소설 중 하나로 평가 된다.

이후 로스가 발표한 『나는 공산주의자와 결혼했다』(1998)는 매카시즘 시대의 문제점을 탐색하는 작품이며, 『휴먼 스테인』(2000)은 20세기 말 미국사회의 문제점이었던 과격한 '정치적 올바름(Political Correctness)' 운동 및 미국사회의 인종적 편견에 대한 신랄한 비판이며, 동시에 상처 입고 가면을 쓴 채 살아가는 현대인의 모습을 심도 있게 성찰한 작품이다. 『휴먼 스테인』은 외모는 백인이지만 사실은 흑인인 콜만 실크가 자신의 인종적 비밀을 감추고 유대인 행세를 하며 출세가도를 달리다가, 결국은 그 가면 때문에 파멸한다는 비극적 이야기다. 매사추세츠 주 아테나 대학의 원로교수이자 학장인 71세의 콜만은 어느 날, 한번도 강의실에 나타나지 않는 두 학생을 '스푸크'(spooks는 '유령'이라는 뜻임)라고 불렀다가 '정치적으로 올바르지 못한(politically incorrect)' 발언을 했다는 이유로 징계위원회에 회부된다. '스푸크'는 '흑인'을 경멸해 부르는 단어이기도 했기 때문이다. 백인여자와 결혼하고 자신도 백인으로 알려져 있지만, 실제로는 흑인인 그가 아이러니컬하게도 흑인 차별주의자로 몰려 징계를 당하게 된 것이다. 콜만은 페미니스트 교수로부터도 심한 비난을 받는데, 심지어는 자기가 임명한 그 대학 최초의 흑인교수로부터도 외면당하고 극심한 배신감을 느낀다.

콜만은 대학을 사직하게 되고, 그 사건에 충격을 받은 그의 아내 아이리스는 심장마비로 사망한다. 콜만은 대학사회를 떠나 숲속의 집에 은거하면서, 또 다른 상처 받은 여인인 포니아 팔리와 사랑에 빠지게 된다. 그는 아내에게도 털어놓지 않았던 자신의 비밀을 포니아에게 고백한다. 우연히 콜만의 이웃집에 살게 된 작가 저커만은 콜만의 삶을 소설로 쓰기 시작하고, 그것이 바로 『휴먼 스테인』이라는 소설이 된다. 저커만에 의해 독자들은 콜만의 젊은 시절 이야기를 듣게 된다.

젊었을 때, 콜만은 스티나라는 아름다운 백인 여자친구와 결혼하기 위해 그녀를 집으로 데려온다. 그러나 콜만의 어머니를 만나 콜만이 흑인이라는 것을 알게 된 그녀는 콜만을 떠난다. 이에 충격을 받은 콜만은 그때부터 자신이 흑인이라는 사실을 감추고 백인 행세를 하기 시작한다. 콜만이 두 번째 백인 여자친구인 아이리스를 집에 데려와 소개하지 않고 결혼하겠다고 하자, 어머니는, "너는 속박에서 자유로워지려고 스스로를 감옥에 가두었구나"라며 탄식한다. 콜만도 나중에 "나는 자유로워지고 싶었지만, 오히려 수인(囚人)이 되었다"라고 회상한다.

1979년부터 로스는 자전적 인물인 작가 네이선 저커만을 주인공으로 하는 일련의 저커만 소설들을 발표해오고 있는데, 1997년에 쓴 저커만 소설 『아메리카의 목가』는 퓰리처상을 수상했다. 『아메리카의 목가』는 1960년대 후반, 자신의 딸이 테러리스트가 되는 것을 목격하는 뉴저지주 뉴아크 출신 운동선수의 이야기로서, 미국사회의 근원적 문제점을 성찰한 작품이다. 로스의 소설에서 저커만은 때로는 주인공으로, 때로는 관찰자 · 기록자로 등장한다. 로스는 고령에도 불구하고 부단히 좋은 작품들을 써왔으며, 인간의 인종적 · 문화적 편견을 비판하고, 인간의 고통, 욕망, 죽음의 문제에 대해 천착해온 진정한 휴머니즘 작가이며, 그래서 해마다 노벨문학상 후보로 거론되고 있다.

4. 토머스 핀천, 『제49호 품목의 경매(*The Crying of Lot 49*)』

진보의 시대였던 1960년대 대학생들을 가장 매료시켰던 두 권의 소설로 문학사가들은 흔히 브라우티건의 『미국의 송어낚시』와 토머스 핀천의 『제49호 품목의 경매』를 꼽는다. 1966년, 20세기 후반 세계 최고 작가 중 하나이자 지난 10여 년 동안 노벨문학상 수상후보였던 핀천의 이 소설이 발표되자, 미국 대학생들은 노트와 책상과 화장실에 "소리 나지 않게 막아놓은 나팔"을 그리는 것이 유행이었다고 한다. 『제49호 품목의 경매』에서 그 기호가 소외계층의 억눌린 목소리와 지구파멸 경고의 상징으로 등장하기 때문이다. 예컨대 성서의 「요한의 묵시록」에 보면, 천사의 나팔소리는 곧 지구의 파멸을 의미하는데, 나팔소리가 나지 않게 막아져 있는 것은 곧 최후의 심판 날이 유보되어 있는 현 상황을 상징하고 있다고 볼 수 있다.

『제49호 품목의 경매』를 읽은 후, 학생들은 또 사방에다가 W.A.S.T.E.라는 낙서도 했는데, 이는 "우리는 침묵의 트리스테로 왕국을 기다린다.(We Await Silent Tristero Empire.)"라는 뜻이다. 여기에는 지배문화에 의해 폐기물로 취급받고 있는 소외된 계층이 새로운 세상의 도래를 기다린다는 의미도 있고, 또 이 소설에서 논의되고 있는 엔트로피 이론과 관련해 인류 절멸에 대한 경고의 의미도 들어있다. 핀천은 현대사회를 인간교류가 단절되어 엔트로피가 극에 달한 "닫힌 체계"로 보고, 파멸을 피하기 위해 열린 체계로의 전환을 주장한다. 인간교류가 단절된 이유를, 핀천은 "이것 아니면 저것(either/or)"의 이분법적 선택이 강요되는 닫힌 사회풍토 때문이라고 보고, "이것도 그리고 저것도(both/and)"가 허용되는 열린 사회의 건설을 주창한다.

『제49호 품목의 경매』는 또 "트리스테로"라는 용어를 유행시켰다. 슬픔과 비밀을 뜻하는 이 용어는 이 소설이 나온 후, 지배문화에서 제외되고 유산상속권을 박탈당한 모든 소외된 계층의 사람들을 지칭하는 대명사가 되었다. 『제49호 품목의 경매』에서 트리스테로는 공식적인 정부의 우편제도를 거부하고, 자기네들끼리의 은밀한 지하우편제도를 통해 교류하며, 공식적인 우표가 아닌 위조우표를 사용한다. 대학생들이 트리스테로라는 용어를 여기저기 낙서처럼 써놓았던 것도 바로 그러한 교류를 위한 상징적 제스처였던 것이다.

『제49호 품목의 경매』의 주인공은 여성이다. 남성 작가가 굳이 여성을 주인공으로 설정한 이유는, 여성 특유의 예민한 감수성과 변화에 대한 유연성, 그리고 새로운 생명을 탄생시킬 수 있는 가능성이 바로 열린 체계를 주장하는 이 소설의 주제와 부합되기 때문이다. 슈퍼마켓과 터퍼웨어 파티나 오가며 살고 있는 미국의 평범한 중산층 주부 에디파 마스는 어느 날 옛 애인 피어스 인버라리티가 죽었으며 자신이 유산집행인 중 한 사람으로 지명되었다는 통보를 받는다. 앞에서도 언급했지만, 이처럼 주인공이 전보나 편지를 통해 과거로부터 소환장을 받고 과거로 되돌아가 깨우침과 눈뜸의 과정을 거쳐 새롭게 다시 태어나고, 자신이 깨달은 그 경고의 메시지를 독자들에게 전해주는 것은 미국문학에 있어서 하나의 전형적인 패턴이다.

에디파(Oedipa)는 희랍신화의 테베의 눈먼 왕 에디파스/어이디푸스(Oedipus)의 여성형 이름이고, 마스(Mass)는 아직 무정형인 덩어리를 의미한다. 에디파는 나중에 모험과 탐색을 거쳐 현실에 눈을 뜨게 되고, 비로소 형태를 갖추게 되기 때문에, 아직은 그저 가능성을 갖고 있는 덩어리일 뿐이다. 피어스 인버라리티(Pierce Inverarity)는 "진실 속으로 뚫고 들어감"을 의미한다. 그의 유산집행 과정에서 에디파는 자신이 지금까지 모르고 살았던 진실을 깨닫게 된다. 에디파는 피어스와 같이 멕시코에 갔던 때를 회상하며, 그때 탑 속에 갇힌 채 태피스트리를 짜고 있는 처녀들을 그린 레메디오스 바로의 그림을 보고 울었던 일을 생각한다. 그녀는 탑 속에 갇힌 여자들의 모습에서, 세상으로부터 격리되어 자아의 성에 갇혀 있는 자신의 모습을 보았던 것이다. 이제 그녀는 죽은 옛 애인의 유산을 집행하면서, 비로소 갇혀 살았던 자아의 성으로부터 탈출해 바깥 세상으로 나가게 된다.

에디파는 집을 떠나 대기업 재벌인 피어스의 본거지인 산업도시 샌 나르시소로 떠난다. 날마다 남편의 퇴근을 기다리며 칵테일이나 만들어 놓고 정원의 약초나 손질하며 단조로운 일상 속에 살고 있던 중산층 주부 에디파의 새로운 모험이 드디어 시작된 것이다. 샌 나르시소에서 에디파는 다양한 사람들과 만나 지금까지 몰랐던 새로운 세계에 눈뜨게 된다. 예컨대 그녀는 효율성의 극대화만을 추구하다 비인간적으로 되어버린 대기업, 닫힌 체계의 파멸을 경고하는 엔트로피 이론, 절대적 진실의 부재, 트리스테로라 불리는 소외된 계층과 또 다른 지하세계의 존재등을 발견하게 된다. 에디파는 비로소 그동안 자신이 타자에 대해 무관심한 마비되고 닫힌 삶을 살아왔다는 사실을 깨닫는다. 그녀는 거미줄처럼 쳐진 캘리포니아의 프리웨이가 마치 미국의 혈관과도 같다고 느끼며, 그 혈관을 통해 주입된 마약이라도 맞은 듯, 미국인들은 지금 주위에 무슨 일이 일어나고 있는지도 모른 채, 안락함 속에서 마취되고 마비되어 있다는 사실을 깨닫게 된다.

『북회귀선』의 작가 헨리 밀러는 오랜 망명생활에서 돌아와 미국을 일주한 후, 자신의 조국을 "냉방된 악몽"이라 불렀다. 미국은 시원하고 안락하지만 무언가 잘못되어 있다는 것이다. 에디파 역시 미국 사회가 외부세계와 교류하지 않는 닫힌 체계라는 사실을 깨닫는다. 그녀는 빈민들, 병든 선원, 흑인여자, 용접공, 야경꾼, 동성연애자들, 그리고 창녀 등 소외계층과의 만남을 통해 이 세상에는 공식적인 아메리칸 드림에서 제외된 상속권을 박탈당한 사람들이 있음을 깨닫게 된다. 그리고 자신을 포함한 대부분의 미국인들은 그들의 존재도 모른 채, 자아의 성안에 숨어 안락하게 살고 있지만, 만일 그러한 상태가 계속된다면 미국은 엔트로피가 극에 달한 닫힌 체계가 되어 조만간 파멸을 맞을 것이라고 경고한다. 열역학 제2법칙인 엔트로피 이론에 의하면, 외부세계와 교류하지 않는 닫힌 체계는 모든 것이 동질화되어 운동이 정지되고 결국 파멸하고야 말기 때문이다.

원래 공학을 전공했고 보잉사에도 근무했던 핀천은 이렇게 과학이론을 자신의 소설에 도입해 적절한 은유로 사용했다. 더욱 놀라운 것은, 1960년대 중반에 쓰여진 이 소설에서 핀천은 이미 미국인들이 거대한 매트릭스 속에 살고 있다고 지적하며, 90년대 후반에 나온 영화 <매트릭스>와 같은 상황을 묘사하고 있다는 사실이다. 그는 또 이 소설에서 컴퓨터의 기본조합인 0과 1보다는 0과 1의 '사이'에 주목해, 또 다른 가능성 즉 제3의 선택 가능성을 탐색해야만 한다고 주장함으로써, 시대를 앞서가는 선구자적 작가의 모습을 보여주고 있다.

그렇다면 이 소설의 제목인 49는 무엇의 상징인가? 신약성서에서 예수의 제자들은 예수 승천 후 50일째 되는 날 하늘로부터 계시와 성령을 받는데, 그것을 오순절(Pentecost)이라고 부른다. 또한 불교에서도 영혼을 극락으로 보내는 49제가 있고, 이집트에서도 죽은 자의 영혼은 49일 동안 기다리다가 50일째 되는 날 그 운명이 결정된다고 한다. 그렇다면 49는 운명이 결정되기 직전의 유보된 상태를 의미하며, 우리는 지금 49의 기다림 속에 살고 있다고 볼 수 있다. 그러나 50일째 내려올 계시는 인류파멸의 계시일 수도 있으며, 그것을 바꾸어 놓을 수 있는 기회는 오직 지금뿐이다. 그래서 49라는 숫자는 기다림과 유보도 의미하지만, 동시에 파멸을 지연시키고 바꾸어 놓을 수도 있는 가능성의 숫자가 된다.

그래서 『제49호 품목의 경매』는 열린 결말로 끝난다. 결정과 결론은 독자들의 몫이기 때문이다. 만일 이제라도 우리가 자아의 패각에서 벗어나 소외된 계층을 포용하고 타자와 교류한다면, 우리는 닫힌 체계를 열린 체계로, 그리고 임박한 파멸을 영원한 구원으로 바꾸어놓을 수 있을 것이다. 그렇지 않으면 인류문명의 파멸은 필연적이다. 그것이 핀천이 우리에게 주는 이 시대의 엄숙한 경고이자 절박한 호소이다.

5. 리처드 브라우티건, 『미국의 송어낚시(*Trout Fishing in America*)』, 『워터멜론 슈가에서(*In Watermelon Sugar*)』

번역서의 제목을 잘못 붙여 국내 독자들에게 잘 알려지지도 않은 채 사라져간 비운의 책이 있다. 1960년대 미국 대학생들이 늘 손에 들고 다녔던 바이블이자 세계적인 베스트셀러였던 미국작가 리처드 브라우티건(Richard Brautigan)의 탁월한 환경생태주의 소설 『미국의 송어낚시(*Trout Fishing in America*)』의 번역본은 책제목만 보고 잘못 분류한 서점직원들의 실수로 낚시 코너에 잠시 진열되어 있다가, 낚시 책으로 잘못 알고 사갔던 강태공들의 무더기 반납사태를 겪은 후 서점의 진열대에서 아예 자취를 감추고 말았다. 그런 사태를 미리 우려했던지, 이 책 원서의 뒤 표지에는 영어로 "이 책은 낚시에 관한 책이 아니다"라는 구절이 쓰여 있다.

과연 『미국의 송어낚시』는 낚시에 관한 책은 아니다. 그럼에도 이 책은 "송어낚시"의 은유를 통해, 현대인들이 잃어버린 채 살고 있는 목가적 꿈의 소중함을 깨우쳐주고, 우리로 하여금 다시 한번 그 꿈을 추구하도록 권유해주는 소설이다. 그런 의미에서 "송어"는 현대인들이 상실한 목가적 꿈의 상징이 되고 "송어낚시"는 바로 그 잃어버린 꿈의 회복과 추구의 상징이 된다. 그래서 우리는 『미국의 송어낚시』에서 전후의 폐허 속에서도 강을 찾아 낚싯대를 드리우고 있는 헤밍웨이의 주인공 닉 애덤스와, 돈과 기계만을 추구하다가 비로소 자신이 상실한 목가적 꿈의 소중함을 깨닫게 되는 <레인 맨>의 찰스 배비트나 <프리티 우먼>의 에드워드 루이스, 또는 <흐르는 강물처럼>에서 플라이 낚시를 통해 인생의 의미를 찾는 노먼 형제와 조우하게 된다.

『미국의 송어낚시』의 주인공은 어릴 적 아버지와 같이 갔던 송어낚시를 회상하며 송어 하천을 찾아 길을 떠나지만, 그 어느 곳에서도 송어가 살고 있는 하천을 찾지 못한다. 멀리서는 하천으로 보이던 것들도 가까이 가보면 나무로 된 계단일 뿐이어서 그의 좌절과 실망은 계속된다. 나무로 된 계단은 1. 경직되고 고정된 상태, 2. 모험 대신 안정된 집으로 들어가는 계단, 3. 세속적 출세의 계단, 4. 사라진 재생의 가능성이다. 그래서 아내와 어린 딸을 데리고 송어가 뛰노는 하천을 찾아 여행을 계속하는 주인공이 만나는 것은 다만 오염된 하천과 죽어서 떠다니는 송어들뿐이다. 그는 심지어 하천을 피트당 잘라서 파는 폐선장을 발견하기도 한다. 순수한 목가적인 꿈조차도 이제는 상업적으로 사고파는 상품으로 전락하고 만 것이다.

그런 의미에서 『미국의 송어낚시』는 뛰어난 환경생태주의 소설이 된다. 그러나 브라우티건이 궁극적으로 관심을 갖고 염려하는 것은 단순한 환경오염뿐 아니라, 인간의 정신 생태계의 파괴이다. 그에 의하면, 인간 정신 생태계를 파괴하는 것은 인간의 정신적 타락일 수도 있고, 인간성을 통제하고 감시하며 말살시키는 지배권력일 수도 있다. 그래서 이 소설에서는 자유롭게 살고 싶어하는 주인공을 감시하며 따라붙는 FBI가 늘 등장한다. 이 소설의 가장 압권 중 하나인 「미국의 송어낚시 테러리스트」에서는 목가적 꿈을 억압하고 통제하는 인물로 학교 교장이, 또 다른 장에서는 양떼를 몰고 가는 폭군적 목동으로 제시되기도 한다.

브라우티건은 미국인들의 목가적 꿈의 상실을 곧 '아메리칸 드림'의 실패로 본다. 이 소설의 첫 장면은 샌프란시스코의 워싱턴 광장에 서서 아메리칸 드림을 만천하에 선전하고 있는 벤저민 프랭클린 동상 아래 모여 있는 빈자들에 대한 묘사로 시작된다. 가난한 사람들에게 프랭클린식의 아메리칸 드림은 아무런 의미도 없다는 것이다. 그러므로, 미국인들에게 근면, 성실, 정직 하면 성공할 수 있다고 가르친 프랭클린의 동상 앞에 모인 수많은 빈자들을 통해 브라우티건은 부조리한 미국의 꿈과 현실을 통렬하게 비판하고 있다.

이 소설 초반부의 「쿨 에이드 중독자」라는 에피소드에 나오는 탈장에 걸린 가난한 소년의 이야기 역시 공식적이고 화려한 아메리칸 드림에서 제외된 가난한 이민들의 삶을 묘사한 것이다. 이 에피소드에서는 잘 먹지 못해 탈장에 걸린 한 소년이 값싼 쿨 에이드 분말주스를 산 후 비싼 설탕을 구하지 못해 그냥 많은 양의 물에 탄 후, 만족해하면서 그 묽은 드링크를 조금씩 마시는 장면이 나온다. 많은 빈자들이 아메리칸 드림의 농도나 당도에 훨씬 못 미치는 희석된 꿈에 만족하며 살아가고 있다는 것을 브라우티건은 이 에피소드에서 통렬하게 고발하고 있다.

그래서 『미국의 송어낚시』의 주인공의 탐색은 좌절과 실망의 연속이다. 평론가 닐 슈미츠는 이렇게 말한다. "리처드 브라우티건의 『미국의 송어낚시』의 주인공은 전원의 목가, 즉 완벽한 풍경을 그릴 수 있고 자신을 그 목가적인 곳의 중심부에 데려다 줄 아름다운 펜을 찾아 수많은 하천을 탐색하는 한 좌절한 작가이다."

그러나 브라우티건의 주인공은 영원히 좌절하지는 않는다. 비록 매 장마다 실망과 좌절은 계속되지만, 그는 예술가의 상상력과 황금 펜촉으로 다시 한번 흐르는 하천을 그려내고, 그 속에서 뛰노는 송어를 그려낼 수 있다고 믿는다. 그것은 곧 현대인들도 인간정신을 고양시키는 문학과 예술을 통해 다시 한번 잃어버린 목가적 꿈을 회복할 수 있다는 것을 의미한다. 사실 우리는 그동안 <레인 맨>의 찰스 배비트나 <프리티 우먼>의 에드워드 루이스처럼 오직 돈과 기계만을 추구하며 녹색의 목가적 꿈을 상실한 채 살아왔다. 그러나 우리가 잠시라도 잊어서는 안 되는 것은 우리의 삶을 풍요롭게 해주고 우리의 정신을 맑게 해주는 녹색의 목가적 꿈이다. 브라우티건의 명작 『미국의 송어낚시』는 바로 그러한 깨우침을 가져다주는 현대의 고전이다.

『미국의 송어낚시』를 읽는 즐거움 중 하나는 브라우티건 특유의 간결한 문체이다. 헤밍웨이 식의 감정이 배제된 하드보일드 스타일과, 미니멀리즘에 속하는 간결하지만 함축적인 문체를 통해 브라우티건은 메마르고 황량한 현대의 풍경을 절묘하게 묘사하기도 하고, 은빛 비늘을 퍼덕이는 송어를 그려내기도 한다. 그래서 장석주 시인은 『강철로 된 책들』(바움, 2003)에서 다음과 같이 말한다.

리처드 브라우티건의 『미국의 송어낚시』, 겉으로는 대단히 '유머러스'하

> 면서도 속으로는 음울한 상실감으로 가득 차 있고, 또 새롭고 자유분방한 상상력이 정구공처럼 탄력 있게 튀어 오르는 이 소설을 처음 읽었을 때 나는 그 돌연한 낯설음에 질려버렸다. …… 그러나 뭔지 모르지만 강하게 끌어당기는 어떤 힘에 의해 다시 이 소설을 읽었고, 그리고 ... 젊은 제 목숨을 끊어버린 이 작가에게 단숨에 매료되고 말았다. …… 송어의 은빛 비늘처럼 투명하게 빛나는 언어들의 감격을 어떻게 설명할 수 있을까.

브라우티건은 1984년 가을 혼자 살던 오두막에서 헤밍웨이처럼 총을 쏘아 스스로 목숨을 끊었다. 오랜 탐색과 추구에도 불구하고 그는 끝내 자신의 잃어버린 목가적 꿈을 되찾을 수 없었던 것일까. 아니면 현대의 메마른 풍경을 떠나는 것만이 목가적 꿈을 회복하는 유일한 길이라고 생각했던 것일까.

브라우티건은 갔지만, 오늘날 그의 명저는 소로의 『월든 숲속의 생활』과 더불어 환경생태주의자들의 경전이 되었고, 많은 사람들이 그의 가르침대로 송어와 송어하천을 찾아 탐색을 계속하고 있다. 송어는 미국인들이 가장 좋아하는 민물고기이며, 미국인들과 더불어 살고 있는 물고기이다. 그처럼 바로 옆에 두고 살면서도 오늘날 미국인들은 송어가 상징하는 목가적 꿈을 상실한 채 살고 있다고 브라우티건은 지적한다.

브라우티건의 이 특이한 소설은 목가적 꿈의 상실이 비단 미국인들뿐 아니라, 현대를 살고 있는 모든 인간들에게 다 일어나고 있다고 경고한다. 60년대 이후 급격한 산업화를 겪으면서 점점 비인간화되어 온 한국인들에게도 가치 있는 현세의 삶을 위해서, 그리고 후세들에게 물려줄 소중한 유산인 지구의 보존을 위해서, 잃어버린 목가적 꿈을 되찾아야 한다는 브라우티건의 충고는 절실하게 다가온다.

리처드 브라우티건, 『워터멜론 슈가에서(*In Watermelon Sugar*)』

1960년대 미국은 기성세대의 가치관에 반발했던 반체제 · 반문화(counter culture)의 시대로, 젊은이들이 반전반핵을 부르짖고 기계문명의 폐해를 비판하며, 비인간적인 물질문명에 의해 밀려난 목가주의를 탐색하고 추구했던 시대였다. 정치적으로 좌파도 우파도 아니었지만(그들은 좌우 이데올로기 모두에 염증을 느꼈던 세대였다), 진보적 이상주의를 꿈꾸던 그들은 뜻을 같이하는 사람들끼리 모여 여행을 떠나거나 더불어 같이 사는 공동체 건설을 염원하기도 했다(당시 거리에서 히피들이 모여 공동생활을 했던 것도 바로 그런 염원의 한 표출이었다. 그러나 19세기 중반 초월주의자들의 공동체였던 '브룩 팜'이나, 19세기 후반 미국작가 에드워드 벨라미의 『뒤를 돌아보며』에 나오는 유토피아적 사회주의 공동체는 모두 실패한 것으로 평가받고 있다). 리처드 브라우티건은 바로 그러한 1960년대 정신을 계승한 대표적인 작가이다.

『워터멜론 슈가에서』(1968)에 등장하는 이상적인 마을 아이데쓰(iDeath)도 어떤 면에서는 그런 유토피아적 공동체를 연상시킨다. 마치 시처럼 리드미컬한 산문으로 쓰여진 『워터멜론 슈가에서』는 워터멜론 슈가로 둘러싸인 가공의 마을인 아이데쓰에서 살고 있는 사람들에 대한 우화적인 이야기다. 이름을 밝히지 않는 화자와 375명의 주민들이 살고 있는 아이데쓰는 모든 것이 달콤한 워터멜론 슈가로 되어 있는, 즉 목가적 꿈이 보존되어 있는 (적어도 그렇게 사람들이 믿고 있는) 다분히 환상적인 곳이다. 그곳은 날마다 모든 것이 변하며, 매번 다른 빛의 태양이 각기 다른 색의 수박을 자라게 하는 다양한 색상의 마을이다.

그런 의미에서 아이데쓰는 지구가 파멸한 다음, 새로 건설된 에덴동산과도 같은 분위기를 자아내며, 화자 역시 새로운 시대의 아담 같은 모습을 보여준다. 낙원에는 물론 이브가 있어야 한다. 화자의 옛 애인 마가렛은 이브처럼 남자친구의 뜻을 무시하고, "잊혀진 것들(Forgotten Works)"이라 불리는 타락한 마을로 가서 잊혀진 과거의 것들을 수집함으로써 아담을 슬프게 하고 낙원에 어두운 그림자를 드리운다. 낙원에는 또 이브를 유혹하는 뱀이 있어야 한다. 아이데쓰를 떠나 저주받은 마을인 "잊혀진 것들"에 가서 살고 있으며, 마가렛을 그곳으로 유혹하는 인보일은 바로 그 뱀의 역할을 맡고 있다.

화자가 새로운 인류의 조상이며 새로운 세상의 주민을 상징한다는 것은 작가가 그에게 굳이 이름을 부여하지 않은 사실에서도 잘 드러난다. 화자인 '나'는 사실 특정인이라기보다는 목가주의를 추구하는 우리 모두의 대명사라고도 할 수 있기 때문이다. 그래서 화자는 자신의 보편성에 대해 이렇게 말한다.

> 내가 누구인지 당신은 좀 궁금해하겠지만, 나는 정해진 이름을 갖고 있지 않은 그런 사람들 중의 하나다. 내 이름은 당신에게 달려 있다. 그냥 마음에 떠오르는 대로 불러다오.
>
> 당신이 오래전에 있었던 어떤 일에 대해 생각하고 있다면, 예를 들어 누군가 당신에게 어떤 질문을 했는데 당신은 그 대답을 알지 못했다.
>
> 그것이 내 이름이다.
>
> 어쩌면 아주 세차게 비가 내리고 있었는지도 모른다.
>
> 그것이 내 이름이다.
>
> (브라우티건, 2007, p. 17)

아이데쓰가 낙원의 상징이라는 것은 도처에 강이 있고, 그 강에 송어들이 살고 있다는 점에서도 분명해진다. 심지어는 아이데쓰에서는 거실에서도 강이 흐른다. "여기서 우리는 모든 것을 강이라 부른다. 우리는 그런 사람들이다"라고 화자는 말한다. 브라우티건의 소설에서 강과 송어는 잃어버린 목가적 꿈을 상징한다. 그렇다면, 아이데쓰에 나오는 도처에 편재한 강과 송어들 역시 현대인들이 상실한 채 살고 있는 전원적인 꿈과 풍요를 상징한다고 볼 수 있을 것이다.

> 소나무 숲, 그리고 그 소나무 숲으로부터 나와 흐르는 강들이 보인다. 강들은 차갑고 맑고, 그리고 그 강물에는 송어들이 있다.
>
> 어떤 강들은 폭이 겨우 몇 인치에 지나지 않는다.
>
> 나는 너비가 반 인치인 강도 하나 알고 있다. 내가 그걸 아는 건 온종일 그 강가에 앉아 있으면서 너비를 재본 적이 있기 때문이다. 그때 오후 한 중간에 비가 내리기 시작했었지. 우리는 이곳의 모든 것을 강이라고 부른다. 우리는 그런 사람들이다.
>
> (브라우티건, 2007, pp. 12-14)

아이데쓰에는 또 송어 양식장도 있다. 사람을 잡아먹던 호랑이들을 모두 불태워 죽인 다음, 바로 그 자리에 마을 사람들은 송어 양식장을 세운다. 사람처럼 말을 하면서 화자의 부모를 잡아먹은 호랑이는 인간을 해치는 과거의 잘못된 유산처럼 보인다. 송어처럼 자연에 속하지만, 송어와는 달리 호랑이는 인간에게 위협이 되는 자연의 부정적 측면의 상징이자, 떨쳐내고 제거해야 할 과거의 낡고 어두운 짐처럼 보인다. 이와 같은 복합적인 구성과 설정으로 작가는 수준 높은 문학작품을 산출해내는 데 성공하고 있다.

"잊혀진 것들"은 낙원인 아이데쓰와 병치되는 타락한 지역이다. 그곳은 워터멜론 슈가 대신 잊혀진 것들로 둘러싸인 곳이며, 악당들은 잊혀진 것들로 위스키를 만들어 마신다. 원래는 아이데쓰에서 살았지만, "잊혀진 것들"로 이주해 가서 위스키를 제조하고 술에 취해 꿈을 망각한 채 살고 있는 인보일과 그의 패거리들은 타락한 인간쓰레기라고 할 수 있다. 마가렛과 함께 "잊혀진 것들"을 찾아간 화자는 입구에서 다음과 같은 표지를 발견한다.

여기는 "잊혀진 것들"의 입구입니다.
조심하십시오.
당신은 길을 잃을지도 모릅니다.

(브라우티건, 2007, p. 125)

"잊혀진 것들"은 실패한 인류역사의 상징이자, 타락한 곳이고, 목가적 꿈이 부재한 무덤 같은 곳이다. 화자에 의하면, "잊혀진 것들" 안에서는 초목 하나 자라지 않았고 짐승 한 마리 살고 있지 않았다. 그 안에는 풀잎조차 없었고 새들도 그 위를 날고자 하지 않았다. 그런 그곳을 화자는 이렇게 묘사한다.

"잊혀진 것들"이 얼마나 오랜 역사를 갖고 있는지 아무도 모른다. 우리가 가볼 수 없는, 그리고 가보길 원치도 않는 먼 곳까지 뻗쳐 있기에.

"잊혀진 것들" 안으로 아주 먼 곳까지 들어가 본 사람은 아무도 없다. 그곳에 관해 책을 썼다고 찰리가 말해주었던 그 사람 외에는. 그 사람의 고민거리는 무엇이었을까, 거기 들어가서 몇 주일을 보내다니.

"잊혀진 것들"은 자꾸 자꾸 자꾸 자꾸 자꾸 자꾸 자꾸 자꾸 자꾸 이어질 뿐이다. 그렇게 얘기하면 상상이 갈 것이다. 그곳은 큰 곳이다. 우리보다 훨씬 크다.

(브라우티건, 2007, p. 124)

마가렛의 문제는 호기심으로 인해 "잊혀진 것들"에 너무 오래 머물러 있었다는 점이다.

그녀는 자신의 잊혀진 물건 수집을 위해 더 많은 것들을 얻고 싶어했다. 이미 필요 이상 많은 것을 가졌는데도.

그녀는 자기 오두막과 아이데스에 있는 자기 방을 그런 물건들로 가득 채워놓았다. 그녀는 심지어 그 물건들 중 얼마간을 내 오두막에다 보관해두고 싶어했다. 나는 싫다고 말했다.

(브라우티건, 2007, p. 139)

마가렛은 이브처럼 끝내 유혹에서 벗어나지 못하고 살다가 결국 자살로 생을 마감한다. 화자는 마가렛에 이끌리지만, 이제는 그녀 대신 폴린이라는 여자를 사랑하게 된다.

작품의 마지막은 다소 폭력적으로 끝난다. 술에 취한 악당 인보일과 그의 일당은 아이데쓰로 찾아와, 아이데쓰란 사실 거기 살고 있는 사람들의 환상일 뿐이라고 폭로하며, 자신들의 엄지손가락과 코와 귀를 잘라 내던지고 과다출혈로 죽는다. 『워터멜론 슈가에서』가 복합적이고 이중적인 비전을 제시해주는 것은 바로 그 순간이다. 모든 것이 달콤한 "워터멜론 슈가"에서 안락하게 살고 있는 사람들은 사실 외부현실에 눈을 감은 채, 자신들이 만든 허구의 구축물(iDeath) 속에서 살고 있으며, 그들을 지탱해주고 있는 이상(idea)에도 이미 죽음(death)이 깃들어 있는지도 모른다. 인보일 일당이 송어양식장에 와서 죽는 것도 상징적이다. 인공 양식장은 강에 송어가 부족할 때는 유용한 방법이면서도, 동시에 테크놀로지를 이용해 인공적으로 송어를 만들어낸다는 점에서는 부정적이기 때문이다.

리오 마르크스가 『정원 속의 기계(*The Machine in the Garden*)』에서 지적하고 있듯이, 인간은 기계를 버리고 목가적 정원에서 살 수만은 없다. 정원조차도 잔디 깎는 기계를 필요로 하기 때문이다. 그렇다면 기계와 정원의 조화와 합일이 중요할 수밖에 없다. 그는 기계를 배척하고 정원(또는 전원)에서만 살겠다는 태도를 "감상적 목가주의(sentimental pastoralism)", 기계와 정원의 공존과 조화를 추구하는 태도를 "복합적 목가주의(complex pastoralism)"라고 부른다. 최근, 인간 중심주의를 넘어서서 인간과 자연의 합일을 주장하는 새로운 사조인 포스트휴머니즘이 등장하고, 생태주의와 인간과 기계의 조화를 주창하는 트랜스휴머니즘이 부상하는 배경에도 바로 그러한 인식이 자리 잡고 있다. 그렇다면 『워터멜론 슈가에서』도 브라우티건은 복합적 목가주의를 염두에 두고, 이상주의적 공동체에 대한 비판과 '잊혀진 것들'에 대한 기억의 중요성을 상기시켜주고 있는 것처럼 보인다. 작가가 이상적 공동체의 이름을 왜 하필 idea(ideal)와 death의 이중적 의미가 깃들어 있는 복합어인 iDeath라고 명명했는지 깨닫게 되는 것도 바로 그 순간이다.

브라우티건은 자신의 작품에 늘 이중적 의미와 이중적 장치를 즐겨 숨겨놓았던 작가였다. 예컨대 『미국의 송어낚시』에서 "미국의 송어낚시"는 구체적인 행위이자 사람의 이름이며, 목가적 꿈을 추구하는 현대인의 염원이자 현실에 부재하는 정신적 풍요를 상징한다. "워터멜론 슈가" 또한 장소의 이름이자 과일이며, 우리가 상실한 목가적 꿈이자 오늘날 우리 사회에 부재하는 정신적 풍요의 상징이다. 과연 『워터멜론 슈가에서』는 이중적 의미와 상징으로 가득 차 있다. 예컨대 "아이데쓰"와 "잊혀진 것들", "화자"와 "인보일", 그리고 "잊혀진 것들"에서 살고 있는 "마가렛"과 "워터멜론 슈가"에서 살고 있는 "폴린"은 각각 대칭을 이루며 이중적 의미를 함축하고 있고, 이 작품의 주요 모티프인 삶과 죽음, 또는 이상과 현실도 그러하다. 이러한 이중적 비전의 이면에는, 이상적인 것은 쉽게 파괴되고 결국 죽음에 이르게 된다는 작가의 허무주의가 깃들어 있는 것처럼 보인다. 브라우티건은 1968년에 벌써 iDeath라는 단어를 사용함으로써, 2000년대에 등장하게 될 iPod나 iMac을 예견했던 선구자적 작가였다.

『워터멜론 슈가에서』는 아름다운 산문으로 쓰인 다분히 초현실적인 분위기의 작품이다. 『미국의 송어낚시』에서처럼, 『워터멜론 슈가에서』의 화자 역시 작가다. 전자의 마지막에 작가는 황금 펜촉의 글쓰기를 통해 다시 한번 목가적 꿈의 회복을 기원한다. 그리고 일상의 음식 이야기(마요네즈)로 끝을 맺는다. 『워터멜론 슈가에서』에서도 작가는 여전히 글을 쓰고 있으며, 등장인물들은 늘 일상의 음식을 요리하고 먹는다. 마치 『아라비안 나이트』에서 러브 메이킹과 픽션 메이킹이 병치되듯이, 브라우티건의 작품들에서도 글쓰기와 요리하기는 늘 서로 긴밀히 병치되고 있다. 글쓰기란 우리에게 정신적 생명을 준다는 점에서, 궁극적으로는 육체적 생명을 유지시켜 주는 요리하기(음식 먹기)와도 같은 의미를 지니기 때문일 것이다. 브라우티건은 예술이나 글쓰기란 숭고하고 특별한 것이라기보다는, 마치 음식처럼 일상적이고 식사처럼 의식(儀式)적인 것이라는 사실을 잘 알고 있었던 작가였다. 그런 의미에서 그는 예술을 신성시했던 모더니스트가 아닌 진정한 포스트모더니스트였다. 『워터멜론 슈가에서』 역시 작가의 그런 인식을 잘 드러내주고 있는 탁월한 소설이다.

6. 저지 코진스키, 『정원사 챈스의 외출(*Being There*)』

1957년, 24세의 나이로 미국에 건너온 폴란드인 저지 코진스키(Jerzy Kosinski, 1933-)는 제2차 세계대전 시 자신이 유럽에서 겪었던 끔찍한 경험을 소재로 한 『채색된 새』라는 영문소설을 출간해 프랑스에서 '최우수 외국소설상'을 수상했는데, 그는 그때 "내가 겪었던 일들은 너무나 끔찍해서 모국어로는 도저히 쓸 수가 없었다"라고 말했다. 나치와 소련군에게 인구의 5분의 1을 잃은 폴란드의 비극은 전미도서상을 탄 그의 두 번째 소설인 『편력』에서도 계속되고 있는데, 과연 이 두 소설은 '역사상 가장 충격적인 소설'이라는 평을 받고 있다.

그렇다면 코진스키가 죽음의 지역에서 도망쳐 나와, 새로운 삶을 시작한 아메리카는 어떠한 곳이었는가? 그의 세 번째 작품인 『정원사 챈스의 외출』은 바로 그가 본 미국사회의 문제점을 풍자적으로 보여주고 있는 재치 있고도 재미있는 소설이다. 그가 보는 미국사회는 어떤 의미에서 소련처럼 집단적이다. 예컨대 '록 콘서트'나 '텔레비전'은 미국인들을 조종하며 허상과 조작된 이미지의 희생자로 만드는 집단적인 미디어이다. 그는 또 미국에서 전쟁의 폭력 대신, 기계주의와 물질주의의 폭력을 발견한다.

『정원사 챈스의 외출』의 주인공 챈스는 '우연'을 의미하는 자신의 이름처럼 우연히 존재하게 된 사람이다. 그는 자신이 누구인지도 모른 채, 밀폐된 '노인'의 낡은 집에 정원사로 일하며 반생을 살아왔다. 외부와의 교류가 단절된 채, 현실을 감지하는 그의 유일한 수단은 "스스로의 빛과 색상과 시간을 만들어내는" 텔레비전뿐이다. 그 결과 그는 채널을 돌림으로써 자신의 현실을 바꿀 수 있다고 착각하게 된다.

어느 날 '노인'(전통, 유럽의 상징)이 죽자, 그는 그 집에서 쫓겨나게 된다. 그동안 아무런 신분증명서도 없이 내면의 환상 속에서만 살아온 그는 이제 외부의 현실 속에서 스스로의 정체성을 만들어나가야만 한다. 그러나 현실은 폭력으로 가득 차 있다. 코진스키가 각색하고 피터 셀러스와 셜리 맥클레인이 주연한 영화에서, 챈스는 집 밖에 나오자마자 칼을 휘두르는 깡패들에게 둘러싸이고, 자동차에 치인다. 칼과 자동차는 물론 '정원'과 반대되는 '기계'의 이미지이다. 다급해진 챈스는 깡패들을 향해 리모컨을 눌러 채널을 바꾸려 한다. 그러나 텔레비전 영상과는 달리 현실은 바꾸어지지 않는다.

텔레비전 화면에서 현실을 보려고 했던 챈스와는 달리, 외부세계 사람들은 현실에서 텔레비전이 만들어내는 허상을 본다. 예컨대 교통사고를 당한 챈스를 집으로 데려간 랜드 부부나, 나중에 만난 대통령은 실제 챈스의 모습은 보지 못하고, 자신들이 그에게 투영한 허상만을 보게 된다. 그래서 챈스는 일약 유명인사가 되고 드디어는 부통령후보로 추대된다. 소련의 KGB와 미국의 CIA가 그의 정체를 알아내려 하지만 결국 실패한다. 코진스키의 미국사회 비판과 정치 풍자는 거기에서 그 극에 달한다.

코진스키는 모든 것을 '우연'의 연속이라고 본다. 『정원사 챈스의 외출』은 저자의 자전적 소설이다. 마치 챈스처럼, 밀폐된 정원에서 나온 코진스키는 어느 날 우연히 철강재벌의 미망인과 결혼해 부와 명성을 동시에 얻게 된다. 그와 같은 우연 속에서, 코진스키는 인간이란 혼자 존재하는 것이 아니라, 주변과 상황과 서로 연관을 맺고 살아가는 실존적 '현존재(Being There, 하이데거의 용어로 Da-sein)'—이 소설의 영문 제목—라는 사실을 새삼 깨우쳐주고 있다. 바로 그것만이 낙원이 부재한 오늘날 우리에게 허용된 유일한 위로이자 위안이기 때문이다.

7. 루이스 어드리치, 『사랑의 묘약(*Love Medicine*)』, 『발자취(*Tracks*)』

출간되자마자 미국 문단과 학계에 큰 반향을 일으키며 베스트셀러가 된 루이스 어드리치(Louise Erdrich)의 『사랑의 묘약(*Love Medicine*)』(초판 1984년, 증보판 1993년)은 각기 독립적이면서도 서로 긴밀히 연결되는 18개의 이야기로 구성되어 있는 특이한 소설이다. 다시 말해 『사랑의 묘약』은 단편과 장편에 대한 종래의 구분과 경계를 초월하는 새로운 형태의 소설이다. 그래서 이 작품은 신선한 느낌을 준다. 단편의 간결함과 긴장감 속에서 매 에피소드를 읽다 보면, 어느새 18편의 이야기들을 관통하고 조감하는 통일된 주제와 커다란 그림이 떠오르기 때문이다. 어드리치는 또한 매 이야기마다 각기 다른 화자들을 동원해, 같은 사건이라 할지라도 다양한 시각으로 인지하고 서술하는 큐비즘적 기법을 차용하고 있다.

『사랑의 묘약』의 문체와 분위기는 다분히 시적이고 서정적이어서, 마치 윌리엄 포크너의 소설—특히 『내가 누워 죽어갈 때(*As I Lay Dying*)』나 『고함과 분노(*The Sound and the Fury*)』나 『곰(*The Bear*)』—을 읽는 것 같은 느낌을 준다. 그러나 어드리치의 소설에는 아메리카 원주민 문학 특유의 환상적인 요소와 구비문학적 요소가 들어 있어서 포크너 같은 백인작가들과는 궤적을 달리한다. 그래서 『사랑의 묘약』은, 마치 마르케스의 『백년 동안의 고독』이 '마술적 리얼리즘'을 통해 남미 특유의 문학전통을 포용하고 있듯이, '환상적 리얼리즘' 또는 '신비적 리얼리즘'을 통해 아메리카 원주민 특유의 문학전통을 표출하고 있다.

어드리치의 대표작 『사랑의 묘약』은 노스 다코다 주의 터틀 마운틴 보호구역에서 살고 있는 아메리카 원주민 치피와 부족의 두 가문인 캐쉬퍼와 라마르틴 가(家), 그리고 그들과 연관되는 모리시와 라자르에 가(家) 사람들의 3대에 걸친 이야기로 구성되어 있다. 그런 의미에서 이 소설은 가문의 이야기를 다룬 소위 '가문 대하소설(family saga)'의 범주에 속한다. 『사랑의 묘약』이 나중에 발표된 『사탕무 여왕(*The Beet Queen*)』(1986), 『발자취(*Tracks*)』(1988), 그리고 『빙고 궁전(*The Bingo Palace*)』(1994)과 더불어 4부작을 이루고 있는 것도 바로 그와 같은 맥락에서라고 할 수 있다.

어드리치는 이 작품에서 미합중국 정부가 정해놓은 보호구역에서 살고 있는 아메리카 원주민들의 고통스럽고 박탈당한 삶의 묘사를 통해 지배 이데올로기의 억압과 착취, 밀려나는 주변부 문화와 전통의 상실, 그리고 인종 간 · 세대 간 · 남녀 간의 갈등과 충돌 문제를 천착하고 있다. 그러나 그녀의 주인공들은 모두 밀려오는 백인문화 속에서도 자신들의 땅과 문화를 지키려고 노력하며, 슬픔과 고통 속에서도 기쁨과 보람을 찾으려고 애쓴다는 점에서 전투적이고 부정적이라기보다는 저항적이고 긍정적인 인물들이라고 할 수 있다. 그래서 『사랑의 묘약』에 등장하는 사람들은 모두 자신들의 존엄성과 정신적 가치를 무시하는 백인 지배문화 속에서 스스로의 정체성과 공동체 의식을 보존하고 유지하려고 노력하는 사람들로 묘사되고 있다.

어드리치는 원주민 미국인들의 소외된 삶을 뛰어난 풍자와 유머감각으로 다루어 독자들로 하여금 미소를 머금게 한다. 그러나 구석구석 스며들어와 원주민 문화를 말살하는 파괴적인 백인문화에 대한 어드리치의 비판은 신랄하다. 예컨대 『사랑의 묘약』 중 「라이먼의 행운」에서 어드리치는 화자의 입을 빌려 이렇게 말한다. "백인들은 쓸모 없는 땅을 주었다가 그것을 다시 우리 발밑에서 잘라내었고, 아이들을 부모 품에서 떼어내 그들의 입에 영어를 쑤셔 넣었으며, 모피를 위해 우리에게 술을 팔았으면서도 이제 와서는 오히려 우리에게 금주를 요구하기도 했다"(레슬리 피들러는 아메리카 원주민 문제를 다룬 저서 『사라진 미국인의 귀환(*The Return of the Vanishing American*)』에서, "인디언들을 술로 멸망시킨 백인들이 이제는 인디언에게서 배운 마약으로 멸망해가고 있다. 그것은 인디언들의 복수인지도 모른다."라고 지적하고 있다.)

그럼에도 불구하고, 어드리치의 주인공들 중 백인문화를 철저히 거부하는 과격한 투사는 없다. 저자는 백인문화가 이미 원주민들의 삶과 의식에 스며들어와 그 일부가 되었다는 사실을 잘 알고 있기 때문이다. 어드리치의 전략은 그와 같이 암울하고 절망적인 상황을 투쟁이 아닌, 블랙유머와 패러디를 통해 때로는 환상적으로 또 때로는 신화적으로 제시해주는 것이다. 예컨대 언덕 위에 있어 늘 보호구역 사람들의 의식을 지배하고 있는 수녀원, 누군가의 아들이자 아버지이며 남편인 제리가 갇혀있는 형무소, 그리고 헨리 라마르틴 주니어를 불러다 정신이상자로 만들어 돌려보낸 베트남전, 이 모든 것들은 아메리카 원주민들을 억압하고 그들의 공동체를 파괴하는 백인 지배문화의 상징들이다. 그래서 이 소설에서 백인 지배문화는 비정상적인 것으로 제시되고 있다. 예컨대 수녀원은 정신이 이상한 수녀들의 집합소이고, 제리는 매번 형무소를 탈출하며, 헨리는 전쟁의 부조리를 폭로한다.

『사랑의 묘약』에서 가장 유머와 위트가 넘치는 이야기는 단연 「인디언 용사의 돌진」이다. 넥터 캐쉬퍼가 화자인 이 에피소드에는 마크 트웨인과 오 헨리의 뛰어난 유머전통이 면면히 살아숨쉬고 있어 독자들을 즐겁게 한다. 백인들의 할리우드 영화, 그림, 정치 등에 깃들어 있는 편견과 지배 이데올로기를 하나씩 드러내 보여주는 치피와 부족 의장 넥터 캐쉬퍼는 과도한 순진함과 어리숙함으로 시종 독자들을 웃긴다. 그러나 독자들은 곧 그 웃음 속에 감추어진 저자의 날카로운 비판의식을 발견하고, 비수를 드러내지 않고서도 충분한 저항효과를 거두는 어드리치의 탁월한 예술적 형상화 솜씨에 감탄하게 된다.

그와 같은 작업과 장치를 위해 어드리치는 자신의 작품 속에 원주민 특유의 구전문학 전통, 신비주의, 그리고 치피와 족의 신화와 전설들을 차용하고 있다. 어드리치는 또 현재 당면하고 있는 문제점의 근원을 찾아내고 바람직한 미래를 건설하기 위해 역사 속으로 돌아가 과거를 탐색하고 심문한다. 그래서 『사랑의 묘약』 4부작에서는 마치 마르케스의 『백년 동안의 고독』에서처럼 과거와 현재와 미래가 서로 뒤섞이고 연결된다. 그런 의미에서 어드리치의 역사관은 다분히 포스트모던적이다. 그 점은 낸시 피터슨(Nancy J. Peterson)이나, 제니퍼 서지(Jennifer Sergi) 같은 학자들도 지적하고 있다.

어드리치는 아메리카 원주민계 혼혈작가다. 그녀의 몸속에는 치피와 부족의 피와 독일, 프랑스인의 피가 함께 흐르고 있으며, 그녀의 정신 속에도 로마 가톨릭과 아메리카 원주민의 토속신앙이 동시에 자리 잡고 있다. 그리고 그 두 가지 요소의 갈등과 조화는 『사랑의 묘약』을 포함한 그녀의 모든 작품에 부단히 나타나고 있다. 얼마 전 한 인터뷰에서 어드리치는 왜 작가가 되었느냐는 물음에, "주류를 이루는 백인문화에 섞여 살긴 하지만, 내가 설 땅은 그곳이 아니라는 것을 깨달았기 때문에, 나를 인도해줄 목소리를 찾기 위해서"라고 대답했다. 최근 소수인종 문학이 크게 주목받으면서, 어드리치의 그러한 특이한 배경과 자각은 빛을 발하기 시작했고, 오늘날 그녀는 레슬리 실코(Leslie Silko)와 더불어 아메리카 원주민계 문학을 대표하는 가장 촉망되는 작가로 공인받고 있다.

빼앗긴 역사의 서술과 복원: 어드리치의 『발자취(*Tracks*)』

현존하는 원주민계 미국작가 중, 레슬리 실코와 더불어 가장 중요한 인물로 평가받고 있는 루이스 어드리치의 작품 『발자취』는 독자들에게 마치 한 편의 아름답고도 슬픈 서정시를 읽는 것 같은 느낌을 선사한다. 그러나 그 유려한 문장과 서사 속에는 백인들의 지배문화에 의해 빼앗긴 원주민 미국인들의 슬픈 역사가 올올이 수놓아져 있어 독자들에게 진한 감동을 준다. 『발자취』에서 어드리치는 시종일관 속삭이는 듯한 목소리로 미국의 또 다른 역사—즉 공식적인 아메리칸 드림에서 소외된 주변부의 역사—를 발굴해 기록하고 있으며, 지금은 인디언 보호구역에나 보존되어 있는 아메리카 인디언들의 전통과 문화와 풍습을 복원해 보여주고 있다.

그러나 어드리치는 자신의 소설에서 좀처럼 분노나 저항의 뼈대를 드러내지는 않는다. 대신 그녀는 고도의 문학적 상징과 풍성한 유머감각, 그리고 날카로운 풍자와 심금을 울리는 페이소스로 보다 더 효과적인 비판을 성취한다. 그녀는 인디언 특유의 구전문학 전통과 신비스러운 신화적 분위기를 이용해 아메리카 인디언들의 삶을 설득력 있게 묘사하고 있다.

미국의 역사와 사회 속에서 원주민계 미국인들의 삶과 역사는 결코 단순하지 않고 고도로 복합적이다. 그래서 어드리치는 『발자취』에서 두 명의 대조적이고 상충하는 화자들을 등장시켜 이중의 서사(narrative)와 두 개의 시각을 제시해 보여주고 있다. 마치 독일계 미국인의 피와 프랑스계 오지브와 원주민의 혈통을 이어받은 자신처럼, 어드리치는 이 소설에서 순수 인디언 혈통의 나나푸쉬와 혼혈인 폴린을 화자로 등장시켜 서로 상반되는 시각으로 원주민계 미국인들의 복합적인 삶을 묘사하고 있다. 원주민계 미국인들의 숙명인 이중적 삶을 상징하고 있는 그 두 사람은 서로의 견해와 이야기에 의문을 던지며 부단히 상호보완적 역할을 수행해나간다. 왜냐하면 백인들과 더불어 살아야만 하는 아메리카 인디언들에게는 그 어느 한쪽의 삶을 선택하는 것이 허용되지 않기 때문이다.

사실 인디언 보호구역에서 주정부가 주는 보조금으로 살아갈 것인가, 아니면 백인사회로 나가 그들과 동화될 것인가는 오늘날 원주민계 미국인들이 당면하고 있는 운명적인 딜레마이다. 그 둘 중 어느 것도 이상적인 선택은 될 수 없기 때문이다. 『발자취』에서 마을의 원로인 나나푸쉬는 자신들이 어떻게 백인 사업가들과 정부관리들에게 토지와 삶과 역사를 빼앗겼는지를, 그리고 자연과 합일을 이루었던 치피와 족 인디언 여인 플뢰르가 어떤 원초적인 힘을 갖고 있었는지를 담담하게 들려주고 있다. 반면 가톨릭과 백인문화의 영향을 받고 있는 폴린은 자신의 어머니인 플뢰르를 미신과 연결시켜 부정적으로 바라보기도 한다. 그러나 전통적인 나나푸쉬와는 달리 폴린은 현실과 환상의 경계를 넘나드는 자유분방한 예술가적 기질도 보여주고 있다. 포크너를 연상시키는 이와 같은 이중적・복합적 구도는 이 소설을 정교하고 세련된 예술작품으로 만들어주는 데 크게 공헌하고 있다.

나나푸쉬와 폴린의 과거에 대한 회상은 궁극적으로 원주민계 미국인들의 현재와 미래의 문제로 확대된다. 그리고 그것은 곧 지배문화에 의해 밀려난 이 세상 모든 주변부 사람들에게도 해당되는 보편성을 갖는다. 그래서 『발자취』는 결국 원주민 미국인들의 이야기를 통해 이 세상의 모든 소외집단들과 피지배문화들의 문제를 탐색하고 있는 소설이라고 할 수 있다. 이 소설은 이 세상에는 소외되고 배제된 또 하나의 문화가 있다는 것, 우리는 그들의 문화와 가치관과 차이를 포용해야 하며, 그들의 고통을 이해하고 공유해야 한다는 것을 가르쳐주고 있다.

최근 미국 대학에서는 백인작가 중심의 순수문학을 공부하려는 학생들은 급속도로 줄어들고 있는 반면, 루이스 어드리치처럼 인종, 젠더, 계층, 정체성을 다루는 소수인종 작가들과 그들의 문학세계에 대한 관심은 급증하고 있다. 부상하는 다문화주의와 탈식민주의, 그리고 탈중심적 포스트모던 인식으로 인해 그동안 문단과 학계의 주류를 이루어왔던 백인 중심 문학의 유효성이 도전받고, 대신 주변부로 밀려났던 소수인종 문학이 새롭게 조명되기 시작했기 때문이다. 그 와중에 아시아계 미국문학과 한국계 미국문학도 주목의 대상이 되었음은 물론이다. 『네이티브 스피커』와 『제스처 라이프』의 이창래, 『스틸 라이프 위드 라이스』의 헬리 리, 『나의 유령 형님의 기억』의 하인즈 인수 펭클, 『릴라이어블이라는 이름의 택시』의 패티 김, 그리고 『사진 신부』의 캐시 송 등은 모두 최근의 그러한 추세에 힘입어 미국문단에 부상한 한국계 작가들이다.

그러므로 루이스 어드리치가 『사랑의 묘약』이나 『발자취』에서 묘사하고 있는 것은 곧 아시아계 미국작가들의 작품세계와도 긴밀한 관련을 맺는다. 그들은 모두가 백인 지배문화 속에서 소외되고 고립된 주변부 인생들이며, 그렇다고 해서 백인미국사회를 외면할 수도 없고, 그렇다고 해서 거기에 완전히 동화될 수도 없는 복합적인 존재들이기 때문이다(사실 외모가 다른 한국인들은 백인사회로의 동화가 불가능해서 더욱 심각한 정체성의 위기를 겪게 된다). 그래서 『발자취』에서 어드리치가 시도하는 탐색과 추적은 궁극적으로 미국 내 모든 소수인종들의 탐색과 추적으로 확대된다.

이 다문화주의 · 탈식민주의 시대에 루이스 어드리치의 문학세계가 범세계적 보편성을 갖는 이유도 바로 거기에 있다.

8. 하퍼 리, 『앵무새 죽이기(*To Kill A Mockingbird*)』

『앵무새 죽이기』의 저자 하퍼 리(Harper Lee)는 1926년에 미국남부 앨라배마에서 태어났으며, 평생 이 작품 하나만 쓰고 은둔한 것으로 유명하다. 이 소설은 출판되자마자 평단과 독자들의 비상한 주목을 받았으며, 1961년에는 영예의 퓰리처 상을, 그리고 1962년에는 그해의 최고 베스트셀러 상을 수상했고, 같은 해 영화로 제작되어 아카데미상을 수상하기도 했다. 최고의 인기와 기대를 한몸에 받던 하퍼 리가 왜 절필했는지 그 이유는 알 수 없지만, 현재 그녀는 고향인 앨라배마를 떠나 뉴욕에서 살고 있다. 만일 문학이 자유로운 상상력을 통해 삶과 죽음과 사랑에 대한 성찰, 올바른 인간성, 그리고 편견으로부터 자유로운 열린 마음을 갖게 해주는 것이라면, 『앵무새 죽이기』는 그 모든 것을 완벽하게 다 갖춘 탁월한 문학작품이라고 할 수 있을 것이다.

『앵무새 죽이기』는 이제는 성인이 된 진 루이스 핀치라는 여성이 자신의 어린 시절(일곱 살부터 열 살 때까지의 시기인 1930년대) 고향마을인 앨라배마 주 메이콤에서 일어났던 사건들을 회상하는 식으로 이야기를 시작하고 있다. 소설의 화자를 순진한 어린아이로 설정함으로써 하퍼 리는 어른들이 보지 못하는 것들까지도 자연스럽게 아이의 눈을 통해 묘사해내고 있으며, 보다 더 효과적으로 성인세계의 문제점을 비판하고 있다. 그래서 1960년대 이 소설이 처음 우리말로 번역되었을 때의 제목은 '아이들은 알고 있다'였다. 『앵무새 죽이기』는 사실 매끄럽지 못한 번역본보다는 오히려 원본으로 직접 읽는 것이 훨씬 더 잘 읽히는 감동적인 소설이다. 그런데 다행히도 일본어판을 번역한 것으로 보이는 그 번역본은 원작의 재치 있고 섬세한 스타일과 분위기를 그대로 살려내고 있어서 참으로 좋았다.

『앵무새 죽이기』는 "젬 오빠가 팔에 심한 상처를 입은 것은 열네 살 때였다"라는 진 루이스(어린 시절 이름은 '스카웃')의 회상으로 시작된다. 즉 이 소설은 젬이 왜 팔을 다쳤는가를 설명해나가는 과정에서 자연스럽게 작품의 주제를 드러내는 전략을 채택하고 있다. 물론 순진한 어린아이의 회상이기 때문에 이 소설에는 직접적인 가치판단이 없고 오직 아이의 눈에 비친 장면들의 묘사만 있을 뿐이다. 그러나 바로 그런 이유로 『앵무새 죽이기』는 더욱 설득력 있고 강렬한 사회비판 소설이 된다. 작품을 읽어나가면서 독자들이 스스로 문제점을 깨닫고 판단하게 되기 때문이다. 다시 말해, 도덕적 교훈이나 부연설명의 생략이 이 소설의 문학적 가치를 더욱 높여주고 있다는 것이다.

화자인 스카웃은 앨라배마 주의 메이콤이라는 시골마을에서 변호사인 아버지 애티커스와 오빠 젬과 같이 살고 있는 말괄량이 소녀다. 엄마는 스카웃을 낳고 곧 죽어서 비록 엄마 없이 살고 있지만 아이들은 그저 행복하기만 하다. 애티커스가 너무나 완벽한 아빠이기 때문이다. 사실 『앵무새 죽이기』를 읽으면서 가장 부러운 것 중 하나는 바로 아버지 애티커스의 완벽함이다. 이 민주적인 아빠는 아이들에게 자기 이름을 부르게 하고(이는 미국에서도 흔치 않은 경우다), 아이들에게 문제가 생겼을 때에는 언제나 마주앉아 논리적으로 설득하는 데 성공한다. 영화에서는 명배우 그레고리 펙이 어찌나 완벽하게 애티커스 역을 연기했던지, 당시 유력한 경쟁후보였던 폴 뉴먼을 제치고 아카데미 최우수남우주연상을 수상했다.

그러나 젬과 스카웃은 그러한 아빠를 잘 이해하지 못한다. 예컨대 새 사냥을 하고 싶어하는 젬은 앵무새를 쏘지 못하게 하는 애티커스를 남자답지 못하다고 생각한다. 애티커스는 아무런 죄도 없이 노래만 하는 앵무새를 쏘는 것은 잘못이라고 가르치지만 젬은 아빠의 깊은 뜻을 이해하지 못한다. 그러나 마을에 미친개가 나타나자 애티커스가 나서서 단 일발에 개를 쓰러트리는 것을 보고, 그리고 보안관으로부터 아빠가 명사수이며 "일발 필살의 핀치"라는 별명을 갖고 있다는 이야기를 듣고 젬은 비로소 자신의 생각이 틀렸음을 깨닫는다. 또 아빠가 백인들의 린치로부터 흑인 탐 로빈슨을 보호하고, 백인들에 맞서 법정에서 그를 위해 변호하는 것을 보고, 젬은 죄 없는 앵무새를 쏘는 것이 왜 나쁜 짓인가도 깨닫게 된다.

소설의 주요 줄거리가 흑인재판과 맞물려 있기 때문에, 『앵무새 죽이기』는 그동안 단순히 인종차별을 다룬 작품으로 잘못 알려져 왔다. 그러나 실제로 이 소설은 비단 흑인뿐 아니라, 우리가 무시하고 차별하는 모든 사람들—예컨대 빈자와 광인, 또는 타자와 이웃 등—에 대한 모든 어른들의 편견을 아이들의 눈으로 고발한 뛰어난 문학작품이다. 또한 이 작품은 진정한 용기에 대한 소설이기도 하다. 애티커스는 비폭력주의자지만, 미친개가 아이들을 위협할 때에는 즉시 나서서 개를 사살한다. 죄 없는 앵무새를 쏘는 것은 비겁한 짓이지만, 아이들을 위협하는 미친개를 피하지 않고 나서서 쏘는 것은 진정한 용기라는 것이다.

『앵무새 죽이기』를 읽으면서 느끼게 되는 것은 타자에 대한 이해의 중요성이다. 예컨대 스카웃은 학교에 입학한 후, 점심을 싸오지 못하는 가난한 아이 월터 커닝햄과의 우정을 통해 빈자에 대한 이해와 동정심을 갖게 된다. 또 미친 살인자로 잘못 알려져 소외당하고 있는 이웃집 브래들리 아저씨가 사실은 아이들을 사랑하는 마음씨 좋은 사람이라는 사실도 깨닫게 된다. 그래서 이 소설에서 흑인과 빈자와 광인은 모두 마을 사람들의 편견에 의해 소외되고 배제된 착한 이웃들의 상징으로 제시된다. 나쁜 사람들은 오히려 편견에 사로잡혀 흑인과 빈자와 광인을 모함하는 마을의 백인들이다.

나쁜 백인들의 편견은 결국 폭력으로 나타나고 습격을 당한 젬은 팔이 부러져 의식을 잃는다. 애티커스는 어른들의 편견으로 인해 상처받은 아들 옆에서 밤을 지샌다. 편견에 맞서 투쟁하는 애티커스 같은 사람들은 순진성의 상징인 아이들을 지키는 파수꾼들이다. 그래서 『앵무새 죽이기』는 "아빠는 밤새 그곳을 지킬 것이다. 아침이 되어 오빠가 깨어날 때까지"라는 말로 끝난다. 『앵무새 죽이기』는 애티커스 같은 용기 있는 사람들이 있는 한, 그리고 그런 아빠로부터 올바른 삶을 배우는 아이들이 있는 한, 세상은 아직 살 만한 가치가 있는 곳이라는 것을 암시하고 있다.

그래서 『앵무새 죽이기』는 희망적이고 감동적인 소설이며, 영어권 국가의 교과서로 사용되고 있는 불후의 명작으로 평가받고 있다. 인종차별과 타자에 대한 편견은 어린 시절 자신의 부모와 학교교사로부터 배운다고 한다. 초등학교에 입학한 스카웃은 학교 역시 제도적인 편견과 차별의 온상이라는 사실을 발견한다. 사실 편견과 차별은 가정이나 학교뿐 아니라, 모든 사회제도 속에도 스며들어 있어 보이지 않게 작용한다. 『앵무새 죽이기』는 그 모든 것을 바라보고 있는 아이들 앞에서 어른들의 편견을 부끄럽게 만드는 소설이다. 하퍼 리는 2007년에 대통령이 수여하는 '미합중국 자유메달'을 수상했다.

9. 토니 모리슨의 문학세계

미국의 세인트 마틴스(St. Martin's) 출판사가 1972년에 펴낸 『현대 소설가들(*Contemporary Novelists*)』이라는 제목의 대형 작가사전(1460쪽)에는 놀랍게도 토니 모리슨(Toni Morrison, 1931-)이 빠져 있다. 450여 명이나 되는 현역 소설가들에 대한 자세한 소개가 나와있는 이 사전에도 끼지 못한 무명의 신예 작가가 그 후 불과 20년 만에 노벨문학상을 수상했다는 사실은 우리를 놀라게 한다. 사실 모리슨은 1980년대 초만 해도 퓰리처상 심사에서조차 탈락할 정도로 부당하게 인정받지 못했던 작가였다. 당시에는 오직 아미리 바라카(Amiri Baraka, 예전 이름은 리로이 존스) 같은 혜안을 가진 소수의 선배 작가들만 그녀의 재능을 인정하고 있었다. 그러나 오늘날 퓰리처 상(1988)과 노벨문학상(1993) 모두를 수상한 그녀의 문학적 명성은 확고한 것이 되었다.

그렇다면 도대체 무엇이 토니 모리슨을 그토록 갑자기 유명하게 만들었는가? 우선 토니 모리슨의 급부상의 이면에는 40년대의 리처드 라이트(Richard Wright)나 50년대의 랠프 앨리슨(Ralph Ellison)과 제임스 볼드윈(James Baldwin)에게는 허용되지 않았던 시대적인 특별지원이 있었던 것으로 보인다. 예컨대 60년대의 민권운동과 남녀평등 운동, 그리고 90년대의 페미니즘과 탈식민주의(post-colonialism) 등은 모두 그녀의 문학세계에 쏟아지는 특별 조명의 역할을 했다. 그와 같은 시대적인 배경과 요청 속에서 모리슨은 '흑인이면서 동시에 여성'이라는 특별한 위치가 초래하는 이중의 소외와 고난과 억압을 심오한 성찰과 예리한 통찰로 탐색하는 데 남다른 재능을 보여왔다.

그러므로 모리슨이 자신의 문학적 주제로 삼고 있는 것은, '극복해야 될 대상으로서의 인종적 차별과 성적 차별'이라고 할 수 있다. 그러나 모리슨은 그러한 차별에 대한 극복 방법을 흑인 남성작가들처럼 '사회적 저항'에서 찾지는 않는다. 대신 그녀는 흑인 여성들이 그러한 사회적 관습으로 인해 겪어야만 하는 심리적인 고통을 '자아인식과 각성'이라는 측면에서 비판적으로 성찰하는 방법을 택한다. 그리고 그러한 과정에서 그녀는 미국 내 흑인 커뮤니티의 삶과 아프리카의 문화적 유산들의 포용을, 상처받은 흑인 여성들의 심리적 치유법으로 제시한다. 그 결과, 모리슨의 소설들은 아프리카계 미국인들의 문화적 전통을 계승하면서, 동시에 그들의 정신적 상처를 치유하는 특별한 기능을 갖게 되었다.

물론 그녀의 소설들이 언제나 긍정적인 측면만을 다루고 있는 것은 아니다. 자신의 소설들에서 모리슨은 스스로의 문화적 유산과 커뮤니티를 저버리는 사람들이 어떻게 파멸해가는지를 잘 보여주고 있다.

모리슨의 이와 같은 시각은 곧 그에게 사물을 보는 이중적인 비전을 제공해준다. 그의 문학세계에서는 이분법적인 가치판단이 유보되고, 양극의 경계가 무너진다. 예컨대 『가장 푸른 눈(*The Bluest Eyes*)』에서 모리슨은 백인들의 가치판단을 동경하고 그것을 자신의 척도로 삼음으로써 딸 피콜라를 파멸시키는 브리드러브 가의 아버지를 비판적으로 성찰하고 있다. 그러나 모리슨은 브리드러브 가를 파멸시키는 보다 더 근본적인 원인은 바로 백인지배문화의 침투라는 사실을 지적함으로써, 양면적인 시각으로 상황을 파악한다.

『술라(*Sula*)』에서도 모리슨은 두 아프리카계 여성을 대비시켜 이중적인 시각을 견지하고 있다. 이 소설에서 술라는 자신이 속해있는 공동체를 떠나 외부(백인사회)에서 자유를 추구하다가 파멸한다. 모리슨이 보는 진정한 자유란 자기 민족의 공동체 문화유산 속에서만 가능한 것이다. 그러나 또 다른 인물인 넬은 외부에 대한 욕구를 억누르고 자신이 속해있는 공동체의 인습에만 너무 과도하게 얽매임으로써 파멸하는 인물이다. 모리슨은 결국 이 두 부류의 양극 현상을 둘다 바람직하지 못한 것으로 파악한다.

모리슨의 그와 같은 성향은 『솔로몬의 노래(*Song of Solomon*)』에서도 계속된다. 이 소설에는 북부의 상업주의를 대변하는 메콘 데드와 남부의 전통을 대표하는 파일럿 남매가 등장해서 서로 대립하는데, 모리슨은 그

양극의 대립보다는, 밀크맨으로 표상되는 제3의 가능성을 추구한다. 그리고 그 제3의 가능성은 곧 투철한 역사인식과, 타자에 대한 이해와 사랑에서 비롯된다.

『타르빛 아이(*Tar Baby*)』에서 모리슨은 백인 주인공들을 등장시킨다. 이 소설에서 그녀는 아프리카 문화의 원시적 생명력을 백인문화의 인위적 물질주의와 대비시키면서, 그 둘의 충돌과 갈등이 빚어내는 여러 가지 유형의 인간상들을 성찰하고 있다. 그와 같은 저자의 의도는 이 작품의 배경이 흑백문화가 혼재해있는 카리브 해의 한 섬이라는 데에서도 드러난다. 그러한 면에서 이 작품은 특히 탈식민주의 이론에 입각해 읽혀질 수 있는 텍스트라고 할 수 있다. 왜냐하면 탈식민주의는 백인과 흑인의 관계, 그리고 더 나아가 남성과 여성의 관계를 제국주의자와 식민지인의 관계로 파악하고 있는데, 그것이 흑인 여성의 상황과 위치에 적절하게 부합되기 때문이다.

모리슨의 그러한 태도는 과거와 현재가 충돌하고 있는 『사랑하는 자(*Beloved*)』에서도 잘 나타나고 있다. 이 소설은 노예제도가 폐지된 후, 오랜 세월이 흘렀어도, 여전히 그 망령에서 벗어나지 못하고 있는 사람들의 이야기를 통해 잘못된 제도와 인습의 가공할 만한 폐해를 고발하고 있다. 예컨대 노예가 되는 것을 막기 위해 자신의 딸을 죽인 세스에게 다시 돌아온 아기유령은 영원히 사라지지 않는 과거의 망령을 상징한다. 그리고 그 아기유령은 아프리카에서 팔려오다가 죽어간 수많은 흑인들의 영혼으로 그 의미가 확대되어 역사적 의미를 갖는 하나의 표상으로 변환된다.

토니 모리슨은 궁극적으로 자아의 아집에서 벗어나 타자를 포용하는 '합일과 공존'을 지향한다. 그리고 바로 그러한 의미에서 그녀는 '공동체(community)'를 중요시한다. 그녀가 말하는 '공동체'란 기본적으로 가족과 이웃과 동족, 그리고 한 인종의 전통과 문화유산까지도 포괄하는 개념을 의미한다. 즉 모리슨에 의하면, 아프리카계 미국인들이 살아남고 번성할 수 있는 가장 효과적인 방법은 자신들의 공동체 안에서 서로 이해하고 화합하며, 고유의 민속 문화와 전통을 살려나가는 것이다. 모리슨의 그와 같은 태도는 궁극적으로 그녀로 하여금 그동안 부당하게 주변부로 밀려나고 소외되어온 아프리카계 미국인들의 역사를 재발굴하고 재조명하도록 해주었다. 특히 그녀가 1974년에 펴낸 『블랙 북(*The Black Book*)』은 잊혀진 아프리카계 미국인들의 또 하나의 역사를 발견해 재조명하고 있다는 점에서 중요한 의미를 갖는다.

이와 같은 주제를 효과적으로 전달하기 위해, 모리슨은 흑인 특유의 문화유산 중 하나인 '구비문학'의 우화적 · 환상적 기법을 차용한다. 아기유령이 등장하는 『사랑하는 자』가 그 대표적인 예가 되지만, 그러한 기법은 때로 그녀의 작품에 그로테스크한 분위기를 풍기게 해준다. 그러나 그러한 환상적인 요소에도 불구하고 그녀의 궁극적인 관심과 목적은 언제나 역사적 · 사회적 비판으로 귀결된다. 그러므로 모리슨의 작품 속에서는 사실과 환상, 리얼리티와 허구, 그리고 역사와 야담이 뒤섞이며 공존하고 있다.

모리슨의 서술기법은 매우 정교하고 시적이고 난해하며, 그녀의 산문은 언제나 음악적이고 서정적이다. 또 그녀의 소설에는 늘 과거와 현재가 모자이크처럼 교차하고 있는데, 그녀의 그러한 기법은 윌리엄 포크너와 버지니아 울프를 연상시켜준다. 모리슨 자신도 포크너의 영향을 인정한 적이 있는데, 이는 그녀의 석사학위 논문이 「포크너와 울프의 소설에 나타난 자살의 모티프」였다는 사실과 무관하지 않는 것처럼 보인다. 그 결과, 모리슨은 모더니즘적인 기법과 포스트모더니즘적인 주제를 갖고 글을 쓰는 특이한 작가가 되었다. 어떤 의미에서 그것은 또 양극을 회피하는 그녀의 글쓰기 태도와도 상통하고 있다고 생각된다.

토니 모리슨이 랜덤 하우스(Random House) 출판사 편집인으로 있으면서

쓰기 시작해 일약 베스트셀러가 된 『가장 푸른 눈』(1970)은 57만 부가 팔리는 대성공을 거두었으며, 이후 그녀가 출판한 『술라』(1973), 『솔로몬의 노래』(1977), 『타르빛 아이』(1981), 『사랑하는 자』(1987), 『재즈(*Jazz*)』(1992) 등도 모두 문단의 비상한 주목을 받았다. 모리슨은 또 소설 외에도 1992년에 『어둠 속에서의 유희: 백색과 문학적 상상력(*Playing in the Dark: Whiteness and Literary Imagination*)』이라는 비평서를 출간했다.

모리슨의 궁극적 관심은, 그 자신이 1978년 '흑인 미국문학 포럼(Black American Literature Forum)'의 한 대담에서 말하고 있듯이, "우리가 모두 피해자로서 살고 있는 이 세상에서 어떻게 온전하게 살아남을 수 있는가?"이다. 그리고 그는 그러한 질문을 던지는 과정에서, 아프리카계 미국 여성들이 당면하고 있는 여러 문제점들을 제시함으로써, 궁극적으로는 모든 인간들의 보편적인 문제를 제기하고 있다.

『가장 푸른 눈』

1940년대가 배경인 『가장 푸른 눈』은 오하이오 주에서 살고 있는 클로디아와 피콜라라는 두 흑인소녀가 대면하는 정체성의 문제를 다루고 있는 소설이다. 피콜라는 백인의 푸른 눈동자를 꿈꾸며 사는 열한 살 난 소녀이고, 클로디아는 그것을 옆에서 지켜보며 정신적으로 성숙해가는 아홉 살 난 소녀이다. 이들은 하얀 피부와 푸른 눈과 금발머리 같은 백인 위주의 외적 아름다움만이 인정받는 사회, 그리고 교과서의 내용과 학교 밖 현실이 전혀 다른 사회에서 살고 있는 소녀들이다.

피콜라는 신체적으로 성숙해가면서, 사회적 규범에 의해 미의 기준으로 제시된 백인들의 푸른 눈을 점점 더 동경하게 된다. 그러한 미의 기준은 상업주의와 결탁하여 사탕이나 우유팩이나 광고에도 나타나, 피콜라는 푸른 눈의 셜리 템플의 사진이 인쇄된 우유를 마시며, 자신도 우윳빛

같이 하얀 피부를 갖게 되기를 꿈꾼다. 그녀는 지배문화인 백인사회의 가치관과 기준을 맹목적으로 동경한 나머지, 자신의 정체성 추구를 포기하고 스스로를 비하시킨다. 그녀에게는 자신의 검은 피부와 검은 눈은 다만 수치와 혐오의 대상이 될 뿐이다.

반대로 클로디아는 백인 여성들의 미의 기준인 푸른 눈과 금발머리를 왜 흑인 여성들이 동경해야만 하는지 의문을 제기한다. 그녀는 푸른 눈을 강렬하게 동경하는 피콜라나 언니 프리다와는 달리, 크리스마스 선물로 받은 푸른 눈의 백인 인형을 분해해 그 인공적 아름다움의 허상을 드러내려고 한다. 클로디아는 백인 중심의 지배문화에 의문을 제기하고, 흑인으로서의 자신의 정체성을 찾으려는 적극적인 태도를 보여주고 있다. 그러나 결국에는 클로디아 역시 살아남기 위해서 백인문화와 타협하게 된다. 클로디아의 그와 같은 태도는, 백인 중심 문화와 사회 속에서 살아야만 하는 흑인들의 숙명적인 상황을 잘 보여주고 있다.

그러나 보다 더 심각한 문제는, 백인 중심 지배문화에 세뇌된 흑인들끼리의 분열과 반목이다. 모린 피일 같은 아이는 자신의 피부색이 보다 덜 검다는 이유만으로 새까만 피부의 피콜라를 조롱하며 우월감을 갖는다. 그리고 아이들은 그것을 당연하게 받아들인다. 여기에서 모리슨은 백인과 닮은 흑인들이 흑인 커뮤니티에서도 존경과 선망의 대상이 되고, 그들의 지도자가 되는 모순적인 상황을 비판하고 있다. 그리고 더 나아가, 흑인 아이들이 사실은 자기혐오와 자기비하를 피콜라에게 투사시키고 있음을 융의 이론을 빌려 지적하고 있다.

모리슨은 푸른 눈을 동경하는 이 소설의 주인공 피콜라의 문제의 근원을 그녀의 어머니인 폴린에게서 찾음으로써, 그것이 결국 흑인들의 비극적 유산임을 암시한다. 어렸을 때 한쪽 발을 다쳐 불구가 된 폴린은 질서와 정돈을 과도하게 추구함으로써 자신이 갖고 있지 못하다고 생각하는 완벽한 미를 상징적으로나마 소유할 수 있다는 착각에 빠진다. 그래서 딸 피콜라가 그 질서와 정돈을 어지럽힐 때, 폴린은 화를 내고 욕설을 퍼붓는다. 그러나 그녀는 자기가 하녀로 일하는 집 주인 백인 딸이 자신의 질서를 교란할 때에는 관대한 반응을 보임으로써 전형적인 식민지인의 기질을 보여주고 있다. 폴린은 또 진 할로우 같은 금발의 푸른 눈 여배우를 동경함으로써, 피콜라의 셜리 템플 숭배가 결코 우연이 아니라, 사실은 세대 간의 대물림이라는 사실을 보여주고 있다.

이 소설에서 특기할 만한 또 하나의 인물은 피콜라가 부친에게 성폭행당한 후 찾아가는 사이비 심령술사 숍헤드 처치이다. 서인도제도 출신의 흑백 혼혈인 숍헤드는 곧 흑인들 내부의 분열을 조장하는 혼혈결혼의 부정적 결과를 상징하고 있는 듯하다. 그는 다른 서인도제도 출신 혼혈들과 마찬가지로 자신의 흑인성을 부정하고 백인성에 자부심을 갖도록 교육받지만, 결국엔 자신이 백인사회에도 그리고 흑인사회에도 완전히 편입될 수 없음을 깨닫는다.

『가장 푸른 눈』은 1941년 가을로부터 시작해 여름으로 끝나는 구조를 가지고 있으며, 매 계절마다 각기 다른 사건 전개가 이루어지고 있다. 그리고 독자들은 그 계절의 변화에 따라 성숙해가는 소녀들의 모습을 볼 수 있다. 특히 클로디아는 이 모든 사건의 관찰자로서, 창의력 있는 반항아로서, 그리고 자신의 정체성과 자아를 자각하는 아프리카계 미국인으로서 긍정적인 역할을 맡고 있다.

『솔로몬의 노래』

『솔로몬의 노래』는 모리슨이 마술적 리얼리즘(magical realism)을 사용해 한 세기에 걸쳐 미시간 주와 버지니아 주에서 살았던 아프리카계 미국인들의 파란만장한 삶을 묘사하고 있는 소설이다. 모두 2부 15장으로 되어 있는 이 소설은 아프리카로 비상(飛翔)해간 솔로몬이라는 신화적 인물의

족적을 탐색해나가는 주인공 밀크맨의 이야기로 구성되어 있는데, 그것은 결국 북부로 이주해간 남부 흑인들의 여정을 상징적으로 패러디한 것이라고 할 수 있다.

제1부에서는, 주인공 밀크맨 일가의 과거와 현재가 교차되면서 미국의 흑인노예 가족사가 제시되고 있다. 밀크맨의 부친 메이콘 데드는 과거와 단절된 채 북부의 백인문화 속에서 안주하고 있으며, 밀크맨의 고모 파일럿 데드는 과거의 소중한 기억을 끊임없이 일깨우며 살아가고 있다. 밀크맨은 처음에는 부친의 영향 아래 자신의 과거와 뿌리에 무관심한 채 살았지만, 나중에는 고모로부터 과거의 중요성과 의미를 배워 드디어는 자신의 정체성 탐색을 위한 여정에 나서게 된다.

제1부는 밀크맨의 가족들에 대한 이야기들이 서로 교차하며 복합적으로 전개되면서 밀크맨의 현재를 조명하고 있다. 예컨대 밀크맨의 부친 메이콘은 북부로 이주해서 의사인 포스터의 딸 루스와 결혼해 신분상승과 재산을 얻는 데 성공한다. 메이콘은 대저택에서 살면서 과거를 잊고 자신이 백인사회에 동화되었다는 착각 속에서 살고 있다. 그러나 그는 술 취한 백인 서기의 실수로 얻게 된 자기 가문의 성(姓)처럼, '죽은(dead)' 것이나 마찬가지의 불모의 삶을 살고 있다. 한편, 그의 아내이자 밀크맨의 모친인 루스는 역시 남편처럼 백인사회에 동화되어 살았던 아버지 포스터 의사의 영향으로 자신의 정체성을 갖지 못한 채 살아온 의존적인 여자이다. 아버지의 그늘에서만 살아온 루스는 부친상을 당한 후에도 아버지를 잊지 못한다. 그래서 이 작품에는 포스터 의사와 루스 사이의 근친상간 모티프가 발견된다. 그런 의미에서 루스는 백인 부르주아 문화를 동경하고 추구했던 포스터 의사가 만들어 놓은 정체성을 상실한 희생물로서 제시되고 있다고 할 수 있다. 그녀의 성(姓)이, 진짜 부모가 없어 길러준 부모 밑에서 자라난 사람을 의미하는 '포스터(Foster)'라는 사실, 그리고 그녀가 시집온 가문의 이름이 죽음을 의미하는 '데드(Dead)'라는

사실은 바로 그러한 것을 상징적으로 드러내주고 있다.

메이콘의 누이동생 파일럿(Pilate은 예수를 십자가에 못 박는 것을 허용한 로마 총독 빌라도의 영어 이름이다)은 그런 시누이 루스를 동정한다. 이기적이고 탐욕적인 메이콘과는 달리, 파일럿은 아프리카계 미국인들의 정신적 유산과 가치를 존중하면서 살고 있는 여인이다. 인공적인 메이콘의 저택과는 달리, 그녀가 살고 있는 곳은 대자연이 살아 숨쉬고 있는 느낌을 준다. 그녀는 자기 집에 온 밀크맨에게 아프리카계 미국인의 과거와 전통, 정신적 유산을 가르쳐 준다. 밀크맨은 비로소 자신의 정체성에 눈뜨고 과거로의 여행을 할 준비를 하게 된다.

제2부는 자신의 정체성을 찾기 위한 밀크맨의 '과거로의 여행'을 중심으로 펼쳐진다. 그는 우선 펜실베이니아로의 여행을 통해 조부인 메이콘 1세의 과거를 추적하고, 다음으로 버지니아로의 여행을 통해 증조부인 솔로몬의 신화를 탐색한다. 밀크맨의 남쪽으로의 여행은 다분히 상징적이고 신화적이다. 그는 마치 희랍신화의 주인공들처럼, 여행 중 온갖 문제들과 대면해 그것들을 해결해 가는 과정을 통해 '깨달음'을 경험하고 있다. 예컨대 펜실베이니아의 옛 조부의 땅에서 그는 마치 희랍신화 속에서 오디세우스에게 그랬던 것처럼 자신에게 길을 가르쳐주는 서시(Circe, 키르케)라는 신비스러운 여인을 만난다. 그곳에서 밀크맨은 부당한 착취를 통해 얻은 부친의 농장과는 달리, 조부의 농장은 조부 스스로의 힘으로 만들어낸, 그래서 백인들의 농장보다 더 훌륭한 자랑스러운 수고의 대가라는 사실을 발견하고 자부심을 갖게 된다.

밀크맨이 보다 더 확실하게 자신의 정체성을 되찾고 아프리카계 미국인들의 공동체로 다시 되돌아가게 되는 것은 증조부의 땅 버지니아로의 여행을 통해서이다. 버지니아에서의 마을 주민들과의 싸움과 밤 사냥 의식을 통해 그는 북부 도시의 가식을 벗어버리게 되고, 남부의 시골 커뮤니티와 합일하는 경험을 하게 된다. 그곳에서 밀크맨은 자신의 증조

부인 솔로몬이 노예제도를 거부하고 뿌리와 자유를 찾아 아프리카로 날아갔다는 신화를 듣게 된다. 그런 다음, 밀크맨은 자신도 비상하는 꿈을 꾼다. 밀크맨은 북부에 두고 온 가족들에게 그 이야기를 들려주고 싶어 가족들을 그리워하게 된다. 그는 이제야 비로소 가족들에게 되돌아갈 준비가 된 것이다.

그러나 이 소설에서 '날아감(flying)'은 '비상'과 '탈출'의 의미와 '도피'의 의미를 동시에 갖는다. 왜냐하면 자유를 향한 남자들의 '비상'은 언제나 가족과 여자와 타인의 '버림(abandonment)'을 의미하기 때문이다. 그래서 토니 모리슨은 한 대담에서 "비상은 승리와 위험부담, 또는 비극과 승리를 동시에 의미한다"라고 말한 적 있다. 과연 이 소설에서 솔로몬의 비상 이후, 스물한 명의 아이들과 함께 남겨진 그의 아내는 정신이상에 걸리고 만다. 모리슨이 이와 같이 '비상'의 의미에 양면성을 부여한 것은, 남성들의 단순한 도피와 '진정한 비상'을 구별하며, 이상적인 것처럼 보이는 것 속에도 어두운 면이 있을 수 있다는 이중적 비전을 제시해주기 위한 것처럼 보인다. 그리고 더 나아가 그것은 남성의 자유와 성취의 그늘에서 고통당하고 피해를 보는 여성들에 대한 그녀의 페미니즘적 관심의 편린을 보여주는 것이기도 하다.

『사랑하는 자』

토니 모리슨은 랜덤 하우스의 편집인으로 일하던 중, 1850년 달아나다가 잡히자 자기 어린 딸을 칼로 찔러 죽인 한 켄터키 주 출신 여자노예 마거릿 가너에 대한 신문기사를 읽게 되어 그것을 나중에 소설로 쓰게 되는데, 그것이 바로 『사랑하는 자』이다. 이 소설은 그 당시 사건을 기초로 했지만, 나머지는 모리슨의 상상력에 의해 쓰여졌는데, 이것은 모리슨이 역사적 사건의 '다시 쓰기'라는 현대소설의 한 중요한 기법을 성공적으로 활용한 대표적 경우가 된다.

이 소설에서는 블루스톤 가 124번지의 집을 무대로 현재(1873-1874)와 과거(1850-1855)가 뒤섞이면서 사건이 전개되고 있다. 현재의 배경은 신시내티 주의 블루스톤이고, 과거의 배경은 켄터키 주의 스위트 홈 농장이다. 그리고 그 사이에는 노예주와 자유주를 가르는 경계인 오하이오 강이 놓여 있다.

제1부는 현재에 커다란 영향을 미치고 있는 과거를 추적함으로써 노예제도의 참상과 그 후유증을 드러내는 역할을 하고 있다. 여기에서 우선 제시되는 것은 흑인 노예를 인간이 아니라 재산으로 생각했던 노예제도의 비인간성이다. 이 소설의 여주인공 세스(Sethe)가 19살에 벌써 네 명의 아이를 낳은 어머니로 등장하고 있을 만큼, 노예들의 출산은 당시 백인 농장주들에게는 재산증식의 한 중요한 수단이었다. 그래서 나중에 자신의 아이를 죽인 혐의로 재판을 받는 세스의 죄목 역시 물론 살인죄가 아닌 백인주인의 사유재산 절도 및 파괴죄가 된다. 그러나 더욱 문제가 되는 것은 노예들의 가족을 사방에 팔아넘기는 백인들의 비인간적인 가정파괴 행위였다.

스위트 홈 농장에서도 '교사'라고 불리는 사악한 백인과 그의 두 조카의 만행이 시작된다. 그들은 노예들의 인내력을 시험해본다는 구실하에 만삭인 세스의 등에 채찍질을 하고, 그녀를 성폭행하며, 젖가슴을 범하는 만행을 저지르며 철저하게 인간성을 말살한다. 그곳에서 노예들은 다만 한 마리의 짐승이나 하나의 상품일 뿐이다. 그와 같은 것은 나중에 자기가 죽인 이름 없는 어린 딸의 묘비에 '사랑하는 자(Beloved)'라는 글귀를 새겨 넣기 위해 세스가 석공에게 10분간 자신의 몸을 파는 사건으로 그 극에 달한다.

가정을 파괴하는 노예생활을 견디다 못한 세스는 어린 딸을 데리고 탈출을 감행하지만, 겨우 28일 만에 붙잡히고 만다. 그녀는 자신의 딸만큼은 노예상태로부터 구해내기 위해 딸을 살해한다. 그녀의 영아살해 행위는 물론 자식들을 자신의 소유물로 생각하는 그녀의 무지에서 비롯된 것으로써 결코 합리화될 수는 없다. 그러므로 그녀는 감옥에 가고, 이후 18년 동안의 고독한 생활을 영위하게 된다. 그럼에도 불구하고 절망적인 상황에서 저지른 그녀의 그러한 행위가 충분히 동정을 받을 만하다는 데에는 반론의 여지가 없을 것이다.

이제 세스가 자신의 또 다른 딸인 덴버와 살고 있는 블루스톤 가 124번지에는 그녀가 오래전에 죽인 아이의 유령이 나타난다. 마르케스의 마술적 리얼리즘과 포크너의 고딕전통의 영향이 드러나는 것은 바로 여기서부터이다. 세스를 사랑하는 폴은 아기유령을 내쫓으려 한다. 그러나 이제 아기유령은 20세가 된 처녀의 모습으로 나타나 그들의 삶을 흔들어놓는다. 유령은 점점 더 세스와 덴버의 의식 속으로 파고들어와, 드디어는 그들과 구별이 되지 않을 정도로까지 합일화된다. 그런 의미에서 유령은 세스와 덴버의 '재기억'이 불러온 환영이라고도 할 수 있을 것이다.

오직 폴만이 그 유령을 악령으로 보고 그녀를 내쫓으려 한다. 그러나 결국에는 그도 유령의 유혹에 넘어가 그녀를 임신시키게 된다. 그리고 이제는 폴까지도 그녀에 대해서 죄의식을 갖게 된다. 여기에서 현실세계와 영계의 경계를 넘나드는 것은 아프리카의 주술적 내러티브의 전통에서 빌려온 기법이다. 그리고 유령은 단순히 세스의 죽은 딸뿐만 아니라, 더 나아가 억울하게 죽어간 모든 노예들의 자녀들을 상징하고 있다고 볼 수 있다.

제2부에서 덴버는 세스를 완전히 장악하고 있는 유령을 보며, 자신이 보호해야 될 사람은 어머니 세스라는 사실을 깨닫게 된다. 그래서 그녀는 세스와 더불어 과거의 속박으로부터 벗어나기 위해 노력한다. 세스가 탈출 도중 오하이오 강에서 낳은 덴버는 그런 의미에서 과거와의 결별과 미래와의 조우를 상징하는 인물이라고 볼 수 있다. 덴버는 드디어 일자

리를 얻어 12년 만에 집 밖으로 나오고, 유령의 집을 떠난 덴버와 세스는 비로소 과거의 망령과 속박으로부터 벗어날 수 있게 된다. 오랜 고립과 강박관념을 끝내고 공동체의 일원으로 합류하면서 그들은 비로소 과거의 아픈 기억과 끔찍했던 악몽으로부터 벗어나 자유스러워지게 된 것이다.

『파라다이스』

노벨상 수상작가 토니 모리슨의 신작소설 『파라다이스(*Paradise*)』는 "그들은 제일 먼저 백인소녀를 쏜다"로 시작된다. 그러나 이 작품은 단순히 인종문제나 성차별을 다룬 소설이 아니다. 비록 흑인들의 역사와 흑백 간의 갈등을 소재로 하고는 있지만, 『파라다이스』는 인종과 성을 초월해 인류 모두에게 해당되는 보편적인 문제들을 다루고 있기 때문이다.

『파라다이스』는 "루비"라는 흑인마을의 남자들이 근처의 수녀원을 습격해 여자들을 살해하면서 시작된다. 그런 다음, 이 소설은 역사를 거슬러 올라가 왜 그런 일이 벌어지게 되었는가를 추적하며, 그 과정에서 그동안 미국 역사가 저질러온 잘못이 과연 무엇인가를 드러내고 점검하며 성찰한다.

19세기 후반, 가부장적 남자들이 이끄는 미시시피 주와 루이지애나 주의 해방노예들은 서부를 향해 가다가 오클라호마 주의 한 마을에 정착하려 하지만, 피부색이 좀 더 옅은 흑인들에 의해 거부당한다. "각오를 하고 오든지, 아니면 아예 오지 마라"는 싸늘한 경고를 들은 그들은 증오 속에 그곳을 떠나 헤이븐이라는 자신들만의 마을을 건설하고 외부와의 교류를 차단한다. 그러나 세월이 지나 헤이븐이 피폐해지자, 제2차 세계대전 이후 젊은이들은 그곳을 떠나 다시 인구 360명의 "루비"라는 마을을 세운다.

범죄가 없고 자급자족하는 "루비"는 일견 낙원처럼 보인다. 그러나 "루비"는 이방인을 반기지 않고, 그래서 여행자를 위한 편의시설이 전혀 없는 배타적인 마을이다. 반경 90마일 내에는 아무 것도 없는 고립되고 닫힌 체계인 그 마을 주변에는 오직 남성적 폭력에 의해 정신적으로 상처 입은 여자들이 살고 있는 수녀원이 하나 있을 뿐이다. 그러다가 1960년대가 되고 진보주의 바람이 불어오자, "루비"의 남자주민들은 마을의 도덕적 오염과 붕괴를 수녀원 탓으로 돌리고 드디어 그곳을 습격한다. "루비"와 "수녀원"은 교류를 거부하고 닫힌 체계 속에 칩거하며, 타자를 불신하고 증오해온 인간 역사의 오류를 극명하게 보여주고 있는 고도의 상징적 장치들이다. 작가는 한 등장인물의 입을 빌려, "고립되면 생명력이 사라집니다. 고립되면 미래가 사라집니다"라고 말한다.

문학의 위기설과 효용론 시비가 도처에서 들려오고 있는 요즘, 모리슨은 『파라다이스』를 통해, 문학이란 바로 인류 역사의 잘못을 깨우쳐주고, 인간의 삶과 존재의 의미에 대한 비판적 성찰을 제공해주기 때문에 필요한 것이라고 말한다. 모리슨은 가해자인 루비의 주민을 백인으로, 그리고 피해자인 수녀원의 거주자들을 흑인으로 설정하지 않음으로써, 자신을 흑인작가나 여성작가로만 보는 평단의 편협한 시각을 거부한다. 비록 흑인여성들의 이야기를 소재로 사용할지라도, 자신은 모든 사람들에게 호소력이 있는 보편적인 작가이고 싶다는 것이다.

『파라다이스』는 여러 면에서 원주민계 미국작가 루이스 어드리치의 소설 『사랑의 묘약』을 연상시킨다. 예컨대 두 작품 다 소수인종의 역사를 거슬러 올라가고, 등장인물들의 이름이 각 장의 제목이 되고 있으며, 수녀원이 등장한다(다만 『사랑의 묘약』에서 수녀원은 백인문화를 상징하는 부정적 이미지로 제시된다). 그러나 뛰어난 유머감각과 속삭이는 분위기의 문체가 특징인 어드리치의 경우와는 달리, 모리슨의 작품에서는 언제나 비극적이고 장엄하며 고딕적인 포크너식의 분위기와 문체가 느껴진다.

모리슨의 약점은 아마도 그녀가 백인문학의 전통에 서서 그녀가 흑인이 아닌 백인 독자들을 상대로 글을 쓴다는 점일 것이다. 그러나 그것은 동시에 그녀의 장점이기도 하다. 그녀는 흑인작가가 아니라 보편적인 작가가 되기를 원하기 때문이다. 그러나 과연 그것이 가능할까. 오히려 흑인작가이자 여성작가였기에 오늘의 토니 모리슨이 가능했던 것은 아닐까. 만일 자신이 흑인여성이 아니었더라도 모리슨은 『파라다이스』 같은 작품을 쓸 수 있었을까.

토니 모리슨의 주제들

모리슨은 아프리카계 미국여성들에게 자신의 정체성을 탐색하고 인식을 깨쳐 자신의 위치를 확립하라고 말한다. 그리고 그러한 과정은 필연적으로 자신이 속해있는 공동체의 삶을 포용하면서 시작되어야만 한다고 말한다. 모리슨에게 있어서 정체성의 추구는 개인적인 것이면서도 동시에 집단적인 것이기 때문이다. 모리슨에 의하면, 공동체의 구성원이 될 때 개인은 비로소 그 공동체의 전통과 문화적 유산을 물려받을 수 있다. 만일 개인이 자신의 커뮤니티에 속하기를 거부하고 무조건 다른 집단을 동경한다면, 그는 파멸의 길을 걷게 된다.

그와 같은 메시지는 물론 배타적인 폐쇄성을 의미하는 것은 아니다. 모리슨은 부단히 타자와의 공존과 이웃과의 유대의 중요성을 강조한다. 그래서 사랑과 화해는 모리슨 문학의 중요한 근간이 된다. 커뮤니티와의 유대는 궁극적으로 이웃과의 화해와 사랑을 요구하기 때문이다. 모리슨이 노벨문학상을 수상할 수 있었던 이유도 어쩌면 그녀가 이와 같이 인간의 삶에 대해 늘 긍정적 태도를 갖고 있었기 때문인지도 모른다.

토니 모리슨의 주인공들은 한결같이 상징적인 이름을 갖거나, 아니면 불완전한 이름을 갖고 있는데, 이는 아프리카계 미국인들의 불확실한 정체성을 은유적으로 드러내려는 저자의 의도처럼 보인다. 그들은 모두 백인 지배문화의 중심으로부터 소외되고 자신들의 고유한 문화를 잃어버린 채 비극적인 삶을 살고 있다. 토니 모리슨은 아프리카계 미국인들에게 그와 같은 고립된 상황에서 벗어나 스스로의 문화적 전통과 과거의 유산을 탐색하라고 부탁한다. 그리고 그러한 과정을 통해 과거의 어두운 악몽과 그림자로부터 벗어나, 타인에 대한 공감을 갖고 공동체의 삶에 동참해야만 한다고 주장한다. 그렇게 함으로써 모리슨은 단순히 아프리카계 미국인들의 이야기에서 그치지 않고, 궁극적으로는 그것들을 범세계적 인류의 문제로까지 승화시키는 데 남다른 성공을 거두고 있는 재능 있는 작가로 남아 있다.

10. 노먼 메일러의 문학세계

미국의 비트 시대와 히피 시대를 이끌었던 정신적 지도자로서 한 시대를 풍미하며 파란만장한 삶을 살아오던 미국문단의 거장 노먼 메일러(1923-2007)가 2007년 11월 타계했다. 1923년 뉴욕의 유태계 가정에서 태어난 메일러는 1939년 하버드 대학에 입학해 항공공학을 전공해 우등으로 졸업했으며, 제2차 세계대전 때는 육군에 입대해 남태평양과 필리핀 전투에 참가했다. 메일러는 자신의 참전 경험을 토대로 쓴 반전소설 『벌거벗은 자와 죽은 자(*The Naked and the Dead*)』(1948)를 출간함으로써 일약 전후 반전문학의 대표작가로 부상했다.

1950년대 후반부터 메일러는 비트 세대에서 히피 세대로 이어지는 미국 청년문화와 진보주의의 선구자가 되었고, 사실과 허구를 혼합한 새로운 형태의 소설인 '팩션' 또는 '뉴저널리즘' 소설의 기수가 되었다.

그의 진보주의적 견해는 『나 자신을 위한 광고』(1959)라는 저서 속에 포함된 「더 화이트 니그로」(1957)라는 유명한 글에 잘 나타나 있는데, 이 글에서 그는 비트 세대와 히피들을 지칭하는 '힙스터'라는 용어를 맨 처음 사용하면서, 주류문화에 반발하는 비트와 히피들을 '정신적인 흑인들'이라고 불렀다. 그는 또 정치적 암살(케네디, 마틴 루터 킹, 말콤 X), 아폴로 호의 달 착륙, 프라하의 봄, 컬러텔레비전의 보급 같은 경천동지할 일들이 일어나고 있는 당시 상황에서 허구의 구축물인 소설은 죽었으며, 이제는 역사적 사실을 문학적 상상력과 결합한 팩션이나 뉴저널리즘 소설만이 살아남을 수 있을 것이라고 선언했다. 메일러의 대표적 팩션인 『밤의 군대들』은 바로 그와 같은 인식과 시대 상황의 소산이었다. 당시 트루먼 캐포티, 탐 울프 같은 작가들이 메일러와 뜻을 같이해 뉴저널리즘 소설을 썼으며, 후에 E. L. 닥터로우가 합류했다.

메일러는 수전 손탁, 레슬리 피들러, 앨런 긴스버그와 함께 1960년대 진보·자유주의 정신을 대표하는 작가였고, 그의 삶 또한 자신의 문학과 사상이 구현되는 실천의 장(場)이었다. 예컨대, 그는 자신의 세대가 다 그랬던 것처럼, 술과 마리화나를 기성세대와 기존체제에 대한 저항으로 생각했고, 정치적으로 공화당의 보수주의에 반대해 1967년 워싱턴에서 벌어진 유명한 반전데모인 '펜타곤 행진'을 주도했으며(데모 시에 우리는 무조건 시청 앞 광장에 모여 청와대로 행진하는 데 반해, 미국인들은 데모의 이슈에 따라 항의행진하는 장소가 다르다. 예컨대 반전시위는 국방부로 가서 항의한다), 시위 중 경찰에 체포되기도 했다. 메일러는 온갖 기행으로도 유명했다. 예컨대 1969년에는 세상을 바꾸어놓겠다고 뉴욕시장에 출마했다가 낙선했으며, 『플레이보이』지나 『에스콰이어』 같은 대중잡지에도 거리낌 없이 글을 발표했다.

메일러의 관심은 영화나 연극으로도 확대되었는데, 그는 자신의 소설인 『터프 가이들은 춤추지 않는다』를 직접 감독해 영화로 제작하기도 했으며, 동료 팩션작가 닥터로우의 동명소설을 영화화한 『랙타임』에는 아예 단역을 맡아 출연하기도 했다. 또 세르지오 레오네 감독의 요청으로 로마로 가서 영화 <원스 어폰 어 타임 인 아메리카>의 대본을 썼는데, 혼자 위스키를 마셔가며 3주 동안 호텔에 틀어박힌 채 썼다고 알려져 있다. 메일러는 또 결혼을 여섯 번이나 해서, 여러 차례의 결혼으로 많은 염문을 뿌리던 헤밍웨이와 쌍벽을 이루기도 했다. 메일러는 또 당대의 문화적 아이콘들에 대한 저서를 여러 권 출간했는데, 그중에는 매릴린 몬로의 일대기인 『매릴린: 전기』(1973)도 있고, 피카소의 전기인 『젊은 피카소의 초상』(1995)도 있으며, 케네디 암살을 다룬 『오스월드 이야기: 미국의 미스테리』(1996)도 있다. 그는 『매릴린: 전기』에서 몬로가 로버트 케네디와의 염문을 감추려는 FBI와 CIA에 의해 살해당했다고 써서 그 두 기관으로부터 항의를 받기도 했다. 메일러는 또 무하마드 알리와 조지 포먼의 헤비급 쟁탈전을 그린 『대결(*The Fight*)』(1975)도 썼다.

전쟁문학 전문가인 육군사관학교 정연선 교수는, 미국의 반전소설들이 대개 적군보다는, 억압적이고 관료적인 군대조직과 상관들을 더 나쁜 적으로 보고 비판하는 경향이 있다고 지적한다. 메일러의 반전소설 『벌거벗은 자와 죽은 자』 역시 군대라는 비인간적인 권력조직에서 하버드 출신의 지성인 헌 중위가 느끼는 부당한 억압과 인간성 상실을 주제로 하고 있다. 이 소설의 배경은 일본군이 점령한 남태평양의 어느 섬이지만, 정작 적군의 모습은 거의 보이지 않고, 미군부대 구성원들끼리의 억압과 갈등, 그리고 미군병사들 사이의 편견과 인종차별이 부각된다. 그러한 과정에서 메일러는 플래시백 기법을 이용한 회상장면들을 이용해, 당대의 미국사회와 군대라는 조직을 수평・교차 비교하며 예리한 비판을 가한다.

이어 발표한 『바바리 해변』(1951)에서 메일러는 뉴욕 브루클린의 하숙집에서 일어나는 전 좌파운동권 청년과 연방수사관 사이의 갈등을 소재로 냉전시대의 좌파 이데올로기를 초현실적인 수법으로 묘사했다. 이후 메일러는 할리우드로 가서 영화대본 쓰는 일을 했는데, 그러한 경험을 토대로 메일러는 할리우드의 도덕적 가치관의 붕괴를 다룬 『사슴 공원』(1955)을 썼다. 그러나 이 두 작품은 출판사나 독자들로부터 큰 환영을 받지 못했고, 비평가들도 냉담한 반응을 보였다.

그러나 그가 『에스콰이어』지에 연재하다가 1965년에 출판한 『미국의 꿈(*An American Dream*)』은 비평가들과 독자들의 비난과 찬사를 동시에 받았다. 메일러와 하버드 대학 동문인 케네디가 만일 대통령이 되지 못했을 경우, 즉 아메리칸 드림을 성취하지 못했을 경우를 가정해서 쓴 소설이라고도 알려져 있는 이 작품은, 부유하고 제멋대로인 상류사회 집안의 딸과 결혼한 스티븐 로잭의 이야기다. 상류사회의 부유한 여성과 결혼한 하버드 대학 출신 하원의원 로잭은 외견상 아메리칸 드림을 성취한 사람처럼 보인다. 그러나 살인, 술, 마피아 등과 연결되면서 그는 도덕적으로 타락하게 된다. 어느 날 로잭은 아내와 다투다가 그녀를 죽여 창문 밖으로 내던져 자살로 위장한다. 경찰은 그의 말을 믿지 않지만, 부검 결과 우연히도 아내의 몸속에서 상당히 진행된 암세포가 발견되자 자살로 처리된다. 아내를 죽여서 자살로 위장하는 과정이 끔찍하게 묘사되자, 이 소설은 페미니스트들로부터 거센 비판을 받았고, 이윽고 미국의 초기 급진적 페미니스트인 케이트 밀렛은 『성의 정치학(*Sexual Politics*)』이라는 자신의 저서에서, '여성을 성적 도구로 취급한' 헨리 밀러와 D. H. 로렌스, 그리고 노먼 메일러를 악랄한 남성 쇼비니스트 작가로 규정하며 신랄하게 비판한다. 그러나 문명과 교화와 안정을 상징하는 아내를 떠나거나 죽이는 것은 워싱턴 어빙의 『립 밴 윙클』과 에드거 앨런 포의 『검은 고양이』에서부터 시작되는 미국문학의 오랜 전통이다.

1967년 메일러는 유명한 반전소설 『우리는 왜 베트남에 와 있는가?(*Why Are We in Vietnam?*)』를 썼다. 이 소설의 주인공은 텍사스 출신의 18세 난

D.J.라는 청년이다. 베트남에 대한 언급은 시종일관 한 마디도 나오지 않는 이 소설에서 메일러는 남자다움을 증명하기 위해서는 천 파운드짜리 회색 곰의 머리를 가져와야만 하는 알래스카 사냥 이야기를 통해 미국의 베트남전 개입을 우화적으로 비판하고 있다. 메일러는 이 소설에서 남자다움을 증명하려는 왜곡된 용기에 대한 미국인들의(궁극적으로는 모든 인간의) 의식구조와 그러한 의식구조에 의해 영위되는 미국사회에 대해 은유적인 그러나 신랄한 비판을 가하고 있다.

『밤의 군대들(*Armies of the Night*)』(1968)은 메일러가 쓴 대표적인 뉴저널리즘 소설이다. 1967년 워싱턴에서 열린 사상 최대의 베트남전 반전시위에 참가한 자신의 경험과 기억을 역사적·문학적 상상력과 혼합해 소설화한 대표적인 팩션인 이 작품은, 앞에서도 언급했지만 제1부의 제목이 '소설로서의 역사'이고, 제2부의 제목이 '역사로서의 소설'이다. 이 작품에서 메일러는 사실과 허구, 그리고 역사와 소설의 경계를 해체하며 새로운 형태의 뉴저널리즘 소설을 만들어내는 데 성공하고 있다. 이 작품으로 메일러는 『냉혈』의 작가 트루먼 캐포티와 더불어 미국문단에서 가장 유명한 뉴저널리즘 소설의 대표작가가 되었다.

이어 메일러는 특이한 형태의 작품들을 출간하게 되는데, 사형수 개리 길모어의 일대기인 『사형집행인의 노래』(1979)가 그 대표적인 예라고 할 수 있다. 감방에서 이 책을 읽은 또 다른 살인범 잭 애봇이 메일러에게 자신의 형무소 생활에 대해 이야기해 주겠다는 편지를 보내자, 메일러는 애봇을 동정해 그가 자신과 주고받은 편지들로 구성된 형무소 생활에 대한 책 『야수의 뱃속에서(*In the Belly of the Beats*)』를 출간하도록 도와주고 애봇이 가석방되도록 힘써주지만, 애봇은 풀려난 지 6주 만에 다시 뉴욕에서 22세의 청년을 찔러 죽임으로써 메일러를 난처하게 만든 일도 있었다.

『터프 가이들은 춤추지 않는다(*Tough Guys Don't Dance*)』(1984)는 공포 추리

소설 장르에 속하는 작품이다. 술과 여자에 중독되어 살아가는 주인공 팀 매든은 어느 날 숙취에서 깨어나는데, 어젯밤에 있었던 일을 전혀 기억하지 못한다. 그런 그가 근처의 숲에서 금발여자의 잘려진 목을 발견하면서 사건이 시작된다. 메일러의 마지막 작품인 『숲속의 성(*The Castle in the Forest*)』(2007)은 자신의 아들과 같이 쓴 작품인데, 화자는 악마이며, 이야기의 내용은 젊은 히틀러에 대한 것이다. 메일러는 "신과 악마는 언제나 권력자를 두고 내기를 하는 것 같다. 그래서 권력자는 자신의 행위에 따라 언제나 신을 닮은 사람과 악마를 닮은 사람의 두 그룹으로 나누어진다. 그래서 권력자들의 얼굴은 중요하다."라고 말한 적이 있다. 메일러는 히틀러는 악마가 이긴 경우이며, 케네디의 얼굴은 신이 이긴 경우라고 보았다.

인간의 태생적 자유를 중시했던 메일러는 국제펜클럽 회장 재임 시에 김지하 시인의 석방과 박해 종식을 위해 한국의 독재정권에 강력하게 항의하기도 했으며, 반전주의자였음에도 불구하고 독재종식을 위해 걸프전을 지지하기도 했다. 메일러는 한때 이렇게 말했다. "나에게는 두 가지 상반된 면이 있는데, 하나는 공적인 활동을 좋아하는 면이고, 또 하나는 혼자서 책 읽고 글 쓰는 것을 좋아하는 면이다. 나는 평생 그 둘 사이를 오가며 살았는데, 그럼에도 불구하고 내가 진정으로 되고 싶은 것은 언제나 작가였다." 그래서 메일러는 결국 작가로서 가장 큰 영예인 퓰리처상을 두 번, 전미도서상을 한 번, 그리고 미국문학을 위해 탁월한 공헌을 한 작가에게 수여되는 내셔널 북 파운데이션의 공로메달을 수여받았다. 비록 메일러는 우리 곁을 떠났지만, 그가 남긴 소중한 문학적 유산과 지대한 문화적 영향은 우리 곁에 오래 살아남아, 많은 후배작가들을 위한 믿음직한 안내 성좌가 될 것이다.

11. 수전 손탁, 『해석에 반대한다(*Against Interpretation*)』

월반을 거듭해 불과 15세에 대학에 입학한 사람은 분명 남보다 앞서가는 영재일 것이다. 뉴욕에서 태어나 애리조나 주에서 성장하고 LA에서 고등학교를 다닌 수전 손탁(Susan Sontag, 1933-2004)이라는 뛰어난 소녀는 동급생들이 아직 고등학교 1학년이던 해에 벌써 캘리포니아 버클리 대학을 다니는 대학생이 되었고, 같은 해 시카고 대학으로 전학한 후 28세의 젊은 교수와 사랑에 빠져 19세에 첫 아이를 낳았다. 시카고 대학을 졸업한 손탁은 하버드 대학과 옥스퍼드 대학에서 철학과 문학과 신학으로 박사과정을 공부했고, 이후 문학평론가와 문화비평가로, 소설가와 사진이론가로, 그리고 연극인과 영화감독으로 한 시대를 풍미했던 미국의 대표적인 지성이 되었다.

수전 손탁이 문단과 학계의 비상한 주목을 받기 시작한 것은, 그녀가 31세 되던 해인 1964년에 발표한 「해석에 반대한다」와 「캠프에 대한 단상」이라는 두 편의 도전적인 글 때문이었다. 1964년은 마침 평론가 레슬리 피들러가 『종말을 기다리며』라는 책에서 '소설의 죽음'을 선언해 미국문단에 파문을 일으켰던 해여서, 기존의 관습과 전통에 도전한 손탁의 두 에세이는 모더니즘의 종언을 선포한 피들러의 글과 더불어 1960년대 반(反)문화의 서장을 연 기념비적 선언문이 되었다.

그녀가 반기를 들었던 대상은 『시의 이해』와 『소설의 이해』라는 저서를 통해 예술작품에 고정된 해석을 부여하고 그것들을 정전화하려고 했던 신비평가들과 모더니스트들이었다. 손탁은 우선 플라톤과 아리스토텔레스의 '모방이론'을 비판하면서 자신의 이론을 시작한다. 그녀에 의하면, 모방이론은 모방의 대상 곧 '내용'을 중시하며 그 내용을 밝혀내려는 시도인 '해석'을 시작하게 되는데, 그러한 해석 작업은 작품 자체에 대한 감상보다는 작품의 외적 요소인 전통적 가치나 도덕적 진리에 더 많은 관심을 갖고, 그것들의 옹호를 통해 작품을 정전화한다는 것이다. 그녀는 심지어 전통적 가치에 도전하는 예술작품들까지도 비평가들이 의도적 해석을 통해 길들이고 있다고 비판한다.

그러므로 손탁은 "예술에서 고정된 의미를 찾으려고 하기보다는 예술을 예술 자체로서 경험해야 한다"고 말하며, 예술을 느낄 수 있는 '새로운 감수성'을 주창한다. 손탁은 그것을 '예술의 성애학'이라고 부르며, 해석을 위한 해석을 비판한다. 그녀에 의하면, 예술의 본질은 강간이 아니라 유혹인데, 고정된 의미를 부여하려는 해석은 예술에 대한 강간 행위가 된다. 신비평과 모더니즘에 반대하며 1960년대에 시작된, 고정된 해석에 반대하는 '새로운 감수성의 문학'은 바로 그렇게 해서 탄생하게 되었다.

내용을 중시하는 해석에 반대하는 손탁은 형식도 내용만큼 중요하다고 말하며, 내용과 형식의 이분법적 구분을 초월하는 더 포괄적인 개념인 '스타일'을 주창한다. 스타일에 대한 손탁의 관심은 자연히 그녀의 '캠프(camp)'이론으로 이어진다. 캠프는 교양과 도덕과 내용을 중시하는 소위 고정된 제도권과는 반대에 있는 것으로서, 스타일과 즐거움과 자유를 중요시하는 반문화적 성향을 지칭한다(이때 손탁이 반대하는 문화는 물론 매슈 아놀드적인 고급문화이다). 손탁은 '캠프' 이론을 통해, 60년대 진보주의를 중요한 문화현상으로 인정한다.

단행본 『해석에 반대한다』(1966)는 한 시대의 비전과 방향을 제시해주었던 그녀의 탁월한 문화론들을 모은 것이다. 손탁은 이 책에서 내용과 형식, 그리고 고급문화와 대중문화 사이의 구분을 명쾌하게 해체하며, 모든 것의 경계가 소멸하는 새로운 시대의 패러다임을 예시해주고 있다. 놀라운 것은 1960년대 중반에 그녀는 이미 21세기에 일어날 현상들을 정확하게 예견하고 있었다는 점이다. 그런 의미에서 『해석에 반대한다』는 급격한 인식의 변화를 겪었던 1960년대의 시대적 성찰이면서, 동시에 다음 세기의 새로운 문화적 패러다임을 미리 예견하고 있는 예언서와도 같다.

손탁의 관심과 재능은 광범위하다. 예컨대 전미비평가상을 수상한 저서 『사진 이야기(*On Photography*)』는 국내에서도 사진작가들의 필독서이며, 「미국의 미술」이라는 제목으로 발표된 그녀와 로널드 폴슨과의 미술대담(『샐마건디』 1981년 가을/겨울 합본)은 미술이론가들과 화가들이 애독하는 글이다. 또 그녀가 감독한 네 편의 영화 역시 비평가들의 찬사를 받았으며(스웨덴에서 2편, 이탈리아에서 1편, 이스라엘에서 1편), 그녀의 희곡 『바다에서 온 여인』은 이탈리아와 프랑스, 그리고 스위스와 한국에서 공연되었다. 손탁은 소설 『아메리카에서』로 2000년 '전미도서상'을 수상했다.

손탁은 피들러와 더불어 1960년대 이후 경직된 백인 보수주의 주류문화에 대항해 새로운 감수성의 문학과 진보주의를 주창했던 대표적인 미국의 반(反)지성으로서 세계 예술계와 문화계에 지대한 영향을 끼쳤다. 손탁은 기존의 관습과 인식의 패각으로부터 예술을 해방시켜 자유로운 '캠프'로 보냈던 시대의 선각자이자 문화의 해방자였다. 그녀는 또 상업주의와 전자매체에 의해 오늘날 예술이 쇠퇴하고 있다는 위기론을 일축하며, "우리가 얻게 될 것은 예술의 쇠퇴가 아니라, 예술의 기능변화다"라고 자신 있게 말한다. 손탁의 『해석에 반대한다』가, 오늘날 예술의 위기의식을 느끼는 사람들에게 '바이블'이 되는 이유도 바로 거기에 있다. '캠프' 이론, 사진이론 등으로 포스트모던시대를 풍미했던 손탁은 2004년 백혈병으로 타계했다.

12. 존 스타인벡, 『빨간 망아지(*The Red Pony*)』

1962년 노벨문학상 수상작가인 존 스타인벡의 대표작 『분노의 포도』는 미국의 경제공황기인 1930년대에 가뭄과 농업기계화에 의해 땅을 빼앗기고 밀려난 후, 농사일을 찾아 캘리포니아로 떠나는 오클라호마주 소작농들의 좌절과 분노를 그린 감동적인 이야기이다. 3년 동안이나 불어온 흙먼지로 인해 모든 농경지가 불모의 땅으로 변하자, 농부들은 기름진 옥토에 많은 일자리가 있다는 캘리포니아로 떠난다. 그러나 기나긴 노정에서 그들은 탐욕스러운 지주들로부터 착취를 당하고, 드디어 도착한 캘리포니아에서도 그들은 일자리를 찾지 못한다.

그 무리들에 낀 주인공 탐 조드의 일가 역시 많은 고생을 하고, 그러한 와중에서 탐은 동료를 죽인 살인자를 죽이게 되어 본의 아니게 도망자가 된다. 가족들은 서로 헤어지게 되고 죽음과 체포의 그림자는 내내 이들을 위협한다. 스타인벡의 주인공들에게 낙원은 어디에도 없다. 캘리포니아에는 풍년이 들었지만, 그들은 높은 물가와 실직으로 고통을 받는다. 이윽고 그들의 분노는 포도송이처럼 익어간다.

그럼에도 불구하고 그들은 절망하지 않는다. 탐 조드의 어머니 '마(Ma)'는 대자연에 버금가는 포용력과 인내력으로 그 모든 시련을 견딘다. 이 소설의 마지막에 그녀는 "사람들은 계속 살아갈 거야. 다소 변하겠지만, 그러나 계속 버티어나갈 거야."라고 말한다. 그리고 역시 작품의 마지막에 자신의 아이를 사산한 '샤론의 장미'라는 이름의 여인은 기아로 죽어가는 50대의 어느 남자를 자신의 젖을 먹여 살려낸다.

스타인벡은 늘 따뜻한 원초적 인간성에 대한 신뢰를 갖고 있었으며, 그러한 휴머니즘이야말로 궁극적으로 비인간적인 환경 속의 인간들을 구원할 수 있는 유일한 힘이라고 믿었다. 그는 언제나 상속권을 부당하게 박탈당한 소수인들, 땅을 빼앗긴 농부들, 그리고 순진무구한 사람들의 편에 서서 그들에 대한 기계문명과 사회의 비정함을 고발했던 인간적인 작가였다. 『생쥐와 인간』이나 『빨간 망아지』나 『찰리와의 여행』 등은 모두 스타인벡의 그러한 사상을 잘 나타내주고 있는 감동적인 작품들이다.

스타인벡의 이와 같은 사회저항소설들은 80년대 한국사회에서도 커다란 호소력을 가졌으련만, 이상하게도 그의 소설들은 그 당시 한국에서 거의 언급되지 않았다. 이는 그가 국내 운동권 좌파들에 의해 제국이라고 비난받던 미국작가였다는 점과, 그 당시 영국소설 연구자에 비해 미국소설 전문가가 현저하게 적었기 때문이라고 할 수 있다. 그럼에도 불구하고, 이 작품은 사회 저항적이면서도 높은 문학성을 잃지 않고 있다는 점에서 사회성과 예술성이 잘 조화된 걸작이라고 할 수 있다. 『분노의 포도』는 바로 그러한 점에서 오늘날 경제공황기를 대표하는 최고의 문학작품 중 하나로 평가받고 있다.

스타인벡의 또 다른 소설 『빨간 망아지』는 자신이 아끼던 망아지의 죽음을 통해 세상의 비정한 현실과 자연의 법칙을 배우며 어른으로 성장하는 한 소년의 고뇌와 좌절을 그린 성장소설이다. 소년 조디는 아버지로부터 빨간 망아지를 생일선물로 받고 극진한 애정으로 망아지를 키운다. 그러나 폭풍우가 오던 날, 비에 흠뻑 젖은 망아지는 병에 걸려 죽고, 소년은 사랑하는 망아지의 부재로 인한 극도의 허무감과 상실감에 괴로워한다.

미국의 서부에서 말을 타는 것은 곧 성인이 되는 것을 의미한다. 그리고 거친 말을 타는 것은 남자다움과 용기를 증명하는 것이다. 많은 서부영화에서 주인공 남자의 남성다움과 용기가 거친 말을 타는 것으로 제시되는 것도 바로 그런 이유에서다. 조디는 곧 승마를 배우고 성인이 되겠지만, 우선 사랑하는 망아지의 죽음을 통해 거친 세파와 냉정한 현실을 먼저 배우고 정신적으로 성장한다. 빨간 망아지가 조디의 생일선물인 것도 바로 그런 의미에서 의미심장하다.

스타인벡의 『생쥐와 인간』은 언젠가는 자신들의 집과 농장을 마련해 정착하고 싶어하는 두 방랑자 조지 밀턴과 레니 스몰의 비극적인 이야기다. 체격이 우람하고 힘이 센 지진아인 레니는 쥐나 토끼의 털처럼 부드러운 것을 만지길 좋아한다. 그러나 스스로의 힘을 조절하지 못하는 그는 쓰다듬던 동물들을 실수로 죽이기도 한다. 착한 조지는 그런 레니를 돌보며 돈을 모으기 위해 여기저기 일꾼으로 취직하며 살아간다.

조지와 레니는 어느 목장의 일자리를 구하게 되는데, 목장주인의 아들 컬리의 아내가 레니에게 접근해 자기의 부드러운 머리를 애무하게 한다. 순진한 레니는 쥐나 토끼의 부드러운 털을 애무하듯, 여자의 머리칼을 애무한다. 그런데 레니가 너무 세게 애무하자, 여자는 비명을 지르며 반항하고, 놀라고 당황한 레니는 그만 힘을 너무 세게 주어 여자의 목을 부러뜨리고 만다.

사실을 알게 된 목장주인의 아들 컬리는 크게 분노해 레니를 잡아 린치를 가해 죽이려 한다. 레니를 구할 수 없게 된 조지는 대신 자기가 레니를 총으로 쏘아 죽임으로써 그를 고통스럽고 참혹한 죽음으로부터 구한다. 그들의 꿈은 사라진다. 그러나 사회로부터 소외된 그 두 방랑자 사이의 따뜻한 인간애와 감동적인 우정은 독자들의 머릿속에 영원히 각인된다. 각박한 현실은 레니의 순진성을 결코 용납하지 않고 상처 입히며, 결국은 죽음으로 몰아넣는다. 『생쥐와 인간』이라는 표현은 스코틀랜드 시인 로버트 번즈의 시에서 빌려온 것으로, '삼라만상'이라는 뜻이다.

1959년 50대 후반이 된 스타인벡은 가벼운 뇌졸중을 겪고 나서 건강에 자신감을 잃기 시작했다. 50년대에 두 번이나 민주당 대통령 후보로 출마했으나 낙선했던 친구 애들라이 스티븐슨은 스타인벡에게 건강을 위해 미 대륙횡단 여행을 해보라고 권했다. 스타인벡은 그 충고를 받아들여 특별 주문 제작한 캠퍼트럭을 타고 아메리카 대륙횡단 여행을 해보기로 했다. 스타인벡은 그 트럭에 돈키호테의 말 이름인 '로시난테'란 이름을 붙인 다음, '찰리'라고 하는 개와 함께 1만 마일이 넘는 대장정의 길을 떠났다.

1960년 9월 23일 뉴욕 주 롱아일랜드에서 출발한 스타인벡은 동북부 해변을 따라 메인 주로 올라간 다음, 거기서 다시 북서쪽으로 가서 자신의 고향인 캘리포니아 주 살리나스까지 갔다. 거기서 스타인벡은 남쪽으로 트럭을 몰아 처가가 있는 텍사스 주까지 가서 아내 일레인을 만나 추수감사절을 함께 보낸 후, 다시 남부를 가로질러 1961년 1월에 뉴욕으로 돌아왔다. 여행을 끝낸 스타인벡은 서인도제도로 가서 자신의 기나긴 여정을 출간하기 위한 원고 집필에 들어갔다. 여행기는 1961년 여름에 『찰리와의 여행』이라는 제목으로 출간되었는데, 이 여행기는 베스트셀러가 되어 스타인벡의 그 어느 소설보다도 더 많이 팔렸다. 『찰리와의 여행』이라는 제목은 스타인벡의 부인 일레인이 제안했는데, 이는 영국 작가 로버트 루이스 스티븐슨의 『당나귀와의 여행』(1878)에서 아이디어를 얻은 것이다.

『찰리와의 여행』은 아메리카란 무엇인가를 포괄적으로 보여주고 있다는 점에서 중요하고 가치 있는 책이다. 예컨대 이 책에서 스타인벡은 미국 각 지방의 특색을 특유의 유머로 묘사하며, 그곳에서 직접 겪은 자신의 경험을 기록하고 있다. 예컨대 뉴잉글랜드 지방에서는 미국의 청교도주의와 미국의 역사를 돌이켜보고, 서부를 여행하면서는 미국 서부개척의 의미를 성찰하며, 남부를 여행하면서는 자신이 경험한 남부 특유의 인종차별 문제를 비판적으로 다루고 있다. 스타인벡은 비인간적인 기계와 물질이 지배하는 이 시대에 녹색혁명과 인간성의 회복을 염원했던 진정한 휴머니즘 문학의 주창자였다.

13. F. 스콧 피츠제럴드, 『위대한 개츠비(*The Great Gatsby*)』

"내가 어리고 상처받기 쉬웠을 때, 아버지는 평생 잊지 못할 말씀을 내게 해주셨다. '다른 사람을 비판하고 싶을 때마다, 이 세상 모든 사람들이 다 너처럼 복을 받고 태어난 것이 아니라는 사실을 명심해라.'" 가장 미국적인 소설, 또는 20세기 최고의 소설 중 하나라는 평을 받는 피츠제럴드의 소설 『위대한 개츠비』(1922)는 이렇게 멋진 말로 시작된다. 그리고 그 말은, 곧 가난했기 때문에 첫사랑을 잃어버렸고, 그 잃어버린 연인을 되찾기 위해 헛된 꿈을 꾸다가 죽어간 개츠비를 이 세상 그 누구도 비판할 자격은 없다는 의미로 확대된다.

『위대한 개츠비』의 스토리는 일견 한 편의 전형적인 멜로드라마처럼 보인다. 멋진 청년 장교 개츠비는 가난하다는 이유로 주둔지에서 사귄 애인 데이지의 부모로부터 거절당하고, 프랑스 전선으로 배속된다. 그가 떠난 사이에 데이지는 타락한 부자 남자 탐 뷰케넌와 결혼하고, 충격과 상처 속에 괴로워하던 개츠비는 전쟁이 끝나고 귀국한 후, 자기도 어떻게 해서든지 돈을 벌어야겠다는 일념에 불탄다. 은밀한 방법으로(아마도 밀주 사업으로) 큰돈을 번 개츠비는 뉴욕 롱아일랜드의 데이지 집 근처에 대저택을 구입해 살며, 순진하게도 잃었던 옛 애인을 되찾아보려 하지만, 5년 만에 다시 만난 데이지는 이미 예전의 순수한 데이지가 아니었다. 허영에 들떠있는 속물인 데이지는 바람피우는 부정한 남편을 단지 부와 사회적 지위를 잃기 싫어 떠나지 못한 채, 개츠비의 순정을 이용해 자신의 허전한 감정적 욕구만 채울 뿐이다. 반면, 순진한 개츠비는 이제는 자기도 물질적 성공을 거두었는데, 왜 데이지가 자신에게 돌아오지 않는지 이해하지 못한다.

그러던 어느 날, 데이지의 남편 탐과 개츠비 사이에 언쟁이 있었고, 흥분한 데이지는 개츠비를 태우고 집으로 돌아가다가 탐의 차인 줄 알고 달려 나온 탐의 정부 머틀을 치어 죽인다. 순진한 개츠비는 데이지를 감싸주기 위해 그 차를 운전한 사람이 자기인 것처럼 행세하지만, 악랄한 탐 부부는 머틀의 남편에게 개츠비가 머틀의 애인이며 그녀를 치어 죽인 사람이라고 무고한다. 실의에 빠져 자신의 저택 실내 수영장에 누워있던 개츠비는 복수하러 찾아온 머틀 남편의 총탄에 살해된다. 개츠비의 장례식에는 아무도 오지 않는다. 평소 그에게 신세를 진 수많은 사람들이 있었지만, 추문에 휘말려 들어갈 것이 두려워 오지 않은 것이다. 이 모든 것을 지켜보고 기록한 화자 닉 캐러웨이는 비겁하고 무책임하며, 속물적이고 부패한 동부의 인간들에게 환멸을 느끼고 다시 고향인 중서부로 돌아간다.

그렇다면, 이와 같은 멜로드라마적 구성을 갖고도 『위대한 개츠비』는 어떻게 오늘날 대중소설이 아닌 순수문학의 고전으로 평가받고 있는가? 그 이유는, 『위대한 개츠비』가 자칫 통속적일 수도 있는 이루지 못한 사랑 이야기를 미국을 대표하는 위대한 서사시로 승화시키는 데 성공했기 때문이다. 예컨대, 피츠제럴드는 이 소설을 통해, 순수했던 초창기 미국의 건국이념과 미국의 꿈이 20세기 물질문명 속에 어떻게 부패하고 변질되기 시작했는가를 상징적으로 그러나 강력하게 고발하고 있다. 탐과 데이지 부부, 그리고 그들의 친구이자 화자의 여자친구인 조던은 모두 당시 재즈시대라 불리던 미국사회의 산물인 무책임하고 비도덕적인 잿빛 인간들의 상징이며, 개츠비는 그러한 사회에서 순수한 녹색의 꿈을 추구하다가 살해당하는 녹색인간의 상징으로 제시되고 있다.

이는 최근 순수문학/대중문학 논쟁에 휩싸였던 한국문단이 필히 유념해야 할 사항이다. 즉 같은 사랑이야기라 할지라도, 『위대한 개츠비』처럼 무거운 주제와 상징이 심어져 있다면 본격문학이 될 수 있지만, 만일 그렇지 않다면 그건 통속문학에 불과하다는 것이다. 다시 말해, 사랑이야기 그 자체로만 끝나면 통속소설이고, 사랑이 심오한 주제를 드러내기 위한 소재로 사용되었다면 그건 순수문학이라고 할 수 있다는 것이다. 대중문학은 다소간 통속적이면서도 뚜렷한 주제를 갖고 있는 문학을 지칭하는 것이지, 주제가 전무하거나 빈곤한 통속문학을 지칭하는 것은 아닐 것이다.

『위대한 개츠비』의 화자인 닉 캐러웨이는 고향인 중서부를 떠나 22세의 나이에 동부인 뉴욕으로 이주한다. 거기에서 그는 이웃집에 살고 있는 제이 개츠비라는 신비스러운 부자와 친구가 된다. 개츠비는 닉에게 근처에 살고 있는 닉의 사촌누이인 데이지와 만나게 해달라고 부탁한다. 닉은 비로소 개츠비가 데이지의 옛 애인이었다는 사실을 알게 된다.

개츠비의 문제는 그가 순진하게도 지나간 과거를 돌이킬 수 있다고 믿는 데 있다. 데이지를 5년 만에 다시 만난 개츠비는 흥분한 나머지 벽시계를 건드려 비뚤어지자 떨리는 손으로 그것을 바로잡는데, 이것은 개츠비가 시간을 되돌려 잘못된 것을 바로잡고 싶어한다는 것을 상징적으로 나타내주는 장치이다. 그러나 지나간 것은 다만 그리워할 수 있을 뿐, 결코 돌이킬 수는 없는 법이다. 그래서 20세기 초, 모더니즘 시대에 작가들은 시간이 지남에 따라 모든 순수함과 아름다움은 상실되고 오염된다고 보았고, 그러한 필연적인 과정을 회한의 눈으로 바라보았다. 피츠제럴드와 동시대 작가였던 윌리엄 포크너의 소설 『고함과 분노』에서 오빠 퀜틴이 강박관념처럼 보호하고 지키려 했지만 결국 상실하는 누이 캐디의 순결이나, 또 다른 소설 『곰』에서 제시되는 벌목되어 사라져가는 원시림은 바로 그러한 좋은 예이다.

그러나 화자 닉은 개츠비의 그러한 때 묻지 않은 순수함과 원대한 희망과 낭만적 태도를 높이 평가하며, 세상 사람들이 녹색의 꿈을 꾸다가 기계에 의해 쓰러진 개츠비의 영전에 제복을 입고 엄숙하게 경의를 표해야만 한다고 생각한다. 그는 개츠비 같은 순수한 사람을 죽인 것은 바로 데이지와 탐 같은 더러운 잿빛 먼지 인간들이라고 말한다(실제로 탐의 정부 머틀은 "재의 계곡(The Valley of Ashes)"에서 살고 있다). 그리고 개츠비야 말로 미국 건국초기 뉴욕을 바라보며 "신대륙의 신선한 녹색의 가슴"을 꿈꾸었던 화란 선원들과도 같다고 말한다. 작품의 마지막에 닉은 이렇게 말한다.

> 그리고 내가 더 이상 새롭지 않은 이 미지의 세계에 대해 명상하고 있을 때, 나는 개츠비가 맨 처음 데이지 집 근처의 제방에서 녹색의 불빛을 발견했을 때 느꼈을 경이에 대해 생각했다. 그 푸른 잔디밭을 소유하기까지 그는 너무 많은 어려움을 겪었고, 꿈이 너무도 가까이 있는 것처럼 보여 설마 그 꿈을 이루지 못하리라는 생각은 해보지 않았다. 그러나 그는 그 꿈이 이미 그를 지나쳐갔다는 사실을, 즉 공화국의 어두운 들판이 밤 속에 뻗어있는, 도시 너머의 광대한 어둠 속으로 사라져버렸다는 사실을 모르고 있었다. 개츠비는 녹색의 불빛을 믿었다. 그는 해마다 우리 앞에서 점점 사라져가는 축제의 미래를 아직도 믿고 있었던 것이다.
>
> (Fitzgerald, 1968, p. 171)

『위대한 개츠비』를 읽는 한 가지 방법은, 그것을 목가적 녹색의 꿈과, 잿빛 기계의 대립으로 보는 것이다. 예컨대 개츠비는 녹색의 장원에 살며 밤마다 데이지 집 근처의 제방에 켜져있는 녹색의 불빛을 바라본다. 그는 비인간적인 기계문명 속에서 순수한 녹색의 꿈을 꾸며 살고 있는 자다. 그러나 꿈꾸는 자는 기계에 의해 살해되기 마련이다. 케네디나 마틴 루터 킹처럼 개츠비도 녹색의 꿈을 꾸다가 기계(자동차와 권총)에 의해 무참히 살해당한다. 개츠비는 또한 적절하게도 녹색의 수영장에서 탐의 정부 머틀의 남편이 쏜 총탄에 맞고 쓰러진다. 그는 녹색의 꿈을 꾸다가 죽어간 것이다.

그래서 '개츠비'는 목가적인 꿈을 꾸다가 암살당한 모든 사람들의 원형이 된다. 개츠비는 악몽과 좌절의 시대에 꿈과 희망을 잃지 않았으며, 타락과 부패의 시대에 홀로 순수를 지켰기에 "위대한 개츠비"라 불린다. 화자 닉은 탐이나 데이지 같은 사람들을 "무책임하고 부주의한 운전사"라고 부른다. 그들은 남을 치어 죽이고도 아무런 가책이나 책임감을 느끼지 않는 사람들이기 때문이다. 그러나 비록 속물적이고 유치하기는 하지만, 개츠비는 기꺼이 타자를 위해 자기를 희생할 줄 아는 사람이다. 그것이 개츠비가 위대한 또 하나의 이유일 것이다.

『위대한 개츠비』는 이 모든 것을 지켜보고 회상하는 닉 캐러웨이의 눈뜸과 깨달음에 관한 소설이다. 그런 의미에서 개츠비는 닉을 깨우쳐주는 하나의 텍스트이며, 이 소설의 진정한 주인공은 개츠비의 죽음과 더불어 사라진 녹색의 꿈을 아쉬워하는 닉 캐러웨이와 독자들이라고 할 수 있다.

14. 어니스트 헤밍웨이, 『여명의 진실(*True at First Light*)』

헤밍웨이처럼 사후에 유작이 계속해서 출간된 작가도 드물 것이다. 『축제일』, 『해류 속의 섬들』, 『위험한 여름』, 『에덴동산』에 이어 이번에는 헤밍웨이의 마지막 유작 『여명의 진실』이 출간되었다. 『여명의 진실』은 1953-54년 겨울 헤밍웨이가 케냐에서 사파리를 하면서 쓴 미발표 원고를 그때 동행했던 아들인 패트릭 헤밍웨이가 편집해 헤밍웨이 탄생 100주년 기념으로 내놓은 것이다(1999년 7월, 찰스 스크리브너 출판사). 45년 전 헤밍웨이가 쓴 이 유고는 당시 아프리카에서의 경험을 담은 작가 자신의 자전적 기록이면서 동시에 한 편의 탄탄한 소설로서, "회고록 소설(a fictional memoir)"이라는 부제가 붙어 있다.

작가 헤밍웨이와 그의 네 번째 아내인 메리가 직접 주인공으로 등장하고 있는 『여명의 진실』에서 화자는 자신의 경험을 회고록 방식으로 써나가고 있다. 그럼에도 이 책은 단순한 회고록이 아니라, 아프리카를 배경으로 한 헤밍웨이의 다른 작품들—예컨대 『킬리만자로의 눈』이나 『프랜시스 매코머의 짧고 행복한 생애』, 또는 『아프리카의 푸른 구릉』—을 연상시켜주는 헤밍웨이 특유의 모험소설이라고 할 수 있다. 이 소설에는 헤밍웨이만이 제공해줄 수 있는 특이한 문체와 주제가 깃들어 있다. 그래서 독자들은 『여명의 진실』을 읽으며, 저자가 헤밍웨이임을 알게 된다.

물론 헤밍웨이가 전성기를 지나 쓴 『여명의 진실』에서 『무기여 잘 있거라』(1929) 식의 팽팽한 긴장감과 유려한 세련미를 찾아보기는 어려울 것이다. 예컨대 초기의 짧고 간결한 문체 대신, 이 소설에는 "그리고(and)"로 계속 이어지면서 한 페이지 전체를 차지하는 긴 문장도 나온다. 그러나 『여명의 진실』에는 헤밍웨이 특유의 하드보일드 문체와 허무주의적 분위기, 그리고 사냥과 폭력과 죽음의 모티프가 여전히 살아 숨쉬고 있다.

이 회고록 소설의 줄거리는 간단하다. 케냐에서 사파리를 하는 도중, 주인공 헤밍웨이는 업무상 자리를 비운 수렵 감시관 필립 퍼시발을 대신해 수렵 감시관 직무대리 일을 맡게 된다. 그 덕분에 그는 이웃 마을에 피해를 입힌 코끼리들을 조사하러 떠나야 하고, 테러분자들인 마우마우들의 위협에 대비해야 하며, 사자사냥을 준비해야만 한다. 그는 혼자서 원주민들을 보호하고, 적과 대면해 싸워야 하는 용기를 보여야 함은 물론, 아내인 메리도 돌봐주어야만 한다.

한편 그의 아내 메리는 원주민 마을을 습격한 "검은 갈기의 거대한 사자"를 크리스마스까지는 죽여야 한다는 강박관념에 사로잡혀 있다. 그녀는 그 사자 사냥을 "성배 탐색"과 "황금 양모의 탐색"에 비유하고 있다. 그런 맥락에서, 소설이 진행되는 동안 내내 부재해 있는 수렵 감시관의 이름이 아서왕 전설에서 성배 탐색의 핵심인물로 등장하는 퍼시발이라는 점은 대단히 상징적이다. 소설의 중반쯤, 메리는 드디어 그 사자를 죽이는 데 성공한다. 십여 쪽이나 계속되는 헤밍웨이 특유의 사냥 장면의 박진감은 단연 이 소설의 압권이며, 독자들로 하여금 숨을 죽이게 만든다. 그러나 그 장면을 제외하면 이 소설에 별다른 액션은 없다. 다만 점점 더 가까이 다가오고 있는, 그래서 끊임없는 불안을 가져다주는 테러리스트 마우마우들의 존재가 있을 뿐이다. 그러나 마우마우들조차도 끝내 나타나지 않는다.

이 소설에서 헤밍웨이는 아내 메리를 대단히 긍정적으로 묘사하고 있다. 그것은 여자들을 부정적으로 그리는 그의 평소 스타일을 생각하면 대단한 변화라고 할 수 있다. 메리는 자기를 보호하려 하는 남편을 쓸데없는 짓을 하는 어리석은 남자로 보고 있다. 너그럽게도 그녀는 남편이 원주민 여자인 데바와 가까이 지내는 것도 허용한다. 데바는 헤밍웨이의 차를 타는 것과 그의 권총집을 만지작거리는 것을 좋아한다. 권총이 남근의 상징이라는 것을 감안하면, 그녀의 행동은 물론 상징적이다. 메리는 데바를 남편의 약혼녀라고 부르며, "난 당신의 약혼녀가 좋아요. 그 여자는 나하고 많이 닮았고, 좋은 예비 아내가 될 수 있으니까요"라고 말한다. 여성들에 대한 헤밍웨이의 악명 높은 편견에도 불구하고, 이 소설에서 그는 아내 메리의 진정한 가치를 발견한다.

『여명의 진실』은 아프리카, 광야, 사냥, 폭력, 죽음과의 대면, 용기, 여성과의 관계 같은 헤밍웨이 특유의 주제를 다시 한번 천착한 헤밍웨이 스타일의 수렵 소설이다. 이 회고록 소설은 원래 20만 자(약 850쪽)의 방대한 분량을 10만 자(약 400여 쪽)로 축소 편집한 것이다. 헤밍웨이는 이 소설의 서두에서, "아프리카에서는 아침 햇살에는 진실이었던 것이 정오에는 거짓이 되어 사람들은 아무런 주의도 기울이지 않게 된다."라고 말하고 있다. 작가는 늘 진실해야 한다고 주장했던 그가 아프리카라는 특수한 공간에서 진실의 가변성을 깨달았다는 것은 분명 커다란 변화라고 할 수 있다. 그는 또 계속해서, "그것은 햇볕에 탄 소금평원 너머에 보이는 호수, 푸른 풀로 둘러싸인 아름답고 확실하게 보이는 호수와도 같다. 오전 내내 평원을 걸어가도 결국 그런 호수는 있지 않다는 것을 알게 된다. 그러나 지금 이 순간에 그 호수는 완벽한 진실로서 아름답고 믿음직하게 거기에 있다."라고 말한다. 그렇다면 헤밍웨이는 비록 밝은 대낮에는 덧없이 사라지지만, 아직 어두운 동틀 녘에는 우리의 마음속에 분명히 존재하는 어떤 이상향과 진리에 대해 이야기하고 싶었는지도 모른다. 노년의 헤밍웨이에게서 데리다가 말하는 진리의 "있음의 없음" 또는 "현존의 부재" 모티프를 찾아볼 수 있다는 것은 이 책을 읽는 즐거움을 배가시켜 준다.

15. 포의 『아서 고든 핌의 모험』, 호손의 『주홍글자』, 멜빌의 『모비 딕』, 트웨인의 『허클베리 핀의 모험』

미국문학 속에는 언제나 광야에서 방랑하는 백인 주인공과 그의 유색인 동료가 등장한다고 말한 사람은 비평가 레슬리 피들러였다. 과연 초기 미국작가들인 제임스 페니모어 쿠퍼의 소설들(예컨대 『모히칸 족의 마지막 후예』)에는 백인 내티 범포와 인디언 추장 칭가치국이, 에드거 앨런 포의 『아서 고든 핌의 모험』에는 핌과 인디언 혼혈 더크 피터스가, 또 허만 멜빌의 『모비 딕』에는 이스마엘과 남태평양인 퀴퀘이, 그리고 『허클베리 핀의 모험』에는 허크와 흑인 짐이 등장해 진한 우정을 나누고 있다.

피들러 교수는 미국문학의 그와 같은 특징이, 신대륙에서는 남녀 간의 사랑보다 타 인종끼리의 우애와 화해가 더 절실했고, 현실에서는 불가능한 미국인들의 그러한 꿈과 염원이 작가들의 상상력을 통해 문학작품 속에 형상화된 것이라고 말한다. 미국문학이 흔히 아동도서로 분류되어 아이들의 서가에 꽂히는 이유도, 사실은 그것이 바로 그러한 순수한 꿈을 다루고 있기 때문이라는 것이다. 피들러는 19세기 미국문학 중 유일하게 남녀 간의 사랑을 다루고 있는 나사니엘 호손의 『주홍글자』도 사실은 남녀 주인공의 낭만적인 사랑 부분은 이미 삭제된 채, 사랑의 비극적 결말로 소설이 시작되고 있다고 지적한다. 그는 그와 같은 현상이 비단 미국문학뿐 아니라, 미국문화 전반에 나타나 있다고 말한다.

그러고 보면, 미국영화나 텔레비전 드라마에서도 광야에서(때로는 도시의 정글에서, 또 때로는 대자연 속에서) 모험을 같이 겪는 백인 주인공과 유색인 동반자 사이의 우정이라는 장치는 늘 반복되고 있다. 예컨대 <다이하드>, <맨 인 블랙>, <48시간>, <레셀 웨펀>, <어 타임 투 킬>, <플레드>, <백과 흑>, <스타워스> 같은 영화나, <스타 트랙>, <NYPD 블루>, <스파이 게임> 같은 텔레비전 드라마는 그 대표적인 경우라고 할 수 있다. 그래서 『보바리 부인』이나 『안나 카레리나』처럼 애정과 불륜이 순수문학의 중요한 주제가 되는 유럽과는 달리, 미국문화에서는 남녀 간의 애틋한 사랑을 다룬 문학작품은 대개 감상적인 통속소설로 분류된다. 미국인들에게는 그것보다 인종 간의 우정과 화해가 더 절실하기 때문이다.

환상소설 · 모험소설로 분류되는 포의 유일한 장편소설인 『아서 고든 핌의 모험』 역시 미국의 인종문제를 다루고 있다. 남극으로의 환상적인 그러나 끔찍한 파멸의 여행을 그린 이 소설에서 포는 백인 소년 핌과 인디언 혼혈인 더크 피터스의 항해와 모험을 통해 흑백갈등으로 인한 문명의 파멸 위험성을 경고하고, 백인과 유색인의 공존 가능성을 타진하고 있다. 더크 피터스는 핌이 위기에 처했을 때마다 구해주며, 기꺼이 목숨을 건 모험의 동반자가 되어준다. 검은 야만인들이 살고 있는 짤랄 섬의 절벽에서 핌이 떨어졌을 때, 밑에서 그를 안아서 받아준 것도 더크 피터스였다. 백인들은 문명사회에서 강자의 면모를 보인다. 그러나 문명을 떠난 광야에서 그들은 흔히 약해져, 유색인들의 믿음직스러운 품에 안겨 구원받는다.

> 나는 현기증 속에서 아래로 추락하기 시작했다. 귀에서는 찢지는 듯한 비명소리와 유령의 목소리가 들려오는 듯했다. 가무잡잡하고 악마 같은 흐릿한 인물이 내 밑에 서 있었다. 한숨과 함께 터질 것 같은 심장을 안고 나는 그의 품에 깊숙이 안겼다. 나는 기절했었고, 막 떨어지는 나를 피터스가 받은 것이었다.
>
> (포, 1998, p. 219)

이와 같은 상황을 묘사하면서 피들러는, "언젠가는 더 이상 관광객, 상속자도, 해방자도 아닌 채 거절당하리라는 스스로의 악몽 뒤에서 백인 미국인들은 자기네들이 오랫동안 철저히 모욕해왔던 바로 그 젖가슴에 받아들여지기를 꿈꾸고 있다"라고 말한다.

작품의 마지막에 핌과 피터스는 남극에 도착하고, 그들이 탄 카누는 급류에 휩쓸려 이윽고 커다란 폭포 속으로 빨려들어간다. 그리고 바로 그 순간, 그들은 하얀 수의를 입은 거대한 사람의 형상이 물속에서 솟아오르고 있는 것을 목격한다. 백색의 유토피아이자 정점인 남극의 바다에서 솟아오른, 눈처럼 흰 피부를 가진 이 수의 입은 형체의 정체가 과연 무엇인가에 대해 저자는 아무런 말이 없다. 그러나 그것이 백인들의 꿈과 이상향에 제동을 거는 불길한 존재의 상징이 될 수도 있다는 사실을 부인할 사람은 그리 많지 않을 것이다.

호손의 『주홍글자』는 인종문제를 다루는 작품은 아니지만, 인종갈등이 제기하는 또 다른 문제인 "미국이란 무엇인가?"를 탐색하는 중요한 작품이다. 그래서 여주인공 헤스터 프린의 가슴에 달려 있는 "A"자는 "천사(Angel)", "능력 있는 자(Able)", "예술가(Artist)"와 더불어 궁극적으로는 "아메리카(America)"를 상징한다. 물론 "A"자는 원래 "간통녀(Adulteress)"의 약자이다(흔히 알려진 것과는 달리 "A"는 "간통(Adultery)"의 약자가 아니다). 또 한 가지 사람들이 잘못 알고 있는 것은, 마녀들을 모두 화형시킨 것으로 알고 있는 점이다. 그러나 유럽과는 달리 미국에서는 마녀사냥 때 마녀들을 화형시키지 않고 모두 교수형에 처했다. 『주홍글자』("주홍글씨" 또한 틀린 표기인데)는 유색인 대신 여성을 주인공으로 등장시켜 유럽적 유산과 청교도 전통의 억압으로부터 자유롭고 싶어하는 미국인들의 꿈과 저항을 그림으로써, "미국의 정체성" 문제를 천착한 뛰어난 문학작품이다.

멜빌의 『모비 딕』은 모험과 추적, 그리고 탐색과 여행을 특징으로 하는 미국문학의 근원에 자리 잡고 있으며, 모든 문학의 원형이 되는 중요한 작품 중 하나이다. 그래서 그런지 미국문학 비평서의 표지에는 대부분 모비 딕의 그림이 그려져 있다. 흰 고래 '모비 딕'은 우리 모두가 추구하고 있는 이상향이 될 수도 있고, 우리의 낭만적 몽환과 무의식 속에 숨어있는 끔찍한 현실이 될 수도 있으며, 또는 인간이 부단히 그 의미를 탐색하고 있는 삶의 본질이자 인생의 수수께끼가 될 수도 있다는 점에서 무궁무진한 상징성을 갖고 있다.

재미있는 점은 800쪽 가까이 되는 이 방대한 소설에 여자는 한 사람도 등장하지 않는다는 점이다. 대신 멜빌은 이 소설의 초반부에 백인 선원 이스마엘과 남태평양인 작살잡이 퀴퀙의 만남과 상호이해, 그리고 우정과 사랑을 그리고 있다. 기독교도인 이스마엘은 처음에 무서운 문신이 전신에 새겨진 이교도 퀴퀙을 사람의 머리 가죽을 벗기는 야만인으로만 생각하고 두려워하지만, 남태평양 어느 섬나라 왕자인 퀴퀙을 차츰 이해하게 되고 나중에는 심지어 퀴퀙의 우상숭배 의식에까지 참여하게 된다. 처음 만난 날, 여관에 객실이 없어 퀴퀙과 같은 침대에서 두려움에 떨며

잠을 자고 일어난 이스마엘은 다음과 같이 말한다.

> 나는 평생 이보다 더 편하게 자본 적이 없었다. 퀴퀙의 팔이 가장 사랑스럽고 다정하게 내 몸 위에 얹혀있어서 나는 마치 오래전부터 그의 아내나 된 것 같은 느낌을 받았다. 문신이 새겨진 그의 팔은 내가 덮고 있는 누비이불과 전혀 구별이 되지 않은 채 나를 포근하게 감싸주고 있었다.
>
> (Melville, 1972, p. 118)

트웨인의 『허클베리 핀의 모험』에서는 백인 소년 허크가 흑인 노예 짐과 같이 뗏목을 타고 미시시피 강을 내려가는 모험을 통해 흑백 간의 진정한 상호이해와 인간 사이의 순수한 우정을 경험하게 된다. 허크는 도망노예를 도와주면 지옥에 간다는 당시 사회의 가르침을 믿었던 소년이다. 그러나 나중에 그는 짐을 밀고할 바에야, 차라리 자신이 지옥에 가겠다고 결심하고 짐의 소재를 알리는 쪽지를 찢어버린다. 어린 허크에게 그것은 너무도 힘들고 절박한 결정이어서 그 장면은 미국문학사 중 가장 위대한 깨달음과 결심의 순간으로 기록된다.

인종 간의 화해와 우정은 오늘날에도 미국문화에서 계속되고 있다. 비록 현실에서는 이루어질 수 없는 꿈이지만, 문학작품이나 영화 속에서 미국인들은 아직도 화해와 화합의 꿈을 꾸고 있는 것이다. 그래서 피들러는 이렇게 말한다.

> 서로 팔짱을 끼고 항해를 떠나는 이스마엘과 퀴퀙, 평화스러운 미시시피 강을 따라 뗏목 옆에서 헤엄치는 허크와 짐—여기에 바로 홀로 방랑하고 싶어하는 미국의 꿈을 이루고, 미국의 병을 고칠 수 있는 물결의 움직임이 있는 것이다.
>
> (Fiedler, 1971, p. 148)

잔잔한 강, 영원히 더럽혀지지 않는 바다, 그리고 신성한 처녀림에서 인종 간의 사랑은 신화로 승화된다. 그리고 그 신화는 오늘도 계속되고 있다. 미국문학은 바로 그 꿈과 신화 속에서 꽃피고 있다.

16. 존 반빌, 『신들은 바다를 떠났다(*The Sea*)』

부커상 수상작인 존 반빌(John Banville)의 『신들은 바다를 떠났다』는 수월하게 읽히는 작품은 아니다. 특히 초고속 인터넷과 파편적인 문자메시지, 시원한 영상액션에 익숙한 요즘 젊은 세대들에게 이 작품은 그 제목만큼이나 넓은 아량과 인내심을 요하는 작품이다. 그러나 문학과 음악과 미술을 좋아하는 사람이라면 이 작품을 읽으며, 그 세련된 문체, 음악적인 리듬, 풍경화처럼 펼쳐지는 구도, 그리고 부드럽게 속삭이는 시적 언어에 매료될 수밖에 없다. 그래서 『신들은 바다를 떠났다』는 두 번 읽어야 한다. 첫 읽기에서 우선 화자의 상황과 작품의 구성을 파악하고 반빌 특유의 문체에 익숙해진 후, 두 번째 읽노라면 비로소 모든 것이 의미를 드러내며 명료하게 다가오기 때문이다. 『신들은 바다를 떠났다』가 보석처럼 빛나는 것도 바로 그 시점부터다.

최근에 암으로 아내 애너를 잃은 화자 맥스 모든은 상실감을 안은 채, 어린 시절 한때를 보낸 바닷가 휴양지로 돌아온다. 맥스는 미스 바버수어가 운영하는 하숙집인 시더스('시더'는 좀을 쓸지 않게 해주기 때문에 옷장 목재로 쓰이는 나무여서, 여기서는 과거의 추억을 그대로 보존하고 있다는 의미로 보임)에서 당분간 지내기로 한다. 시더스는 예전에 여름 별장으로 세 놓던 곳이어서, 맥스의 어린 시절 부유한 의사나 부자 가족들이 여름을 보내던 곳이었다. 50여 년 만에 돌아온 이곳에서 맥스는 작년에 겪은 아내의 죽음과 먼 옛날 어린 시절의 추억(역시 죽음으로 끝나는)을 오가며 회상에 잠긴다.

아버지가 집을 나가 편모슬하에서 자랐던 맥스는 바닷가 휴양지의 샬레라는 싸구려 목조건물에서 휴가를 보내야만 하는 가난한 집 아이였다. 좀 더 여유가 있는 사람들은 호텔에 묵고 부자들은 시더스를 세내어 휴가를 보내는데, 맥스는 시더스에 체류하는 부유한 사람들을 늘 선망의 눈초리로 바라본다. 어느 날, 부유한 그레이스 가(家) 사람들이 시더스에 온다. 맥스는 이들의 방문을 "신들이 왔다"고 표현한다. 그의 눈에는 자동차까지 갖고 있는 부유한 그레이스 가 사람들이 마치 올림퍼스에서 내려온 신들처럼 보인다. 신분상승을 꿈꾸는 어린 맥스는 바닷가에서 처음 만난 그레이스 가의 부인 코니를 이성으로 사모하게 된다. 그리고 코니에게 접근하기 위해 그녀의 이란성 쌍둥이 자녀인 클로이와 마일스의 친구가 된다.

그러나 나이 든 그레이스 부인에 대한 짝사랑의 환상이 깨지면서 맥스는 그 집 딸 클로이와 사랑에 빠지게 된다. 클로이는 부드럽고 온화한 소녀라기보다는 거칠고 제멋대로인 여자아이고, 마일스는 태어나면서부터 전혀 말을 하지 않은 벙어리 같은 남자아이다. 맥스는 그레이스 가의 아이들과 바다에서 수영을 하면서 휴가를 보낸다. 그레이스 가에는 또 로즈라는 젊은 가정교사가 있는데, 맥스는 로즈와 그레이스 부인의 대화를 엿듣다가 로즈가 그레이스 씨를 사랑한다고 짐작하고 클로이에게 그 이야기를 해준다. 아이들이 바닷가에 있을 때, 클로이는 로즈와 다투고 동생 마일스와 함께 바다로 들어간 후 파도에 휩쓸려 다시는 돌아오지 않는다. 자살인지 익사인지 분명치 않은 그 사건으로 맥스는 충격을 받고 심한 심리적 외상을 입는다. 어린 시절의 꿈은 사라지고 맥스는 어른으로 성장한다.

작품의 마지막에 독자들은 하숙집 주인 미스 바버수어가 바로 예전의 로즈였음을 알게 된다. 맥스는 그녀에게 옛날 아이들의 죽음에 책임감을 느끼는지 물어보고 싶지만 끝내 그 말을 꺼내지 못한다. 그러나 그것을 눈치챈 미스 바버수어는 자기가 사랑했던 사람은 그레이스 씨가 아니라, 그레이스 부인이었다고 해명한다. 맥스는 비로소 어린 시절 자기가 로즈와 그레이스 부인의 대화를 잘못 알아듣고 오해했었다는 사실을 알게 된다. 바닷가에서 술에 취해 쓰러진 맥스를 다시 집으로 데려가기 위해 딸 클라라와 그녀의 약혼자가 도착한다. 이 소설은 맥스가 시더스를 떠나기 전, 다시 한번 아내 애너의 죽음을 회상하면서 끝난다. 애너의 죽음을 알리러 나온 간호사를 따라 병실로 들어가면서 그는 "마치 바닷속으로 걸어 들어가는 것 같았다"고 회상한다.

이 작품에서 바다는 죽음과 무덤, 인간이 돌아가야 할 원초적인 곳, 사이렌처럼 사람을 유혹하는 어두운 힘, 신화적인 과거, 그리고 자신의 모습을 비추는 거울의 이미지로 등장하고 있다(영국이나 아일랜드의 해변에서 세상 끝처럼 보이는 서쪽 바다를 바라보면 누구나 그런 느낌을 갖게 된다). 아내를 잃고 나이 든 그는 이제 바다의 의미를 찾아 어린 시절의 추억이 담겨있는 바닷가 마을로 돌아간다. 그리고 그 '과거로의 여행'을 통해 맥스는 현재 자신이 느끼는 고독의 근원을 찾으려 하고, 그 과정에서 삶의 덧없음과 죽음의 의미를 깨닫게 된다. 과거로 돌아간 그는 바닷가 마을이 별로 변한 것이 없는 것 같으면서도, 이제 더 이상 그가 기억하는 어린 시절의 그곳이 아니라는 사실을 깨닫는다. "내 머릿속에 있는 이 집의 모형이 원본에 적응을 하려고 아무리 노력을 해도 계속 완강한 저항에 부딪힌다는 것을 알게 되었다. 모든 것이 약간씩 균형을 잃었고, 모든 각도가 약간씩 어긋나 있었다." 과거의 순수성과 순진성은 시간이 지남에 따라 변질되고 사라진다. 맥스 역시 바닷가에서 경험한 신들과의 짧은 조우 이후, 돈 많은 과부와의 결혼을 매개로 자신의 출신성분의 변용을 성취하며 그동안 풍족하게 살아왔다. 그러나 그것을 타락이라고 생각하는 그는 다시 한번 어린 시절의 순수성을 회복하고 싶어한다. 그러나 "신들의 시대"로 돌아가는 것은 다만 불가능한 꿈일 뿐이다. 맥스는 "여자 아이, 웃음을 터뜨리던 여자 아이는 어디 갔을까?"라고 옛날을 그리워한다.

맥스는 프랑스 화가 피에르 보나르에 관한 미완성의 글을 쓰고 있다. 보나르는 70세 된 아내의 욕실 누드화를, 그녀를 처음 만났던 20대의 모습으로 그린 것으로 유명한 화가인데, 그것은 곧 그가 맥스처럼 평생 과거 속에서 살았다는 것을 의미한다. 사람은 나이 들면 자꾸만 과거에 대해 향수를 갖게 되고 과거 지향적이 된다. 그러나 좋았던 과거는 다만 기억 속에서만 존재할 뿐, 이미 파도의 포말처럼 부서지고 사라져 쓸쓸한 추억으로만 남게 된다.

그런 의미에서 보면, 이 작품은 아름다움과 순수성을 영원히 간직하길 원했고 그것이 보존되어 있는 머나먼 과거에 대해 강렬한 향수를 갖고 있었던 모더니즘적 사고에 대한 세련된 그러나 신랄한 패러디처럼 보인다. 이 작품이 비슷한 주제를 갖고 있는 블라디미르 나보코프의 『롤리타』를 연상시키는 이유도 바로 거기에 있다(『롤리타』에서는 주인공이 순수와 미의 상징인 하숙집 딸 롤리타에게 접근하기 위해 그녀의 어머니와 결혼하지만, 그 역시 롤리타의 순수성을 영원히 보존하지 못하고 실패한다).

어린 시절, 우리는 모두 친구의 엄마나 누나를 잠시 사모한 적이 있고, 부자 이웃을 보며 신분상승을 꿈꾼 적이 있으며, 슬픈 이별로 끝난 사춘기 사랑의 추억을 갖고 있다. 아일랜드 작가 반빌의 『신들은 바다를 떠났다』가 범세계적인 보편성을 갖고 우리에게도 강한 호소력으로 다가오는 것도 바로 그런 인류 공동의 경험 때문일 것이다. 반빌의 『신들은 바다를 떠났다』는 이 현란한 초고속 전자시대에 찰나적인 삶을 살고 있는 우리에게 다시 한번 생을 돌이켜보고 산다는 것의 의미를 천착하게 해준다는 점에서 주목할 만한 작품이다. 반빌은 인간의 언어가 곧 한

폭의 아름다운 그림이나, 우리의 심금을 울리는 음악이 될 수도 있다는 것을 보여준 언어의 마법사다. 『신들은 바다를 떠났다』는 우리가 오랫동안 상실해온 문학의 본질을 다시 한번 상기시켜 주는 훌륭한 문학작품이다.

17. 콜린 맥클로, 『모건스 런(*Morgan's Run*)』

수년 전, 『가시나무 새』로 세계 독자들을 사로잡았던 콜린 맥클로(Colleen McCullough)의 새로운 소설 『모건스 런』은 다시 한번 대양(大洋)과 대초원, 그리고 식민지 시대와 근대사의 웅대한 서사시 속으로 독자들을 데리고 들어간다. 미국 독립혁명의 여파로 소란스러웠던 18세기의 영국과 오스트레일리아를 배경으로 주인공 리처드 모건이 겪는 파란만장한 인생역정과 모험을 기록한 이 소설은 기구한 운명에 맞서 과감히 싸워나가는 한 인간의 처절한 삶과 굳센 의지와 투지를 통해, 이 탈식민주의 시대에 오스트레일리아의 정체성과 상징적 의미란 과연 무엇인가를 탐색하고 있다.

장총 만드는 데 천부적 재질을 가진 리처드 모건은 여가시간에 영국 브리스톨의 부친이 경영하는 술집에서 가끔씩 일하다가 1767년 마거릿 비그스라는 여자를 만나 결혼해 두 아이의 아버지가 된다. 그러나 큰 아이가 천연두로 죽고, 곧 이어 죽은 아이를 잊지 못하던 아내 역시 쓰러져 급사해버리고, 남은 아이 윌리엄 헨리마저도 강에서 행방불명되어 죽은 것으로 판명되자 그때부터 그의 삶은 불행의 나락으로 빠져들게 된다. 한편, 미국과의 전쟁에서 패한 영국의 경제는 불황의 늪에서 헤어나오지 못하고 있었고, 전시에는 잘 팔리던 모건의 장총도 이제는 더 이상 팔리지 않는다.

설상가상으로 모건은 사기꾼에게 부친의 술집과 자신의 저축 모두를 사기당하고 빈털터리가 된다. 외로운 모건은 정숙하지 못한 여자를 만나 사귀게 되는 한편, 직장을 찾다가 럼주를 만드는 양조장에서 일하게 된다. 그러다가 어느 날 우연히 주인의 탈세 행위(주인은 지하에 파이프를 따로 만들어 매주 800갤런의 술을 빼돌린다)를 발견하게 된 그는 당국에 그 사실을 신고하지만, 오히려 정치적 영향력을 가진 주인의 모함으로 감옥에 갇히고 만다. 억울하게 7년형을 선고받은 모건은 항해에만 1년이 걸리는 영국 식민지인 뉴사우스웨일스(지금의 오스트레일리아)로 추방된다. 인구과잉으로 폭발 직전이었던 영국은 원래 죄수들을 영국식민지인 아메리카로 추방하곤 했지만, 1776년 미국이 독립한 이후에는 오스트레일리아로 장소를 바꾸었고, 모건은 1787년 5월 그곳으로 가는 첫 죄수선을 타게 된 것이다.

당시 오스트레일리아는 쿡 선장이 발견한 직후여서 아직 해도에도 없었던 미개척지였으며, 그곳으로의 항해는 곧 죽음을 의미했다. 찰스 디킨스의 소설 『거대한 유산(*Great Expectations*)』에서도 당시 영국 법에 따라 범죄자가 오스트레일리아로 추방되는 이야기가 나오는데, 당시 한번 추방된 전과자는 다시 영국에 돌아올 수 없었으며, 적발 시에는 사형이었다. 그러므로 죄수들의 오스트레일리아 행은 그 자체가 영국으로부터의 영원한 추방을 의미했다.

당시 1년 동안의 항해는 그 자체가 곧 죽음을 각오해야 할 만큼 위험했다. 불결한 선상 환경과 질병, 영양실조와 기아, 그리고 잔혹한 고문과 살인 속에서 수많은 죄수들이 죽어갔지만, 모건은 꿋꿋이 살아남았을 뿐 아니라, 불굴의 의지와 강인한 남자다움을 보여 동료 죄수들과 그들을 연행하는 병사들로부터 존경을 받고 결국에는 그들의 지도자로 부상한다.

드디어 1788년 1월 19일, 끔찍하고도 오랜 항해에서 살아남아 오스트레일리아의 포트 잭슨(지금의 시드니)의 보타니 베이에 도착한 모건은 아직 문명의 혜택을 받지 못한 거칠고 광대한 땅에서 새로운 삶을 개척해나간다. 장총제조 전문가인 그는 곧 새로운 정착지에서 없어서는 안 될 필수적인 인물로 부상하며, 주위의 인정과 존경을 받는다. 그는 자신의 형기를 살다가 풀려나, 비옥한 땅인 노포크(콜린 맥클로의 고향)로 이주해 개척자의 삶을 시작한다. 그곳에서 젊고 새로운 여인을 만난 모건은 다시 한번 사랑을 불태우며 인생을 다시 시작할 기회를 갖는다. 결국 오스트레일리아는 모건으로 하여금 과거의 비극을 잊고 새로운 삶을 시작할 토양과 환경을 제공해준 셈이다. 이처럼, 맥클로에게 오스트레일리아는 언제나 새로운 기회의 땅으로 다가온다. 신대륙에서의 모건의 삶을 추적하는 동안, 콜린 맥클로는 『가시나무 새』에서 보여주었던 오스트레일리아의 자연풍광과 섬 대륙에서의 삶을 놀라울 만큼 세밀하고 정치(精緻)하게 묘사하고 있다.

『모건스 런』은 모건의 삶을 따라가는 과정에서 선원들의 방언으로부터 시작해, 인종갈등(아일랜드인, 스코틀랜드인, 웨일스인, 영국인) 문제, 그리고 지방색 등을 정교하게 깔아놓아, 단순히 한 개인의 파란만장한 모험을 기록하는 데 그치지 않고, 더 나아가 18세기 미국독립전쟁과, 영국 및 호주의 사회와 역사가 당시 개인들의 삶에 어떠한 영향을 끼쳤는지를 서사시적인 스케일로 보여주고 있다. 그리고 물론 독자들은 모건의 모험과 삶을 통해 오스트레일리아의 성립과 발전, 당시 영국의 혹독한 사법제도, 그리고 호주와 영국 사이의 관계를 탈식민주의적 시각으로 성찰할 수 있다.

『모건스 런』은 주인공 모건이 전반부의 삶을 사는 영국의 브리스톨과 후반부의 새로운 삶을 사는 오스트레일리아의 노포크를 대비해, 제국과 식민지의 관계, 그리고 식민지에서의 새로운 삶의 의미를 질풍노도와도 같았던 18세기 역사 속에서 다각도로 성찰하고 있다. 그리고 그러한 작업을 위해 저자 콜린 맥클로는 방대하고도 세밀한 당시 역사를 철저히 연구해 그러한 역사가 한 개인의 삶에 어떠한 충격과 영향을 주는가를 설득력 있게 보여주고 있다. 맥클로의 유려한 내러티브와 능숙한 화술은 이 방대한 서사시적 소설을 감동과 재미 속에서 읽어나가도록 해주고 있다.

콜린 맥클로는 오스트레일리아에서 태어났으며, 작가가 되기 전에는 시드니의 왕립 노스 쇼어 병원의 신경생리학자였다. 이후 미국으로 건너간 그녀는 예일 대학교 의대에서 10년 동안 연구와 강의를 했으며, 처녀작 『팀』 이후에 『가시나무 새』를 발표함으로써 일약 세계적인 작가로 주목받게 되었다. 이후 그녀는 로마 시대를 다룬 일련의 역사소설들을 써내 주목을 받았는데, 그러한 역사소설들을 통해 현대를 반영하고 비판하는 작업을 훌륭하게 수행했다는 평을 받았다.

역사소설의 일차적 가치와 의의는 그것이 바로 현실의 반영이라는 데 있다. 역사는 언제나 현재 우리가 당면하고 있는 문제점들의 근원을 보여주고 있다. 콜린 맥클로의 소설들은 독자들에게 역사를 거울삼아 배울 수 있는 것이 과연 무엇이며, 또 그것이 얼마나 소중한 것인지를 잘 보여주고 있다는 점에서 중요한 문학적 가치를 갖는다. 역사에서 배우지 못하는 사람은 가장 어리석은 사람이기 때문이다.

제4부

과거와 현재, 전통과 혁신의 조화

1. 미국문학에 나타난 청교도주의

청교도주의 연구의 변천사

미국 건국이념의 한 토대가 되었으며, 미국인들의 정신과 문화 형성에 지대한 영향을 끼쳐온 청교도주의는 그동안 학자들 사이에 옹호와 비판 사이를 오가며 시대에 따라 다르게 연구되어 왔다. 예컨대 19세기 중반과 후반에 미국의 조상들을 숭배했던 조지 밴크로프트(Geroge Bancroft)나 존 팔프레이(John Palfrey) 같은 사람들은 청교도주의를 종교적 자유를 허용한 지성적이고 건강한 이념이자 미국 건설의 초석이 된 긍정적인 존재로 파악했지만, 20세기 초의 밴 윅 브룩스(Van Wyck Brooks)나 멘켄(H. L. Mencken)이나 월도 프랭크(Waldo Frank) 같은 사람들은 청교도주의를 타 종교를 박해한 편협하고 독선적인 교리로 보았다. 후자의 영향으로 인해 20세기 초에는 청교도주의의 부정적인 측면—예를 들어, 욕망과 쾌락의 억압, 위선, 배타주의, 선민의식, 마녀사냥 등—이 주로 강조되었다. 제임스 애덤스(James Adams)나 패링턴(V. L. Parrington) 같은 지식인들도 가담한 20세기 초의 이 청교도주의 비판 운동에서 청교도주의는 인간의 자유를 억압하고, 신의 절대성만을 중요시한 반민주적인 도그마로 비난받았다. 청교도주의에 대한 그러한 비판의 이면에는 물론 20세기 초의 진보주의 사상이 자리 잡고 있었으며, 청교도주의의 옹호자들은 20세기 잣대로 17세기를 판단하지 말라고 반발했다.

20세기 중반에 들어서면서부터는 케네스 머독(Kenneth B. Murdock)이나 새뮤얼 모리슨(Samuel Morrison) 같은 사람들이 등장해 다시 한번 청교도주의 옹호론을 펴기 시작했다. 그러나 청교도주의를 단순한 뉴잉글랜드 지방의 이념이 아니라, 미국의 건국이념과 서구의 지성사적 측면이라는 보다 더 포괄적인 시각으로 바라보며 접근한 사람은 페리 밀러(Perry Miller)였다. 청교도주의가 미국인들의 사상과 생활 속에 깊숙이 스며들어 있음을 밀러는 다음과 같이 지적하고 있다.

> 자신들의 사회가 빡빡하게 조직화되어 있었고, 무엇보다도 자신들이 뚜렷하고 명료한 사람들이어서 뉴잉글랜드 사람들은 자연스럽게 청교도주의를 미국인들의 삶과 철학 속에 스며들어 있는 지속적인 요소로 만들었다. 청교도의 후예들이 미 대륙 전역에 걸쳐 모든 분야에 청교도 정신의 흔적을 남겼기 때문에, 청교도주의는 미국문화의 형성에 지배적인 역할을 담당해왔다. 청교도주의 특성의 대부분은 원래의 신념이 사라진 후에도 계속해서 살아남았다. 그러므로 청교도주의와 그 근원에 대해 알지 못한다면 미국에 대한 이해는 불가능하다.
>
> (Miller, 1971, p. ix)

밀러의 중요한 업적은 그가 청교도주의에 대한 편견을 갖지 않은 채 지성사적 측면에서 청교도주의에 이성적 질서를 부여하려 했고, 청교도주의가 미국사회와 정치와 문화에 끼친 영향을 본격적・학문적으로 연구했다는 점이다. 밀러는 1920년대 청교도주의의 비판자들이 흔히 청교도들을 이상한 모자를 쓴 편협하고 왜곡된 집단으로만 보았지만, 사실 청교도들은 여러 가지 색의 옷을 입었으며 나름대로 융통성이 있었던 사람들이었다고 말한다. 그는 또 청교도들이 과도한 금욕생활을 한 것으로 알려져 있지만, 사실 상당히 많은 양의 술도 마셨다며, 청교도들에 대한 정확한 인식의 필요성을 강조한다.

> 1920년대 수정조항 18조(금주령)의 철회를 지지했던 사람들이 금주주의자

> 들을 청교도로 묘사했고, 만화가들 역시 청교도들을 수척하고 장발이며 검은 모자를 쓴 재미없는 인물로 그렸으며, 지을 생각이 별로 없는 죄까지도 비방함으로써 짓고 싶은 죄와 타협하는 사람들로 묘사했다. 그러나 17세기 청교도들에 대해 조금이라도 아는 사람이라면, 그들이 그런 모자를 쓰지도 않았고, 화려한 의복을 입었으며, 전혀 죄의식 없이 날마다 엄청 많은 양의 술을 마셨다는 사실을 알 것이다.
>
> (Miller, 1971, p. 2)

밀러는 역사적 사실에 입각해 청교도주의에 대해 공정한 평가를 내리려 노력했다. 그러나 밀러 역시 때로는 청교도주의에 대해 과도한 옹호론을 펴기도 했다. 밀러와 동시대인이었던 클리포드 쉽튼(Clifford K. Shipton)이나 조지 셀레먼트(George Selement) 같은 사람들은 심지어 청교도주의가 다양성을 허용했다는 다소 극단적인 주장을 해서 설득력을 잃기도 했다(물론 이들의 주장은, 청교도 사회가 다양한 사회라는 뜻이었다기보다는, 우리가 알고 있는 것보다는 더 다양성 있는 사회였다는 의미일 것이다). 밀러에 대한 궁극적인 비판은 그가 너무 지성사적 · 정신사적 측면에서만 청교도주의를 바라보았기 때문에 청교도주의의 신비주의적 측면이나 감성적 측면은 무시했다는 것이었다. 또 그렇기 때문에 밀러는 엘리트 청교도들의 글과 사상만을 중요시했다는 비난도 받았다. 그럼에도 불구하고 밀러는 청교도주의를 미국의 정신과 연결시켜, 미국인들의 정신 속에 흐르고 있는 청교도주의의 흔적을 밝혀내는 데 성공한 중요한 학자였다.

20세기 후반에 들어서면서부터는 청교도주의의 제도적 측면이나 심리적 측면에 대한 연구가 활성화되었는데, 이 시기에 두드러진 업적을 낸 학자로는 에드먼드 모건(Edmund S. Morgan)이 있다. 존 윈스롭(John Winthrop)의 전기인 『청교도의 딜레마(*The Puritan Dilemma*)』(1958)를 쓴 모건은 밀러의 영향권 아래 있기는 하지만, 특히 청교도들의 가족제도와 그것이 함축하고 있는 심리적 · 문화적 의미를 천착했으며, 청교도주의를 바라보는 시각의 형평성을 주장했던 사람이었다. 그래서 『청교도의 딜레마』의 서문에서 그는 다음과 같이 말하고 있다.

> 뉴잉글랜드의 청교도들은 오늘날 좋은 평판을 받고 있지 못하다. 세련되게 보이기를 원하는 저자들이나 비평가들은 모두 다 청교도들을 부정적으로 묘사하고 있다. 진보주의자나 보수주의자들도 한목소리로 청교도들에 대해 반대 입장을 표명한다. 미국정신에 문제가 있는 것은 모두 청교도 조상 탓이고, 그러한 비난을 겨우 피한 것들조차도 골동품을 좋아하는 사람들에 의해 조야한 덮개가 씌워져 질식하게 된다. 그러므로 17세기 매사추세츠는 즐거움이라고는 모르는, 그리고 유일한 덕목이라고는 가구 만드는 재주밖에 없는 사람들이 살던, 마녀와 사냥꾼들, 그리고 재미없고 큰 모자를 쓴 사람들이 살던 비상식적인 곳이었다.
>
> (Morgan, 1958, p. xi)

밀러의 영향을 받아 청교도주의가 함축하고 있는 의미를 미국적인 것으로 확대하는 데 성공한 두 명의 학자가 바로 로버트 데일리(Robert Daly)와 삭반 버코비치(Sacvan Bercovitch)이다. 구겐하임 상을 수상한 『신의 단상에서(*On God's Altar*)』의 저자 데일리와 『미국의 비탄(*The American Jeremiad*)』과 『미국 자아의 청교도적 근원(*The Puritan Origin of the American Self*)』의 저자 버코비치는 둘 다 청교도주의가 어떻게 미국인들의 의식 속에 남아 작용하고 있으며, 청교도 정신이 어떻게 미국의 정신(the American mind)으로 확대되었는지를 탐색한 현존하는 가장 영향력 있는 청교도주의 학자라고 할 수 있다.

청교도주의에 대한 연구는 그동안 이렇게 서로 상반된 태도를 보이며 변천해왔다. 중요한 것은 그 어느 한쪽에 치우치지 않으면서 포괄적으로 청교도주의를 바라보고 분석하는 태도일 것이다. 청교도주의가 일반적으로 알려진 것과는 달리 다양성도 있고 긍정적인 측면도 있었다는 점을 부인할 수는 없겠지만, 동시에 그것이 미국정신의 형성에 끼친 부정적인 측면도 엄연히 존재하고 있기 때문이다.

청교도주의의 원리와 특징

청교도주의는 좁게는 1620년대 미국의 뉴잉글랜드 지방에 세워진 신교의 교리지만, 넓게는 미국인들의 의식형성과 사회발전에 지대한 영향을 끼쳐온 중요한 도덕적 규범이며, 따라서 미국문학의 올바른 이해를 위한 필수적인 요소가 된다. 수전 매닝(Susan Manning)은 『청교도 비전(*The Puritan-Provincial Vision*)』에서 "청교도주의는 교리체계가 아니라, 정신 상태이다(Puritanism is not a body of doctrine but a state of mind.)"라고 말함으로써, 청교도주의의 의미를 미국정신의 형성과 연결시키고 있다.

청교도주의의 변천사는 크게 세 단계로 나누어지는데, 첫째는 식민지 시대부터 19세기 초까지, 둘째는 19세기 전반부터 남북전쟁까지, 그리고 셋째는 남북전쟁 이후라고 할 수 있다. 첫 번째 시기에 청교도주의는 구약성서의 가르침을 따라 엄격한 도덕적 생활을 하는 것을 그 특징으로 하고 있었다. 이 시대의 청교도들은 성서의 내용을 문자 그대로 믿고 지켰으며, 그 가르침에 의해 개인의 도덕적 선을 추구했다. 따라서 이 시기의 청교도주의는 개인의 도덕적 성취나 결함에 주로 관심을 갖느라, 사회적 문제는 무심했다는 비판을 받는다. 두 번째 시기에 이르러서야 청교도주의는 비로소 사회적 문제에 관심을 갖게 되었는데, 그 대표적인 예가 바로 사회악으로 평가되었던 노예제도 폐지에 대한 관심이었다. 이 시기의 사회개혁은 교회 내부가 아니고, 주로 교회 밖에서 이루어졌으며, 그러한 현상의 배경에는 청교도주의의 문제점을 지적하며 일어난 개혁운동인 유니테리언주의(Unitarianism)와 초월주의(Transcendentalism)가 자리 잡고 있었다. 세 번째 시기인 남북전쟁 이후의 청교도주의는 도덕적인 설교보다는 엄격한 법 제정을 통한 도덕적 목적 달성을 추구했으며, 그 결과, 사회문제보다는 다시 한번 종교적 관심사에 치중했다.

청교도주의의 주요 원리를 정리해보면 다음과 같은데, 이것들은 그동안 미국 문학과 문화, 그리고 미국정신의 형성에 지대한 영향을 주었다. 그러나 그와 동시에 청교도주의는 제도와 원리로부터 벗어나 자유스러워지기를 원하는 미국작가들로부터 그동안 많은 비판을 받아오기도 했다.

예정론: 선택된 자와 버림받은 자(Predestination: Election and Preterition) 청교도주의에 의하면 인간의 운명은 이미 태초부터 신에 의해 결정되어 있었다. 신은 전지전능하기 때문에 인간의 운명을 미리 알 수밖에 없다는 것이다. 그래서 '예정론'이라 불리는 이 교리에 의하면 인간은 '선택받은 부류'와 '구원받지 못하는 부류'로 나누어진다. 그러나 이 결정론은 결국 두 가지 문제를 야기시켰는데, 하나는 스스로 선택받았다고 생각하는 사람들의 선민의식과 배타의식이었고, 또 하나는 그렇지 못한 사람들의 운명론적 체념과 비관주의였다. 그러한 '예정론'은 또한 청교도들의 사회개혁 의지를 심각하게 훼손시키기도 했다. 그래서 청교도들의 '예정론'은 차츰 '예지론'으로 수정되어갔다. 신이 인간의 운명을 알고는 있지만 그렇다고 해서 인간의 운명이 태어나면서 이미 결정된 것은 아니라는 것이다.

신의 섭리(Providence: Bondage of the Will) 청교도주의에 의하면 인간의 행동은 곧 신에 의해 결정된 것이며, 따라서 인간의 의지는 신의 의지라는 보다 더 큰 굴레에 속박되어 있는 것이었다. 이러한 결정론적 구속은 결과적으로 인간을 낮은 위치에 놓이게 만들었다. 청교도주의에서

신은 우주에 존재하는 전지전능의 존재로서, 때로 인간에게 상벌을 내리기 위해 우주의 질서에 간섭을 하는데, 그러한 신의 뜻과 섭리를 청교도들은 'Providence'라고 불렀다. 그러한 신의 섭리는 물론 인간의 유한한 머리로는 이해할 수 없는 것이었으며, 인간의 지식 역시 신의 섭리일 뿐 인간의 노력으로 얻어지는 것은 아니었다. 그러므로 인간이 신을 이해할 수 있는 유일한 방법은 오직 지식과 이해를 뛰어넘어 믿는 '신앙'뿐이었다.

청교도들은 또 우주를 정지된 존재로 보았고 신이 파멸시킬 때까지 그대로 있을 것이라고 믿었다. 그들은 그 근본이 변하지 않는 우주에서는 개인적·사회적 악이 결코 소멸되지 않으며, 여전히 살아남아 인간을 괴롭힌다고 보았다. 'Providence'에 대한 청교도들의 신념은 우선 신의 은총과 섭리에 대한 과도한 기대, 인간의 유한함과 무력감으로 인한 좌절의식, 그리고 겸손의 탈을 쓴 자기비하 등의 부작용을 초래했다.

성도의 인내(Perseverance of the Saints) 청교도주의는 '성도의 인내'를 주장했는데, 그것은 곧 선택된 성도는 모든 유혹을 견디고 승리하리라는 신념을 의미한다. 이러한 생각은 거친 광야에서 살아남아야만 했던 청교도들에게 자신감과 용기를 불어넣어 주었다. 이와 같은 생각은 곧 절제, 근면, 정직 같은 청교도 윤리를 미국인들의 삶에 부여해주었으며, 그 결과 미국인들은 보다 나은 삶을 위해 인내하는 것을 미덕으로 생각하게 되었다. 이러한 높은 수준의 근로윤리(work ethics)는 오늘날 모든 미국인들의 특징이기도 하지만, 특히 아직도 초창기의 미국정신을 많이 유지하고 있는 몰몬교(Church of the Latter Day Saints) 같은 소수종파 신교들에게서 많이 발견된다.

청교도주의와 정치(Puritanism and Politics) '선택받은 자(The Elect)'를 주

축으로 하는 청교도주의는 기본적으로 평등과 다수의 견해를 존중하는 민주주의와 상충할 수밖에 없었다. 또한 청교도들은 자신들에게 정치적 지배권을 주는 부와 명문가문과 지식과 능력을 신의 선물이라고 생각했기 때문에, 자신들로부터 권력을 박탈하는 것은 신의 섭리에 반(反)한다고 보았다. 당시 연방주의(Federalism)의 근간을 형성했던 이와 같은 논리는 강력한 중앙정부와 신정일치제(神政一致制)를 추구하도록 만들었다. 미 연방수사국(FBI)이 사건의 성격에 따라 각 주의 지방 경찰을 지휘하는 것도 그러한 맥락에서 이해될 수 있는 것 중의 하나다. 그러나 18세기 말부터 뉴잉글랜드의 청교도들이 서부로 진출함에 따라 청교도주의는 개척정신과 뒤섞이게 되었고, 변경(frontier)의 평등주의와 낙관주의는 청교도주의의 특권주의와 비관주의를 상당부분 희석시켰다.

유토피아/밀레니엄(Utopia/Millennium) 삭반 버코비치는 뉴욕과 필라델피아와 버지니아의 메릴랜드에 도착한 정착민들이 신대륙을 처녀지(the Virgin Land)나, 원시림 속의 낙원이나, 새로운 에덴동산 즉 유토피아로 생각했던 반면, 뉴잉글랜드에 상륙한 청교도들은 아메리카를 성서에 약속된 예언의 성취, 즉 밀레니엄으로 파악했다고 지적하고 있다.

> 청교도들의 수사학은 아메리카에 대한 그들의 비전과 다른 신세계 식민지 건설자들의 비전 사이에 나타나는 대조에서 가장 극적으로 나타난다. 다른 식민지 건설자들은 자신들의 모험을 유럽인의 모험으로 생각했다. 그것은 특히 뉴 스웨덴이나 뉴 암스테르담 같은 상업적 식민지에서 명백하게 나타났는데, 그러한 지명에 붙은 '새로운'이라는 명칭은 유럽 모국에 대한 의존과 모방을 함축하고 있었다. 그러한 형상은 남부의 식민지들에서 더욱 극명하게 드러나고 있다. 그러나 엘리자베스 시대 문학의 상투어 같은 그런 구절들은 뉴잉글랜드 식민지에서는 상상할 수도 없는 것이었다. 신대륙에 대해 청교도들도 똑같이 애정을 갖고 있었지만, 그들은 아메리카라는 낙원을 성서의 예

> 언 성취로 파악했다. 그와는 달리 남부의 신화는 근본적으로 유토피아적인 것이었다.
>
> (Bercovitch, 1978, p. 137)

버코비치는 주로 상업적인 이유로 식민지에 정착한 전자의 경우에는 언제나 아메리카에 자신들이 떠나온 모국의 새로운 모습을 투영했으며, 역사의 진보를 믿었고, 더 나아가 처녀림의 훼손에 대한 죄의식을 갖고 있었다고 말한다. 그러나 종교적인 이유로 식민지에 정착한 후자는 모국에 대한 향수가 없었으며, 유럽과 연결되는 역사의 진보에도 별 관심이 없었고, 신대륙이 신이 내려준 선물이었기에 별다른 죄의식도 없었다는 것이다. 그러므로 버코비치에 의하면, 미국의 신화는 초창기 미국인들이 가졌던 바로 이 두 가지 비전—즉 유토피아와 밀레니엄—으로 이루어져 있다. 이와 같은 태도는 미국문화의 커다란 두 흐름을 이루어왔으며, 미국문학은 바로 그 상반되는 두 가지 태도의 충돌과 갈등을 작품 속에서 늘 구현해왔다.

청교도주의 비전(The Puritan-Provincial Vision) 수전 매닝은 『청교도주의 비전』에서 다음 사항들을 청교도 비전의 특징으로 제시하면서, 그러한 청교도적 특징들에 대한 비판이 19세기 미국문학에 면면히 나타나 있다고 지적하고 있다.

1. 금단의 지식을 얻기 위한 탐색 여행(journey to the region of forbidden knowledge)의 금지
2. 금단의 지식 습득으로 인한 필연적인 타락(inevitable transgression)
3. 절대적 진리의 추구(quest for absolute truth)와 순례자로서의 방랑
4. 중앙과 지방(Center/Province)의 자리바꿈

5. 생령(生靈)의 추구(the pursuit of the double)
6. 타락으로 인한 리얼리티와 겉모습, 또는 자신과 사회 사이의 불연속성(discontinuity between reality and appearance, between the self and the public world, due to the transgression)

매닝은 또 자신이 '청교도주의 비전'이라고 부르는 것에 대해 다음과 같이 말하고 있다.

> 청교도주의의 패러독스는 청교도들이 '의미의 센터'에 숨겨진 진실을 알 수 없다는 사실을 알고 있었지만, 그럼에도 불구하고 그것에 대한 지식을 얻기 위해 분투해야만 했다는 것이다. 수수께끼 같은 사물의 겉모습은 그들을 매료시키면서도 동시에 고통을 주었다. 의미의 센터는 언제나 본질과 언어의 표면에 의해 베일에 가려진 것처럼 보였고, 진실과 지식은 사물의 중심에 있는 폭압적인 의지에 대항해 그 의미를 해독해야만 하는 금지된 비밀이었다. 그러므로 지식에 대한 청교도적 탐색은 곧 독립에 대한 선언이었고, 멀리 떨어진 무지의 비참한 상태에서 벗어나기 위한 시도이며, 존재를 조종하는 힘으로부터 떨어져 살기 위한 것이었다.
>
> (Manning, 1990, p. 70)

매닝에 의하면, 진리는 금단의 지식이 되고 베일에 가려지며, 청교도주의 정신은 진리를 찾을 수 없다는 것을 알면서도 의미의 센터로 탐색여행에 나서는데, 그것은 곧 폭군적인 지배체제에 대한 저항과 자립을 의미한다. 매닝의 이와 같은 시각은 흥미롭게도 포스트구조주의나 포스트모더니즘의 특징과도 긴밀히 연관되어 있다. 그래서 다시 한번 미국문화의 특징이 포스트구조주의나 포스트모더니즘과 잘 부합된다는 장 보드리야르의 말이 설득력을 갖고 다가온다.

미국문학에 끼친 청교도주의의 영향

미국문학은 자신도 모르게 청교도주의의 전통 위에 서있거나 그 흔적을 보여주기도 하지만, 또 때로는 청교도주의적 전통에 대해 준엄하고도 예리한 비판을 가하기도 한다. 그리고 그와 같은 현상은 작품마다 다르게 나타난다. 그럼에도 불구하고, 미국문학—특히 19세기 미국문학—의 주인공들은 비록 그것이 청교도들이 우려하는 "타락"이라 할지라도 청교도주의가 금한 "금단의 지식을 얻기 위한 탐색 여행"을 떠남으로써 청교도주의의 지침에 정면으로 대항해 자유와 깨달음을 획득한다. 또 절대적 진리 발견의 불가능, 탈 중심성, 언어의 문제, 자아와 타자의 문제 등을 통해 미국문학은 청교도주의와 조우한다. 그러면 청교도주의가 함축하고 있는 그러한 문제들이 19세기 및 20세기 미국문학에 어떻게 나타나 있으며, 그 의미는 또 무엇인지를 구체적인 작품 분석을 통해 논의해 보기로 한다.

19세기 미국문학과 청교도주의 미국문학을 통틀어 청교도주의와 가장 긴밀한 관련을 맺고 있는 작가는 단연 나사니엘 호손(Nathaniel Hawthorne)일 것이다. 호손은 자신의 거의 모든 작품 속에 청교도주의가 야기하는 문제들과 청교도정신을 복합적으로 반영하고 있는 특이한 작가로서, "청교도주의 예술가"라는 평을 받고 있다. 특히 그의 대표작 『주홍글자(*The Scarlet Letter*)』(1850)는 청교도주의를 논할 때 빼놓을 수 없는 작품으로 알려져 있다.

『주홍글자』가 청교도주의의 부정적 측면에 대한 작가 호손의 예리한 비판이자 준엄한 질책이라는 것은 이미 잘 알려져 있는 사실이다. 그는 신대륙에 아메리카 공화국을 건설한 초기 정착자들(Pilgrim Fathers)들의 왜곡된 꿈과 편견, 식민지 시대 청교도들이 저질렀던 타자에 대한 억압과 독선, 그리고 미국의 어두운 역사와 암울한 과거를 파헤침으로써 "미국이란 무엇인가?(What is America?)"라는 19세기 미국문학의 주제를 심도 있게 탐색한 중요한 작가였다.

그러면 청교도주의와 그것에 대한 비판은 호손의 작품에서 구체적으로 어떻게 나타나고 있는가? 호손은 『주홍글자』에서 스토리뿐만 아니라, 등장인물들을 통해서도 청교도주의의 특성들을 잘 드러내주고 있다. 예컨대 전형적인 청교도인 아서 딤스데일(Arthur Dimmesdale)은 청교도주의의 특성 중에서도 "인간영혼의 인고"를 거의 완벽하게 보여주고 있는 인물이다. 창백하고 우유부단한 딤스데일은 자신의 선택에 의하여 율법을 어기고 금단의 지식을 추구하다가 타락했으며, 돌이킬 수 없는 죄의 결과를 받아들여야만 하는 대표적 청교도이다. 청교도들에게는 죄인들의 구원을 약속한 신약성서보다는, 아담의 타락과 원죄가 기록된 구약성서가 절대적인 것이었다. 딤스데일은 마치 아담처럼 여인의 유혹에 의해 타락하며 스스로 원죄의 속박과 굴레 속으로 걸어 들어가 고뇌한다. 그러나 그의 여행은 자신의 가슴속 어두운 심연으로의 여행이었지, 타인을 걱정하고 외부세계로 나가는 여행이 아니었다. 그는 '자아'에 과도하게 집착했으며, 그 결과 극단적인 자기부정에 빠져들어간다. 딤스데일은 자기 자신 속의 센터에서 절대적 진리를 찾길 원했고, 자신의 고문당하는 양심 외의 모든 것은 비현실적인 것으로 생각한다. 그렇기 때문에 그는 절대적 진리를 찾지 못하고, 결국 파멸의 길을 걷게 된다. 제11장 "가슴속"에서 호손은 딤스데일에 대해 다음과 같이 말하고 있다.

> 목사는—예민하지만 후회하는 위선자였는데—자신의 모호한 고백이 어떻게 받아들여질는지를 잘 알고 있었다. 그는 죄의식으로 괴로워하는 양심을 고백함으로써 자신을 속이려 했지만, 자기 기만으로부터 조금도 위안 받지 못하고, 다만 또 하나의 죄가 드러나고 스스로 그것을 인정하는 괴로움이

> 더해졌을 뿐이었다. 그는 진실을 말했지만, 그 말을 아주 그럴듯한 거짓으로 바꾸어 놓은 결과가 되었다. 하지만 성격상 그는 그 누구보다도 진실을 사랑했기에 그 거짓을 증오했다. 따라서 그는 세상의 그 무엇보다도, 비참한 자기 자신을 증오했다.
>
> 그는 내부의 불안으로 인해, 자신이 태어나고 자라난 교회의 훌륭한 가르침보다는, 오히려 옛날 로마의 낡고 부패한 신앙과 일치하는 행동을 하게 되었다. 딤스데일 목사가 엄중히 잠가놓은 비밀 옷장 속에는 피 묻은 채찍이 들어 있었다. 이 개신교 청교도 목사는 그 채찍으로 자주 자신의 어깨를 매질하며 스스로를 비웃었으며, 바로 그 비웃음 때문에 더욱 사정없이 자신을 매질했다. 당시 경건한 청교도들이 그랬듯이, 딤스데일도 단식을 했는데, 그들처럼 육체를 깨끗이 하고 천상의 빛을 더 잘 전달하는 매개체가 되기 위해서가 아니라, 무릎이 떨릴 때까지 고행으로서의 단식을 했다.
>
> (Hawthorne, 1970, p. 150)

위 인용에서 호손은 딤스데일이 진정으로 애통해하고 회개하기 위해서가 아니라, 단지 고행을 위한 고행으로 단식과 자기학대를 계속했다고 비판하고 있다. 이와 같은 것은 청교도들의 전형적인 위선과 형식주의와 자기중심적 사고를 잘 보여주고 있다. 딤스데일에 대한 저자 호손의 묘사가 대체로 부정적인 이유도 바로 딤스데일이 청교도의 전형적인 모습을 보여주고 있기 때문일 것이다. 딤스데일은 물론 형 집행대 위에 헤스터와 펄을 세워놓고 그들을 정죄하거나, 가엾은 그들에게 사형이 선고되어도 눈 하나 깜짝하지 않고 구경을 즐길 완고하고 냉혹한 청교도들보다는 훨씬 더 나은 사람이다. 그럼에도 불구하고 딤스데일 역시 청교도의 한계를 벗어나지는 못한다.

종교가 곧 법이었던 시절, 헤스터 프린(Hester Prynne)은 청교도 윤리를 과감히 파기하며 자유로운 인간성과 구속받지 않는 삶을 주장하는 청교도 사회의 이단자로 등장한다. 감옥 문 옆에 피어난 한 떨기 찔레꽃처럼 정열적인 그녀는 경직되고 냉혹한 청교도주의의 문제점들을 상징적으로 보여주는 존재로서 중요성을 갖는다. 헤스터는 마치 이브처럼 금단의 지식을 얻기 위해 금단의 지역으로 여행했으며, 그 결과 필연적인 타락과 형벌을 경험한다. 소설이 시작되면 헤스터의 불륜은 이미 끝나고, 그녀는 생후 3개월쯤 된 펄을 가슴에 안고 감옥에서 나와 형 집행대 위에 서있다. 즉 원죄는 이미 저질러지고, 독자들은 그 죄의 결과만을 바라보고 있는 것이다. 그래서 헤스터의 불륜은 다만 독자들의 추측과 해석에 의해서만 드러나고, 독자들은 우려와 염려 가운데 과거에 무슨 일이 있었는가를 추측해보게 된다. 청교도주의에서도 원죄는 이미 저질러지고, 청교도들은 부단히 그 원죄의 의미를 해석해야만 한다. 그래서 부재한 텍스트에 대한 해석이 필요하게 되는데, 그것이 바로 청교도주의의 또 다른 특징이 된다.

헤스터는 청교도사회의 정죄와 판결에 의해 가슴에 평생 주홍글자 "A"자를 달고 다니게 된다. A자는 '간통녀(adulteress)'를 의미하지만, 호손은 그것이 "able, angel, artist"를 의미하기도 한다고 말하며, 토니 태너(Tony Tanner)는 그것이 "America"도 상징한다고 주장한다. 그렇다면 헤스터는 유럽적인 유산인 청교도주의로부터 벗어나는 "아메리카"의 자유혼의 상징이라고도 볼 수 있을 것이다. 헤스터가 평생 가슴에 달고 다녀야 할 주홍글자 A가 무엇을 의미하는지는 다양한 해석학적 시도와 과정을 거쳐야만 할 것이다. 그러나 중요한 것은, 비록 주홍글자가 헤스터에게 순례자의 짐이 되지만, 동시에 구원과 자유도 가져다준다는 점이다. 헤스터는 청교도주의의 독선적 확신과 개인의 자유 사이를 오가는 영혼의 순례자이기 때문이다.

헤스터는 청교도주의에 외면적으로 대적하는 것이 아니라 내면적으로 저항한다. 그러나 청교도들에게 그것은 대단히 위험한 위협이 된다. 그녀는 청교도주의의 경계를 건너서 위험한 지역으로 들어가며 거기서 진정한 자유를 획득한다. 그것이 왜 호손이 이 소설을 "지옥불의 이야기(a hell-fired story)"라고 했는가 하는 이유일 것이다. 청교도주의는 금단의 지식을 향한 여행을 금한다. 그러나 헤스터는 마을의 계율이나 과거의 망령에 사로잡혀 있지 않고, 광야로 나가 숲속의 자유를 얻는다.

로저 칠링워스(Roger Chillingworth)는 운명론자이고 결정론자여서 인간성도, 그리고 인간의 가능성도 갖고 있지 못한 또 하나의 청교도로 제시된다. 그는 절대적 진리를 추구하는 폐쇄적 청교도로서 복수만을 추구하다가 결국 파멸하고 만다. 그는 순례자가 아니고 다만 복수의 화신이었으며, 타인의 접근을 금했고 질문을 금했던 닫힌 인간이었다. 그러므로 그의 파멸은 어쩌면 필연적인 것이었다.

다만 헤스터의 딸 펄(Pearl)만이 인간의 무한한 가능성을 상징하는 존재로 제시된다. 사실 펄은 청교도들이 헤스터의 가슴에 달아놓은 A자와도 같은 존재로서 고정된 의미를 초월하고 거부하는 신비스러운 존재이다. 그렇기 때문에 청교도들에게 펄은 도무지 그 의미를 알 수 없는 수수께끼 같은 텍스트가 된다.

> 그 옷의 놀랄 만한 속성, 그리고 그 아이의 전체적인 모습은 보는 사람들로 하여금 헤스터 프린이 숙명적으로 가슴에 달아야만 했던 표시를 어쩔 수 없이, 그리고 필연적으로 상기시켜주었다. 그 아이는 또 다른 형태의 주홍글자였다. 생명을 부여받은 주홍글자 말이다.
>
> (Hawthorne, 1970, p. 103)

펄은 자신에게 의미를 부여하고 해석하려는 청교도주의적 접근 사이를 빠져나가 결국은 유럽으로 떠나버린다. 그래서 펄은 '부재하는 센터(absent center)'가 되고, 주홍글자 A도 역시 그 의미가 확정되지 않은 '부재하는 진리(absent truth)'가 된다. 펄은 엄마가 가슴에 차고 다니는 그 글자의 의미를 밝혀내려 태어나기나 한 듯이 엄마의 주홍글자를 본떠 자기도 초록색 A자를 만들어 자신의 가슴에 단다.

> 펄은 거머리말 풀로 엄마의 가슴에 달려서 너무나도 친숙한 장식을 자신의 가슴에도 달았다. 그것은 A자였다—그러나 주홍빛이 아닌 신선한 녹색글자였다.
> (Hawthorne, 1970, p. 186)

펄이 가슴에 단 A자가 녹색이라는 점은 그 아이가 희망의 상징이라는 것을 의미한다. 그러나 청교도들은 펄의 상징적 의미를 알지 못한다. 절대적 진리를 추구했던 청교도들은 수수께끼 같은 신의 섭리와 말씀의 절대적 의미를 해석하려 했고, 절대적 지식을 추구했으며, 절대적 진리의 존재를 믿었다. 그러나 아이러니컬하게도, 그들은 자신들이 만들어놓은 주홍글자 A의 의미를 끝내 알지 못했으며, 그 주홍글자의 육화(incarnation)인 펄의 의미 또한 이해하지 못했던 것이다.

호손이 청교도주의를 해체하고, 청교도들 또한 스스로 해체되는 것은 바로 그 순간이다. 주홍글자 A는 바로 청교도주의의 독선과 자만을 해체한, 해석 불가능한 수수께끼 같은 텍스트였던 것이다. 알파벳 A는 모든 글자의 시작이자, 아메리카의 상징이다. 그러한 맥락에서 미국작가들은 아직도 호손이 제시한 주홍글자 A의 완전한 의미를 알아내기 위해 부단히 정신적 순례를 계속하고 있다.

호손의 유명한 단편 「젊은 굿맨 브라운(Young Goodman Brown)」(1835)의 주인공 굿맨 브라운 역시 헤스터처럼 금단의 지식을 얻기 위해 금지된 지역으로의 여행을 감행한다. 어두운 숲속으로의 여행을 만류하는 아내 페이스(Faith)의 간청에도 불구하고 그는 기어이 "밤의 끝으로의 여행(journey to the end of the night)"을 고집한다. 그리하여 저녁 무렵 그는 청교도 마을을 떠나 홀로 숲속으로 들어가 어두운 세계로의 여행을 시작한다.

중요한 것은, 그가 금단의 지식을 얻기 위한 여행을 떠나기 위해서는 신앙(faith)을 버려야만 한다는 사실이다. 그러므로 금지된 지식을 얻는 대신 그는 타락과 형벌을 경험하게 된다. 금단의 지식은 그것을 감당할 수 없을 때 치명적이다. 그리고 절대적 진리는 때로 아는 것이 모르는 것보다 못할 때가 있다. 절대적 진리를 보고 알게 되는 순간을 성서에서는 두 가지로 구분해 묘사하고 있는데, 하나는 아담과 이브처럼 눈이 열려, 보아서는 안 될 것까지 보게 되는 경우이고, 또 하나는 사도 바울처럼 눈이 멀거나 말을 못하게 되는 경우이다. 굿맨 브라운 역시 밤의 여행을 통해 보아서는 안 될 것까지 보게 되고, 결국 영원히 입을 굳게 다물게 된다. 그는 밤의 숲속 악마의 미사에서 청교도주의에서 주장하는 "타락으로 인한 말과 의미 사이의 괴리" 또는 "리얼리티와 겉모습 사이의 괴리"를 발견하게 된 것이다.

굿맨 브라운은 아직은 그 의미를 알 수 없는 조상들의 유산과 과거의 짐을 어깨에 맨 채 어두운 숲속으로 들어간다. 그곳에서 그는 자신의 과거와 조상들과 대면해야만 한다. 중요한 것은 그가 악마를 불러낸다(conjure up)는 것이다. 그가 "만일 나무 뒤에 사악한 인디언이 숨어있다면, 만일 지금이라도 악마가 나타난다면" 하고 생각하는 바로 그 순간, 악마는 나타난다. 또 하나 중요한 것은, 그 악마가 굿맨 브라운과 너무나 흡사하게 닮았다는 점이다. 즉 그 악마는 굿맨 브라운이 불러낸 자기 자신의 또 다른 모습이자, 동시에 굿맨 브라운의 청교도 조상의 모습이라는 것이다.

악마는 그에게 청교도들의 위선과 그의 조상들의 죄악에 대해 말해준다. 더구나 숲속 악마의 미사에서 그는 그렇게도 경건했던 마을의 목사와 집사와 심지어는 자신에게 교리문답을 가르쳐준 선생과 아내 페이스까지 발견하고 경악한다. 숲속에서 청교도들의 위선과 기만을 발견한 굿맨 브라운은 실망과 분노 가운데 전혀 다른 사람이 되어 마을로 돌아온다. 그의 영혼은 끔찍한 진리를 감당할 만큼 정신적으로 강하지 못했던 것이다. 그래서 그는 아내 페이스와도 멀어져 고립된 영혼이 되어 쓸쓸하게 여생을 마친다.

굿맨 브라운은 마비되고 수동적인 청교도의 후손이다. 그는 자신의 과거와 청교도적 유산의 의미를 탐색하러 떠났다가, 암울한 인간이 되어 돌아온다. 호손은 이 소설을 "그의 묘비명에는 아무런 희망의 말도 각인되지 않았다. 왜냐하면 그의 마지막 시간은 암울했으므로."라고 끝맺는다. 그런 의미에서 「젊은 굿맨 브라운」은 청교도주의에 대한 비판이면서 동시에 굿맨 브라운처럼 청교도주의의 짐에 비관적으로 억눌린 사람들에 대한 비판이라고도 볼 수 있을 것이다.

호손을 정신적 아버지로 생각했던 작가 허만 멜빌(Herman Melville)의 대작 『모비 딕(*Moby-Dick*)』(1851) 역시 언어에 대해 과도한 신뢰를 보였으며, 절대적 진리를 찾을 수 있다고 믿었던 청교도주의에 대한 비판으로 읽을 수 있는 문학작품이다. 예컨대 『모비 딕』은 폐병에 걸려 죽은 그래머 스쿨의 조교사가 제공한 '어원학(Etymology)'(고래에 대한 어원과 각기 다른 외국어 이름)과 도서관 사서보조원이 제공한 '발췌문(Extracts)'(고래에 관한 언급을 모은 자료 모음집)으로 시작되고 있는데, 이는 언어와 그 지시대상 사이의 괴리, 즉 절대적 진리의 부재에 대한 멜빌의 패러디로 읽을 수 있다.

그러나 『모비 딕』은 청교도주의 그 자체보다는 청교도주의의 개혁을 주창하며 19세기 중반 뉴잉글랜드에 등장했던 초월주의에 대한 비판으로 읽는 것이 더 설득력 있는 결과를 가져다준다. 왜냐하면 이스마엘이 '초월적 몽상(transcendental reverie)'에 젖는 「전방 감시탑(The Mast-Head)」 장(章)이나, 초월주의적 이상주의자라고 볼 수 있는 에이허브 선장에 관한 묘사들에서 멜빌은 분명 초월주의를 예리하게 비판하고 있기 때문이다.

청교도주의와 유니테리언주의의 한계를 지적하며 1830년경부터 1860년경까지 매사추세츠 주 콩코드를 중심으로 시작된 초월주의는 우리가 직관과 감각의 초월을 통해 진실을 발견할 수 있다고 믿었다. 초월주의는 피조물의 조화와 합일, 인간의 타고난 선함, 논리나 경험보다 우선하는 통찰력의 힘을 통한 심오한 진리의 발견 가능성을 믿었다. 또한 초월주의는 진리가 모든 자연과 피조물 속에 내재해 있다고 믿었으며, 인간은 직관에 의해 그 진리를 발견할 수 있다고 믿었다.

> 초월주의는 진리를 직관적으로 알 수 있는 인간의 능력을, 그리고 우리의 감각을 초월하고, 우리가 경험하지 못한 존재의 질서에 대한 과학적 지식을 얻을 수 있는 능력을 인정하는 것이다.
>
> (Saxton, 1840, 90)

기본적으로 낭만주의적 명상에 근거하고 있는 초월주의는 청교도주의의 암울함과 비관주의를 밝고 건강한 낙관주의로 바꾸어놓는 데 공헌했다. 그래서 그 두 가지는 서로 정반대되거나 강력하게 대조되는 특징도 많이 갖고 있다. 예컨대 전자의 범신론과 후자의 유일신 사상은 결코 조화될 수 없는 상극 이론이었다. 그럼에도 불구하고, 그 두 가지 사이에 전혀 공통점이나 유사점이 없는 것만은 아니었다. 예컨대 페리 밀러는 유니테리언주의의 개혁운동으로 시작된 초월주의가 청교도주의의 경건주의와 신비주의적 흔적을 갖고 있다고 주장했다.

멜빌은 우선 제35장 「전방 감시탑」에서 이스마엘의 입을 통해 초월주의의 낭만적 사고방식을 경고한다. 돛대 감시탑에 올라가 고래의 출현을 감시하는 이스마엘은 잠시 아름다운 바다의 분위기에 젖어 바다 속을 헤엄쳐 다니고 있는 끔찍한 현실인 모비 딕의 존재를 잊고 낭만적 몽환에 빠진다. 그러다가 그는 그러한 초월주의적 꿈이 사실은 얼마나 위험한 것인가를 깨닫게 된다.

> 흉금을 털어놓고 솔직하게 말하자면, 나는 별로 뛰어난 감시탑 근무자는 아니었다. 내 내부에서 우주가 회전하고 있는데—온갖 상념에 사로잡히는 높이에 혼자 서서—어떻게 내가 "눈을 크게 뜨고 고래가 나타날 때마다 소리를 질러라"라는 모든 포경선의 상시 명령을 철저하게 지키고 있을 수 있겠는가?
>
> 오늘날, 포경은 세상만사의 괴로움에 진저리치며 선원 일과 고래 기름에서 위안을 찾는 많은 낭만주의자들과 우울하고 얼빠진 젊은이들의 피난처가 되었다.
>
> 네가 몽상 속에서 꿈꾸고 있을 때, 손이나 발을 1인치만 움직이면, 그래서 중심을 잃게 되는 순간, 너는 공포 속에 너의 현실세계로 돌아오게 된다.
> (Melville, 1972, pp. 255-257)

한편 바로 그 다음 장인 제36장 「갑판(The Quarter-Deck)」에서 이스마엘의 낭만적 백일몽(꿈/목가주의)을 망치 소리와 금화 소리(현실/기계)로 깨면서 등장하는 에이허브 선장은 대표적인 초월주의자로 제시된다. 우선 그는 과도한 에머슨적인 자기신뢰의 화신으로서, 모비 딕을 악의 화신으로 규정하고 그것을 추적해 제거하려는 신념에 차 있는 사람이다. 더욱이 그는 언어가 지시하고 자신이 그 의미를 규명할 수 있는 초월적 기의(Transcendental signified)의 현존에 대한 믿음을 갖고 있다. 그래서 그는 작살로 그 초월적 기의 속에 내재해 있는 절대적 진리를 찍어내려고 하지만, 결국엔 자신이 던진 작살 끝에 달린 밧줄에 몸이 감겨 자기가 잡으려 했던 모비 딕에 묶인 채 바닷속으로 가라앉는다.

에이허브 선장은 무질서나 모호함을 그대로 인정하지 못하고, 기어이 질서를 부여하고 명확한 의미를 찾아내려고 했기 때문에 파멸한다. 그는 수수께끼 같은 모비 딕을 기어이 잡아 그 의미를 파악하고 절대적 진리를 찾아내려고 한다. 그러므로 그에게 벽은 허물어야만 하고, 마스크는 벗겨야만 하는 장애물이다.

> 만일 내리치려면, 마스크를 깨뜨리며 내려쳐라! 죄수가 감옥의 벽을 뚫지 않고서 어찌 탈옥할 수 있겠는가? 내게는 흰 고래가, 깨뜨려야만 하는 바로 그 벽과도 같다. 때로 나는 그 너머에는 다만 무(無)만이 존재하고 있다고 생각한다. 나는 바로 그 수수께끼 같은 알 수 없는 것을 증오한다. 신성모독이라고 나를 비난하지 말라. 나를 모욕한다면, 난 태양이라도 내려치겠다.
>
> (Melville, 1972, p. 262)

에이허브 선장의 가장 심각한 문제는, 그가 자신뿐 아니라 자신이 지휘하던 피쿼드 호의 선원들 모두를 파멸로 이끌어갔다는 점이다. 물론 초월주의는 청교도주의에 비해 진일보한 이상적인 철학이자 사상이었다. 그러나 에이허브의 경우는, 한 집단의 지도자가 심하게 경직된 초월주의적 이상주의에 맹목적으로 심취해 있으면, 자칫 그 집단 전체를 파멸시킬 수도 있다는 것을 보여준다는 점에서 대단히 교훈적이다.

20세기 미국문학과 청교도주의 20세기의 대표적 미국작가인 헤밍웨이와 포크너의 주인공들에게서 나타나는 금욕주의(stoicism)도 사실은 청교도주의의 유산이라고 할 만큼, 청교도주의의 영향은 20세기에도 여전히 강세를 보였다. 그러나 그들보다 더 직접적으로 청교도주의와 연관되고 있는 작품이 바로 피츠제럴드의 『위대한 개츠비』일 것이다.

피츠제럴드의 대표작 『위대한 개츠비』(1925)의 주인공 개츠비는 원래 청교도 윤리에 의거해 살아가던 미국의 한 젊은이였다. 이름을 바꾸기 전, 그가 아직 개츠(J. Gatz)였을 때, 그의 노트에는 다음과 같은 기록이 발견된다.

일반적인 결심들
새프터스 또는 (읽을 수 없이 갈겨 쓴 이름)에서 시간낭비를 하지 말 것
담배 피우지 않기와 껌 씹지 않기
이틀에 한 번씩 목욕할 것
매주 책이나 잡지를 읽어 자신을 향상시킬 것
매주 5달러 (지운 다음), 아니 3달러씩 저축할 것
부모에게 더 잘해드릴 것

(Fitzgerald, 1968, p. 180)

흔히 『벤저민 프랭클린의 자서전(*The Autobiography of Benjamin Franklin*)』과 비교되는 이 구절에서 청교도 윤리의 흔적을 발견하기란 그리 어렵지 않다. 그러나 개츠는 그런 생활방식과 정신으로는 물질주의가 밀려오고 있는 20세기 초 미국사회에서 살아남을 수 없다는 것을 깨닫고 변신한다. 그래서 그는 개츠비로 이름을 바꾸고, 실용주의 노선을 택하고 불법적인 방법으로 돈을 번다.

그러나 물질주의자로 완벽하게 변신한 탐 뷰케넌(Tom Buchanan)이나 데이지 뷰케넌(Daisy Buchanan), 또는 조단 베이커(Jordan Baker) 같은 사람들과는 달리, 개츠비는 두 세계의 경계선상에서 머뭇거리다가 결국은 살해당하고 만다. 청교도주의는 물론 실용주의(Pragmatism)나 자본주의(Capitalism)와도 연관을 맺고 있으며, 그것들의 형성에 일익을 담당하기도 했다. 그러나 20세기 초, 실용주의와 자본주의가 물질주의와 상업주의와 결합하면서 둘의 사이는 점점 더 벌어지기 시작했다. 그런 맥락에서 보면, 개츠비는 바로 그 두 상충되는 원리 사이에서 방황하다가 죽임을 당한 미국인의 전형을 보여준다.

헨리 밀러(Henry Miller)는 『북회귀선(*Tropic of Cancer*)』(1934), 『남회귀선(*Tropic of Capricorn*)』(1939) 등 금서가 되었던 대표작들을 통해 미국의 청교도주의 전통으로부터 벗어나 완벽한 자유의 환상을 추구했던 특이한 작가였다.

피들러의 지적대로, 모두가 조국과 책임과 사회 참여를 외치던 시대에 그는 홀로 개인의 완벽한 자유를 추구했다. 밀러가 보기에 미국의 청교도주의는 미국인들의 사고방식뿐 아니라, 관습적인 사회제도까지 계율과 규범으로 얽어매고 있었으며, 심지어는 30년대의 좌파 이데올로기와 정치의식의 저변에도 깔려있었다.

자신이 쓴 후반기 3부작인 『섹서스(*Sexus*)』(1949), 『플렉서스(*Plexus*)』(1965), 『넥서스(*Nexus*)』(1960) 중 『플렉서스』의 마지막에 밀러는 다음과 같이 고통을 통한 자유를 찬양하고 있다.

> 고통은 불필요한 것이다. 그러나 그것을 깨닫게 되기 전까지는 고통을 겪어야만 한다. 바로 그때가 되어야 인간은 비로소 고통의 의미를 명확하게 알게 된다. 인간이 더 이상 견딜 수 없게 되는 그 마지막 필사적인 순간에 말이다! 우리의 피를 뽑아내는 어떤 일이 생기고, 그것은 마치 장미처럼 피어난다. 우리는 드디어 "자유롭게 된다". "러시아를 갈망하는" 것이 아니라, "더 많은 자유와 더 많은 축복을 갈망"하며. 삶의 나무는 눈물이 아니라, 자유가 진짜이고 영속한다는 것을 아는 지식에 의해 성장하는 것이다.
>
> (Miller, 1965, p. 640)

청교도주의로부터의 자유를 추구하는 과정에서 밀러는 반이성주의를 주창했고, 에로틱한 백일몽을 꿈꾸었으며, 건강한 유쾌함과 희극적 풍자의 정수를 보여주었다. 그의 소설들은 영원히 추방된 자, 방랑자 · 망명자의 문학이었고, 진하게 배어나는 이국의 외로움과 고독과 소외감 속에서도 자유의 희열을 발산했다. 밀러는 청교도주의의 미국적 유산에 종언을 고한 최초의 현대 작가였으며, 미국인으로서 그것은 가히 혁명적인 것이었다. 레슬리 피들러는 밀러와 청교도주의의 관계에 대해 이렇게 말한다.

> 1930년대는 또한 헨리 밀러가 자신의 가장 가치 있는 대표작들을 써낸 시기였다. 비록 30년대가 밀러의 방종한 삶과, 반은 진지하고 반은 희극적이었던 예언자적 위치에 어울리지 않는 시대이기는 했지만 말이다. 더욱이 밀러의 소설들은 망명객의 소설이었고, 해외의 미국인에게나 가능했던, 청교도주의로부터의 도피의 환상을 찬양하는 소설들이었다. 그러나 그의 소설들은 모든 미국작가들이 조국과 책임과 사회진보를 외치며, 그러한 환상에 등을 돌리던 시대에 씌어졌다는 점에서 중요하다.
>
> (Fielder, 1964, p. 37)

나사니엘 호손처럼 청교도를 조상으로 갖고 있는 명문의 자손으로서 토머스 핀천 역시 자신의 작품 속에 청교도주의에 관한 주제를 많이 드러낸 작가로 알려져 있다. 처녀작 『브이를 찾아서(*V.*)』에서부터 시작해 최신작 『메이슨 앤 딕슨(*Mason & Dixon*)』에 이르기까지 그의 작품 속에는 언제나 청교도 전통의 영향이 주요 관심사로 자리잡고 있다.

『중력의 무지개(*Gravity's Rainbow*)』(1973)는 센터로 표상되는 모든 것—예컨대 청교도주의, 파시즘, 나치즘, 제국주의, 식민주의 등—에 대한 비판이면서, 동시에 청교도주의에 대한 강력한 고발장이기도 하다. 예컨대 『중력의 무지개』의 주인공 타이론 슬로스롭(Tyron Slothrop)의 청교도 조상인 윌리엄 슬로스롭과 존 슬로스롭은 신의 선택에서 제외된 사람들을 위한 독트린(the doctrine of Preterition)을 세운 양돈업자로 제시된다. 그래서 이 소설에서 돼지는 곧 신의 선택에서 제외된 사람들을 상징한다. 돼지는 사나운 개(신에게 선택받은 "the Elect"의 상징)에게 쫓기는 속죄양의 이미지이며, 동시에 풍요의 상징이다. 구약성서에 의하면 돼지는 세속적이고 부정한 동물로서 그 고기조차 먹을 수 없었고, 신성한 기독교도들에 의해 주변부로 밀려나 소외된 동물이었다. 그러나 이 소설에서 타이론 슬로스롭은 신화 속에서 바이킹의 침략으로부터 마을을 구했다고 알려져 있는 돼지영웅의 의상을 입음으로써, 주변부로 밀려나 선택받지 못한 자들의 정신적 지도자가 된다. 그는 돼지의 의상을 입은 채 유럽 전역을 여행하다가 사나운 경비견에게 쫓기기도 하는데, 그때 프리다(Frieda)라는 돼지가 나타나 그를 구해주기도 한다. 타이론 슬로스롭은 세속적이고 소외된 돼지들의 영적 지도자가 됨으로써, 선택받은 자(the Elect)와 선택에서 제외된 자(the Preterite)에 대한 청교도들의 경직된 신념을 전복하고 있다.

그러므로 세속적이고 소외된 돼지의 옹호를 통한 모든 신성한 센터에 대한 핀천의 비판은 궁극적으로 청교도주의의 엘리트 선민의식, 경직된 강령, 단선적인 시각, 그리고 절대적 진리의 추구 등에 대한 비판으로 확대된다. 그와 같은 비판 작업을 위해 핀천은 흰색과 무지개 색을 대비시킨다. 『중력의 무지개』에서 핀천은 흰색을 죽음이나 화장실 변기 같은 부정적인 색으로 묘사하는 반면, 현란한 무지개 색은 삶과 풍요, 또는 변화와 다양성을 상징하는 긍정적인 색으로 제시하고 있다. 타이론 슬로스롭이 입고 돌아다니는 다양한 무지개 색 돼지 의상은 바로 그러한 반청교도주의적 특성—즉 풍요와 다양성—을 드러내주는 중요한 장치라고 할 수 있다. 특히 무지개가 이 세상을 파멸시키지 않겠다는 신의 약조임을 생각하면, 일곱 가지 무지개 색은 더욱 긍정적인 의미를 갖는다.

핀천은 이와 같이 부정적인 청교도주의 유산을 억압적인 부친에 비유하며, 아들을 억누르고 살해하려는 부친—즉 청교도적 전통—으로부터의 도피가 결코 쉽지 않음을 지적하고 있다.

> 그럼에도 불구하고, 여기 죽음만큼이나 진지한 악당이 있다. 그 악당은 매 에피소드마다 자신의 아들을 죽이려고 하는 전형적인 미국 십대의 아버지이다. 그리고 아이는 그것을 알고 있다. 생각해보라. 아직까지 그 아이는 매일 그를 죽이려는 아버지의 계획을 피해왔다. 누군가는 그에게 계속 도망 다녀

야만 할 것이라고 말해주었다.

(Pynchon, 1973, p. 674)

부친(과거/전통)으로부터의 도피는 또한 때로 상징적인 부친살해를 수반하기도 한다. 그러나 부친살해는 결코 쉬운 일이 아니다. 더욱이 바셀미(Donald Barthelme)의 소설에서처럼 "죽은 아버지(The Dead Father)"는 죽어도 죽지 않고 여전히 아들 곁에 남아있는 법이다. "아버지, (현재의 딜레마를 해결할) 열쇠를 주십시오"라고 탄원하는 바셀미의 주인공에게 죽은 아버지는 "나에게도 사실 열쇠는 없었다"라고 대답한다.

청교도주의의 특성 중 하나는 '말씀(the Word)'에 대한 절대적인 믿음, 즉 절대적 진리의 존재에 대한 확고한 신념이다. 그래서 청교도들은 성경 말씀의 일점일획이라도 변경할 수 없다고 주장하며, 성서의 자구에 매달리는 경향을 보였다. 이는 물론 성서를 임의적으로 해석해 자신들의 타락을 합리화시켰던 중세의 가톨릭에 대한 신교의 반발에서 비롯된 것이기는 하지만, 그러한 태도는 결과적으로 청교도들의 편협함과 융통성 없음을 초래했다. 왜냐하면 성서라는 것은 결국 번역 텍스트이며(신의 말씀의 번역이자, 각국어로의 번역), 번역과정에서 얼마든지 오역과 오류가 있을 수 있기 때문이다.

토머스 핀천은 소설 『제49호 품목의 경매(*The Crying of Lot 49*)』(1966)에서 바로 그와 같은 청교도주의적 시각과 태도가 현대 미국인들의 정신적 유산으로 남아 있음을 인정하고 그것을 신랄하게 비판하고 있다. 이 소설의 여주인공 에디파 마스(Oedipa Maas)는 리처드 화핑거(Richard Wharfinger)의 연극 『사자의 비극(*The Courier's Tragedy*)』을 관람한 다음, 이상한 내용을 발견하고 연출가 랜돌프 드리블렛(Randolph Driblette)을 찾아가 대본을 요구한다. 드리블렛은 누군가가 원본을 가져갔고, 자기는 복사본을 사용하고 있으며, 내용에 첨삭도 해서 무대에 올린다고 대답한다. 왜 그런 짓을 했느냐는 에디파의 물음에 드리블렛은 짜증을 내며 다음과 같이 대답한다.

"당신들은 이해하지 못해요." 드리블렛은 화를 냈다.

"당신들의 태도는 성경에 대한 청교도들의 태도와 매우 흡사해요. 그러니 이제 말, 말은 그만합시다. 당신도 알다시피, 연극이 존재하는 곳은 그 서류철도 아니요, 당신이 찾고 있는 어떤 보급판도 아닙니다. 그것은 바로 여기 머릿속에 들어 있어요." 베일과도 같은 샤워의 수증기 속에서 불쑥 나타난 손이 허공에 부유하고 있는 자기 머리를 가리켰다. "그것이 바로 내가 추구하고 있는 것이지요. 영혼에게 육체를 주기 위해. 말, 누가 그런 것에 신경을 쓴단 말입니까? 말은 단지 파티를 즐겁게 유지하기 위해 사용되거나, 또는 배우의 두개골의 경계선을 지나 그의 기억 장치 부근에 도달하는 데 사용되는 기계적인 소음들에 불과할 뿐입니다. 내 말이 틀립니까? 실체란 이 머릿속에 들어 있는 법이지요. 그 사방이 닫힌 소우주는 나의 입, 눈, 그리고 또한 때때로는 다른 구멍들로부터 뛰쳐나오니까 말입니다."

(Pynchon, 1966, p. 56)

드리블렛은 에디파에게 왜 사람들은 아직도 청교도들처럼 말(the Word) 또는 자구—곧 절대적 진실—에 그렇게 연연해하며 매달리느냐고 반문한다. 드리블렛의 이 말은 곧 이 세상에 절대적 진리나 원본이란 존재하지 않는다는 것, 그리고 비록 원본과 조금씩 다르더라도 우리는 수많은 사본들의 존재를 인정해야만 한다는 것을 의미한다. 청교도들의 독선과 선민의식과 이교도 박해 역시 스스로를 절대적 진리라고 생각했기 때문이라는 것이다.

이 장면에서 또 하나 상징적인 것은, 드리블렛이 샤워를 하고 있기 때문에 수증기가 꽉 차서 에디파가 그의 모습을 정확히 볼 수 없다는 사실이다. 에디파가 애타게 진리를 찾고 있는 동안, 드리블렛의 전신은 보이지 않고 다만 그의 얼굴만이 안개 사이로 간혹 흐릿하게 보이고 있는 이 장면은 바로 절대적 진리의 불확실성을 나타내주는 상징적 장치라고 할 수 있다.

리처드 브라우티건(Richard Brautigan)의 대표작 『미국의 송어낚시(*Trout Fishing in America*)』(1967)는 샌프란시스코의 워싱턴 광장에 있는 벤저민 프랭클린의 동상에 대한 서술로부터 시작된다. 자수성가한 낙관주의자 프랭클린은 자신의 『자서전』에서 청교도주의 윤리인 근면, 성실, 정직, 자립 등을 미국인의 덕목으로 내세운다. 그러나 바로 그 프랭클린의 동상 앞에는 위 덕목을 실천했지만 결국은 빈자와 패배자로 전락한 가난한 미국인들이 길 건너 교회에서 주는 샌드위치를 타먹기 위해 기다리고 있다.

> 오후 5시가 되면, 배고픈 사람들이 광장에 모여든다.
> 가난한 사람들에게 교회에서 샌드위치를 나누어주는 시간이기 때문이다.
> 하지만 그들은 교회에서 오라고 신호를 하기 전에는 길을 건너갈 수 없다. 이윽고 신호가 오면 그들은 길 건너 교회로 달려가 신문지에 싼 샌드위치를 받는다. 그리고 다시 공원으로 돌아가 포장을 열고 샌드위치에 무엇이 들어 있는지를 본다.
> 어느 날 오후, 내 친구가 샌드위치 포장을 열고 보니 거기에는 단지 시금치 잎 하나만 달랑 들어 있었다. 그것뿐이었다.
> 벤저민 프랭클린의 자서전을 읽고 미국에 대해 배운 사람은 카프카였던가
> ....
> 카프카는 말했지—"나는 미국인들이 건전하고 낙천적이어서 좋다."
>
> (Brautigan, 1967, pp. 2-3)

벤저민 프랭클린이 가르쳤던 청교도적 윤리는 브라우티건의 『미국의 송어낚시』의 첫 페이지에서부터 통렬히 조롱당한다. 프랭클린은 청교도 윤리를 통해 아메리칸 드림의 성취를 꿈꾸었던 사람이었다. 그러

나 20세기 후반에 오면 그의 생각은 너무나 천진난만한 꿈에 불과한 것으로 판명난다. 브라우티건은 바로 그 프랭클린의 동상 옆에서 1956년 애들라이 스티븐슨(Adlai Stevenson)이 4만 명의 군중을 앞에 놓고 연설을 했다는 사실을 언급하고 있다. 1952년과 1956년에 서민들의 아메리칸 드림을 강조했던 민주당 대통령 후보 스티븐슨은 중산층과 상류층의 지지를 얻었던 공화당의 아이젠하워 후보에게 연속해서 두 번이나 패배했고, 그와 더불어 50년대는 가난한 미국인들과 진보주의자들의 좌절이 극에 달했던 시절이었다. 물론 "난 미국인들이 건전하고 낙관적이어서 좋다."라고 말한 부조리 작가 카프카를 맨 첫 장의 마지막에 인용한 것은 실패한 아메리칸 드림에 대한 브라우티건의 통렬한 패러디일 것이다.

그러나 『미국의 송어낚시』에서 브라우티건은 미국인들이 절망하지 않고 나름대로 희석된 아메리칸 드림에 만족한 채 살아가고 있다고 말한다. 「쿨 에이드 중독자(The Kool-Aid Wino)」라는 장에서 브라우티건은 잘 먹지 못해 탈장에 걸렸어도 너무나 가난해 탈장대를 살 돈조차 없는 한 독일계 미국인 소년의 이야기를 소개하고 있다. 그 소년은 쿨 에이드 주스 분말을 한 봉지 사서 마치 신성한 의식처럼 거기에 1갤런의 물을 부어 채운다.

> 쿨 에이드 한 봉지로는 2쿼터 분량의 드링크를 만들게 되어 있었다. 그러나 내 친구는 1갤런을 만들었기 때문에, 그의 쿨 에이드는 언제나 농도가 묽었다. 그리고 쿨 에이드 드링크를 만들 때에는 한 봉지당 설탕 한 컵씩을 넣게 되어 있었다. 그러나 설탕이 없는 내 친구는 한 번도 설탕을 넣어보지 못했다. 그 애는 자신만의 쿨 에이드 리얼리티를 만들어냈으며, 그걸로 스스로 만족할 줄 알았다.
>
> (Brautigan, 1967, p. 15)

두 배로 희석된 쿨 에이드 드링크에 비싸서 살 수 없는 설탕도 넣지 않은 채 아껴 마시면서도, 그 소년은 그걸로 만족할 줄 아는 생활의 지혜를 터득하고 있었다. 즉 그는 희석된 꿈과 희석된 리얼리티 속에서도 조금도 절망하지 않는 존재였던 것이다.

그래서 진실을 찾고 깨달음을 추구하는 순례자로서 여정을 마친 『미국의 송어낚시』의 주인공은 작품의 마지막에 다시 한번 프랭클린의 동상으로 되돌아간다. 그리고 다시 한번 사방을 향해 "환영한다!"라고 씌어 있는 동상 밑에 웅크리고 있는 빈자들을 바라본다. 바로 거기에 실패한 미국의 청교도주의 비전이 있기 때문이다.

결론 신대륙의 정체성 정립과 미합중국의 성립에 중요한 역할을 했던 청교도주의는 긍정적인 측면과 부정적인 측면 모두에서 그동안 미국인들의 의식과 미국문화의 형성에 무시할 수 없는 영향력을 행사해왔다. 비록 그동안 그것의 문제점과 단점이 비판과 반성의 대상이 되기도 했지만, 청교도주의는 아직까지도 미국사회의 근간을 이루며, 미국인들의 삶과 사고방식을 좌우하는 중요한 역할을 해오고 있다. 미국문화의 중심에 서있는 미국문학 역시 청교도주의의 영향을 받았고, 청교도주의의 유산을 탐색해왔으며, 각기 다른 방식으로 청교도주의의 의미에 대해 반응해왔다.

청교도주의에 대한 미국문학의 반응은 물론 비판적인 경우가 많다. 문학은 근본적으로 종교적 교리나 사회적 규범으로부터 벗어나 자유스러워지고 싶어하기 때문이다. 예컨대 청교도주의를 미국이 지고 있는 "과거의 짐"으로 파악했던 나사니엘 호손이나, 억압적인 청교도 윤리와 도덕으로부터의 완벽한 도피를 꿈꾸었던 헨리 밀러, 또는 현대사회가 안고 있는 문제점들의 근원을 청교도의 시각에서 찾으려 했던 토머스 핀천 같은 작가들은 그 좋은 예가 될 것이다. 그러나 페리 밀러나 수전 매닝의 말대로 청교도주의는 종교적 교리체계라기보다는 세상을 바라보고 해석하는 '정신상태(a state of mind)'이기 때문에, 그리고 청교도주의의 주요 원리들이 현대문학이론과 상통하거나 대립하기 때문에 미국문학은 청교도적 요소를 갖고 있거나 청교도주의와 연관되어 있을 때가 많다. 또는 비록 청교도주의에 대한 반발로 생겨났지만 청교도주의와 여전히 공통점을 갖고 있는 초월주의를 다루고 있는 작품들도 있다. 예컨대 호손의 『블라이스데일 로맨스(*The Blithdale Romance*)』나 멜빌의 『모비 딕』은 초월주의를 비판적으로 다루고 있는 대표적인 작품들에 속한다.

지금까지 이 글은 청교도주의의 특성으로 원죄의식, 금단의 지식에 대한 유혹과 열망과 타락, 선민의식, 타자에 대한 억압, 절대적 진리에 대한 신념, 진리를 찾기 위한 탐색여행의 금지, 의미의 센터에 대한 신념, 기표와 기의 사이의 괴리(타락으로 인한 언어의 불완전함) 등을 상정하고, 그러한 모티프가 미국문학 작품들 속에 어떻게 구현되고 반영되어 있는가를 탐색해보았다. 사실 원죄의식, 타락한 아담, 금단의 지식을 얻기 위한 반항 같은 모티프는 미국의 성립의 합법성과 미국인들의 정체성을 부단히 심문해온 미국문학의 근저에 무겁게 깔려있는 중요한 주제라고 할 수 있다. 또 그러한 맥락에서 보면, 미국문학의 특성인 "여행 모티프(the journey motif)"도 사실은 청교도 유산과 연관시킬 수 있다는 사실을 알 수 있다.

그러나 청교도들이 굳게 믿었던 "절대적 진리의 있음"에 대해 미국작가들은 모두 비판적인 태도를 취했다. 예컨대 호손은 주홍글자 A의 의미를 끝내 알 수 없는 수수께끼로 처리했으며, 멜빌 역시 거대한 흰 고래 모비 딕의 의미를 영원히 파악할 수 없는 불가사의로 제시했다. 20세기에 와서도 핀천은 『브이를 찾아서』에서 불길하면서도 신비한 글자 V.의 의미를 끝내 밝히지 않는다. 미국작가들은 청교도주의와는 달리, 이렇게 진리의 모호성을 인정하고, 절대적 진리와의 대면을 오히려 치명적인 만남(deadly encounter)으로 파악하고 있는데, 사실 그러한 인식이야말로 이미 성서(특히 신약성서)에 나와 있는 것이라 할 수 있다. 다만 청교도들이 구약성서에만 너무 매달렸기 때문에 그것을 미처 깨닫지 못했던 것뿐인지도 모른다.

많은 미국문학 작품에서 청교도주의는 또한 인간성과 자유와 다양성을 억압하는 체계(a system of repression and oppression)로 다루어지고 있다. 호손의 헤스터 프린이나 밀러의 자전적 주인공이나, 핀천의 타이론 슬로스롭은 모두 그러한 청교도적 억압으로부터 벗어나 자유스러워지고 싶어한다. 헤스터의 경우, 억압은 가슴에 단 주홍글자 A의 형태로, 그리고 밀러의 경우에는 성적 금기의 형태로, 그리고 타이론의 경우 그것은 자신의 성기 속에 삽입된 조건반사용 화학물질의 형태로 나타난다. 청교도들의 억압은 가슴에 단 글자(17세기의 헤스터)에서 현재는 몸속에 삽입되어 미국인들을 조종하는 테크놀로지(타이론)로 변화한 것이다.

17세기 청교도주의는 이렇게 다양한 형태로 미국문학과 미국문화 속에 살아남아 오늘날까지도 미국인들의 의식과 정신 형성에 중요한 역할을 해오고 있다. 청교도주의 유산은 사실 미국문학의 도처에서 발견되는 중요한 주제와 소재와 모티프가 되며, 바로 그러한 이유로 해서 청교도주의에 대한 연구는 미국문학을 제대로 이해하기 위한 필수적인 조건이라고 할 수 있다. 뿐만 아니라, 청교도주의는 또 미국과 미국인들의 사고방식과 생활양식을 알기 위해서도 필히 연구해야만 하는 대상이다. 그런 의미에서, 앞으로 국내에서도 청교도주의에 대한 연구가 본격적으로 이루어져야만 할 것이다.

2. 『허클베리 핀의 모험』의 해체론적 책 읽기

1990년대 초 리처드 브라운(Richard Brown) 부부에 의해 롱아일랜드 소재 리틀턴(Littleton) 저택의 다락방에서 발견된 트웨인의 편지(1908-1910년 사이에 씌어진)는 트웨인이 말년에도 여전히 유머스럽고 쾌활했음을 잘 보여주고 있다. 그래서 일부 학자들은 트웨인의 비관주의에 대한 기존의 학설에 의문을 제기하기도 했다. 그럼에도 불구하고, 후기 트웨인이 인간과 사회에 대해 비관주의적 태도를 갖고 있었다는 사실은 쉽게 부인할 수 없다. 사실 그의 비관주의는 후기 작품들에서뿐만 아니라, 이미 『허클베리 핀의 모험(*Adventures of Huckleberry Finn*)』에서부터 암시되고 있다.

트웨인의 또 하나의 특성은 남부와 북부, 목가주의와 기계문명, 또는 유머와 비탄에 대한 그의 복합적인 태도에서도 잘 드러나듯이, 모호함(ambiguity)과 양가성(ambivalence)이라고 할 수 있다. 그리고 바로 그러한 그의 속성은 그를 미국 낭만주의와 사실주의의 경계선에 위치시킨다(트웨인이 낭만주의적 요소와 사실주의적 요소를 동시에 갖고 있었다는 것은 이미 잘 알려진 사실이다). 예컨대 그는 북부 연방주의자였던 형 오라이언(Orion)과는 달리, 북부의 담론(discourse)을 받아들이면서도 남부에 대한 향수를 갖고 있었고, 목가주의를 지지하면서도 기계문명의 이점에 매료되었으며(예컨대 그는 증기선 파일럿이 되고 싶어했고, 새로운 인쇄활자에 투자했을 뿐 아니라, 자신이 발명한 것들의 특허를 출원하기도 했다), 뛰어난 유머감각과 비극적 비전을 동시에 갖고 있었던 복합적인 인물이었다.

트웨인의 이러한 비극적 비전과, 이분법적 경계선을 넘나드는 속성은 그의 작품세계를 이해하고 분석하는 데, 해체론적 접근을 가능하게 해준다. 해체론은 물론 여러 가지 관점에서 논의될 수 있겠지만, 이 글에서는 특히 해체론의 가장 핵심이 된다고 볼 수 있는 '탈중심, 절대적 진실의 부재, 경계초월, 이분법적 위계질서의 해체(decentering/absence of the Truth/transcending boundaries/deconstructing the binary oppositions) 등을 중심으로 트웨인의 주요 작품들을 읽어나감으로써, 트웨인의 문학세계를 20세기 후반 해체론적 시각으로 이해해보려고 한다.

『허클베리 핀의 모험』을 관통하는 주제는 미국을 동서로 나누는 미시시피 강과 그 강의 흐름을 타고 여행하는 뗏목이다. 당시 허크와 짐이 탄 뗏목은 너비 12피트, 길이 15-6피트였으며, 그 특성은 다음과 같이 정리할 수 있다.

1. 뗏목(raft)에는 엉성한 틈(rift)이 있다.
2. 물 위에 떠있다.
3. 확고한 구심점이나 근원이 없다.
4. 지나간 자리에 흔적이 없다.
5. 뗏목의 용도는 원래 항해가 아니라, 맞은편 육지까지 건너가는 것이다.
6. 뗏목에는 '유희'의 의미가 있다.

뗏목은 리오 마르크스(Leo Marx)의 지적대로, 19세기 미국사회를 이루는 두 인종인 백인소년과 흑인 도망노예가 동반자로서 모험을 겪는 '미국의 움직이는 확장(a mobile extension of America)'이며, 항해의 목적은 억압적이고 위협적인 문명과 사회로부터의 도피와 자유, 즉 아메리칸 드림의 추구이다. 그리고 그 과정에서 성취되는 것은 19세기 미국사회에 대한 비판적 성찰과, 미국인들의 짐이자 꿈인 인종 간의 이해와 우정이다.

그러나 허크와 짐의 뗏목여행에는 처음부터 실패가 내재되어 있는 것처럼 보인다. 우선 미시시피 강은 미국을 남북으로 나누는 존 도스 패소스의 『42도 선』과는 달리, 아메리카 대륙을 동서로 나누고 있다.

그래서 독자들은 시작부터 트웨인의 아이러니를 발견하게 된다. 왜냐하면 이 소설은 분명 동부와 서부가 아닌 남부와 북부의 문제를 다루고 있기 때문이다.

물론 미시시피 강은 북에서 남으로 흐른다(강은 무의식, 생명의 근원, 영원한 시간성, 그리고 연속성 등의 특성을 갖고 있다). 그래서 허크와 짐은 남쪽으로 항해한다. 그러나 아이러니컬하게도 그들이 찾아가는 것은 남부의 이데올로기가 아니라 북부의 담론(discourse)이다. 그렇다면 그들의 뗏목은 북쪽으로 가기 위해 남쪽으로 내려가고 있는 셈이 된다. 자유주인 북부로 가기 위해 실제로는 남부로 가고 있는 이들의 역설적 아이러니는 다음 두 가지 의미를 갖는다. 첫째, 북부에서 추구하는 것의 근원적 문제와 대면하기 위해 남부로 간다. 둘째, 북부의 담론을 추구하지만, 결국에는 필연적으로 남부로 떠내려가게끔 되어 있다. 미시시피 강은 또 자유주와 노예주를 갈라놓는 경계가 된다. 그러나 과연 그 두 지역이 낙원과 지옥처럼 그렇게 확연히 구분되는 것인지에 대해 트웨인은 별 말이 없다. 그리고 그러한 것들을 깨닫는 순간, 독자들은 뗏목여행의 패러독스와 이미 처음부터 예정된 실패의 그림자를 보게 된다.

뗏목을 탄 두 도망자의 궁극적 목표는 짐이 자유를 얻고 돈을 벌어 가족들을 데려올 수 있는 곳, 즉 카이로 항구이다. 그래서 카이로는 그들이 추구하는 유토피아 즉 절대적 진리를 상징한다. 그러나 짙은 안개로 인해 그들은 그만 카이로를 지나치고 만다. 진리의 중심에 가까이 가면 갈수록 안개가 심해져 결국 추구하던 절대적 진리는 보이지 않게 되기 때문이다. 하이젠베르크의 불확실성 이론 또는 양자이론과도 상통하는 이러한 설정은 이미 포의 『아서 고든 핌의 모험』이나 멜빌의 『모비 딕』에서도 제시되었으며, 후에 콘라드의 『어둠의 핵심』에서도 다시 반복되는데, 그와 같은 것은 19세기 영미소설에 대한 해체론적 접근의 타당성을 제공해주고 있다. 트웨인의 『허클베리 핀의 모험』에서도 역시 절대적 진리란 우리가 애타게 찾지만 결국은 부재하는 초월적 기의(Transcendental Signified)가 된다. 그렇다면 허크와 짐이 발견하는 것도 궁극적으로는 부재한 진리의 흔적(trace)일 뿐, 아메리카 대륙에 그들이 찾을 수 있는 이상적 진리란 아예 처음부터 존재하지 않았는지도 모른다.

세찬 미시시피 강의 물결 위에 떠있는 뗏목 역시 아이러니의 극치를 이룬다. 떠있다는 것을 제외하고는, 뗏목은 파도나 폭풍에 너무나 약하고 원하는 방향으로의 조종이 쉽지 않기 때문이다. 연약한 뗏목을 타고 허크와 짐은 도대체 어디로 갈 수 있단 말인가. 그런 의미에서 뗏목은 깨지기 쉽고 이상적이며, 물 위에 떠있는 미국인들의 목가적인 '꿈'의 상징이라고 볼 수 있을 것이다. 뗏목은 낭만적인 꿈이자 동시에 현실에서는 다만 연약하고 위험한 여행수단일 뿐이다. 과연 뗏목은 갑자기 나타난 리얼리티와 테크놀로지의 상징인 증기선에 의해 파선되고, 그에 따라 허크와 짐의 '꿈'도 산산조각이 난다. 그리고 그 결과, 그들은 16장에서 잠시 서로 헤어지게 된다. 이제 그들 앞에 놓여 있는 것은 남부 해변가 마을들에서 목격하고 경험해야만 하는 끔찍한 현실뿐이다.

그러나 16장 이후에 트웨인이 시도하는 것은 결코 단순한 남부사회 비판이 아니다. 이 소설에서 트웨인이 제시하는 남부사회의 위선과 편견은 그것을 목격하는 백인소년 허크의 눈뜸과, 인식의 전환을 위한 도덕적 텍스트로서 제시되고 있기 때문이다. 그러한 경험을 통해 허크는 비로소 자기 자신의 모습을 돌이켜보게 되고, 자신의 위선과 편견과 증오를 반성하게 되며, 짐에 대한 진정한 우정과 애정을 발견하게 된다. 바로 그런 의미에서 뗏목 위의 '꿈꾸는 자'들이 추구하던 절대적 진리는 카이로 그 자체가 아니라, 카이로를 놓친 다음 경험하는 깨달음(특히 백인소년 허크의 깨달음)이라고 할 수 있다.

트웨인은 19세기 미국인들을 세뇌시키고 있었던 모든 담론—예컨대 이데올로기, 종교, 교육, 관습, 또는 사회적 통념 등—에 대한 통렬한 회의와 반성과 극복을 허크로 하여금 경험하게 함으로써, 그를 정신적 · 도덕적으로 다시 태어나게 한다. 31장에서 도망노예인 짐을 신고하려고 썼던 쪽지를 찢고 지옥에 갈 각오를 하는 허크의 태도는 바로 그와 같은 깨달음과 변화의 소산이다. 허크는 이제 백인과 흑인, 또는 주인과 노예를 가르는 이분법적 가치판단을 버리고, 지배문화의 횡포에 반발하며, 양극의 경계를 초월하는 새로운 비전을 획득한다. 그리고 바로 그 순간 허크와 짐은 진정한 정신적 자유를 획득한다.

엄밀히 말해 허크와 짐은 처음부터 여행목적이나 방향이 달랐다. 짐의 목적은 카이로에 가서 신체적 자유를 찾는 것이었지만, 허크의 목적은 뗏목 위에서의 정신적 자유였다. 즉 허크의 궁극적 목적은 뗏목 그 자체, 또는 뗏목 위에서의 자유로운 삶이었다는 것이다. 그래서 문명과 사회로부터 도피해서 단순히 자유스럽고 싶어하는 허크는 뗏목 위에서는 장난스러워짐으로써 짐에게 핀잔을 받지만, 뗏목으로부터 벗어난 해변가 마을에서는 진지해지면서 도덕적 깨달음과 눈뜸의 과정을 거친다. 예컨대 안개장면 직후, 허크가 짐을 놀릴 때, 짐은 그것을 쓰레기 같은 짓이라고 부르고, 허크는 겸손해져 짐에게 사과한다. 그리고 허크는 뗏목 위에서는 언제나 잘못된 행위를 하지만, 해안에 상륙해서는 언제나 옳은 일만을 하게 된다.

허크와 짐 둘 다에게 뗏목은 자유의 상징이자 동시에 감옥이 된다. 마을의 속박을 벗어나 미시시피 강을 여행한다는 점에서는 '자유'지만, 뗏목을 벗어나기 어렵다는 점에서는 뗏목이 감옥이 되기 때문이다. 더구나 허크가 인종적 편견을 벗어나지 못하는 한, 두 사람은 상징적 감옥에 갇혀 있는 셈이 된다. 그러나 여행을 통해 두 사람 사이에 진정한 교감과 우정과 이해가 싹트면서, 허크와 짐은 둘 다 고양된 영적 · 도덕적 깨달음을 통해 진정한 자유를 얻게 된다. 정신적 깨달음이 있을 때, 신체적 자유는 저절로 얻어지기 때문이다. 과연 이 소설의 마지막에 독자들은 왓슨 부인의 유언에 의해서 짐의 신체적 자유가 이미 오래전에 주어졌다는 것을 알게 된다.

그런 의미에서 이 소설의 마지막 펠프스 농장 에피소드는 불필요한 것처럼 보인다. 이제는 뗏목여행도 끝이 나고, 오직 탐 소여의 짓궂은 장난만 남았기 때문이다. 닐 슈미츠(Neil Schmitz)는 "도덕주의자들을 기쁘게 하기 위해서는 탐이 등장하기 전에 이 소설이 끝났어야만 한다"(Schmitz, 1982, p. 27)고 지적하고 있다. 즉 도덕주의자들을 만족시키기 위해서는, 허크가 깨달음을 통해 인종적 편견에서 벗어나 진정으로 짐과 인간적인 교류를 하게 되면서 이 소설이 끝났어야만 한다는 것이다.

그러나 만일 펠프스 농장 에피소드가 트웨인의 더욱 더 심화된 비관주의를 드러내주고 있다면, 그 에피소드의 존재 가치를 간단히 평가절하할 수만은 없을 것이다. 왜냐하면 펠프스 농장 에피소드를 통해 트웨인은 미국사회의 위선과 편견이 남부의 백인 쓰레기(white trash)나 빈자나 나쁜 사람들에게만 있는 것이 아니라, 친절하고 선량한 백인들(샐리 이모나 탐 소여 같은)에게도 뿌리 깊게 내재해 있다는 것을 드러내주고 있기 때문이다. 특히 탐이 단순히 낭만적인 모험과 장난을 위해 짐에게 입히는 상처와 시련은, 바로 선량한 백인들의 무의식적인 태도나 낭만적 사고방식이 유색인들에게 입힐 수 있는 정신적 상처를 상징한다고 볼 수 있다. 트웨인은 1876년에 첫 16장(카이로로 가려고 애쓰는 장면)까지 쓰고, 1879-1880년에 중간부분을 썼으며, 1883년에 마지막 부분을 썼다. 그러므로 그동안 트웨인이 겪었을 인식의 변화가 이 작품의 전개에 따라 나타났을 가능성이 많다. 그런 맥락에서 보면 '펠프스 농장 에피소드' 역시 단순한 구성상의 실패가 아니라, 후기 트웨인의 비관주의나 풍자의식의 소산이라고도 볼 수 있을 것이다.

펠프스 농장 에피소드의 보다 더 심각한 문제는 아마도 뗏목을 잃어버리고, 여행을 하지 못한 채, 농장에 눌러앉은 허크의 무력함일 것이다.

펠프스 농장에서 허크는 장난을 치기 위해 자기 사촌동생 시드 행세를 하는 탐 소여 때문에 자신의 정체성을 잃고 주위사람들로부터 탐 소여로 오인된다(펠프스 농장 이모집에 놀러간 탐 소여는 이모 가족이 자기 얼굴을 모른다는 사실을 이용해 자기를 고향에 두고 온 사촌동생 시드라고 소개하고 여러 가지 심술궂은 장난을 친다). 그리고 바로 그 순간 허크는 무기력한 존재로 축소된다. 그래서 그는 농장을 떠나 다시 한번 구심점이 없는 여행을 계속해야만 한다. 그러나 프런티어가 사라진 1890년이 되면, 그는 과연 어디로 갈 수 있을 것인가? 해체된 그의 뗏목은 과연 무엇으로 바뀔 것인가?

트웨인은 허크와 짐의 뗏목여행이 실패하리라는 것을 처음부터 알고 있었던 것 같다. 조류를 따라가야만 하고 힘과 기동력이 약한 뗏목은 필연적으로 노예주 지역인 남부로 흘러가게끔 운명 지워져 있었으며, 북부와 자유의 상징인 카이로를 찾지 못하게끔 예정되어 있었기 때문이다. 사실 북부에서 절대적 진리와 자유를 찾지 못하고 남부로 흘러들어 간다는 점에서 뗏목여행은 실패인 것처럼 보인다. 그러나 만일 북부에서 쉽게 자유를 찾아 안주하는 것보다, 남부로 들어가 문제의 핵심과 대면하는 것이 이 작품의 원래 의도였다면, 허크와 짐의 뗏목여행은 그 목적을 십분 성취한 셈이 된다. 그런 의미에서 뗏목은 현실의 위협적인 파도 위에서도 침몰하지 않고 부단히 흔들리며 춤추는, 그래서 고정되고 경직된 사회 관습들과 통념들을 조롱하고 해체하는 '언어의 유희'에 비유할 수 있을 것이다. 그렇다면 뗏목여행을 통해 허크와 짐은 '인종 간의 화해'라는 미국의 꿈을 은유적으로 성취했다고 볼 수 있을 것이다. 노먼 메일러(Norman Mailer)는 『허클베리 핀의 모험』 출간 100주년 기념 해에 다음과 같은 글을 썼다.

> 『허클베리 핀의 모험』을 읽으면서 우리는 백인들과 흑인들 사이의 증오에 가득 차고 죽어가는 지금의 관계가 사실은 아직도 우리나라의 위대한 사랑의

> 관계라는 것을 다시 한번 깨닫게 된다. 그러한 관계가 증오와 상호불행으로 끝난다면 그것은 슬픈 일이 될 것이다. 이 소설의 물결을 타고 가며 우리는 그러한 사랑의 관계가 아직 새롭고 또 가능한 것처럼 보였던 시절로 되돌아가게 된다. 그러한 감정을 회상해보는 것은 사실 얼마나 풍성한 느낌을 가져다주는가? 희망이 시들어버리고 정열이 식어버린 후에 그러한 감정이 회상에 남겨놓는 불멸의 풍요함 외에 더 위대한 것이 무엇이 있겠는가? 다시 쓸 수 있는 그러한 풍요함이 거기에 있다는 것은 언제나 민주주의의 희망이 된다. 『허클베리 핀의 모험』의 지속적인 위대함도 그것이 우리로 하여금 자유롭게 민주주의와 그것의 숭고하고도 무거운 전제를 생각하도록 해준다는 데에 있다. …… 민주적 인간의 화신이었던 트웨인은 펜을 움직일 때마다 그러한 전제를 알고 있었으며, 어떻게 그것을 시험해야 하고, 어떻게 그것을 얽히게 하며, 또 어떻게 안타깝게 해야 우리가 그러한 이상에 대한 사랑으로 다시 마음이 부드러워질 것인가를 잘 알고 있었다.
>
> (Mailer, 1985, p. 33)

『아서왕 궁전의 코네티컷 양키(*A Connecticut Yankee in King Arthur's Court*)』에서 트웨인은 미국 남부로의 여행이 아니라 미국의 근원인 영국으로의 여행을, 그리고 19세기에서 6세기로의 과거여행을 시도하고 있다. 이 작품에서 행크는 뗏목여행 대신 6세기 영국 아서왕 시대로 시공이 전도된 시간여행을 떠난다. 그리고 아서왕의 궁전에 체류하면서, 샌디와 더불어 기사여행을 떠나고 아서왕과 같이 민정시찰을 나간다. 그리고 그 과정에서 행크는 아서왕 시대의 여러 사람들을 만나는데, 그들은 허크가 만났던 미국 남부 사람들과 강렬한 병치를 이룬다.

원래 트웨인은 미국문화를 저속하다고 비판했던 매슈 아놀드(Matthew Arnold)에 대한 반발로 『아서왕 궁전의 코네티컷 양키』를 썼다고 알려져 있다. 그래서 애초에 그는 영국의 귀족주의와 목가주의에 비해 미국의 민주주의와 테크놀로지의 우월성을 보여주려고 했다. 그러나 아서왕 시대에 대한 월터 스콧 식의 낭만화를 비판하려던 트웨인의 원래 의도는 결국 19세기 미국사회에 대한 신랄한 비판으로 끝을 맺고 만다. 그래서 그런지 이 작품에는 역사의 진보와 문명의 발전에 대한 저자의 비관적 태도가 작품 전체에 짙게 깔려 있다. 그리고 그 결과, 저자의 원래 의도와는 달리, 영국과 미국, 그리고 과거와 현재의 경계가 모호해지면서 이 작품은 결국 스스로를 해체하게 된다.

아서왕 시대로 돌아간 시간여행이 행크에게 눈뜸과 깨달음의 여행이 되는 것도 바로 그런 이유에서다. 행크는 낭만적으로만 생각했던 아서왕 시대가 사실은 미국의 노예제 사회와 크게 다를 바 없었다는 것뿐만 아니라, 아서왕 시대 귀족들의 횡포와 기사들의 잔인성, 봉건군주제의 해악, 그리고 교회의 횡포가 19세기 미국사회에서도 여전히 계속되고 있다는 사실까지도 깨닫게 된다. 또 그는 테크놀로지의 우월성을 믿었지만, 그 테크놀로지가 오용될 때 얼마나 많은 폐해를 가져오는지도 깨닫게 된다(현대의 테크놀로지를 6세기로 가져가 야만적인 아서왕 시대 사람들을 문명화시키려던 그 자신이 스스로 테크놀로지를 이용해 2만 5천 명의 기사들을 학살하는 장면은 바로 그러한 문제를 잘 드러내주고 있다).

그래서 『아서왕 궁전의 코네티컷 양키』에서 트웨인은 미국문화에 대한 영국의 편견뿐만 아니라, 기술문명의 발달에 대한 19세기 미국의 낙관주의에도 강력한 제동을 건다. 그런 의미에서 이 작품은 일견 유토피아 소설 같으면서도 암울한 디스토피아 소설이 된다. 이 작품에서도 이상적이고 절대적인 진리는 발견되지 않는다. 행크는 6세기 영국에서 19세기 미국사회의 문제점의 '근원'을 보았으며, 19세기 미국에서 6세기 영국의 '흔적'을 보았을 뿐이다. 테크놀로지가 유토피아를 가져다줄 수 없다는 것, 그리고 미국과 유럽, 또는 중세와 현재 사이에 근본적인 차이란 없다는 것을 깨달은 후, 행크의 이분법적 가치판단과 서열의식은 철저하게 해체된다.

『바보 윌슨(*Pudd'nhead Wilson*)』은 트웨인이 페이지(Paige) 식자기에 투자해

20여 만 달러를 손해 본 우울한 시기에 출간되었다. 남북전쟁 이전을 배경으로 하고 있는 이 소설은 원래 샴 쌍둥이를 주인공으로 하는 소극으로 쓰려던 것이 록시와 탐과 윌슨이 등장하는 비극으로 바꾸어진 것이다. 그래서 그런지 이 소설은 희극과 비극의 경계를 뛰어넘는 독특한 분위기를 창출하고 있다.

이 소설에는 허크의 뗏목도, 행크의 시간여행도 없다. 여기에는 다만 도슨스 랜딩(Dawson's Landing)에 흘러들어온 떠돌이 윌슨이 있을 뿐이다. 그러나 마을 사람들로부터 바보라고 놀림 받는 윌슨은 이 마을에 들어와서, 백인과 흑인, 그리고 주인과 노예의 이분법적 경계를 해체한다. 즉 그는 흑인노예 록시가 어렸을 때 아이들을 바꿔쳐서, 록시의 아들이 백인주인 탐으로 성장하고, 주인의 아들은 노예로 성장했다는 것을 지문조사를 통해 밝혀냄으로써 마을 사람들을 경악하게 만든다.

그러한 설정의 근저에는 물론 사회제도와 인간성에 대한 트웨인의 깊은 환멸이 자리 잡고 있다. 즉 트웨인은 바뀌진 두 아이들을 통해 인간은 어떻게 태어나면서부터 돌이킬 수 없는 사악함을 갖고 태어나는지, 그리고 어떻게 제도에 의해 형성되어 가는지를 결정론적인 입장에서 고찰하고 있다. 트웨인의 환멸은 거기에서 그치지 않고 도슨스 랜딩의 사건을 해결한 후 드디어 그 사회의 일원으로 인정받고 부상하는 윌슨에 대한 비관적 태도로까지 확대된다. 그렇다면 자신의 캘린더에 "미국을 발견한 것은 좋은 일이었지만, 발견하지 못했더라면 더 좋을 뻔했다(It was wonderful to find America, but it would have been more wonderful to miss it.)"라고 적어놓은 윌슨은 여행을 마치고 마을로 돌아와 정착한 허크일까, 아니면 재치 있는 장난꾸러기 탐일까?

이분법적 가치판단을 초월하는 모호함(ambiguity)과 양가성(ambivalence)을 특징으로 하는 트웨인의 문학세계에 절대적 진리란 없다. 거기에는 다만 진리를 가리는 짙은 안개와 그 안개 속에서 길을 잃는 연약한 뗏목만 있을 뿐이다. 뗏목은 통나무(log)로 만들어진다. 그런데 'log'에는 동시에 '항해일지'란 뜻도 있다. 그렇다면 트웨인의 뗏목은 은유적으로 절대적 진리와 이상적인 '미국의 꿈', 그리고 적대적이고 불가해한 리얼리티의 탐색을 위한 미국인들의 항해일지라고도 말할 수 있을 것이다. 레슬리 피들러는 "탐 소여와 헉 핀은 같은 꿈을 두 번 꾸는 셈인데, 후자는 악몽이다."(Fiedler, 1960, p. 354)라고 말한다. 이 말은 곧 『허클베리 핀의 모험』이 미국사회의 악몽적 요소들을 묘사하고 있음을 의미한다. 그렇다면 우리는 허크와 짐의 뗏목으로부터, 오늘날 미국인들이(또는 우리가) 당면한 상황과 문제들에 대한 한 기호학적 해석을 읽어낼 수도 있을 것이다. 비록 독자의 해석 또한 허크의 뗏목처럼 결코 절대적인 구심점을 찾지 못하고 부단히 부유하다가, 해석학적 순환 속에서 숙명적으로 해체될 운명에 처해 있지만 말이다.

3. 경제공황기의 문학: 현실과 이상의 경계에 선 작가들

미국사회에 경제공황은 갑자기 들이닥쳤다. '블랙 화요일(Black Tuesday)'이라고 불린 1929년 10월 29일, 『뉴욕타임스』의 헤드라인이 보도한 뉴욕 주식시장의 붕괴와 더불어 시작된 '경제대공황(The Great Depression)'은 아메리카 대륙을 강타했으며, 이어 전 세계의 경제 기조를 뒤흔들었다. 후버 대통령의 초기 노력과 루즈벨트 대통령의 뉴딜정책, 그리고 1939년 여름에 시작된 제2차 세계대전의 여파로 미국경제가 회복될 때까지 무려 10여 년 동안이나 계속된 1930년대의 경제공황은 미국이라는 거대한 나라의 경제를 파탄 직전까지 몰고갔다.

1920년대만 해도 세계의 경제는 호황이었다. 심지어 러시아혁명으로 경제개발이 심각하게 지연된 소련까지도 제1차 5개년 경제개발 계획을 순조롭게 진행하고 있었다. 미국인들 역시, 제1차 세계대전 직후의 경제적 호황으로 사치와 낭비를 일삼았고, 풍요 속에서 흥청망청 돈을 쓰며 살았다. 미국작가 스콧 피츠제럴드의 소설 『위대한 개츠비』가 생생하게 묘사하고 있듯이, 당시 미국 사회에서는 철야 파티를 열어 밤새 먹고 마시며 춤추는 일이 비일비재했다. 파운드나 엘리엇, 또는 포크너나 헤밍웨이 같은 1920년대 미국작가들이 모두 인류문명의 타락과 물질주의의 만연을 경고하고 있는 것도 바로 그런 맥락에서였다고 볼 수 있다.

그런 의미에서 보면 미국 경제공황의 기습은 필연적인 것이었다. 사치와 소비가 만연했던 1920년대 말 미국의 인플레이션은 극에 달했고 경제공황의 조짐이 사방에 보이고 있었지만 미국인들은 낙관적이었다. 그러나 20년대부터 벌써 볼리비아나 불가리아나 오스트레일리아 같은 나라들의 경제가 흔들리기 시작했으며, 이어 영국과 프랑스, 독일과 이탈리아, 그리고 일본과 중국을 포함한 세계 모든 나라들도 경제공황에 휩쓸리게 되었다.

그러나 존 개러티(John A. Garraty)가 『경제공황(*The Great Depression*)』이라는 저서에서 지적하고 있듯이, 당시 모든 나라들은 경제공황의 책임을 다른 나라에 전가하기에 급급했으며, 타국을 지원하는 일에도 전혀 관심이 없었다. 심지어 후버 대통령까지도 '경제공황은 미국에서 시작된 것이 아니고, 제1차 세계대전으로 인해 시작되었다'고 그 원인을 세계대전에 전가했다. 바로 그 점이 IMF 금융지원이 가능하고, 미국이나 일본 같은 경제대국들의 적극 원조가 이루어지고 있는 요즘과 다른 점이다. 물론 전 세계가 공황을 겪고 있는 상황에서 다른 나라를 돕는 것이 불가능했을 수도 있다. 그러나 돌이켜보건대, 만일 그때 세계 각국이 힘을 합해 서로를 도왔더라면 적어도 그렇게 오랫동안 전 세계가 극심한 공황에 시달리지는 않았을 것이며, 또 베르사유 조약 이후 전쟁 빚으로 인해 경제적 궁지에 몰린 독일이 제2차 세계대전을 일으키는 사태로까지 상황이 악화되지도 않았으리라는 것이 전문가들의 공통된 견해이다.

경제공황은 1933년까지 최악의 상태였다가 그 후에는 다소 회복되는 것처럼 보였지만, 1937-38년에 다시 한번 거센 한파가 몰아쳤으며, 1939년 제2차 세계대전이 시작되면서부터 서서히 막을 내리기 시작했다. 그동안 수많은 사람들이 일자리를 잃었고, 실직자들은 빈민 구호 급식소에 줄을 서서 끼니를 해결하거나(그것을 'soup line' 또는 'relief line'이라고 불렀다), 빈민 구호소에서 도움 받을 차례를 기다리며 살아야만 했다. 그런 식으로 약 10여 년 동안이나 계속된 미국의 경제공황은 단순히 경제적 어려움으로 끝난 것이 아니라, 미국인들의 현실인식을 변화시키는 결정적인 계기가 되었으며, 미국문학의 성격을 바꾸어놓는 데도 중요한 전기를 제공해 주었다.

경제공황기의 미국작가들이 맨 처음 느끼고 또 발견한 것은 우파 이데올로기인 파시즘과 자본주의의 실패였다. 그리고 그 결과, 미국문단에는 좌파 이데올로기로 충전된 프롤레타리아 문학과 사회저항 문학과 폭로문학이 주류를 이루게 되었다. 문학작품은 이제 소외되고 가난한 사람들의 삶의 묘사나, 그들을 착취하는 기업들에 대한 폭로, 또는 억압적이고 불공평한 사회 환경에 대한 저항을 주제로 하기 시작했다.

당대의 그와 같은 사조와 조류는 너무나 강력하고 절실해서 당시 그것의 영향으로부터 완전히 자유로운 작가는 하나도 없었다. 심지어는 비투쟁적이고 비정치적이었던 헤밍웨이와 포크너까지도 30년대에는 사회저항적인 작품들을 썼다. 예컨대 헤밍웨이는 『가진 자와 갖지 못한 자(*To Have and Have Not*)』에서 부르주아적 취향과 프롤레타리아적 가치관 사이의 갈등을 다루었고, 포크너도 『비행탑(*Pylon*)』에서 조종사들의 계급투쟁을 다루었으나, 그 결과는 둘 다 참담한 실패였다. 두 작가가 재능을 발휘할 수 있는 본령은 결코 마르크스주의적 사회저항이 아니었고, 그런 의미에서 그들은 정신적으로 20년대에 속하는 작가들이었기 때문이다.

진정한 의미에서 30년대에 속하는 작가들로는 월터 라이드아웃(Walter B. Rideout)의 『미국의 급진소설(*The Radical Novel in the United States*)』, 하비 스와도스(Harvey Swados)의 『미국작가와 경제공황(*The American Writer and the Great Depression*)』, 그리고 데이빗 매든(David Madden)의 『30년대 프롤레타리아 작가들(*Proletarian Writers of the Thirties*)』 같은 1930년대 미국소설연구서들이 지적하고 있듯이 다음과 같은 사람들이 꼽히는데, 그들을 성향별로 분류하여 그 특색을 살펴보면 다음과 같다.

급진적 또는 온건한 좌파 작가들

미국의 경제공황기를 대표하는 급진적 좌파 작가 중 가장 두드러진 사람은 『돈 없는 유대인(*Jews Without Money*)』(1930)의 저자인 마이클 골드(Michael Gold)이다. 비록 30년대 이전을 배경으로 하고는 있지만, 위 소설은 경제공황기의 시대정신을 가장 잘 드러내고 있는 작품 중 하나로 꼽힌다. 골드는 늘 문학은 귀족보다는 민중을 위해, 그리고 아름다운 이상보다는 끔찍한 현실 변혁을 위해 존재해야 한다고 주장했다.

골드처럼 급진적 좌파작가는 아니었지만, 경제공황기 흑인빈민들의 참상을 생생하게 묘사한 작가는 리처드 라이트(Richard Wright)였다. 라이트는 『탐 아저씨의 후예들(*Uncle Tom's Children*)』(1936)과 『미국의 아들(*Native Son*)』(1940)에서 인종차별과 빈자차별이 만연한 당시 미국사회의 구조적 모순과 편견을 강력한 필치로 고발했다.

보다 더 온건한 작가로 『스터스 로니건(*Studs Lonigan*)』 3부작을 쓴 제임스 패럴(James T. Farrell)이 있다. 이 세 권의 소설에서 패럴은 경제공황기에 어떻게 꿈 많은 한 소년이 좌절하고 파멸해가는가를 사실주의적 기법으로 파헤치고 있다. 패럴은 로니건의 실패와 죽음을 통해 궁극적으로는 미국사회의 실패와 붕괴를 고발하고 있다.

30년대 작가로 존 도스 패소스를 빼놓을 수는 없다. 그의 『유 에스 에이(*U.S.A.*)』 3부작은 비록 경제공황기 직전까지를 배경으로 하고는 있지만, 모두 30년대에 출간된 경제공황 소설들이다. 도스 패소스는 이 소설들에서 미국 사회의 좌절과 분열과 붕괴, 그리고 타락한 자본주의의 폐해를 혁신적인 영화기법을 사용해 묘사했던 재능 있는 작가였다. 그는 경제공황을 미국사회의 정신적 타락의 필연적인 결과로 보았다.

노벨상 수상작가인 존 스타인벡(John Steinbeck)은 경제공황기에 모두 일곱 권의 소설을 출간한 진정한 공황기의 작가였다. 스타인벡은 뉴욕이나 시카고에서의 추상적 좌파운동이 아니라, 캘리포니아 농장 노동자들의 참상을 자신의 직접 체험을 통해 묘사해서 큰 호응을 받았다. 스타인벡의 중요성은 그가 결코 이데올로기의 전사로 타락하지 않고, 사회저항과 투쟁 속에서도 언제나 따뜻한 휴머니즘과 자연에 대한 애정을 잃지 않았다는 데 있다.

포토 르포르타주의 경우

소설가 제임스 에이지(James Agee)가 쓰고 사진작가가 워커 에반스(Walker Evans)가 사진을 삽입한 유명한 르포르타주 『이제 유명한 사람들을 칭송하자(*Let Us Now Praise Famous Men*)』는 경제공황기에 문학과 작가가 할 수 있는 한 좋은 역할을 잘 보여주고 있다. 1936년 『포춘(*Fortune*)』지의 청탁으로 앨라배마 주의 한 소작농의 가정에 기거하면서 경제공황기 농부들의 참상을 생생하게 취재해 기록한 이 책은, 비록 잡지사로부터는 게재를 거부당했지만 후에 단행본으로 출간되어 30년대를 가장 잘 묘사한 명저라고 평가받았다.

에이지와 에반스의 이 특이한 책은 경제공황시대에 소설이나 시 같은 허구적 창작이 해낼 수 없는 리얼리즘을 르포르타주를 통해 성취할 수 있었다는 점에서 중요한 의미를 갖는다. 현실이 너무나 비참하고 끔찍할 때, 허구적 상상력은 간혹 그 재현 능력을 상실한다. 그러나 르포르타주는 그러한 한계를 초월해서 독자들에게 생생한 리얼리티를 전달해줄 수 있다는 장점을 갖는다. 80년대 국내에서 출간된 조세희의 포토 르포르타주『침묵의 뿌리』역시 바로 그러한 역할을 해냈던 책으로 평가받는다.

경제공황기의 비정치적 작가들

모두가 사회저항 소설을 쓰고 있었던 경제공황기에도 개인의 사적인 세계를 탐색했던 작가들이 있었다. 그러나 그 사적인 세계는 조이스의 '의식의 흐름'이나, 포크너의 '내적 독백'의 세계가 아닌, 당대의 어두운 사회현실로부터 결코 자유롭지 못한 폭력과 광기, 그리고 고독과 방황의 세계였다.

1931년에 첫 소설을 발표했고 1940년에 교통사고로 죽었던 나사니엘 웨스트(Nathanael West)는 그런 의미에서 진정한 경제공황기의 작가였다. 웨스트는 경제공황이 초래한 미국인들의 정신적 공황을 절망적이고 시니컬한 웃음으로 풍자했다. 그가 파악하고 묘사하는 현실은 너무나 어둡고 폭력적이고 기괴해서, 30년대를 풍미했던 리얼리즘 기법으로는 도저히 담아낼 수 없는 것들이었고, 그래서 그는 특유의 초현실적 리얼리즘을 창출해냈다. 그 결과, 독자들은 웨스트의 소설들을 읽으며 마치 '악몽 같은 현실'과 '현실 같은 악몽'을 만나게 된다.

웨스트는 자신의 시대를 '광기와 폭력의 시대'로 파악했고, 그것을 블랙 유머로 풍자하려고 했던 작가였다. 그래서 그의 소설들은 언제나 불안하고 기괴한 꿈의 분위기를 창출한다. 예컨대 처녀작『발소 스넬의 꿈(*The Dream Life of Balso Snell*)』(1931)에서 서정시인 스넬은 꿈속에서 트로이 목마 속으로 들어가 어두운 미로를 헤매며 악몽 같은 현실의 은유들과 조우한다. 1933년에 나온 『미스 론리하트(*Miss Lonelyhearts*)』의 주인공은 독자들의 편지에 대해 충고를 해주는 어느 신문사의 칼럼니스트인데, 결국은 자신의 독자에게 살해당한다. 폭력과 광기로 점철된 사회에서 웨스트가 보는 현대의 구세주는 실패자일 뿐이다.

현실 개혁과 역사의 진보에 낙관적이었던 사회저항 소설가들과는 달리 웨스트는 사회 개선에 대해 비관적이었으며, 동료 작가들이 경제공황을 외부의 현실로 인식하고 있을 때, 그것을 내면의 거울로 바라보았던 특이한 작가였다. 웨스트가 동료작가들이 미처 보지 못했던 어두운 악몽적 현실을 통찰할 수 있었던 것도 바로 그러한 자신의 성향 때문이었다. 웨스트의 경우는, 외적 경제공황을 작가가 어떻게 내적 악몽으로 파악할 수 있는가를 보여준 한 좋은 예가 된다.

웨스트처럼 역시 할리우드에서 스크립터로 일했던 대니얼 푹스(Daniel Fuchs) 역시 사회의식보다는 사적인 비전을 중시했던 작가였다. 그러나 그의 대표작인 윌리엄스빌 3부작은 푹스 역시 재능 있는 좌파계열의 작가였음을 잘 보여주고 있다. 이 세 권의 소설에서 푹스는 윌리엄스빌이라는 특정 장소에서 성장하는 주인공의 눈뜸의 과정, 그리고 그의 주변 상황을 통해, 특정 환경과 생활조건이 어떻게 한 인간의 형성에 폭력적인 힘을 행사하는가를 섬뜩하리만큼 생생한 문체로 묘사하고 있다. 그래서 앨버트 핼퍼(Albert Halper) 같은 프롤레타리아 작가는 푹스를 가리켜, "그는 무거운 짐을 지고 있는 사람이다. 나는 그를 부러워하지 않는다. …… 그는 슬픔의 작가이다"라고 말한 적이 있다.

모두가 경제공황과 이데올로기와 씨름하고 있을 때, 홀로 비정치적인 소설을 썼던 작가가 바로 헨리 밀러이다. 대표작인 『북회귀선』(1934)과 『남회귀선』(1939)을 모두 경제공황기인 30년대에 써낸 밀러는 이상하리만큼 비정치적 · 비사회적 · 비이데올로기적인 작가였다.

일견, 밀러의 소설들에는 사회적 책임이나 정치적 고뇌나 역사적 갈등이 전혀 없는 것처럼 보인다. 그러나 개인의 자유를 찬양하는 밀러의 그러한 사적 소설들은 '모든 사람들이 조국과 책임과 사회 진보를 외치던 시대에 쓰여졌다는 점'에서 오히려 중요한 의미를 갖는다. 왜냐하면 반주류적이고 반체제적이며, 사적이고 자유지향적인 것이야말로 바로 문학이 지향하는 기본 성향이기 때문이다. 밀러는 모두가 집단과 이데올로기와 정치의 중요성을 강조할 때, 홀로 개인의 고뇌와 방황과 자유의 중요성을 주장했던 특이한 작가였다. 그러한 의미에서 밀러는 도덕을 외치며 개인의 자유를 구속하는 '청교도주의의 종말'을 선언했던 최초의 미국작가였다.

밀러는 인간을 속박하고 있는 모든 관습의 굴레를 과감히 벗어버리고 그것을 비웃었던 작가였다. 그에게 있어서는 경제공황기의 정치적 이데올로기나 중산층의 속물적 관습이나 섹스가 모두 똑같이 탈출해야만 하는 인간의 굴레였을 뿐이다. 그가 오랜 세월을 파리에서 망명 작가로 살았으며, 나중에 미국에 돌아와서도 '돌아온 망명객'의 생활에 만족하지 못했던 이유도 어쩌면 바로 거기에 있었는지도 모른다.

에드먼드 윌슨(Edmund Wilson)은 우파 보수주의자들로부터는 좌파 문인으로, 그리고 좌파 급진주의자들로부터는 우파 문인으로 오해와 비난을 받았던 중도 노선의 비평가였다. 『좌파 작가들(*Writers on the Left*)』의 저자인 대니얼 아론(Daniel Aaron)은 윌슨에 대해 다음과 같이 말하고 있다.

> '혁명 문학'과 '부르주아 예술'과 '프롤레타리아 예술'에 대한 윌슨의 입장은 좌파도 만족시키지 못했고 우파도 만족시키지 못했다. 그 당시(1930-34) 그 어느 진보적 비평가도 사이비 마르크시스트들의 어리석음과 마르크시스트 비평의 현학성을 윌슨처럼 초연한 자세로 논의하지 못했다. 그는 마르크

> 시즘과 인문주의 모두가 실수를 저지르고 있다고 말했다. 그는 그 두 사조 모두가 '예술의 가치를 경직된 도그마에 대한 자기들의 순응에 근거해 측정하려고 하는 입장을 고수하고 있다'고 지적했다.
>
> (Aaron, 1961, pp. 251-252)

윌슨은 우파 이데올로기였던 인문주의가 지배 사조로 군림하던 20년대에는 우파 보수주의를 비판했고, 마르크시즘이 유행처럼 번져가던 30년대에는 과감히 좌파 이데올로기를 비판하는 진정한 지식인의 모습을 보여주었다. 윌슨은 러시아를 숭배해 마르크시즘을 무조건 미국에 적용시키려 했던 공산주의자들의 무모한 급진주의에 제동을 걸었을 뿐만 아니라, 공산주의자들이 과거의 전통을 말살하고 문학을 정치선전 도구로 전락시킨다고 생각했던 부르주아 보수주의자들의 순수지상주의도 경멸했다. 그는 사회변혁에 대한 단순한 논리, 과학에 대한 환상, 도그마티즘, 그리고 경직성을 좌파 급진주의의 문제점으로, 그리고 과거와 전통에 대한 과도한 집착과 숭배, 순수 지상주의, 속물주의, 문화적 우월주의 등을 우파 보수주의의 문제점으로 지적하고, 그 위험성을 경고해주었던 경제공황기의 진정한 비평가였다.

경제공황이 계속되던 1930년대는 소위 20년대에 속하던 작가에게는 당혹과 좌절의 시기였다. 문단에 갑자기 불어닥친 강력한 사회 정치의식과 이데올로기 투쟁 때문이었다. 그들에게 30년대 문학은 예술성이 결핍된 단순한 사회 저항문학에 불과한 것처럼 보였다. 그럼에도 불구하고, 30년대 미국작가들은 경제공황기의 문제점들을 각기 다양한 방법으로 파악하고 묘사했으며, 그 결과 경제공황기의 미국문학은 그 어느 시대보다도 당대의 사회상을 더 충실하게 묘사해낼 수 있었다.

경제공황기에 문학은 더 이상 개인의 환상이나 자유에 침잠해 있을 수만은 없을 것이다. 그래서 요즘 정치적 · 경제적 어려움을 겪고 있는 우리나라에서도, 이제 1990년대 신세대 문학은 막을 내렸고, 지금은 다시 1980년대식 리얼리즘 문학이 재등장하리라는 예측이 일고 있다. 물론 어느 정도 그러한 현상은 불가피할는지도 모르지만, 그럼에도 불구하고 그러한 복고주의는 별로 바람직하지 않다. 당대의 현실을 제대로 담아내기 위해서는 과거로의 회귀보다는, 현실에 대한 부단한 인식 전환과 새로운 기법 개발이 필요하기 때문이다.

미국의 경제공황기는 사회성 강한 리얼리즘 문학의 산출을 불러왔지만, 그것에 대한 우파 보수주의의 누적된 불만은 결국 40년대와 50년대 미국문단의 정치적 불간섭주의를 초래했다. 남부 지주계급 출신 보수주의자들이 주도한 신비평과, 개인의 소외 문제를 다룬 유태계 문학의 각광은 바로 그러한 비정치주의와 개인의 사적 공간 존중이라는 시대적 배경을 안고 있었다. 제2차 세계대전 이후 미국사회를 또 한번의 공포와 광기로 몰아넣었던 매카시즘 역시 30년대 미국을 휩쓸었던 마르크시즘에 대한 증오와 두려움의 필연적 결과였다.

그러한 악순환을 피하기 위해서라도 문학은 극에서 극으로 가는 것을 피하고, 에드먼드 윌슨처럼 양극을 포용할 줄 알아야만 할 것이다. 그래서 지금처럼 경제공황에 시달리는 시대의 문학은 빼앗기고 박탈당한 사람들의 삶을 조명하고 그러한 재난을 초래한 비정한 사회 현실을 고발하되, 이데올로기에 경직되지 않고 개인의 사적 자유도 허용하는 유연성과 예술성을 견지해야만 할 것이다. 과거의 잘못을 교훈 삼지 못하고, 또다시 같은 실수를 거듭하는 것처럼 어리석은 짓은 없다. 미증유의 경제적 어려움에 처한 우리가 이 시점에서 새삼 미국 경제공황기의 문학을 점검해보는 이유도 바로 거기에 있을 것이다.

경제공황기의 미국문학을 논할 때, 사람들은 흔히 사회저항문학의 예술성 결핍을 지적한다. 그것은 어쩌면 부인할 수 없는 사실인지도 모른다. 그럼에도 불구하고 미국 경제공황기의 문학은, 오늘날 위기상황에서 문학과 작가의 사회적 책임을 논할 때 가장 좋은 예를 보여주는 한 역사적 사건으로 남아 있다.

4. 영미수필문학: 경계선상의 문학양식

수필문학의 등장과 변천

수필문학의 근원을 거슬러 올라가노라면 그리스 시대의 플라톤이나 플루타르코스, 또는 로마 시대의 키케로나 세네카와 만나게 되지만, 현대적 의미에서의 수필은 16세기 프랑스의 몽테뉴와 영국의 프랜시스 베이컨으로부터 시작되었다. '수필(essay)'이라는 용어를 맨 처음 사용한 사람은 몽테뉴였는데, 그는 시골로 은퇴한 후 자신의 사적인 삶과 기분과 견해들에 대해 쓴 글들을 모아 1580년에 출간한 저서에 'essai'라는 제목을 붙임으로써 수필문학의 시효가 되었다. 몽테뉴가 굳이 '시도(attempts)'라는 의미의 프랑스어인 'essai'라는 용어를 사용한 이유는, 수필은 공식적이고 조직적인 논의가 아니라, 비공식적이고 파편적인 이야기들이며, 친숙하고 개인적인 것들에 대한 생각들을 담은 글이라고 생각했기 때문이었다.

몽테뉴는 수필이란, 현명하고 여유자적한 시골 신사가 삶의 잡다한 것들에 대해 기지가 넘치고 예리하며 통찰력 있게 쓴 글이라고 보았다. 수필문학을 주창하면서 몽테뉴가 보여준 가장 중요한 것은 수필이란 기본적으로 사적이고 주관적인 글이라는 점이다. 수필의 그러한 특징은 곧 수필의 또 다른 특징인 긴밀한 저자/독자 관계를 창출해내었다. 수필을 읽는 사람이 수필가의 글에 공감을 느끼고 자신의 상황과 동일시하게 되기 때문이다.

영국의 베이컨은 주관적인 몽테뉴의 수필과는 달리, 보다 더 진지하고 잠언적이며 사색적인 주제들—예컨대, 진리, 명예, 학문, 풍요 등—에 대한 수필을 써서 보다 더 심오한 성찰 속에서 현명하고 도덕적으로 살려는 사람들의 욕구를 충족시켜주었다. 그럼에도, 베이컨 역시 몽테뉴처럼 자신의 개인적 경험을 토대로 수필을 썼으며, 수필을 인간과 사회를 비추어볼 수 있는 거울로 생각했다. 이들에게 수필은 간결하고 명료하며 암시적인 글이었으며, 엘리자베스 시대(르네상스 시대)의 현란하고 장식적인 글보다는 경구적이고 상식적인 글을 좋아했던 17세기의 취향과 잘 맞아떨어졌다.

이성과 합리주의 시대였던 18세기로 넘어오면서 수필은 더욱 환영을 받고 확산되기 시작했다. 예컨대 18세기에 활발했던 사교활동과 위트 넘치는 대화, 그리고 갑자기 붐을 일으킨 커피숍과 살롱과 술집 문화, 또 유행과 관습과 행동양식에 대한 급증하는 관심은 모두 수필문학의 부흥에 지대한 영향을 끼쳤다. 더욱이 18세기에 생겨나기 시작한 신문과 잡지의 등장은 수필문학의 확산에 결정적인 역할을 했으며, 소위 '칼럼 수필'의 유행을 초래했다. 당시 수필은 비공식적이었고 풍자적이었으며 유머가 배어 있었다. 수필이 다루는 관심사는 사교, 교육, 도시생활, 시골생활, 오페라, 우정, 연애, 결투, 유행 등 모든 일상사였다. 다만 그 모든 것들은 언제나 저자의 주관적이고 사적인 시각과 경험을 통해 논의되고 제시되었다. 즉 수필은 객관적일 필요가 없는 문학 장르였다는 것이다.

수필의 그와 같은 특징은 낭만주의 시대인 19세기로 넘어오면서 더욱 각광받고 환영받았는데, 그 이유는 낭만주의가 개인주의와 감성을 특히 중요시했기 때문이었다. 당시 수필은 개인적 · 심미적 견해 표출을 통해 정치적 · 사회적 비판을 시도하는 출구로 사용되었는데, 수필의 이러한 특성은 지금도 면면히 계속되고 있다고 말할 수 있을 것이다. 당시를 대표한 수필가는 찰스 램(Charles Lamb)이었는데, 그는 아무리 사적인 것이라도 즉시 보편적 호소력을 갖는 사회문제로 승화시키는 데 탁월한 능력을 가진 수필가였다. 19세기 중반 빅토리아시대(1837-1901)로 넘어가면서부터는, 찰스 램의 전통을 계승하는 조지 기싱(Geroge Gissing) 같은 유명한 수필가가 등장했으며, 또 다른 편에서는 보다 더 철학적인 월터 페이터(Walter Pater)나, 존 러스킨(John Ruskin)이나, 매슈 아놀드(Matthew Arnold) 같은 수필가들이 활동했다.

미국의 경우, 정착 역사가 시작된 17세기와 18세기에 수많은 청교도 목사들과 문필가들이 수필과 수상을 썼는데, 그중 유명한 수필가는 단연 벤저민 프랭클린(Benjamin Franklin)이었다. 그가 쓴 『벤저민 프랭클린의 자서전』은 오늘날까지도 미국인들이 즐겨 읽는 수필집인데, 그는 이 유명한 글에서 미국인들이 지켜야 할 열세 가지 덕목—절제, 침묵, 질서, 결의, 절약, 근면, 성실, 정의, 중용, 청결, 평온, 순결, 겸손—을 미국인들이 추구해야 할 아메리칸 드림(The American Dream)의 성취 조건으로 제시했다.

그러나 미국의 본격 수필가는 19세기 사상가인 랠프 월도 에머슨(Ralph Waldo Emerson)과 헨리 데이빗 소로(Henry David Thoreau)였다. 『자연론』이나 『미국의 학자』 등으로 잘 알려진 에머슨과 『월든 숲속의 생활』로 유명한 소로는 둘 다 미국 수필문학의 아버지들인데, 이들 역시 자신의 개인적 경험을 토대로 글을 썼으며, 궁극적으로는 사적인 소재들을 이용해 뛰어난 당대 사회 비판을 성취해냈다. 에머슨도 자신의 사적인 성찰들을 글로 썼지만, 특히 소로의 『월든 숲속의 생활』은 소로가 문명을 피해 약 2년 동안 보스턴 근교 콩코드 소재 월든 숲속에 들어가 살았던 자신의 경험을 기록한 것이다.

20세기 들어서는 신문과 잡지들이 대거 생겨나면서 미국은 수필문학의 르네상스를 맞게 된다. 수필을 실었던 유명한 잡지들로는 『하퍼스』,

『애틀란틱 만슬리』, 『새터데이 리뷰 오브 리터래춰』, 『뉴요커』, 『라이프』 등이 있었다.

정보 테크놀로지 시대의 수필문학

20세기에 들어서는 'essay'와 'column,' 또는 'essay'와 'article'의 차이가 모호해지기 시작했다. 그래서 『현대수필(*Modern Essays*)』이라는 책을 펴낸 미시간 주립대학의 러셀 나이(Russell Nye) 교수는 다음과 같이 쓰고 있다.

> 적어도 수필가의 관점에서 보면 우리 시대의 가장 큰 혼란은 에세이와 아티클 사이의 구분인데, 후자는 점점 더 많은 정보를 원하는 요즘 독자들 사이에 대단한 인기를 끌고 있다. …… 아티클은 개인적인 편견이 들어갈 수도 들어가지 않을 수도 있지만, 기본적으로는 객관적인 관점에서 글을 쓰는 것이어서 저자의 개성이 들어갈 필요는 없다. 반면, 에세이는 정보를 초월해 저자의 개성이 들어가 있는 글로서, 사실을 드러내는 것보다는 이치를 깨우쳐주는 것을 그 특징으로 한다. 에세이의 기본 특성은 언제나 개인적 접근에 있다.
> (Nye, 1995, p. 30)

그럼에도, 영어의 'essay'라는 단어에는 이미 'article'이라는 의미가 포함되어 있어서, 미국인들은 학술논문도 일반적으로 에세이라고 부른다. 그래서 오늘날 에세이와 아티클 사이의 구분은 점점 모호해지고 있으며, 에세이와 칼럼 사이의 구별은 아예 사라졌다고 해도 과언이 아니다. 수필은 수많은 신문과 잡지의 등장과 긴밀한 연관을 갖고 있으며, 이러한 경계의 소멸은 수필의 성격에도 본질적인 변화를 초래했다.

예컨대 전통적인 수필관은 예전에 우리 교과서에 나오듯, 수필을 "단아하고 청초하며", "학(鶴)이요, 난(蘭)이요, 연적(硯滴)"에 비유하는 것이었다. 그와 같은 고전적 수필관은 다분히 예술을 현실과 괴리된 아름답고 지고한 것으로 생각했던 모더니즘적 예술관에서 비롯된 것이었다. 그러나 격변하는 20세기 후반의 현실은 이제 수필을 더 이상 전원적 풍경 속에 머무르기 어렵게 만들었고, 따라서 수필은 이제 상아탑에서 나와 사회적 · 정치적 현실을 성찰하고 반영하는 거울의 기능을 하게 되었다.

같은 맥락에서, 신문이나 잡지에 에세이나 칼럼을 쓰는 것을 '잡문'이라고 경시했던 학자사회의 잘못된 편견 역시 예술과 학문의 순수성을 중요시했던 모더니즘적 사고방식이라고 할 수 있다. 물론 학자의 의무는 학술논문을 쓰는 것이겠지만, 지식인의 책무는 분명 수필이나 칼럼을 통해 사회적 문제점들을 제기해 개선하는 것이기 때문이다. 서지문 교수의 지적대로, 지식인들의 에세이는 비록 즉시 사회개혁을 불러오지는 않지만 장기적으로는 사회 개선과 문제점 해결에 중요한 역할을 하기 때문이다(서지문, 1998, p. 6). 그렇다면 그동안 한국의 대학교수들은 훌륭한 학자였는지는 몰라도 지식인의 역할은 소홀히 해왔다고도 볼 수 있을 것이다. 아니면, 주위에서는 '잡문'을 쓴다고 빈정거리고, '잡문'을 쓴 교수는 죄의식에 사로잡혀 있는 것처럼 보였던 것 자체가 사실은 짐짓 그런 척 해보는 위선이었으며, 그들 모두가 영향력 있는 매체에 글을 쓰고 싶은 지식인적 욕구를 갖고 있었는지도 모른다.

또 한 가지 잘못된 것은, 객관적이고 사색적인 것만 수필이고 개인적이고 사적인 것은 수필이 아니라고 생각하는 경향이다. 앞에서도 언급했지만, 수필의 특성은 형식에 구애받지 않고 자유롭게 쓰는 것이며, 사적이고 개인적인 관점에서 쓸 수 있다는 점에 있다. 물론 수필가는 그 사적인 사건이나 성찰을 개인적인 차원에 가두어놓지 않고, 보다 더 큰 차원으로 확대해 궁극적으로는 사회적 비판이나 문제제기로 승화시켜야만 한다. 그러므로 훌륭하고 능숙한 수필가는 자신의 사적인 경험이나 인간관계에 대해 사적인 이야기를 쓰는 것 같지만, 사실은 현대사회의 제반 문제점들에 대한 통렬한 고발을 수행하고 있는 경우가 많다.

그 대표적인 예로 한국수필가협회 고(故) 조경희 회장의 탁월한 수필 「얼굴」을 들 수 있을 것이다. 일견, 저자 자신의 사적인 경험담처럼 읽히는 이 수필은 사실은 외모에만 모든 가치를 부여하는 천박한 사회풍토에 대한 한 수필가의 예리한 비판과 강력한 고발로 승화되면서 그 진가를 발휘한다. 영국의 대표적인 수필가 조지 기싱은 자신의 수필집 제목을 『헨리 라이크로프트의 사적인 기록(*The Private Papers of Henry Ryecroft*)』이라고 부친 후, 자신의 사적인 경험을 일기 형식으로 충실히 기록했다. 이 수필집의 역자 이상옥 교수는 해설에서 다음과 같이 쓰고 있다.

> 『헨리 라이크로프트의 수상록』이 한 편의 감동적인 수상록이 되는 다른 하나의 특징은 이 책이 저자 자신의 부단한 자아성찰의 기록이라는 사실에서 찾을 수 있다. …… 참으로 흥미를 끄는 것은 자기 자신의 반생에 대한 회고적 성찰이다.
>
> (조지 기싱, 2000, p. 429)

박이문 교수 역시 『다시 찾은 빠리 수첩』이라는 수필집에서, 수필이란 결국 개인의 사적 경험의 기록이며, 다만 그것이 사회적 문제로 확대된다는 사실을 다음과 같이 지적하고 있다.

> 거기에는 광복 직후의 정치 및 사회적 혼란, 가난, 6.25 전쟁, 폐허가 된 서울, 동숭동 문리대 캠퍼스, 소주 한 잔을 놓고 시와 프랑스 문학을 놓고 떠들던 무교동 선술집, 파리의 골목길, 소르본 대학의 강의실, 로마, 스페인, 모로코 등의 퇴색한 사진들만 남아 있다. 그것들은 아픔과 일그러진 꿈의 기록들이다. 그러나 그것들은 나의 그리고 우리의 진실한 삶의 기록들이다.
>
> (박이문, 1997, p. 10)

『다시 한번 강가에 서다』라는 수필집을 출간한 이창국 교수는, “모두

가 제 나름대로 아름답고 재미있고 유익하다고 여기는 생각이나 사건들을 정성 들여 적은 글이 수필이다."라고 말하고 있으며, 수필가 주연아는 수필집 『누구나의 가슴에도 빙하는 흐른다』에서, "좋은 수필이란 결국 공감하는 감동을 받는 글이라 생각하고 그 필요조건인 공감대를 넓히기 위해서 보편성이 있는 주제를 택했다"고 하면서, 주위의 죽음을 겪으며 받았던 자신의 상처와 삶에 대한 성찰을 보편적인 인간사 문제로 잘 승화시키는 데 성공하고 있다.

또 수필에는 해학과 위트가 깃들어 있어야만 한다. 예컨대 박규환 교수의 『파적담(破寂談)』과 『아직도 봄을 기다리며』라는 수필집은 해학과 풍자로 가득 차 있어서 웃음 속에 삶의 진리를 깨닫게 해준다. 『파적담』의 서문을 쓰면서, 고재기 교수는 "박 형이 있는 데는 어디나 그의 재기발랄하고 해학이 풍부한 농담으로 화기애애하다. 그의 수필의 맛이 이런 데서 오는 것인지 모르겠다"라고 적고 있다.

정보 테크놀로지(IT) 시대에는 해학과 풍자, 그리고 위트와 패러디가 수필문학에 더욱 필수적인 요소가 될 것이다. 최근 인터넷 통신망에 연재되다가 수많은 조회 수를 기록해 드디어 단행본으로 출간된 『니나와 폴의 한국어 레슨』(문학사상사, 2003)의 인기 이유는 해학과 풍자, 그리고 위트와 아이러니, 또 패러독스와 패러디가 뛰어나기 때문이다. 순간적이고 찰나적인 인터넷 공간에서는 재미가 없으면 그 순간 삭제(delete)당하고 만다.

또 정보 테크놀로지 시대에 수필은 더욱 더 활발하게 사적인 소재를 통한 사회비판을 수행하게 될 것이다. 인터넷 통신망은 극도로 사적인 글들이 발표되는 개인적 공간이면서, 동시에 수많은 사람들이 교감하고 교류하는 열린 공간이기 때문이다. 『니나와 폴의 한국어 레슨』 역시 미국으로 이민 가서 일본계 미국인과 결혼한 교포 여인의 사적인 경험담을 통해 언어와 문화의 충돌과 갈등, 그리고 화해 가능성을 성찰해보는 수필집이다. 정보 테크놀로지 시대에 수필은 인터넷을 통해 새로운 글쓰기 공간과 새로운 의사소통 방법을 습득하게 될 것이며, 인터넷을 이용하는 새로운 유형의 독자들과 만나게 될 것이다.

최첨단 테크놀로지가 등장해 보편화되던 1960년대 미국과 1990년대 한국에서는 '문학의 위기'와 '소설의 죽음'이 선언되었다. 허구(fiction)에 의존하던 소설(fiction)은 이제 소설보다 더 소설 같은 현실 때문에, 그리고 허구로부터 새로운 리얼리티를 만들어내게 된 텔레비전과 인터넷에 밀려 그 전통적인 힘을 상실했기 때문이었다. 그러나 수필은 허구에 근거하는 문학 장르가 아니어서 IT 산업의 발달에 굳이 위협을 받을 필요가 없으며, 오히려 최첨단 테크놀로지를 이용해 스스로의 영역을 확대시키고 확산시킬 수 있을 것이다. 그러기 위해서는 우리의 관습적 인식에 본질적 변화를 초래한 거대한 시대적 변화에 눈을 뜨고, 수필문학 역시 적극적인 자세로 새로운 시대에 맞는 새로운 변화를 추구해야만 할 것이다. 새로운 시대에 부응하는 미래의 수필문학이 우리 앞에 그 모습을 드러내는 것은 바로 그 순간일 것이다.

5. 미국의 전쟁문학: '전쟁과 평화'에서 '군대와 개인'으로

인류의 역사는 곧 전쟁의 역사라고 할 만큼, 인간은 세계 도처에서 부단히 전쟁을 벌여왔다. 인류문명이 시작되면서 바로 영토분쟁이 시작되었고, 영토분쟁은 곧 침략과 약탈, 그리고 식민지와 노예제를 불러왔다. 사람들은 경계선과 국경을 만들었지만 별 소용없었고, 새로운 권력구도에 따라 세계지도는 끊임없이 바뀌어져 왔다. 전쟁은 여러 형태로 일어났다. 때로는 침략전쟁이나 독립전쟁도 있었고, 때로는 이데올로기 전쟁이나 동족상잔의 전쟁도 있었으며, 또 때로는 십자군 전쟁 같은 종교전쟁이나 보스니아 전쟁 같은 인종전쟁도 있었다. 그리고 그때마다 전쟁은 문학작품들의 중요한 소재가 되었다. 전쟁문학은 바로 그렇게 해서 생겨났다.

전쟁문학이 가장 발달한 나라 중 하나는 단연 미국이다. 대부분의 나라들과는 달리, 신화가 아닌 독립전쟁으로 시작된 미국은 건국 이래 크고 작은 각종 전쟁에 참여하고 또 개입해왔다. 그러나 그렇다고 해서 미국인들이 늘 전쟁에 시달려온 것은 아니다. 미국은 남북전쟁 이후 자국에서는 전쟁을 해본 적이 없는 특이한 나라다. 미국이 참여한 제1차 세계대전, 제2차 세계대전, 한국전, 베트남전, 걸프전, 그리고 최근의 아프가니스탄전과 이라크전은 모두 미 대륙 밖에서 일어난 전쟁이었다. 더구나 미 영토 침략이라기보다는 일종의 도발에 가까웠던 일본의 진주만 기습 사건을 제외하면 미국은 개국 이래 단 한 번도 외국의 침입을 받아본 적이 없다.

그래서 미국인들에게 전쟁은 언제나 자국의 방어를 위해서가 아니라, 보다 더 고상하고 추상적인 것—예컨대 문명이나 민주주의나 휴머니즘—의 수호를 위해 벌이는 싸움이었다. 미국인들의 눈에 자신들이 개입한 전쟁이 모두 십자군 전쟁의 특성을 띠는 것은 바로 그러한 이유 때문일 것이다. 예컨대 제1차 세계대전 당시, 미국의 젊은이들은 파괴적 야만인들로부터 서구문명을 구한다는 사명감으로 대서양을 건너 유럽 전선으로 떠났다. 미국의 대학생들은 고귀한 유럽문화를 수호하자는 모병 선전관의 구호 하나만 믿고 캠퍼스에서 자원 입대해 바로 유럽으로 건너간 경우가 많았다. 심지어는 군대나 전쟁에 대해 아무것도 모르는 여성작가 윌라 캐더 같은 사람들도 『우리들 중 하나(*One of Ours*)』 같은 소설에서 미국의 1차 대전 참전을 마치 서구문명을 구하는 성전(聖戰)처럼 묘사하고 있다.

물론 순진한 생각으로 군복을 입고 1차 대전에 참가한 미국의 젊은이들이 유럽 전선에서 목격한 것은 신성한 문명수호가 아니라, 처참한 살육과 인간 존엄성의 상실뿐이었다. 지원 입대했다가 전쟁에 환멸을 느낀 헤밍웨이, 도스 패소스나 커밍스 같은 작가들이 쓴 『무기여 잘 있거라』나 『3인의 병사들』, 『거대한 방』은 작가가 느낀 바로 그러한 환멸의 기록이었다. 사실 미국의 1차 대전 개입은 상당부분 기업가들의 압력 때문이었고, 참전 작가들은 자신들을 거짓 명분 아래 사지로 내몬 정치가들과 경제인들의 비도덕적 위선을 날카롭게 비판했다.

제2차 세계대전 때도 미국의 젊은이들은 나치 독일의 압제로부터 유럽을 해방시킨다는 명분으로 전장에 나갔다. 스티븐 스필버그가 <라이언 일병 구하기>에서 설득력 있게 묘사했듯이, 2차 대전은 나치즘과 파시즘으로부터 휴머니즘을 구하기 위한 전쟁이었다. 그러나 병사들은 자신들의 부대 내에서도 나치즘과 파시즘의 편린을 발견하기 시작했고, 작가들은 그것들을 비판하고 고발하기 시작했다. 그리고 전쟁과 군대에 대한 비판은 궁극적으로 미국사회와 현대 산업사회에 대한 비판으로 확대되었다. 노먼 메일러의 『벌거벗은 자와 죽은 자』나 제임스 존스(James Jones)의 『지상에서 영원으로』나 어윈 쇼(Irwin Shaw)의 『젊은 사자들』, 또는 조셉 헬러(Joseph Heller)의 『캐치-22』 같은 것들은 미국작가들의 바로 그러한 깨달음을 기록한 것이다.

한편, 냉전시대의 전쟁이었던 한국전쟁과 베트남전에서 미국인들의 명분은 자유민주주의의 수호였다. 비록 한국전쟁에 대해 왜곡된 견해를 갖고 있는 브루스 커밍스의 지적대로, 일부 미군들이 한국전을 '인디언 소탕전'쯤으로 생각했다고는 해도, 한국전에 참전했던 대부분의 미군들은 자기들이 자유민주주의의 수호를 위해 싸운다고 믿었다. 그러나 최초의 포스트모던 전쟁이라고 불리는 베트남전부터 미군들은 '민주주의의 수호'와 '세계평화 유지'라는 추상적 명분에 대해 회의를 갖고, 자신들을 전쟁터로 내몬 정치가들의 정치적 음모와, 복잡하게 얽혀있는 국제정치의 실상을 간파하기 시작했다. 팀 오브라이언의 『카치아토를 찾아서』나 제임스 뎁의 『포화의 들판』은 베트남전의 바로 그러한 특징을 묘사한 뛰어난 문학작품들이다.

보다 더 최근의 걸프전이나 아프칸전에서도 미국의 명분은 여전히 아랍세계의 테러리즘 근절이라는 십자군적 사명이었고, 그러한 사명감 뒤에는 미군이 자유세계의 해방군이자 세계의 경찰이며 국제사회의 평화 창출군이라는 의식이 여전히 자리 잡고 있었다(유엔군이 '피스 키퍼'인데 반해, 미군은 스스로를 '피스 메이커'라 부른다). 미국작가들은 미국의 바로 그러한 이상주의적 태도에 제동을 걸고, 전쟁소설을 통해 전쟁의 정치적 의미, 극한상황에서의 인간의 삶과 존재, 개인과 집단의 문제, 그리고 전쟁에 반영된 미국사회의 문제점들을 탐색하고 천착해왔다.

2002년 출간된 육군사관학교 정연선 교수의 『미국전쟁소설』(서울대학교출판부)은 위에서 언급한 미국 전쟁문학의 그러한 특성을 배경으로, 전쟁문학에 대한 그동안의 학문적 및 문학적 논의를 집대성한 주목할 만한 연구서이다. 미국 전쟁소설연구로 미국 대학에서 박사학위를 받은 전쟁문학 전문가의 저서답게, 또 그 자신 군복을 입고 전술을 가르치는 전쟁전문가의 연구서답게, 이 책에는 전쟁소설의 개념과 특성에서부터 시작해 전쟁의 의미와 성격, 그리고 전쟁과 문학의 상관관계에 이르기까지 전쟁문학에 관한 거의 모든 것이 다 들어 있어 '전쟁과 문학'에 관심이 있는 독자들을 기쁘게 해준다. 그리고 무엇보다도, 이 책은 국내에서 출간된 최초의 미국 전쟁문학 연구서라는 점에서 중요한 학문적 가치를 갖는다.

『미국전쟁소설』은 "남북전쟁으로부터 베트남전까지"라는 부제에서 알 수 있는 것처럼, 미국 내에서 일어났던 남북전쟁으로부터 시작해,

미국이 유럽에 가서 참전했던 제1차 세계대전과 제2차 세계대전을 거쳐, 미국이 동남아시아로 진출했던 베트남전까지를 다루고 있다. 이 책을 관통하는 커다란 주제는, "훌륭한 전쟁소설은 인간 상호간의 사회적 관계를 고찰하기 위한 미학적 수단이 되어야 한다"는 것이다. 즉 전쟁문학에서 '전쟁'은 주인공이(또는 독자가) 그 속에서 삶의 의미를 찾는 또 다른 세계의 상징이자, 현재 우리가 살고 있는 사회를 반영하는 거울이 되어야 한다는 것이다.

그래서 정 교수는 군대와 전쟁을 사회와 국가의 소우주로 보고, 군인들의 삶과 상황—예컨대 신병훈련소, 내무생활, 상하관계, 전투장면, 전쟁의 명분이나 원인 등—에 대한 다양한 탐색을 통해 군대라는 조직과 전쟁이라는 상황이 수반하는 각종 도덕적, 사회적, 철학적 문제들을 천착하는 것이 전쟁문학의 특징이라고 본다. 그러한 과정에서 중요한 것은 물론 군대와 전쟁이라는 극한상황에 처한 주인공의 두려움과 고뇌, 그리고 그 이후에 찾아오는 정신적 눈뜸과 도덕적 깨달음이다. 그래서 정 교수는 전쟁문학의 특징을 크게 심리소설과 성장소설로 나누어 파악하며, 전쟁을 인간의 고귀한 모습을 발견할 수 있는 혹독한 시련의 장(場)으로 생각하는 매클리시와, 전쟁을 인간의 존엄성이 말살되는 비극의 현장으로 생각하는 카울리 사이의 논쟁으로 자신의 저서를 시작한다.

미국문학에서 최초의 본격 전쟁소설이라고 불리는 스티븐 크레인(Stephen Crane)의 『붉은 무공훈장』은 남북전쟁 당시 순진한 생각으로 입대한 병사가 전쟁터에서 느끼는 바로 그러한 심리적 두려움, 그리고 반복되는 전투경험을 통해 비로소 얻게 되는 공포의 극복과 용기를 다룬 작품이다. 이 소설에서 스티븐 크레인의 관심은 남과 북의 살육전이었던 동족상잔의 비극보다는, 개인의 두려움 극복과 정신적 성장, 그리고 경험을 통한 남성세계로의 진입에 모아지고 있다. 그 이유는 아마도 미국이라는 나라가 한국처럼 단일민족이 아니어서 동족상잔이라는 개념이 훨씬 더 약하고, 또 미국이 전통적으로 사회나 집단보다는 개인을 더 중요시하기 때문일 것이다.

정 교수는 남북전쟁을 칼과 창으로 싸웠던 예전의 낭만적인 전쟁이 아니라, 산업기술의 발달로 등장한 새로운 병기인 총을 들고 싸웠던 최초의 현대전이라고 말한다. 그 결과는 전례 없는 대량살육이었고, 미국 작가들은 낭만주의적 시각에서 벗어나, 전쟁의 참상을 있는 그대로 묘사하는 사실주의 전쟁소설을 산출해냈다는 것이다. 사람들은 흔히 크레인의 『붉은 무공훈장』이 남북전쟁을 다룬 유일한 작품으로 생각하기 쉬운데, 정 교수는 존 윌리엄 드포리스트와 앰브로스 비어스, 그리고 심지어는 마크 트웨인까지도 전쟁소설의 범주에 들어갈 수 있는 작품들을 산출했었음을 밝혀주고 있다. 특히 국내에는 잘 알려지지 않았지만, 남북전쟁을 다룬 단편 「올빼미하천 다리에서 생긴 일」로 유명한 앰브로스 비어스를 집중 논의한 것은 이 책이 갖고 있는 여러 중요한 학문적 공헌 중 하나라고 할 수 있다.

정 교수는 또 남북전쟁과는 달리, 제1차 세계대전은 자동화기와 포병화기의 등장으로 엄청난 인명살상과 파괴를 초래한 최초의 소모전이었다고 말한다. 정 교수의 지적대로, 1차 대전을 다룬 소설들은 당시의 전쟁을 문명과 야만의 충돌이라는 문화적 현상으로 파악했다. 즉 야만의 침략에 대해 문명을 수호하는 것이 과연 도덕적 정의인가 아닌가가 당시 전쟁문학 작가들의 주요 관심사였다는 것이다. 흥미 있는 것은, 전장에 나가보지 않은 구시대 문화의 수호자들은 유럽문명의 수호를 명분으로 전쟁을 옹호했지만, 직접 전투에 참가했던 젊은 작가들은 그러한 명분이 단지 허구와 위선에 불과하다는 것을 깨닫고 전쟁의 참상을 고발하는 소설들을 썼다는 점이다. 정 교수는 우선 당대의 여성작가들인 이디스 와턴의 『전선의 아들』 같은 작품의 분석을 통해 구시대 문화 수호자들의 낭만적 전쟁관을 제시한 후, 이어 존 도스 패소스의 『3인의 병사들』과

토마스 보이드의 『밀밭을 헤치고』, 또 윌리엄 마치의 『케이 중대』와 어니스트 헤밍웨이의 『무기여 잘 있거라』 같은 작품들에 대한 논리적 분석을 통해 전쟁에 대한 젊은 작가들의 환멸과 좌절과 방황을 설득력 있게 제시해주고 있다.

정연선 교수는 또 소모전이었던 제1차 세계대전과는 달리 제2차 세계대전은 전면전이었으며, 전쟁을 문화적 현상으로 보았던 1차 대전과는 달리 미국작가들은 2차 대전을 사회적 현상으로 보았다고 지적한다. 즉 당대의 작가들은 2차 대전으로 인해, 하나의 커다란 사회제도로 성장한 군대라는 조직을 사회의 축소판으로 보고, 그 속에서 미국사회의 제반 병리현상을 발견했다는 것이다. 다시 말해, 2차 대전의 경우, 작가들은 전쟁 자체보다는, 부대 내에서의 제반 문제들—예컨대 개인의 윤리와 집단의 윤리, 지배자와 피지배자 사이의 갈등, 조직에 의한 개인의 자유 억압과 존엄성 파괴 등—에 더 많은 관심을 가졌다는 것이다. 그러므로 2차 대전을 다룬 소설들은 외부의 적보다는 내부의 적에, 그리고 적군보다는 같은 부대원들 사이의 갈등에 더 많은 관심이 있었다.

그와 같은 현상의 원인은 아마도 2차 대전이 나치즘과 파시즘에 대항하는 것이어서 미국인들이 전쟁의 명분에 대해서 큰 회의가 없었던 점, 그리고 1940년대 미국 사회가 '조직사회 속 개인의 소외'에 강한 관심을 갖고 있었던 점에서 기인할 것이다. 그 두 가지 현상은, 비단 참전 작가들인 노먼 메일러나 제임스 존스나 어윈 쇼의 전쟁소설들에서뿐 아니라, 군대에 가지 않은 솔 벨로의 비전쟁소설인 『허공에 매어 달린 사나이』에서도 잘 드러나고 있다.

물론 남북전쟁에 대한 연구업적도 독보적이지만, 정 교수의 학문적 업적이 특히 두드러지는 부분은 제2차 세계대전을 다루는 제5장과 베트남전을 다루는 제6장부터이다. 2차 대전 소설을 다루면서, 정 교수는 허만 욱(Herman Wouk)의 『케인함의 반란』과 노먼 메일러의 『벌거벗은 자와 죽은 자』, 그리고 제임스 존스(그는 『씬 레드 라인』의 저자이기도 하다)의 『지상에서 영원으로』와 조셉 헬러의 『캐치-22』를 집중 분석하고 있는데, 이 작품들은 아직까지 국내에서 본격적으로 다루어지지 않았던 대표적인 2차 대전 전쟁소설들이다.

정 교수에 의하면, 2차 대전을 다룬 전쟁소설들이 내부의 적을 주제로 다루면서, 당시 미국전쟁작가들은 두 개의 노선으로 갈라졌다. 하나는 외부의 적과 싸워 이기기 위해서는 내부의 불의는 다소간 묵인되어야 한다는 입장이고, 또 하나는 어떠한 경우에도 개인의 존엄성은 지켜져야 한다는 입장이다. 정 교수는 허만 욱과 제임스 존스가 전자라면, 노먼 메일러와 조셉 헬러는 후자에 속하는 작가라고 말한다. 2차 대전 반전소설들은 모두 작품성 높은 영화로도 만들어져 관객들의 환영을 받았는데, 그 이유는 당시의 전쟁소설들이 당대의 관심사였던 조직사회에서의 고독한 영웅의 모습을 잘 그려내고 있었기 때문인 듯하다. 예컨대 『케인함의 반란』의 스티브 머릭, 『지상에서 영원으로』의 프레윗, 또 『벌거벗은 자와 죽은 자』의 허언 중위, 그리고 『캐치-22』의 요싸리언 등은 모두 나름대로 조직사회의 권위에 도전하는 반항적이고 개인주의적인 고독한 영웅들이다. 위 작품들의 영화 속에 주인공으로 출연한 배우들인 밴 존슨, 몽고메리 클리프트, 클리프 리처드슨 역시 모두 그런 이미지에 맞는 배우들이었다. 다만 요싸리언 역을 맡았던 앨런 아킨만이 다소 희극적인 이미지였는데, 이는 소설 『캐치-22』가 묘사하는 전쟁의 포스트모던적 희화화를 위해서는 꼭 필요한 설정이었을 것이다.

베트남전을 다룬 마지막 장에서 정 교수는 미국작가들이 베트남전을 문화적 현상도 아니고 사회적 현상도 아닌, 자연적 현상으로 보았다고 말한다. 과연 베트남전에는 미군병사들이 더 이상 보호할 문화도 없었고, 비추어볼 사회도 없었다. 베트남전에서 전쟁은 다만 인간의 잔인한 본성이 저지르는 자연현상일 뿐이었다. 또 미군들에게 베트남전은 점점 더 깊숙이 빠져들어가는 '수렁(quagmire)'이었으며, 도저히 해결할 수 없는 딜레마였고, 전혀 꼼짝달싹할 수도 없는 '캐치-22' 상황이었다. 그래서 앞선 전쟁들과는 달리, 병사들은 명분도 없는 전쟁을 치르며 '내가 왜 여기 와 있는가'라는 의문 속에서 단지 살아남기 위해 처절한 노력을 기울였으며, 그에 따른 도덕적 · 심리적 갈등과 번뇌에 시달릴 수밖에 없었던 것이다.

정 교수의 지적대로, 베트남전은 고도의 첨단무기를 갖고도 원시적인 적에게 패배한 정글 속의 게릴라전으로서 미국인들에게 혼란과 정신적 상처를 주었던 특이한 전쟁이었다. 2차 대전과는 달리, 베트남전은 적과 아군의 경계도, 또 전선의 경계도 없었던 소위 최초의 포스트모던 전쟁이었고, 그러한 상황은 순진한 미국병사들에게 고도의 심리적 불안과 두려움을 가져다주었다. <야곱의 사다리> 같은 영화는 바로 베트남전의 그러한 속성과 그 후유증을 그린 대표적인 전쟁영화에 속한다.

정 교수가 마지막 장에서 다루고 있는 제임스 웹의 『포화의 들판』, 찰스 더든의 『나팔도 없이 북도 없이』, 존 델베끼오의 『제13계곡』, 그리고 팀 오브라이언의 『카치아토를 찾아서』는 모두 베트남전을 다룬 대표적인 전쟁소설들인데 그들은 팀 오브라이언을 제외하면 국내에는 별로 알려지지 않은 작가들이다. 그런 의미에서 『미국전쟁소설』이 베트남전 전쟁소설들을 본격적으로 다룬 것은 학문적으로 대단히 뜻깊은 일이 아닐 수 없다. 왜냐하면 베트남전은 한국군도 참전했던 전쟁으로서, 우리에게도 문학적 · 학문적 정리가 절실하게 필요한 전쟁이기 때문이다.

정 교수는 자신의 독보적인 저서인 『미국전쟁소설』에서, 미국의 전쟁문학이 '세계의 도덕적 지도자로서의 미국' 그리고 자국의 이익이 아니라 '세계의 자유민주주의 수호를 위해 성전(聖戰)을 치르는 미국'이라는 명분에 회의를 제기하고 제동을 걸며 비판하는 역할을 하고 있다고 말한다. 그는 또 전쟁문학이란 단순히 전쟁에 대한 사실적 기록이나 전쟁의 참상에 대한 묘사가 아니라, 전쟁이 끼친 충격과 포화 속에서 드러나는 인간의 다양한 모습을 진실하게 그리는 것이라고 주장한다. 즉 가장 비인간적인 전쟁 속에서 인간은 어떻게 살고 행동해야 하는가를 탐색하는 것이 바로 전쟁문학이라는 것이다.

과연 대부분의 미국 전쟁문학 작가들에게 전쟁은 우리가 처해있는 인간의 조건 또는 일상의 현실과도 같으며, 군대라는 조직은 인간의 존엄성과 개인의 권리를 억압하고 파괴하는 거대한 기계와도 같다. 그래서 전쟁문학은 군대와 전쟁이라는 메타포를 삶의 의미를 터득하는 곳으로, 또 미국사회를 비판하는 거울로 사용하고 있다. 전쟁은 모순과 부조리, 그리고 위선과 거짓명분으로 점철된 사회 병리현상의 상징이자, 인간의 도덕을 시험하는 시금석이 되기 때문이다.

정 교수는 전쟁을 대하는 미국문학 속 주인공들의 태도를 크게 두 가지로 나눈다. 하나는 『붉은 무공훈장』의 주인공 플레밍처럼 전쟁을 자아발견과 정신적 성숙을 위한 통과의례로 생각하고 사회에 대한 책임의식을 갖게 되는 것이고, 또 하나는 『무기여 잘 있거라』의 주인공 프레드릭 헨리처럼 군대와 전쟁으로부터 이탈해 '별개의 평화(separate peace)'를 추구하는 것이다. 물론 그러한 평화는 불가능하고 또 존재하지도 않는다. 작가가 보는 이 세상은 그 자체가 싱징적인 전쟁터이기 때문이다. 그러므로 헤밍웨이의 주인공이 추구하는 '무기와의 작별(a farewell to arms)'은 곧 '사랑하는 여인의 품과의 작별(a farewell to arms)'이 된다. 이 세상에 평화의 낙원은 아무 데도 없기 때문이다.

『미국전쟁소설』에서 정 교수는 '별개의 평화' 또는 '별도로 존재하는 평화'의 뜻인 'separate peace'를 사전에 나와 있는 대로 '단독강화'라는 군사용어로 옮기고 있다. 그러나 '단독강화'라는 용어는 전문가가 아닌 독자들에게는 그 의미가 쉽게 전달되지 않는다. 이 책은 또 메일러의 전쟁소설 *The Naked and the Dead*를 그동안의 관례를 존중해 『나자와 사자』로 표기하고 있는데(번역서와 영화 모두 그렇게 되어 있다), 사실은 우리말로 풀어쓴 『벌거벗은 자와 죽은 자』가 좀 더 친절한 해석이 아닐까 하는 생각이 들었다.

『미국전쟁소설』에서 한 가지 아쉬운 것은, 이 책이 우리로서는 절실한 한국전쟁을 다루지 않고 있다는 점이다. 미국인들은 남북전쟁을 ‘쓰여지지 않은 전쟁(The Unwritten War)’, 그리고 한국전쟁을 ‘잊혀진 전쟁(The Forgotten War)’이라고 부른다. 과연 남북전쟁을 다룬 문학작품은 그 수가 많지 않고, 한국전쟁은 관련 문학작품은 많아도 그동안 미국인들의 관심 밖으로 밀려나 잊혀져왔다. 그래서 한국전쟁 관련 논의의 부재가 더욱 아쉽게 느껴질 수밖에 없다. 또한 비록 최근의 반(反)테러 전쟁문학은 아직 산출되지 않았지만, 이 책이 걸프전이나 아프간전이나 이라크전의 문학적 의미까지도 다루었더라면 하는 아쉬움도 남는다.

『미국전쟁소설』은 정연선 교수의 미국대학 박사논문을 수정 증보해 만든 것으로, 한 전쟁문학자의 학문적 여정을 집대성해놓은 중후한 연구서이다. 이 책을 읽어가노라면 각 시대의 전쟁과 해당 문학작품들에 대한 저자의 예리한 통찰과 만나게 되며, 전쟁문학이 과연 무엇인가를 확연히 알 수 있게 된다. 권말에 붙어 있는 풍성한 참고문헌 또한 후학들에게 유용한 도움이 된다. 『미국전쟁소설』의 출간은 학계의 경하할 만한 일이며, 국내 미국학 연구사를 기록할 때, 한 획기적인 사건으로 기억될 것이다.

6. 문학과 종교의 만남

우리는 지금 실제가 허구보다도 더 놀랍고 믿기 어려운 시대, 가상현실이 현실보다 더 실감나고 이미지가 실체를 압도하는 시대, 그래서 프랑스 사회학자 장 보드리야르가 '시뮬라시옹(simulation)'이라고 부른 '포스트모던' 시대에 살고 있다. 포스트모던 시대의 특징은 모든 절대적 가치가 붕괴되고, 사물의 경계가 소멸되며, 중심보다 주변이 각광받는다는 데 있다. 그 결과, 포스트모던 사회에서는 예측할 수 없는 불안과 혼란, 그리고 후기자본주의 사회의 욕망과 상품화 속에 무겁고 진지한 사유가 사라지고, 모든 것이 가볍고 찰나적인 오락으로 축소된다.

미국에서 출간되어 베스트셀러가 된 래리 리히텐월터(Larry L. Lichtenwalter)의 『잘 박힌 못(*Well-Driven Nail*)』은 바로 그러한 "실망스러운 시대에 만족을 찾는 법"과, 그러한 묵시록적 시대를 사는 "최후의 세대에게 목적과 시계(視界)를 제공"해주는 재미있고도 유익한 책이다. 흥미 있는 것은, 현대 포스트모던 사회를 바라보는 시각과, 포스트모던 시대를 사는 지혜를 구하기 위해 저자가 의지하고 인용하는 것이 3,000년 전에 기록된 현자 솔로몬의 명상록 「전도서」라는 점이다. 저자는 솔로몬 왕이 사실은 이미 오래전에 포스트모던 상황을 겪었고, 포스트모던 조건 속에서 살았다고 말한다. 그에 의하면, "헛되고 헛되며 헛되고 헛되니 모든 것이 헛되도다."라는 말로 시작되는 「전도서」는 모든 가상현실과 허구의 이미지와 엔터테인먼트를 다 겪고 난 한 포스트모더니스트의 허무주의적 깨달음과 심오한 인생탐구가 된다.

왕으로서 솔로몬은 이 세상의 모든 쾌락과 방종을 경험했으며(그는 700명의 왕비와 300명의 후궁을 거느렸다고 알려져 있다), 심지어는 한때 자기 민족의 정통 신을 버리고 이방의 신을 경배하기까지 했다. 나이가 들어서야 그는 비로소 그러한 것들의 부질없음과 인생의 헛됨을 절감하고 「전도서」를 기록하게 된다. 그래서 「전도서」는 아이러니와 패러디, 그리고 역설과 모순으로 가득 찬 수수께끼 같은 책이면서, 동시에 포스트모던적 불안과 허무를 극복하고 삶의 진정한 의미를 탐색하는 지혜와 비전의 책이 된다. 저자는 솔로몬의 성찰과 지혜가 마치 '잘 박힌 못'처럼 우리에게 안정감과 확고한 진리를 제공해준다고 말한다.

이 책의 매 장마다 서두에 「전도서」의 명구들을 하나씩 인용한 다음, 저자는 현대인의 평범한 일상으로부터 번뜩이는 솔로몬의 지혜를 이끌어낸다. 자신의 경험으로부터 시작해, 신문에 보도된 사건들, 또는 현대사회의 다양한 문화현상들을 예로 들면서 저자는 이 시대를 살아가는 사람들에게 마치 현자 솔로몬처럼 현명한 삶의 지혜를 제공해준다. 그러므로 이 책은 당대를 읽어내는 뛰어난 문화비평서이면서, 동시에 『마음을 밝혀주는 101가지 이야기』처럼 독자들에게 진한 재미와 잔잔한 감동의 물결을 가져다주는 특이한 책이다.

이 책이 특히 재미있는 이유는, 여기저기 당대를 반영하고 있는 영화이야기들이 적절히 삽입되어 있기 때문이다. 저자가 언급한 영화들—예컨대 <타이타닉>, <포레스트 검프>, <쥬라기 공원> 등—이나 <치어스> 같은 텔레비전 드라마는 모두 현대의 포스트모던 상황을 잘 반영해주고 있는 탁월한 문화 텍스트들이다. 그는 <타이타닉>에서는 계급갈등, 빈부격차, 희생정신, 오만과 욕망, 사랑과 죽음 등 이 세상의 축소판을 보았으며, <포레스트 검프>에서는 저능아인 검프의 일대기에서 근대 미국사와 인간사를 비추는 거울을, 그리고 <치어스>에서는 외로움과 갈증과 배고픔을 느끼는 사람들이 모여 서로를 감싸주고 위로해주는 선술집 문화를 보았다. 그는 교회도 그런 의미에서 영혼을 위로해주는 선술집의 역할을 해야 한다고 주장한다.

이 책은 또 <마이 페어 레이디>, <사랑과 영혼>, <스위치>, <엑셀런트 어드벤처> 같은 유명 영화들에 대한 문화적 해석을 통해서도, 당대의 문제점들을 지적하는 데 성공하고 있다. 예컨대 저자는 <마이 페어 레이디>나 <스위치>에서는 여성에 대한 남성들의 편견을, 그리고 <사랑과 영혼>이나 <엑셀런트 어드벤처>에서는 현실(리얼리티)과 허구(판타지) 사이의 경계가 모호해지고 있는 현대와, 인간의 사후세계에 대한 현대인의 강박관념을 재미있게 다루고 있다. 샌디에고 주립대학 교수 제리 그리스월드의 말처럼, "오늘날 영화는 한 민족의 집합적 꿈과 욕망과 두려움을 드러내주는 좋은 문화 텍스트이자 사회문서가 되기" 때문이다.

『잘 박힌 못』은 또 가수 엘튼 존이나 브루스 스프링스턴, 또는 폴 사이먼의 노래 속에서도 시대의 특징과 변화를 읽어내고, 다이애나 전 왕세자비의 죽음으로부터도 허무하고 불안한 우리의 포스트모던 현실을 발견한다. 이 책의 저자는 목사이면서도 MTV, X세대, 팝송, 영화 등 대중문화 매체에 대한 해박한 지식을 발휘해 현대 사회를 해부하고 그 병리현상에 대한 치유책을 제시함으로써 독자들을 즐겁게 해준다. 이 책은 또한 그리스 신화로부터 시작해, 영국의 낭만주의 시인 엘리자베스 브라우닝과 소련의 반체제 작가 알렉산드르 솔제니친을 거쳐, 미국의 포스트모던 실용주의 철학자 리처드 로티에 이르기까지의 서구의 문학과 사상을 재미있게 논의하고 있다. 이 책을 읽는 일이 비단 계몽적일 뿐 아니라, 커다란 즐거움이 되는 이유도 바로 거기에 있다.

포스트모던 사회에 대한 저자의 견해는 다소 단편적이고 부정적이라는 인상을 주지만, 그럼에도 저자는 여기저기에서 (어쩌면 자신도 모르는 사이에) 대표적인 포스트모던 사상을 피력하고 있다. 예컨대, 그가 "우리는 극단적 율법주의와 양극단을 피해 살아야 한다"고 말할 때, 그는 "양극을 피하는 중간(The Middle Against Both Ends)"이라는 포스트모더니즘의 명제를 주장하는 셈이 된다. 또 그가 "우리는 결코 우리 세계 밖의 것들을 접해보려고 하지 않고 우물 안에 거하며 새로운 경험을 해보기를 주저한다"라고 말할 때, 그는 닫힌 사회의 위험성을 경고하며 개방과 다양성을 주장하는 포스트모던 사상을 강조하고 있는 셈이 된다.

『잘 박힌 못』은 우리의 사회제도와 교육이 실패한 지점에서 종교와 문화의 새로운 가능성을 본다. 이 책은 물질적 풍요 속에서도 정신적 빈곤을 느끼며 포스트모던적 불안과 허무감 속에 살고 있는 우리들에게 '하늘 위'를 바라볼 것을 권한다. 즉 이 책의 저자는 당대의 문화적 현상들을 사회병리학적 시각으로 읽어내는 뛰어난 통찰력을 이용해 독자들로 하여금 초월적·종교적 명상의 세계로 빠져들게 해준다는 것이다.

포스트모더니즘은 신약성서의 '오순절(Pentecost)'을 원용해, 지금 우리는 문명의 파멸을 맞게 될 것인지 아니면 구원을 받게 될 것인지 정해지기 직전인 '49의 상태'에 살고 있다고 말한다. 그것은 곧 지구의 운명이 우리 자신의 선택과 결정에 달렸다는 것을 의미한다. 즉 우리가 열린 사회를 지향하고 다양성을 추구하며, 증오와 전쟁 대신 사랑과 자선을 베풀며 살면 인류문명은 파멸하지 않고 구원받을 수도 있다는 것이다. 『잘 박힌 못』은 인류문명의 종말을 앞두고 선택의 기로에 선 이 묵시록적 시대에 우리가 어떻게 살아야 하며, 또 어디로 나아가야 하는지를 잘 보여주고 있는, 놀랄 만큼 잘 쓰여진 삶의 지침서이다. 재미와 감동과 유익을 모두 원하는 현대의 독자들에게, 그리고 포스트모던 시대의 불확실성 속에 살고 있는 우리 모두에게 이 책은 마치 '잘 박힌 못'처럼 확실한 만족감과 정확한 방향감각을 제공해준다.

7. 경계선을 넘나드는 하이브리드문학

모더니즘 시대와 구 패러다임

오늘날 우리는 사라져가는 낡은 패러다임과 새롭게 등장하고 있는 패러다임의 경계선상에서 살고 있다. 새롭게 등장해 급속도로 퍼져나가고 있는 새로운 패러다임은 인간의 인식과 가치관, 그리고 세계관과 사고방식을 근본적으로 바꾸며, 지난 수십 년 동안 사회 각 분야뿐 아니라 문학과 예술에도 지대한 영향력을 행사해오고 있다. 그렇다면 그러한 패러다임의 변화는 왜 그리고 언제부터 시작되었으며, 어떤 의미를 갖고 있는지, 그리고 패러다임 전이(轉移)의 경계선상에 서있는 우리는 그러한 변화에 어떻게 대처할 것인지를 생각해보아야만 할 것이다.

19세기 부르주아 리얼리즘에 반발해 20세기 초에 발흥한 문예사조인 모더니즘은 세계 각국의 근대화와 맞물려 모든 분야에 강력한 영향을 끼쳤다. 예컨대 모더니즘은 보편성(universality)을 표방하는 과정에서 세계 어느 곳에서나 통용되는 보편적인 건물이나 복장을 추구했는데, 그 결과 비서구문화와 전통문화는 사라지고 서구문화와 신식문화가 현대인의 보편적 문화로 퍼져나가게 되었다. 우리나라에서 한복이 사라지고 양복의 시대가 온 것이나, 기와집이 사라지고 양옥집이 생겨난 것도 바로 그러한 맥락에서일 것이다.

독일의 바우하우스(Bauhaus) 건축학교 출신들이 주도했던 모더니즘 건축 역시 세계 어느 곳에서나 현대인이 편리하게 살 수 있는 기능적이고 효율적인 공간을 마련한다는 생각에서 대도시에 고층빌딩들을 짓기 시작했다. 뉴욕의 엠파이어스테이트 빌딩이나 9·11 테러로 지금은 사라진 세계무역센터 빌딩, 또는 서울의 63빌딩 같은 기념비적이고 국제적이며 위압적인 빌딩들은 모더니즘의 대표적 건물들이다. 그리고 한국을 뒤덮고 있는 편리하지만 획일적인 아파트 건물들 또한 모더니즘의 산물이다.

문학과 예술의 경우에는 모더니즘이 다음과 같은 것들을 주장했고 또 그 특징으로 갖게 되었다.

첫째, 19세기 부르주아 리얼리즘 문학에 반발했던 모더니즘은 예술지상주의에 입각해 문학의 순수주의와 귀족주의를 주장했고, 그 결과 순수문학과 고급문화를 옹호하는 한편, 대중문학과 대중문화를 경계하고 폄하했다. 그러므로 모더니즘은 일반 독자들에게는 난해한 엘리트 문학을 산출하게 되었는데, 예컨대 조이스의 『율리시즈』나 토마스 만의 『마(魔)의 산』, 또는 윌리엄 포크너의 『고함과 분노』 같은 작품들은 그 대표적인 예라고 할 수 있다.

둘째, 모더니즘은 시간에 대한 강박관념을 갖고 있었다. 즉, 모더니스트 작가들은 예술의 순수성과 아름다움을 영원히 보존하기 위해서 시간을 붙잡아두고 싶어했다. 시간이 지나면 모든 것은 낡거나 늙어가고, 순수와 미(美)도 영속할 수 없기 때문이다. T. S. 엘리엇의 시 「황무지」에서 "서둘러라, 시간이 다 되었다!"라는 시구(詩句)가 계속 반복되는 이유도, 포크너의 소설 『고함과 분노』의 주인공 퀜틴이 아버지가 물려준 고장난 시계를 손에 들고 시간의 강박관념에 사로잡혀 있는 이유도, 또 피츠제럴드의 『위대한 개츠비』에서 개츠비가 지나간 시간을 되돌려 순수했던 옛 애인을 되찾고 싶어하는 이유도, 그리고 프루스트의 소설 제목이 『잃어버린 시간을 찾아서』인 이유도 모두 그런 맥락에서라고 할 수 있다. 포크너의 중편 『에밀리를 위한 장미』에서는 유서 깊은 남부 가문 출신의 에밀리가 죽은 남편의 시체를 매장하지 않고 침대에 그대로 두어 시체가 부패하는데, 이 역시 아무리 시간을 붙잡으려 해도 죽은 과거의 영광이나 아름다움을 되살릴 수는 없다는 것을 시사해주는 좋은 은유라고 할 수 있다.

셋째, 모더니즘은 예술의 상품화에 저항했다. 모더니스트 작가들은 예술이란 결코 상품화될 수 없는 순수하고 지고한 것이라고 생각했으며, 예술을 현실과는 동떨어진 숭고한 것으로 파악했다.

넷째, 모더니즘은 예술작품을 포함한 모든 것의 원형과 원본만을 중시했고, 사본의 가치는 인정하지 않았다. 즉 절대적 진리만을 인정했고, 상대적인 진리들은 인정하지 않은 것이다. 그 결과, 문학작품에 정전(canon)과 비정전이 생기게 되었고, 사물에도 정통과 비정통이 생기게 되었다. 이러한 사고방식은 결국 서구문화는 원본이자 절대적 진리이며, 동양문화는 복사본이자 비진리라는 태도, 또 백인이나 기독교는 정통이고 유색인이나 비기독교는 비정통이라는 시각을 배태시켰다.

다섯째, 모더니즘은 예술가를 천부적 재능과 영감을 가진 특별한 존재로 보고 예술가에게 특권을 부여했으며, 독자는 계몽의 대상으로 생각했다. 모더니즘 문학에서 저자는 절대적 힘을 갖고 있으며, 독자들은 저자가 제시하는 결말과 결론을 받아들이도록 되어 있었다. 모더니즘 예술은 대중을 위한 것이 아니기 때문에, 예컨대 피카소의 그림이나 포크너의 소설을 일반 독자들이 이해하기 어려운 것은 당연한 일이었다. 그러므로 모더니즘에 의하면 저자는 현실과 사회 속에서가 아니라, 그것들로부터 거리를 둔(detached) 우월한 위치에서 대중에 대한 책임감을 갖는 소수의 특별한 엘리트들이다.

여섯째, 모더니즘은 현실을 무질서하고 파편적(破片的)으로 파악하는 대신, 머나먼 과거와 전통은 숭배하고 그리워했다. 그래서 T. S. 엘리엇이나 에즈라 파운드 같은 모더니스트 작가들은 질서와 총체성이 있었다고 생각되는 머나먼 그리스, 로마 시대에 대해서는 무한한 동경과 향수를 갖고 있었지만, 근접과거는 극복해야 할 악몽으로 파악하고 단절을 주장했다. 비슷한 시기에 한국작가 춘원 이광수가 『무정』에서 근접과거인

조선시대의 유교적 과거를 총체적으로 부정하고 근대화를 주장했던 것도 바로 그런 맥락이라고 할 수 있다.

모더니즘은 근대화에 필요한 사조이기는 했지만, 정치적으로는 제국주의와 파시즘의 이론적 형성에 일조했다는 비난도 받았고, 순수예술과 고급문화에만 치중해 예술을 상아탑에 가두고 스스로를 대중과 현실로부터 고립시켰다는 비판도 받았다. 그러다가 드디어 20세기 중반에 이르러서는 교조주의적 도그마로 경직되어, 거기에 반발하는 포스트모더니즘에 의해 세력을 잃고 점차 무대에서 퇴장하게 되었다.

포스트모더니즘과 새로운 패러다임의 등장

포스트모더니즘의 등장은 텔레비전의 보급이 초래한 대중문화시대의 도래와 긴밀히 맞물려 있었다. 텔레비전으로 인한 정보의 공유와 확산은 필연적으로 대중문화 시대를 열었고, 텔레비전 시청자가 되어버린 예전의 문학 독자들은 난해한 모더니즘 문학으로부터 떠나 영상매체의 친근감과 재미에 빠져들어가기 시작했다. 조이스와 카프카와 포크너는 이제 대학의 강의실에서만 읽히는 텍스트로 축소되었고, 일반 독자들은 순수문학 작품들을 떠나 텔레비전을 보거나, 추리소설, 판타지소설, SF소설들을 즐겨 읽게 되었다.

포스트모더니즘의 가장 중요한 두 가지 특징은 절대 진리에 대한 부정과, 경계선의 해체이다. 예컨대 포스트모더니즘은 이 세상에 절대적으로 순수하고 지고한 예술이란 없고, 모든 예술은 그 예술을 산출한 시대와 장소와 상황의 산물이어서 필연적으로 세속적이고 현실에 오염되어 있다고 말한다. 예컨대 비평가 레슬리 피들러가 '고급문학'에 대응하는 '중간문학(middlebrow literature)' 이론을, 그리고 에드워드 사이드가 '세속적 비평(secular criticism)' 이론을 주창했던 이유도 바로 거기에 있다.

그러다 보니, 포스트모더니즘은 순수문학과 대중문학, 또는 고급문화와 대중문화 사이의 경계를 모호하게 만들었을 뿐 아니라, 현실과 환상, 저자와 독자, 또는 예술과 일상 사이의 구분 또한 해체하게 되었다. J. R. R. 톨킨의 『반지의 제왕』이나 J. K. 롤링의 『해리 포터』 시리즈 같은 판타지소설이 각광받게 되고, 롤랑 바르트의 「저자의 죽음」이나 미셸 푸코의 글 「저자란 무엇인가?」가 화제가 되며, 앤디 워홀의 캠블 수프 깡통이나 화장실 변기를 이용한 마르셀 뒤상의 작품들이 예술로 인정받게 된 것도 바로 그러한 맥락에서이다. 마돈나는 자신의 첫 뮤직 비디오를 '경계선'이라고 명명했으며, 마이클 잭슨 역시 자신의 복장과 차림새를 통해 어른과 아이, 흑인과 백인, 그리고 남과 여 사이의 경계를 의도적으로 해체하고 있는데, 그와 같은 것들은 모두 포스트모더니즘의 특징이다.

문학에 있어서 포스트모더니즘은 위에 열거한 모더니즘의 강령에 대한 반동으로 발생했다. 그래서 포스트모더니즘은 고급문화보다는 대중문화를 옹호하며, 순수문학보다는 대중성 있는 문학을, 그리고 난해한 소설보다는 누구나 읽을 수 있는 중간소설의 등장을 환영한다. 또 포스트모더니즘은 예술도 결국은 상품화될 수밖에 없다는 사실을 인정하는데, 그러한 이유로 해서 프레드릭 제머슨(Frederick Jameson) 같은 마르크스주의 학자들로부터 '후기 자본주의 시대의 문화논리'라는 비판도 받고 있다.

포스트모더니즘은 또 단 하나의 절대적 원본만 인정하지 않고, 여러 개의 사본에도 똑같은 가치를 부여한다. 움베르토 에코가 소설 『장미의 이름』의 서문에서 자신의 작품이 원본이 아니라 복사 번역본(그것도 라틴어에서 프랑스어로, 다시 이탈리아어로 번역한 삼중번역)이라고 주장하고 있는 이유도, 그리고 토머스 핀천이 『제49호 품목의 경매』에서 원본의 사라짐과 복사본의 중요성을 강조하고 있는 이유도 모두 그러한 맥락에서이다. 일찍이 모더니스트였던 발터 벤야민은 「기계복제 시대의 예술」이라는 글에서 수많은 복제품으로 인해 예술의 아우라(Aura)가 사라지고 있는 시대의 분위기를 탄식했다. 그러나 오늘날 시대는 변했고, 우리는 지금 컴퓨터로 순간 복제가 가능해지고, 인터넷상에서 정보가 실시간으로 이동하는 시대에 살고 있다.

포스트모더니즘은 그러한 의미에서, 저자의 절대적 특권을 인정하지 않고 그동안 빼앗겼던 권한을 독자에게 돌려주려고 한다. 그래서 포스트모던 작품은 '열린 결말'로 끝난다. 작품의 마지막에 저자가 아무런 결론도 내려주지 않기 때문이다. 결론은 각기 다른 배경을 가진 독자들의 몫이다. 그래서 포스트모던 텍스트들은 무한한 해석을 향해 열려 있는 셈이다. 또한 좋았던 과거와 오랜 전통에 대해 향수와 동경심을 갖고 있는 모더니스트들과는 달리, 포스트모더니스트들에게 과거는 다만 현재 당면한 문제점의 근원으로서 심문과 탐색의 대상이 될 뿐이다. 예컨대, 미국 소설가 존 바스의 『카이메라』나 토머스 핀천의 『브이를 찾아서』의 주인공들은 모두 현재 당면한 문제점의 근원을 찾아 과거로 되돌아간다.

포스트모던 건축 역시 모더니즘 건축의 효율성 추구가 비인간화를, 그리고 모더니즘의 보편성 추구가 획일적 서구화를 초래한다고 보고, 전통과 현재, 고유와 보편, 그리고 동양과 서양이 조화된 새로운 개념의 건축을 주창하며 등장했다. 미국의 맥도널드 건물들이나 로스앤젤레스의 보나벤처 호텔, 또는 시카고 국제공항 같은 것들은 대표적인 포스트모던 건축의 예라고 할 수 있다. 찰스 젠킨스나 로버트 벤츄리 같은 포스트모던 건축가들은 획일적인 고층건물이나 아파트 건물 역시 비인간적이라고 보고, 여유와 개성이 돋보이는 신개념의 건물들을 창안해내었다.

포스트모던 인식은 과학에서도 일어났다. 그동안 자신들의 발견을 절대적 진리라고 주장해온 과학자들이 스스로 과학적 진리도 상대적인 것이라고 인정하기 시작한 것이다. 토머스 쿤(Thomas Kuhn)의 『과학혁명의 구조(*The Structure of Scientific Revolution*)』(1957)의 등장은 스스로의 절대성을 해체하는 포스트모던 과학이 등장하는 기념비적 사건이었다. 노벨상 수상자 하이젠베르크의 양자이론인 '불확실성 이론'이나, 아인슈타인의 '상대성 이론', 또는 노버트 위너의 '인공두뇌학 이론'은 모두 과학의 절대성을 해체하고 불가지론을 수용하는 포스트모던 과학의 근간을 이루고 있다. 또한 독일의 건축가들 역시 삼각형의 합이 때로는 180도가 못 되고, 또 때로는 180도가 넘는다는 사실을 발견해 수학의 절대성에 회의를 제공했다.

새로운 문화 패러다임과 문학의 미래

포스트모더니즘의 등장은 절대적 신념을 부인하고 이분법적 경계를 해체함으로써 모든 것이 서로의 경계를 넘어 혼합하고 조화를 이루는 퓨전문화를 창출해냈다. 활자매체에 의존해오던 문학 역시 지금은 영상매체나 전자매체와의 제휴 가능성을 탐색하고 있고, 영상매체나 전자매체 역시 문학으로부터 주제와 제재를 빌려오고 있다. 그래서 지금은 문학과 영화, 또 문학과 게임이 서로 만나 상호 영향을 주는 경우도 생겨나게 되었다.

새로운 패러다임이 지배하는 그러한 시대에는 문학 또한 변해야만 할 것이다. 문학의 본질은 물론 변하지 않겠지만, 문학의 주제와 양식은 시대에 따라 얼마든지 변할 수 있기 때문이다. 우리가 시대가 요구하는 변화를 거부할 때, 또는 패러다임의 변화를 감지하지 못하고 구태의연한 작품들만을 써낼 때, 문학은 독자들로부터 외면당하는 진정한 위기를 맞게 될 것이다.

흔히 모더니즘 시대의 전쟁과 포스트모던 시대의 전쟁이라 불리는 제2차 세계대전과 베트남전의 차이는 문학 역시 시대에 따라 변할 수밖에 없음을 잘 시사해주고 있다. 2차 대전과는 달리, 베트남전은 전선도 없었고, 적군과 아군의 구분도 모호했으며, 전쟁의 명분 또한 불확실했다. 전쟁은 밀림 속에서 벌어졌고, 총탄은 사방에서 날아왔으며, 진정한 적은 과연 베트콩인지 워싱턴 행정부인지 병사들은 혼란스러워했다.

오늘날 우리의 현실은 그만큼 복합적이 되었고, 또 포착하기 어렵게 되었다. 그러한 계시록적인 새로운 상황을 이미 낡아버린 패러다임이나 구시대의 소설양식으로 담아낼 수는 없을 것이다.

문학은 이제 타 매체 및 타 장르와의 활발한 교류를 모색해야만 한다. 그래서 새로운 상상력과 새로운 용기(容器)에 담긴 참신한 형태의 새로운 문학을 창출해야만 한다. 그때야 비로소 문학은 다시 예전의 영광을 되찾을 수 있을 것이다. 캐나다의 문화인류학자 마셜 맥루언(Marshall McLuhan)은 1960년 초에 출간한 『미디어의 이해(*Understanding Media*)』라는 저서의 속표지에 "구텐베르크여, 안녕!(Good-Bye to Gutenberg!)"이라고 썼다. 물론 활자문화에 성급한 작별을 고할 필요는 없을 것이다. 그러나 적어도 40년 전에 벌써 구텐베르크식 활자문화에 작별을 고했던 맥루언의 혜안과 용기만큼은 높이 평가해야 할 것이다.

우리는 지금 다매체 시대, 인터넷 시대에 살고 있다. 그렇다면 문학 역시 과감히 경계선을 넘어 타자와의 교류를 시도해야만 할 것이다. 바로 그 순간, 새로운 시대를 위한 새로운 문학은 고고한 울음소리를 내며 탄생할 것이다.

참고문헌

레이먼드 페더만. 「페더만이—페더만에게: 거짓말을 하든지 죽든지」. 정문영 옮김. 『외국문학』 45호(1995년 겨울). pp. 47-68.

______________. 「초소설」. 김성곤 편역. 『현대문학의 위기와 미래』. 다락방, 1999.

리처드 브라우티건. 『워터멜론 슈가에서』. 최승자 옮김. 비채, 2007.

마크 아메리카. 「테크노픽션: 디지털 몰입의 시대로 들어가기」. 장경욱 · 송미경 옮김. 『외국문학』 45호(1995년 겨울). pp. 83-93.

메릴린 로빈슨. 『하우스키핑』. 유향란 옮김. 랜덤하우스, 2008.

박이문. 『다시 찾은 빠리 수첩』. 당대, 1997.

서지문. 『어리석음을 탐하며』. 지식산업사, 1998.

에드거 앨런 포. 『아서 고든 핌의 모험』. 김성곤 옮김. 황금가지, 1998.

에드워드 사이드. 『문화와 제국주의』. 김성곤 · 정정호 옮김. 창, 1995.

제럴딘 매커린. 『돌아온 피터 팬』. 조동섭 옮김. 김영사, 2006.

조지 기싱. 『기싱의 고백』. 이상옥 옮김. 효형출판, 2000.

필립 풀먼. 『호박색 망원경』. 이창식 옮김. 김영사, 2001.

Aaron, Daniel. *Writers on the Left*. New York: Hartcout, Brace & World, 1961.

Bercovitch, Sacvan. *The American Jeremiad*. Madison: University of Wisconsin Press, 1978.

Brautigan, Richard. *Trout Fishing in America*. New York: Dell, 1967.

Coover, Robert. "Hyperfiction: Novels for the Computer." *The New York Times Book Review* (August 29, 1993).

Fiedler, Leslie A. *Love and Death in the American Novel.* New York: Stein and Day, 1960.

____________. *Waiting for the End.* New York: Stein and Day, 1964.

____________. *An End to Innocence.* New York: Stein and Day, 1971.

____________. *Cross the Border—Close the Gap.* New York: Stein and Day, 1972.

Fitzgerald, F. Scott. *The Great Gatsby.* New York: Penguin, 1968.

Hawthorne, Nathaniel. *The Scarlet Letter.* New York: Washington Square Press, 1970.

Lee, Don. *Yellow.* New York: W.W. Norton, 2001.

Mailer, Norman. "Huckleberry Finn, Alive at 100." *Dialogue* 69 (March 1985).

Manning, Susan. *The Puritan-Provincial Vision.* Cambridge: Cambridge UP, 1990.

Melville, Herman. *Moby Dick.* New York: Penguin, 1972.

Miller, Henry. *Plexus.* New York: Grove Press, 1965.

Miller, Perry (ed.). *The American Puritans.* New York: Double Day Anchor, 1971.

Morgan, Edmund S. *The Puritan Dilemma.* Boston: Little Brown, 1958.

Nye, Russell. "The Development of Essay." in Duk Ryong Kong (ed.). *Modern Essays.* Seoul: Shinasa, 1995.

Pearl, Matthew. *The Dante Club.* New York: Random House, 2004.

Pynchon, Thomas. *The Crying of Lot 49.* New York: Harper & Row, 1966.

____________. *V.* New York: Bantam, 1961.

____________. *Gravity's Rainbow.* New York: Viking, 1973.

Saxton, J. A. *Dial II*, 90, 1840.

Said, Edward W. *Culture and Imperialism*, New York: Alfred Knopf, 1993.

Schmitz, Neil. *Of Huck and Alice.* Minneapolis: University of Minnesota Press, 1982.

찾아보기

Abstract

Literature in the Age of Hybrid Cultures

"Cross the Border—Close the Gap"

Seong-Kon Kim

We now live in a world that is becoming increasingly interdependent, pluralistic and multicultural, in which all boundaries are being blurred and erased. Boundaries not only between nation/state, but also between race, class, and identity are beginning to disappear. Boundaries between highbrow culture and middlebrow culture are deteriorating as well, while cultures are blending everywhere. Even boundaries between reality and fantasy, fact and fiction no longer seem to be valid. Such radical changes have not only altered our consciousness saturated with conventional institutions, but also influenced various academic disciplines, including English studies for the past few decades.

As a result, the celebration of fusion and hybrid cultures has become central to our academic and cultural concern. Writers and intellectuals have recently endeavored to explore the issues of 'boundary crossing' and merging. Especially, those who are involved in postmodernism, postcolonialism, and multi-culturalism have lately produced various marginal discourses, boldly challenging the hegemonic dominant culture, and yet simultaneously seeking consolidation with it.

This book examines and discusses diverse literary movements that have significantly affected and radically changed the terrain of English studies of late by crossing boundaries. Each chapter scrutinizes new academic disciplines in English studies, such as trans-nationalism, trans-humanism, translation studies, and cultural studies, in light of 'writing across boundaries.'

This book also explores the deeper meaning of the new paradigm called 'hybridity' that urges us to break the shell of parochial provincialism and consolidate with others. This book argues that belonging to two worlds is bliss in the sense that one can have a wider perspective that can bridge and embrace the two seemingly different cultures. Indeed, we now live in a borderless world where we should "Cross the Border — Close the Gap," as Leslie A. Fiedler aptly puts it.

김 성 곤

현재 서울대학교 영문과 교수이자 계간 『21세기문학』 편집위원이며 문학평론가이다. 한국아메리카학회 회장, 한국 현대영미소설학회 회장, 문학과 영상학회 회장, 국제비교한국학회(IACKS) 회장을 역임했고, 서울대학교 초대 언어교육원장과 미국학연구소장을 지냈다. 미국 캘리포니아 버클리대, 펜실베이니아 주립대, 브리검 영대 Visiting Professor 및 하버드대와 옥스퍼드대 Visiting Scholar, 그리고 문학사상사 주간과 『외국문학』 책임 편집위원을 역임했다.

대표저서로 『탈모더니즘시대의 미국문학』, 『미국문학과 작가들의 초상』, 『미국현대문학』, 『뉴미디어시대의 문학』, 『퓨전시대의 새로운 문화읽기』, 『문화연구와 인문학의 미래』, 『글로벌시대의 문학』 등이 있다.

하이브리드시대의 문학
"Cross the Border—Close the Gap"

펴낸곳 서울대학교출판문화원
펴낸이 이장무
지은이 김성곤

초판 1쇄 발행 2009년 9월 30일
출판등록 제15-3호

주소 서울 관악구 관악로 599 우편번호 151-742
대표전화 02-880-5252 **팩스** 02-888-4148
마케팅홍보부(판매상담) 02-889-4424, 02-880-7995
이메일 snubook@snu.ac.kr
홈페이지 www.snupress.com
영문홈페이지 eng.snupress.com

ISBN 978-89-521-0989-7 93840